汽车维修技术
（第2版）

阎连新　孟金法　主　编
郑海庆　殷信桥　副主编

北京理工大学出版社
BEIJING INSTITUTE OF TECHNOLOGY PRESS

内 容 简 介

本书详细介绍了载重汽车零件的损伤形式、维修方法、维修拆装、机加、检测诊断设备的使用与维护等。根据新形势下载重车的维修特点，由浅入深，突出操作技能，内容新颖、图文并茂。

本书除可作为高等院校汽车运用工程专业教材之外，还可供有关汽车专业师生和从事汽车设计制造、汽车运输管理、汽车维修管理的工程技术人员以及修理工与驾驶员阅读参考。

版权专有　侵权必究

图书在版编目（CIP）数据

汽车维修技术／阎连新，孟金法主编．—2版．—北京：北京理工大学出版社，2021.8重印

ISBN 978-7-5640-3720-8

Ⅰ．①汽…　Ⅱ．①阎…　②孟…　Ⅲ．①汽车-车辆修理-高等学校-教材　Ⅳ．①U472.4

中国版本图书馆CIP数据核字（2010）第164643号

出版发行／北京理工大学出版社
社　　址／北京市海淀区中关村南大街5号
邮　　编／100081
电　　话／（010）68914775（办公室）　68944990（批销中心）　68911084（读者服务部）
网　　址／http：//www.bitpress.com.cn
经　　销／全国各地新华书店
印　　刷／三河市天利华印刷装订有限公司
开　　本／787毫米×1092毫米　1/16
印　　张／19
字　　数／439千字　　　　　　　　　　　　　　　　　责任编辑／张玉荣
版　　次／2021年8月第2版第25次印刷　　　　　　　责任校对／张沁萍
定　　价／46.00元　　　　　　　　　　　　　　　　　责任印制／边心超

图书出现印装质量问题，本社负责调换

编委会名单

主　编：舒　华

编　委：(按姓氏笔画排序)

王　鹏	王世震	刘焕学	刘皓宇
安相璧	张　宪	张　煜	张文双
张松青	张真忠	李良洪	李春明
杨智勇	沈中杰	侯建生	南金瑞
姚国平	段兴华	赵振宁	胡光辉
阎连新	焦建民	董宏国	董继明
黄　勇			

编写说明

汽车作为人类文明发展的标志,从1886年发明至今,已有100多年的历史。近几年,我国的汽车生产量和销售量都迅速增大,全国汽车拥有量大幅度上升。世界知名汽车企业进入国内汽车市场,促进国内汽车技术的进步。汽车保有量的急剧增加,汽车技术又不断更新,使得汽车运用与维修行业的车源、车种、服务对象以及维修作业形式都已发生了新的变化,使得技能型、应用型人才非常紧缺。

根据"职业院校开展汽车运用与维修专业领域技能型紧缺人才培养培训工程"的通知精神,并配合高等职业院校实施紧缺人才培养计划,北京理工大学出版社组织了一批多年工作在教学一线的优秀教师,根据他们多年的教学经验和实践经验,再结合高等职业院校汽车运用与维修专业的教学大纲要求,编写了本套教材。

本套教材既有专业基础课,又有专业技术课。在专业技术课中又分几个专门化方向组织编写,分别是:汽车电工专门化方向,检测技术专门化方向,汽车机修专门化方向,大型运输车维修技术专门化方向,车身修复技术专门化方向,技术服务与贸易专门化方向,汽车保险与理赔专门化方向。

本套教材是按照"高等职业教育汽车运用与维修专业领域技能型紧缺人才培养指导方案"的要求而编写。编写过程中强调应符合汽车专业教育教学改革的要求,注重职业教育的特点,按技能型、应用型人才培养的模式进行设计构思。本套教材编写中,坚持以就业为导向,以服务市场为基础,以能力为本位,培养学生的职业技能和就业能力;合理控制理论知识,丰富实例,注重实用性,突出新技术、新工艺、新知识和新方法。

本套教材适用于培养汽车维修、检测、管理、评估、保险、销售等方面的高技术应用型人才的院校使用。

本套教材经中国汽车工程学会汽车工程图书出版专家委员会评审,做了适量的修改,内容更具体,更实用,推荐出版。

汽车工程图书出版专家委员会

前　言

随着我国汽车工业的迅猛发展，新技术、新工艺在维修技术领域中得到广泛应用，汽车技术的发展也使汽车维修技术得到迅猛发展。本书详细介绍了载重汽车零件的损伤形式、维修方法、维修拆装、机加、检测诊断设备的使用与维护等。根据新形势下载重车的维修特点，由浅入深，突出操作技能，书中内容不仅参考了国内出版的同类教材和图书，而且参考了国外近几年出版的汽车维修技术书籍，并对许多技术数据和维修方法进行了具体测量和试验验证，内容新颖、图文并茂。

本书由军事交通学院阎连新副教授、孟金法副教授主编，郑海庆讲师、殷信桥讲师副主编，军事交通学院唐彦峰副教授、刘祥凯副教授主审。参加本书编写的还有：宋桂平、蔡强、赵云峰、何永恒、马麟丽、李严、吉朝军。全体编委参加了计算机描图和审定工作。

由于编者水平有限，书中不妥之处在所难免，恳请读者批评指正。

作　者

目 录

第一章 汽车零件的损伤 ·· 1
 第一节 零件的磨损 ·· 1
 第二节 零件的变形 ·· 4
 第三节 零件的蚀损 ·· 5
 第四节 零件的疲劳断裂 ·· 8

第二章 汽车的拆检 ·· 10
 第一节 汽车的拆检与零件清洗 ······································ 10
 第二节 汽车零件的检验与分类 ······································ 11
 第三节 发动机的分解 ·· 14

第三章 气缸体与气缸盖的维修 ·· 16
 第一节 气缸体与气缸盖的检验方法 ·································· 16
 第二节 气缸的维修工艺 ·· 17

第四章 活塞连杆组的维修 ·· 27
 第一节 活塞连杆组常见故障分析与排除 ······························ 27
 第二节 活塞组的选配 ·· 29
 第三节 连杆衬套的修配 ·· 30
 第四节 连杆弯曲、扭曲的检验与校正 ································ 32
 第五节 活塞连杆组的组装 ·· 33
 第六节 活塞连杆组的小修 ·· 35

第五章 曲轴和轴承的维修 ·· 37
 第一节 曲轴和轴承常见故障分析与排除 ······························ 37
 第二节 曲轴的检验与维修 ·· 38
 第三节 曲轴轴承的修配 ·· 41
 第四节 飞轮及飞轮壳的检验与维修 ·································· 44

第六章　配气机构的维修 … 47
第一节　配气机构常见故障分析与排除 … 47
第二节　气门组零件的检验与维修 … 48
第三节　气门传动组零件的检验与维修 … 55
第四节　气门脚间隙的调整 … 59

第七章　润滑、冷却、燃料系的维修 … 61
第一节　润滑系常见故障分析与排除 … 61
第二节　润滑系的维修 … 64
第三节　冷却系常见故障分析与排除 … 67
第四节　冷却系的维修 … 71
第五节　柴油机燃油供给系常见故障分析与排除 … 75
第六节　柴油发动机供给系的维修 … 80

第八章　发动机总成的装配与试验 … 96
第一节　发动机总成的装配 … 96
第二节　发动机总成的磨合与试验 … 107

第九章　离合器的维修 … 110
第一节　离合器常见故障分析与排除 … 110
第二节　离合器的分解与零件检修 … 113
第三节　离合器的装配与调整 … 118
第四节　离合器的维护 … 122

第十章　变速器的维修 … 124
第一节　变速器常见故障分析与排除 … 124
第二节　变速器的分解与零件检修 … 126
第三节　变速器的装配与调整 … 135
第四节　变速器的维护 … 143

第十一章　万向传动装置的维修 … 144
第一节　万向传动装置常见故障分析与排除 … 144
第二节　万向传动装置的分解与零件检验 … 145
第三节　万向传动装置的装配与维护 … 148

第十二章　驱动桥的维修 … 151
第一节　驱动桥常见故障分析与排除 … 151
第二节　驱动桥的分解与零件检修 … 153
第三节　驱动桥的装配与调整 … 155

第四节　驱动桥的试验与维护……………………………………………………… 161

第十三章　前轴与转向系的维修……………………………………………………… 163
　　第一节　转向装置常见故障分析与排除………………………………………… 163
　　第二节　前轴与转向系的维修…………………………………………………… 166
　　第三节　转向器的维修…………………………………………………………… 174
　　第四节　转向机构的装配与调整………………………………………………… 179
　　第五节　转向系的使用与维护…………………………………………………… 182

第十四章　制动装置的维修…………………………………………………………… 185
　　第一节　制动装置常见故障分析与排除………………………………………… 185
　　第二节　气压制动装置的维修…………………………………………………… 186
　　第三节　车轮制动器的维修……………………………………………………… 193
　　第四节　驻车制动器的维修……………………………………………………… 199
　　第五节　制动装置的维护………………………………………………………… 202

第十五章　行驶系的维修……………………………………………………………… 203
　　第一节　行驶系常见故障分析与排除…………………………………………… 203
　　第二节　车架的维修……………………………………………………………… 205
　　第三节　悬架的维修……………………………………………………………… 207
　　第四节　轮胎的维护……………………………………………………………… 211

第十六章　汽车总装及修竣后的检验………………………………………………… 213
　　第一节　汽车总装………………………………………………………………… 213
　　第二节　汽车修竣后的检验……………………………………………………… 215
　　第三节　汽车的验收……………………………………………………………… 217
　　第四节　油料及特种液的使用…………………………………………………… 217

第十七章　专用拆装设备……………………………………………………………… 221
　　第一节　专用拆装工具…………………………………………………………… 221
　　第二节　轮胎螺母拆装机………………………………………………………… 223
　　第三节　半轴套管拉压器………………………………………………………… 224
　　第四节　前、后桥U形栓螺母拆装机 …………………………………………… 225

第十八章　清洗、加注设备…………………………………………………………… 227
　　第一节　超声波清洗机…………………………………………………………… 227
　　第二节　发动机清洗机…………………………………………………………… 227
　　第三节　高压水清洗机…………………………………………………………… 233
　　第四节　润滑油加抽机…………………………………………………………… 234

第五节　润滑脂加注器……………………………………………………………235
　　第六节　制动液更换机……………………………………………………………236

第十九章　机加设备……………………………………………………………………238
　　第一节　汽车外形修复机…………………………………………………………238
　　第二节　制动鼓/盘切削机…………………………………………………………240
　　第三节　制动蹄片铆磨机…………………………………………………………244
　　第四节　镗磨缸机…………………………………………………………………244
　　第五节　连杆校验器………………………………………………………………248
　　第六节　连杆瓦镗床………………………………………………………………249
　　第七节　气门及座铰磨机…………………………………………………………252
　　第八节　磨气门机…………………………………………………………………254
　　第九节　台式钻床…………………………………………………………………256
　　第十节　电焊机……………………………………………………………………257
　　第十一节　砂轮机…………………………………………………………………258
　　第十二节　气焊……………………………………………………………………259

第二十章　托举、拖拽设备……………………………………………………………261
　　第一节　千斤顶……………………………………………………………………261
　　第二节　举升机……………………………………………………………………261
　　第三节　发动机吊架及翻转台……………………………………………………263
　　第四节　前、后桥及轮毂拆装托架………………………………………………264
　　第五节　变速器拆装托车及托架…………………………………………………265
　　第六节　轮胎拆装、传动轴托车…………………………………………………266

第二十一章　检测、诊断设备…………………………………………………………268
　　第一节　光学纤维内窥镜…………………………………………………………268
　　第二节　汽车故障解码仪…………………………………………………………269
　　第三节　润滑油油质分析仪………………………………………………………271
　　第四节　尾气分析仪………………………………………………………………272
　　第五节　柴油车烟度计……………………………………………………………275
　　第六节　磁力探伤仪………………………………………………………………279
　　第七节　喷油泵试验台……………………………………………………………280
　　第八节　喷油器校验器……………………………………………………………287

第一章 汽车零件的损伤

汽车零件的损伤按其产生的机理可分为磨损、腐蚀、变形和疲劳断裂等失效形式。

零件的磨损使它原有的尺寸、形状和表面质量等发生变化,破坏了原有的配合、位置关系、工作协调等特性。实践表明,零件磨损是导致汽车失去工作能力的主要原因。汽车零件的逐渐磨损是不可避免的,但应力求降低零件的磨损速率,延长其使用寿命,从而提高汽车的可靠性和耐久性。

汽车零件的腐蚀分为化学腐蚀和电化学腐蚀及穴蚀等形式。周围介质与零件金属产生化学或电化学反应,使零件产生物质损失的现象称为腐蚀,而穴蚀是某些与液体接触的零件所特有的磨损形式,蚀损处呈聚集的孔穴,柴油机缸套外表面的穴蚀是影响其使用寿命和可靠性的关键问题。

零件变形可能产生弯曲、扭曲、挠曲等损伤。基础件变形是造成轴线不平行度,不垂直度和不同轴度等位置公差过大的主要原因,因此,基础件变形对总成和汽车的修复质量、寿命有很大的影响。

零件疲劳断裂指的是在交变负荷作用下,由于材料的疲劳,在应力远低于材料强度极限情况下而产生的破裂、折断等失效形式,这种损伤通常是突然发生的,具有很大的危险性,常造成严重的事故。

第一节 零件的磨损

零件工作表面的物质由于表面相对运动而不断损失的现象,称为零件的磨损;机械零件从运行到报废的过程称为正常运行的磨损过程。一般将磨损过程分为三个阶段,即磨合阶段、稳定磨损阶段和剧烈磨损阶段,零件磨损量与时间示意图如图1-1-1所示。各磨损阶段的特点是:磨合阶段(OA);由于新的摩擦副表面具有一定的粗糙度,真实接触面积较小,因此,磨合阶段表面逐渐被磨平,真实接触面积也逐渐增大,同时也由于不平度的峰顶发生塑性变形而产生冷作硬化,所以磨损速度由大逐渐变小,到达A点时,正常工作条件已经形成。人们

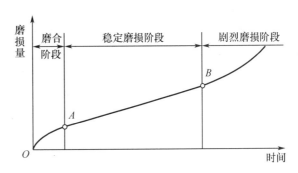

图1-1-1 零件磨损量与时间示意图

可以根据磨合阶段的特点,选择合理的磨合规范,如磨合载荷、转速、时间和润滑剂等参数,可以以最短的时间、最低的磨损量达到良好的磨合要求,提前过渡到稳定磨损阶段。

稳定磨损阶段(AB):这一阶段摩擦副间隙达到最佳状态,工作表面磨合质量好,润滑充分。因此,机械零件表面磨损极为缓慢而稳定,这是发挥机械性能、提高机械寿命的重要阶段。

剧烈磨损阶段(B以后):这一阶段的特性是磨损进程十分迅速,这是由于摩擦副的工作条件恶化,零件几何形状改变,配合间隙增大,润滑条件变坏,机件产生异常噪声和振动,机械效率下降,工作温度迅速升高,零件容易发生破坏性事故,最终导致零件失效,使机械报废。

一、磨料磨损

磨料磨损是由硬的颗粒或硬的突起物,在摩擦过程中引起零件工作面材料脱离的现象。磨料磨损是最常见的磨损形式,据统计,在各类磨损中,磨料磨损占一半左右。因此,了解磨料磨损的规律及提高零件抗磨料磨损的方法,对延长汽车零件的使用寿命有重大的意义。关于磨料磨损产生的机理,目前有微量切削、疲劳破坏和压痕等三种假说。各种类型的磨料磨损中,都可以分别用不同的假说加以解释。

1. 微量切削假说

它认为磨料磨损是由磨粒的棱角在外力作用下,对零件表面的切削过程引起的,对于脆性材料产生细小切屑,而韧性材料则产生卷曲状切削。

2. 疲劳破坏假说

它认为磨料磨损是由于在磨料颗粒冲刷动能和交变正向压力作用下,使塑性材料的表面挤出层状或鳞片状剥落物,脆性材料的表面产生裂纹,引起表面疲劳碎片脱落;从而导致零件表面材料的疲劳破坏。

3. 压痕假说

它认为塑性较好的材料,在磨料颗粒的正向应力作用下,压入零件工作表面时,零件表面层的材料发生塑性流动。因塑性流动而凸起时表面层材料很容易磨损,从而产生呈片状、层状的脱落。

影响磨料磨损的因素有:磨料、零件表面的材料和单位压力等。

二、黏着磨损

摩擦副相对运动时,由于固相焊合,接触表面的材料从一个表面转移到另一个表面的现象称为黏着磨损。

黏着磨损机理与黏着摩擦机理是一致的,在黏着处被剪断时,如发生金属转移就将出现黏着磨损。那么金属是如何转移的呢?

从微观结构角度来看,金属表面仍然是粗糙的,两表面靠在一起,也只有少数孤立的微凸体相接触。在负荷的作用下,两个表面互相接触的突出处,局部产生很高的压力和温度,如果此压力造成的应力超过材料屈服强度时,微凸体就产生塑性变形,直到真实接触面积增大到足以支持所加的负荷为止。在没有其他表面膜存在的情况下,这些突出处接触面将互相黏结在一起。如果有少量污染物和表面膜,就可以阻止这种单纯由负荷引起的黏结。但由于摩擦面间相对切向运动的作用会除去或破坏由污染物形成的薄膜,因而某些突出处接触面仍会出现冷焊现象。摩擦面相对滑动时就会剪断黏结点,同时,又会产生新的黏结点。在黏结点被剪断时,如果剪断的部位刚好在原来的交界面上,那么就不会出现磨损。如果剪断的位置不是原来的交界面,那时金属就会从这个表面转移到另一表面上,在进一步受到摩擦时,一些转移的金属会被摩擦下来，金属表面便呈现出轻微磨损、擦伤、撕脱等黏着磨损现象。这种黏着、撕脱（剪断）、再黏着的循环过程，就构成了黏着磨损，严重时可将摩擦副咬死。

影响黏着磨损的因素有：零件的材料、负载的大小、摩擦副的滑动速度、摩擦副表面的粗糙度和温度的影响等。

减轻和防止黏着磨损的措施有：合理选择材料；保持良好的润滑；进行表面处理；提高修理质量。

三、表面疲劳磨损

在齿轮、滚动轴承、钢轨与轮箍及凸轮副的摩擦过程中由于交变接触压应力的作用，使材料表面疲劳而产生物质损失的现象称为表面疲劳磨损，简称疲劳磨损。

表面疲劳磨损分为非扩展性和扩展性两类。

非扩展性表面疲劳磨损是指：新的摩擦表面上，接触点减少，单位面积上的压力较大，容易产生小麻点。随着接触的扩大，单位面积的实际压力降低，或因塑性好，表面硬度高使小麻点不能继续扩展，零件可继续正常工作。

扩展性表面疲劳磨损是指：当作用在两接触面上的交变压应力较大时，由于材料塑性稍差或润滑剂选择不当，在走合期就可能产生了小麻点，在以后的运行中小麻点发展成痘斑状凹坑，以使零件失效。

表面疲劳磨损是表面在有摩擦存在的情况下，同时承受交变接触压应力，使表面产生裂纹并继续发展而成的。它与材料一般疲劳破坏的区别是存在摩擦、磨损作用，表层发生塑性变形和发展的现象，并受到润滑剂的作用。

在滚动接触过程中由于交变负荷的作用，表面层的应力和摩擦力引起材料表层的塑性变形，导致表层硬化，最后在表面出现初始裂纹。该初始裂纹由表面向里发展，其裂纹扩展方向与滚动方向的倾角由摩擦力大小决定，通常第一批裂纹与表面约呈30°倾角分布。同时，由于润滑剂楔入裂纹之中，若滚动物体的运动方向与裂纹端部的方向一致，当滚动物体接触到裂纹裂口时将裂纹自封住，裂纹中的润滑剂被堵塞在裂纹内，使裂纹内壁产生巨大的压力，迫使裂纹向前发展。经过交变加载后，裂纹发展到一定深度，并呈悬臂梁状态，在载荷反复作用下而折断，形成痘斑状凹坑。

表面疲劳磨损的影响因素有：零件材料、表面硬度、表面粗糙度、润滑油的黏度。

减轻零件表面疲劳磨损的途径有：

① 合理选用材料。选用的材料应含杂质少，纯净，含碳量适度，碳化物尺寸要小，球形为好，分布要均匀。同时，表面要进行适当的处理，以保证渗碳层的厚度和零件心部的强度，才能减少疲劳裂纹的产生，提高抗疲劳磨损的性能。

② 提高零件表面的硬度和减少粗糙度，都可以提高其疲劳磨损的寿命。

③ 合理选择润滑剂，保证良好的润滑状态，是提高抗疲劳磨损能力的有效措施。

四、氧化磨损与微动磨损

1. 氧化磨损

氧化磨损是最广泛的一种磨损形态，在汽车零件的各摩擦副中普遍地存在着氧化磨损。它不管在何种摩擦过程中，无论摩擦速度、接触压力的大小，有无润滑情况下都会发生，其特征是在金属的摩擦表面沿运动方向形成匀细的磨痕。对钢铁材料由于摩擦热的作用,可能形成黑色 Fe_3O_4 和松脆的 FeO 磨屑。

当摩擦副一方的凸起部分与另一方做相对运动时,在产生塑性变形的同时有氧气扩散到变形层内形成氧化膜,而这种氧化膜在遇到第二个凸起部分时有可能剥落,使新露出来的金属表面重新被氧化。这种氧化膜不断被除去,又反复形成的过程就是氧化磨损。

2. 微动磨损

在零件的嵌合部位、静配合处,它们之间虽然没有宏观的相对位移,但在外界变动负荷和振动影响下,却会产生微小的滑动,此时表面上产生大量的微小氧化物磨损粉末,由此造成的磨损称为微动磨损。由于微动磨损集中在局部地区,又因两摩擦表面永不脱离接触,磨损物不易往外排出,故兼有氧化磨损、磨料磨损和黏着磨损的作用。在微动磨损产生处往往形成蚀坑(即咬蚀),其结果不仅使零件精度、性能下降,更严重的会引起应力集中导致疲劳损坏。

在摩擦副表面之间接触压力作用下,接合表面微凸体产生塑性变形,并发生金属的黏着,黏着处在外界小振幅(振幅小于 $100 m$,一般为 $2 \sim 20 m$)振动的反复作用下将其剪切,黏附金属脱落,剪切处表面被氧化。对于钢铁零件,氧化反应生成物以 Fe_2O_3 为主,所以磨屑呈红褐色。由于两摩擦表面是紧密配合的,磨屑不易排出,留在接合处的磨屑起磨料作用,形成蚀坑(即麻点),从而加速了微动磨损的进程。这样循环不止,最终导致零件表面破坏。当振动应力足够大时,微动磨损处会成为疲劳裂纹的核心,可能引起零件的断裂。因此,微动磨损是一种复合型的磨损。

第二节 零件的变形

零件质点位置的变化,使零件尺寸和形状发生改变的现象称为零件的变形。

近年来,通过修理实践发现,许多总成虽然将各组成零件磨损部位加以修复,恢复到其原来的尺寸、形状和配合质量,但组装以后却不能达到预期的效果,常常达不到对总成的技术要求。投入使用后,寿命往往缩短一半左右。有的将变速箱齿轮、轴承和轴全部更换新件之后,响声仍不能消失。经进一步研究,发现这些现象大多是由于零件变形,特别是基础零件变形造成的。气缸体、变速器、桥壳等基础零件变形,使其相互位置精度遭到破坏,影响了总成各组成零件的相互关系。如气缸体变形可能引起气缸轴线与曲轴轴线的不垂直度,曲轴轴线与凸轮轴轴线的不平行度,曲轴主轴承座孔的不同轴度,气缸体上、下表面的不平行度,气缸前后端面对曲轴轴线的不垂直度,气缸轴线与气缸体下平面的不垂直度等的改变。同样,变速器壳体变形将引起上、下轴承座孔轴线的不平行度和前、后两端面的不平度的变化;桥壳变形将引起桥壳轴中心线的变化。这些变化将使总成技术状态变坏,总成寿命缩短。经过使用或长期存放备用的基础零件几乎都有超出标准的变形。由于基础零件的变形,破坏了组装在这个基础零件上的所有零件的相互关系,使它们的使用寿命缩短很多。但是,由于基础零件一般形状比较复杂,相互位置尺寸的测量不太方便,变形对于机械工作状况和寿命的影响不容易直接看出,所以变形的问题还没有引起修理工作者的重视。目前,汽车大修时,基础零件的变形情况很少检查,大修以后零件变形情况依然如故;组装以后发现不正常现象时,也不从基础零件变形方面查找原因。因此,零件变形特别是基础零件变形,已经成为修理质量低、大修周期短的一个重要原因。

一、零件变形的原因

零件在使用中的变形通常是由三方面的原因引起的,即内应力、外载荷和温度。

1. 内应力

有些零件在制造加工时尚能保证配合表面间的正确位置,但经过一段时间运行以后,便产生了不符合技术条件的较大变形,这主要是由于对零件毛坯未进行时效处理或时效处理不当,引起材料内部组织结构变化产生内应力造成的。同样,零件在从高温冷却下来的过程中,由于零件连接部分体积变化不均匀且互相牵制,会产生内应力。当内应力小于弹性极限时,将以残余内应力的形式存在于零件之中,若对其加工、热处理或使用,将破坏原来内应力的平衡,引起内应力的重新分布,使零件产生变形,如内应力超过零件材料的强度极限时,零件将发生断裂。

2. 外载荷

零件在使用过程中,由于外载荷的作用,也可能产生引起破坏配合表面正确位置的变形,尤其是在汽车满载或超载时,在恶劣的道路条件行驶,对基础零件的个别部位变形影响更大。

有些零件的变形是由于个别紧固件结构布置不合理引起的。如变速器后壁的变形是由手制动的制动力通过螺纹连接传递到刚度不够大的变速器壳后壁造成的,而变速器前壁变形是由变速器四点悬臂固定造成的,后桥减速器壳侧壁的变形是轴承座和承受被动圆锥齿轮轴向分力的侧盖紧固结构不够恰当引起的。这些变形将导致轴线平行度、重合度超限,破坏表面的相互位置,使零件磨损严重,使用寿命降低。

3. 温度

金属材料的弹性极限随温度的升高而降低,同时,在高温作用下内应力松弛现象严重,所以在温度较高的条件下工作的零件更容易变形。如气缸体在外载荷和高温的共同作用下,往往产生变形,从而破坏其配合表面的正确位置。

另外,近年来国外在研究零件变形机理的文献中认为产生变形的内在原因是材料的结晶缺陷,如空位、位错、沿晶粒界限的缺陷、空穴和杂质等。如空位率占1%的金属屈服极限下降9.8×10^7 Pa,位错能破坏原子间的正确排列,退火和冷作硬化的金属内存在大量的位错现象,使金属强度降低,电阻和其他性质变坏,成为内应力的源泉;扩散是粒子的热运动,使相邻原子直接交换,与空位交换位置等,这些都是影响变形的重要原因。

二、减轻变形危害的措施

引起变形的原因是多方面的,因此,减轻变形危害的措施也应从设计、制造、修理、使用等多方面来考虑。在目前条件下,变形是不可避免的,我们只能根据它的规律采取适当的措施以减轻它的危害。

综上所述,汽车在使用过程中零部件发生变形所带来的损害是严重的,应该引起有关方面的重视。必须从设计、制造、维修和使用过程中采取适当的措施,将变形的危害减轻到最低限度,以延长其使用寿命。

第三节 零件的蚀损

汽车零件的蚀损包括零件的腐蚀和穴蚀。

一、零件的腐蚀

零件受到周围介质的化学作用或电化学作用而引起的损坏现象叫做零件的腐蚀。按腐蚀机理可分为化学腐蚀、电化学腐蚀和高温氧化腐蚀。

（一）腐蚀机理

1. 化学腐蚀

化学腐蚀是指在没有电流产生的情况下发生的腐蚀。它是金属与外界介质直接发生化学反应而引起的损坏，腐蚀产生直接在金属表面形成一层腐蚀薄膜。膜的性质决定化学腐蚀的速度，如果膜是致密完整的，强度、塑性较好，膨胀系数与金属相近，膜与金属的结合力强等，则有保护金属、减缓腐蚀的作用（如 Al_2O_3，铬等），否则，会出现较强烈的腐蚀作用。如钢铁表面锈蚀；机油中含有酸性杂质或在工作中机油被氧化而产生有机酸，这些有机酸对铜铝合金轴承的腐蚀力特别强烈，往往将铝腐蚀掉，这不仅增加合金层的负荷应力和摩擦系数，加重磨损，而且还常常引起合金层脱落，使配合件抱死。石油中含硫量高也会对钢铁产生很强的腐蚀作用。

2. 电化学腐蚀

电化学腐蚀指金属与介质发生电化学反应而引起的破坏。金属与电解溶液相接触，形成原电池，其中电位较低的部分遭受腐蚀。两种不同金属放在电解溶液中用导线联通，由于它们的电极电位不同构成原电池。电位较低的金属由于原子溶解成为正离子，使它表面电子过剩而构成电池的负极。金属零件上所形成的原电池，其电流无法利用，却使负极金属处遭受到腐蚀，这种原电池称为腐蚀电池。

3. 高温氧化腐蚀

大多数金属与空气中的氧或氧化剂起作用，会在表面形成氧化膜，这种作用与化学、电化学作用不同，它无需表面存在腐蚀介质。在低温情况下，这层氧化膜形成后，一般对金属基体有保护作用，能阻止金属继续氧化。然而在高温的情况下，膜层将出现裂缝和孔隙，覆盖作用变差，这时氧化将以等速度不断继续下去。

长期在高温条件下工作的铸铁零件，金相组织结构中的碳化铁将碳不断以片状石墨的形态析出并呈连续分布使铸铁件结构松散，并出现缝隙，为炽热气体侵入提供通道，因而氧化深入到结构内部。由于高温状态下不断石墨化及氧化，材料外表虽维持完整，但内部却失去了原有的机械性能。典型例子是缸盖气门口及燃烧室附近组织的烧损。

（二）腐蚀的影响因素

一般来说，影响腐蚀的因素有：金属的特性、金属的成分、零件表面形状、温度、介质、环境的温度和湿度、润滑剂。

（三）减轻腐蚀的措施

金属的腐蚀是一个普遍性的严重问题。据统计，全世界每年因腐蚀而损失的金属量约占年产量的 1/3～1/4，所以如何减轻腐蚀危害是一个重要课题。

1. 合理设计

正确选择材料，根据使用的实际需要，选用具有一定耐腐蚀能力的材料，如选用含有合金元素的钢材；如有可能应尽量采用尼龙、塑料代替金属材料；在结构设计上要力求避免形成腐蚀电池的条件，零件的外形也力求简化；选择合适的表面粗糙度减少腐蚀危害的措施与提高零件的抗疲劳磨损能力是一致的。

2. 覆盖保护层

采用具有较好的抗腐蚀磨损能力和一定的物理性质的金属保护层,如镍、铬、锌等。覆盖方法有电镀、喷镀、刷镀等;非金属保护层常用的有塑料、搪瓷、陶瓷等;化学保护层用化学或电化学法在金属材料表面覆盖一层化合物的薄膜层,如磷化、发蓝、钝化、氧化等,以提高抗腐、抗磨能力。

3. 电化学保护

用一个比零件材料化学性能更活泼的金属铆在零件上,这样零件就不发生腐蚀了。

4. 介质处理

在腐蚀性介质中加入少量能减少腐蚀速度的物质以减轻腐蚀,这种加入物叫做缓蚀剂。

5. 提高修理质量,加强润滑工作

提高修理质量,加强润滑工作等,都可以改善抗腐蚀性能。

二、穴蚀

(一) 穴蚀机理

柴油机湿式缸套外壁与冷却水接触的表面上发生一些针状孔洞,这些孔洞多数情况下都很清洁,没有腐蚀生成物,孔洞是逐渐扩大和深化的,最后形成裂缝或深孔,直至破坏或穿透,这种破坏现象称为穴蚀,又称为气蚀。

穴蚀破坏是近年来突出的问题。随着发动机有效压力、转速、比功率的不断提高,比重量的逐年降低,结构日益紧凑,零件壁厚减薄,越来越多地出现穴蚀破坏。国外某些内燃机维修时被更换缸套,不是因内壁磨损,而是穴蚀原因造成的。

(二) 影响和减少穴蚀的因素

从穴蚀是由于缸套高频振动而引起的观点来看,影响缸套振动或吸收振动能量的因素,都是减轻穴蚀的措施。

1. 结构

① 适当增加缸套壁厚,提高刚度,可降低振动强度。壁厚增加一倍,缸套振幅可降低近一半,一般认为壁厚大于 0.08 倍缸径,则不容易发生穴蚀。另外,通过壁厚变化,改变缸套的固有频率,以避免共振。同样,改变缸套在缸体上的支承位置,提高缸体的刚度,也可减轻缸套的振动和穴蚀。

② 选用耐穴蚀性能好的材料。铸铁中最易穴蚀的是石墨,而以球状或分枝少的团絮状石墨耐蚀性较好;珠光体比铁素体耐穴蚀。

③ 减少缸套外表面的粗糙度,从而减少气泡形成的条件,减少穴蚀。同时,提高缸套外表面的硬度,如硬镀层氮化处理,可提高缸套的耐穴蚀能力。

2. 修理与使用

① 安装缸套要避免倾斜,以保证下支承橡胶密封槽与缸套轴线的同心度,上、下支承的同心度,缸套端面支承凸肩与机体的同心度,使缸体上部凸肩装配受力均匀,以减轻活塞对缸套冲击和振动,从而减轻穴蚀。

② 装配对应保证气缸轴心线与曲轴轴心线的垂直度,连杆轴承轴心线与曲轴轴心线的垂直度,连杆大、小头轴心线的平行度,活塞销孔轴心线与活塞轴心线的垂直度,防止活塞偏缸,

则可减轻振动和穴蚀。

③ 减小活塞与缸套及缸套与缸体的配合间隙,可以减小活塞对缸套的冲击,减轻振动和穴蚀。

④ 控制水温度在 30 ℃ ~35 ℃ 为宜,一般柴油机最易产生穴蚀的冷却水温度是 40 ℃ ~60 ℃,因为在这种温度下,水的压力低于其饱和蒸气压,易形成大量真空气泡,气泡溃灭后,使穴蚀加剧。

⑤ 彻底清除水套的污垢,保证冷却水循环畅通,避免有涡流区和死水区及流速过快等,这些都有利于真空气泡的形成,引起穴蚀的加剧。

⑥ 冷却水含杂质要少,可减少真空气泡的形成。含有盐类、碱类的硬水比清洁软水穴蚀要大几十倍,这是腐蚀和穴蚀综合作用的结果。另外,冷却水中添加乳化油,可减少水的表面张力,从而减少气泡溃灭时的冲击压力,减轻穴蚀。

⑦ 减小发动机工作的粗暴性和最大爆发压力值,能减轻缸套的振动和穴蚀破坏。为此,在使用时应认真调整供油(点火)系统,使燃烧正常,避免"敲缸",同时要减少长时间息速运转和大负荷、超负荷低速运转。

第四节 零件的疲劳断裂

疲劳断裂是机械零件失效的重要原因。随着汽车日益向着大功率、高转速、低自重的方向发展,疲劳断裂就成为日益紧迫的课题。虽然与磨损、变形相比,零件因疲劳断裂而失效的几率较小,但是,零件的疲劳断裂往往会造成严重的机械事故,产生严重的后果。如汽车转向节轴疲劳断裂,可能造成翻车,因此必须对疲劳断裂给予足够的重视。

一、疲劳断裂的基本原理

零件在使用中发生的断裂,绝大多数是疲劳断裂,有文献指出:在机械零件的断裂中,有 80% ~90% 是疲劳断裂。所以,如何提高材料和零件的疲劳抗力,避免或延缓疲劳断裂的发生,一直是人们普遍重视的问题。

零件疲劳断裂一般分为裂纹萌生(成核)阶段、疲劳扩展第一阶段、疲劳扩展第二阶段和瞬时断裂阶段。

1. 疲劳裂纹萌生(成核)阶段

萌生阶段尚无明确的定义,从微观角度看,显微裂纹尺寸达到 $1\times 10^{-3} \sim 2.5\times 10^{-2}$ mm 以前定为萌生阶段。但在工程上是以裂纹扩展到 0.05 ~0.08 mm 以前为萌生阶段。

大家都知道,裂纹源一定是在应力集中处,而且一般是在金属的表面。只有内部有较严重的金属组织缺陷时裂纹源才产生于内部或表层下部。但从组织结构的微观角度来看,裂纹将萌生于滑移高度集中的地方。

2. 疲劳裂纹的扩展

由于各晶粒的位向不同以及晶界的阻碍作用,随着裂纹向内的扩展,裂纹逐渐转向和主应力垂直的方向;经强化处理的钢材,疲劳破坏第一阶段多出现沿晶界破坏,即呈现冰糖块金相结构。由于这类钢的塑性形变抗力较高,因此往往发生晶界裂纹;高温回火的钢材,疲劳破坏第一阶段多为穿晶破坏,而呈现为解理性质的羽毛金相结构。另外,在有应力集中的情况下,不出现疲劳破坏第一阶段,而直接进入疲劳裂纹的第二阶段。

3. 瞬时断裂阶段

由于疲劳裂纹不断扩展,使零件的有效承载断面逐渐减小,使应力不断增加,当应力超过材料的断裂强度时,则发生瞬时断裂,而形成最后断裂区。这部分断口与静载荷下带有尖锐缺口试样的断口相似,塑性材料断口为纤维状、暗灰色,脆性材料则呈结晶状。

疲劳裂纹扩展区与最后断裂区所占面积的比例,随所受应力的大小而变,当名义应力较小,而且又没有大的应力集中时,则疲劳裂纹扩展区增大;反之,则减小。因此,可根据疲劳断口上两个区域所占的比例估计所受应力和应力集中程度的大小。

二、减轻疲劳断裂危害的措施

影响疲劳断裂的因素是多方面的。因此,减轻疲劳断裂危害是设计人员、工艺人员、使用和修理人员的共同职责。同时,也只有在深入研究疲劳断裂机理、充分认识疲劳断裂的规律之后,才能根据这些知识提出减轻疲劳断裂危害的有效措施。

小　结

本章主要介绍了汽车零件的损伤规律,为了解汽车零件损伤形式以及汽车故障的一般形式打下一个理论基础,同时也为分析和查找汽车故障打下理论基础。

思 考 题

1. 阐述汽车零件磨损的过程。
2. 减少和预防汽车零件磨损的方法有哪些?
3. 疲劳断裂分为几个过程?分别简述每一个过程。
4. 汽车零件主要有那几种损伤形式?

第二章　汽车的拆检

第一节　汽车的拆检与零件清洗

一、汽车的拆检

汽车的拆检是将汽车拆检成总成、组合件,最后拆检成零件。拆检前应清洗外部,放出所有润滑油和冷却液。拆检时要严格遵守拆检规则和顺序,并保持作业场地清洁、整齐,因此要做到:

① 汽车和总成拆检时应按顺序进行,对有公差配合要求和不能互换的机件(如连杆和轴承盖、离合器等),在拆检时应检查和做记号。

② 正确使用机工具。

a. 钳子、扳手、螺丝刀不准代替手锤和铣子使用,各种扳手在使用时应注意受力方向。

b. 拆卸静配合的销、轴、衬套时,应用专用铣头和铜铣,不可直接敲打。

c. 拆卸齿轮、皮带轮时,应用压床和拉器,如无设备可用软金属对称的铣击非工作面。

③ 拆卸带有调整垫片的机件时(如转向机、减速器等),勿使垫片丢失或损坏。

④ 对锈死难拆的机件,可用汽油或煤油浸润,或者加热后再进行拆检,严禁硬砸猛敲,以防损坏机件和工具。

⑤ 拆下的螺丝、螺帽,如不影响修理加工可装回原位,或者分别放置以利装复。

⑥ 为了零件清洗方便,应将不同清洗方法的零件(如钢铁件、铝合金件、橡胶件和皮质件等)分别放置。

二、汽车零件的清洗方法

汽车零件拆检后表面有许多油污、积炭和水垢,为便于检验、分类和修理加工,必须清洗干净。

1. 清除油污

(1) 金属零件的清洗方法

① 冷洗法:用汽油或洗油作清洗剂,清洗后用压缩空气吹干。此种方法成本较高,但简便,适用于保养、小修和野战修理。

② 热洗法:用碱溶液作清洗剂,效果与洗油相同,但费用低,溶液配方如表2-1-1。清洗时溶液温度应保持在70 ℃~90 ℃,把零件放入、浸煮10~15 min,拿出后用水冲洗干净,再用压缩空气吹干。

为了防止铝合金零件被强碱腐蚀,所用清洗剂的配置与钢铁件有所不同。

表 2-1-1　清除汽车零件油污的溶液配方

材料	用量/g 品名 配方	苛性钠	碳酸钠	磷酸三钠	肥皂	硅酸钠	重铬酸钾	液态肥皂	水
钢铁零件	配方一	100						2	1 000
	配方二	7.5	50	10	1.5				1 000
	配方三	20		50		30			1 000
铝合金零件	配方一		10				0.5		1 000
	配方二		4			1.5			1 000
	配方三					1.5		2	1 000

（2）非金属零件的清洗方法

① 橡胶零件（如制动皮碗、皮圈等），可用酒精或制动液清洗，不能用汽油、洗油或碱溶液清洗，以防膨胀变质。

② 皮质零件（如皮质油封等），一般用干布擦净。

③ 离合器和制动摩擦片，可用汽油清洗。

2. 清除积炭

清除积炭可用机械或化学方法，或两者并用。

① 机械方法：用刮刀、铲刀或金属刷将积炭清除。

② 化学方法：将化学溶液加热到 80 ℃～90 ℃，将零件浸泡使积炭软化后，用毛刷或棉纱擦拭干净。对铝合金件还应用热水将化学溶液冲洗干净。溶液配方见表 2-1-2。

表 2-1-2　清除积炭溶液配方

材料	用量/g 品名 配方	苛性钠	碳酸钠	硅酸钠	肥皂	重铬酸钾	水
钢铁零件	配方一	25	33	1.5	8.5		1 000
	配方二	100				5	1 000
	配方三	25	31	10	8	5	1 000
铝合金零件	配方一		18.5	8.5	10		1 000
	配方二		20	8	10	5	1 000
	配方三		10		10	5	1 000

第二节　汽车零件的检验与分类

汽车零件的检验与分类是车辆维修工作中的重要环节，直接影响到修理质量和材料的消耗。因此,汽车零件清洗后,应严格按照技术标准和零件检验的方法进行分类,同时还应了解零件磨损的一般规律。

一、零件磨损的一般规律

1. 零件磨损的基本形式

汽车零件的磨损,除与零件的材料有关外,还与加工精度、装配质量、摩擦类型、零件相对运动的速度、承受的负荷、润滑油质量及工作温度有关。归纳起来磨损形式有以下四种。

(1)机械磨损

汽车上许多配合的零件,表面虽经加工处理,看起来十分光滑,但微观是凹凸不平的,当磨损表面直接接触并受到压力时,表面凸起部分将互相嵌入,在相对运动中,凸起部分便产生变形,最后形成金属微粒脱落,即形成了机械磨损。

(2)磨料磨损

在机械磨损中脱落的金属微粒、润滑油中的杂质、空气中的灰尘和碳渣等均会形成磨料,这些磨料进入零件摩擦表面使零件表面产生擦伤或刮伤,加速了零件的磨损。

(3)黏着磨损

摩擦机件在相对运动中,当法向载荷和滑动速度都很大时,摩擦表面温度升高,润滑油膜被破坏,严重时零件表面金属层软化或熔化,接触点产生黏着。形成黏着、撕脱、再黏着的循环过程,使接触表面的材料从一个表面转移到另一个表面,这种现象叫黏着磨损。

(4)腐蚀磨损

互相配合零件的摩擦面之间,往往有酸性物质产生,这些酸性物质会逐渐渗透并扩散到金属内部形成氧化膜。这些薄膜又因表面摩擦而脱落,造成腐蚀磨损。

2. 零件磨损特性

汽车零件虽然所处的工作条件不同,引起磨损的主要原因也不完全一样,但是许多实践证明,其磨损增长速度是相似的,正常的磨损一般分为三个阶段。

(1)磨合阶段

包括生产磨合和走合磨合(初驶磨合)两个阶段,这一阶段磨损增长较快。因为新组装车辆零件表面比较粗糙,加工和装配的误差使相配零件接触面积较小,单位面积负荷增大,零件表面凹凸部分嵌合紧密,在摩擦力作用下,大量金属微粒脱落进入润滑油中,使磨损速度增长很快。

(2)正常磨损阶段

经过磨合阶段后,零件表面粗糙度降低,各配合零件在正常情况下工作,润滑条件也得到改善。因此,磨损比较缓慢。

(3)加速磨损阶段

零件间配合间隙增大,超过允许限度,工作时产生冲击和振动,破坏润滑,使磨损急剧增加。

二、零件检验的方法

1. 检视法

这是一种不用仪器,用眼看、手摸、耳听来检验和判断零件技术状况的方法。因简单易行,

在实践中应用较广,具体分为:

(1) 目测法

对零件表面毛糙、沟槽、明显裂纹、刮伤、剥落、破损以及重大变形,严重磨损、烧蚀及橡胶件变质等,均可通过眼看、手摸或借助放大镜观察来检验零件。

(2) 敲击法

汽车上部分壳体或用铆钉连接的零件,均可用敲击听音的方法检验,声音清脆,说明技术状态良好,若声音沙哑,可以判定此零件有裂纹、松动或结合不紧密。

(3) 比较法

用标准件与被检验的零件相对比来鉴别被检零件的技术状态。如弹簧自由长度及负荷下的长度,滚动轴承质量等。

2. 测量法

通过仪器或量具检验零件的尺寸,根据零件使用的技术标准来确定零件的技术状态。通常使用的量具和仪器有:百分表、千分尺、游标卡尺、厚薄规、测齿卡尺、样板及弹簧检验仪等。使用这些量具和仪器检验零件准确、精度高。

3. 探测法

用于对零件隐蔽缺陷的检验,如对曲轴、转向节等细微裂纹的检验。常用的有以下两种方法。

(1) 浸油敲击法

先将零件浸入煤油或柴油中片刻,取出后将表面擦干,撒上一层白粉,然后用小锤轻敲其非工作面,如有裂纹,由于震动浸入裂纹的油渗出,使裂纹处的白粉呈黄色线痕,根据线痕即可判定裂纹位置。

(2) 磁力探伤法

磁力探伤是用探伤仪将零件磁化,如零件表面有裂纹,在裂纹部位磁力线就会被中断而形成磁极,建立自己的磁场,若在零件表面撒上细微颗粒的铁粉,铁粉被磁化吸附在裂纹处,从而暴露出裂纹的位置和大小。

零件经磁化检验后会留下部分剩磁,必须彻底退去,否则在使用中会吸附铁屑,产生磨料磨损。如采用直流电磁化的零件,只要将电流方向改变,并逐渐减小到零即可退磁。在实际工作中,为简便起见,也可敲击磁化零件的非工作面,达到退磁目的。

磁力探伤只能检验钢铁零件裂纹的部位和大小,但检验不出其深度。另外,由于有色金属零件、硬质合金等不受磁化,故不能用磁力探伤。

三、零件的分类

汽车零件检验后,可根据《汽车修理技术标准》把零件分为:堪用、待修、报废三类。

堪用:指符合大修技术要求,可继续使用的零件。

待修:指经修理后可达到技术要求的零件。

报废:指不能修理或无修理价值的零件。

零件经检验分类后,应填写《零件检验登记表》以便送修和备料,同时对待修零件应写上送修号码及加工部位,对加工部位的修理方法可按修理方法的符号标在零件上。

四、汽车零件的修理方法

汽车零件的修理可分为换件修理和原件修理两种基本方法。所谓换件修理就是以新件替换报废件,方法简单、迅速,适用于野战条件下抢修车辆。原件修理种类很多,主要有机械加工、焊接、热喷涂、电镀和黏接加工等。在修复零件时应根据零件材料的性质、工作条件、损坏程度等,选择适当的修理方法,恢复零件的技术状态。

第三节 发动机的分解

一、从车上拆下发动机

① 放出机油和水,关闭油箱开关。
② 拆下蓄电池接柱上的火线,再拆下发动机上的全部电线。
③ 拆下散热器及发动机上各附件总成,如喷油泵、喷油器、涡轮增压器、化油器、汽油泵(汽油发动机)、水泵、机油滤清器、分电器(汽油发动机)和发电机等。
④ 拆下离合器拉杆,再拆下变速器。
⑤ 拆下发动机拉杆及前、后支架螺栓。
⑥ 将发动机吊下或抬下。

二、发动机的分解

① 拆下起动机、发电机、空压机、分电器传动轴(汽油发动机)等附件。
② 拆下气门室罩盖。
③ 拆下摇臂和摇臂轴总成,从气缸盖两端向中间卸下气缸盖螺栓,用木锤或手锤柄在气缸盖四周轻击,不准用螺丝刀撬气缸盖,要平稳地将气缸盖拆下,取出气缸衬垫。注意热车禁止拆卸气缸盖,以免缸盖变形。
④ 拆下进、排气歧管和气门,气门无记号时应做记号。
⑤ 检查离合器与飞轮有无记号。无记号应在相应的位置上做记号,然后按对角方向均匀地卸下离合器固定螺丝,取下离合器总成。
⑥ 拆下油底壳、机油泵及油管。
⑦ 拆下活塞连杆组:
　a. 转动曲轴使活塞处于下止点位置,检查连杆大头有无顺序记号,无记号时应在连杆大头上用钢字或铳子打上记号。
　b. 拆下连杆螺帽,取下连杆大头轴承盖和调整垫片,并按顺序放好,以防混乱。
　c. 推动连杆,使之与轴颈分离,用手锤柄将活塞连杆组向上推,从气缸内取出活塞连杆组,如缸口磨损严重呈台阶形,应先把缸肩刮掉,以免抽取活塞连杆组困难,其至损坏活塞环。
　d. 活塞连杆组抽出后,应将连杆大端轴承盖、调整垫片和螺帽按原样装回,以免错乱。
⑧ 拆下起动爪,用拉器拉下曲轴皮带轮。
⑨ 拆下正时齿轮盖及衬垫,检查正时齿轮有无装配正时记号,无记号时应做记号。拆下凸轮轴止推凸缘固定螺丝,平稳地抽出凸轮轴。

⑩ 将发动机倒放,拆下主轴承盖(若无顺序记号应做记号),抬下曲轴并放好。
⑪ 拆下飞轮壳,保存好飞轮壳定位销。
⑫ 分解活塞连杆组:

  a. 用活塞环钳拆下活塞环。无活塞环钳时,用两手拇指将环口扳开少许,两中指护着活塞环的外圆,将活塞环拆下。

  b. 拆下活塞销锁环,用铜铳铳出活塞销。

小　结

  本章主要介绍了汽车拆检的一般规律和方法,同时介绍发动机分解的一般方法和顺序,重点要求掌握汽车的拆检、零件清洗以及零件的检验,并选用合理的修理方法。

思 考 题

1. 零件的检验方法主要包括哪些?
2. 经过检验后的零件主要分几类? 其定义分别是什么?
3. 汽车维修主要包括几种方法?

第三章 气缸体与气缸盖的维修

第一节 气缸体与气缸盖的检验方法

一、气缸体与气缸盖破裂的检验与修理

气缸体与气缸盖的破裂,多发生在气门座附近和水套薄壁处。破裂的主要原因有:在冬季停放车辆时,未使用有效防冻液,因水结冰而胀裂气缸体或气缸盖;在严寒的冬季冷启动时骤加高温热水,或在发动机高温情况下骤加冷水,都会使缸体突然膨胀或收缩不一致而激裂;拆装或搬运不慎,使气缸体严重受震、碰撞,造成外部裂纹或损伤。

1. 气缸体与气缸盖破裂的检验

(1) 水压试验

将气缸盖及气缸衬垫装在气缸体上,将盖板装在气缸体前壁进水口处,并用水管与水压机连通,其他水道口封闭,然后将水压入水套,在不小于 150 kPa 的压力下,保持 5 min,用 80 ℃~90 ℃的热水进行试验效果更好。

(2) 气压试验

在没有水压机的情况下,可向水套内注入自来水,用气泵或打气筒向注入水的水套内充气,借助气体压力检查渗漏部位。为防止水气倒流,试验时应在充气管与气缸体水管接头之间装一单向活门。

2. 气缸体与气缸盖破裂的维修

① 除燃烧室、气门座附近等高温部位外,其他部位的裂纹或破洞可采用环氧树脂胶黏接修复。

② 裂纹若在受力不大的部位,长度在 50 mm 以下时,可采用螺钉填补;如裂纹较长或破洞较大,可用补板封补。

3. 裂纹若在受力较大部位,应用焊修法修复

经修补的气缸体和气缸盖,仍需进行水压试验,确无渗漏才能使用。

二、气缸体与气缸盖平面的检验与维修

气缸体与气缸盖在发动机工作过程中,由于缸盖螺栓扭力不均匀,或在高温下拆卸气缸盖,将会引起气缸体和气缸盖平面翘曲、拱曲变形;在装配时,缸盖螺栓扭力过大,使螺孔周围的金属凸起,从而破坏了零件的几何形状,使配合表面的相对位置偏差较大。变形超过允许限度时将会引起漏水、窜气、冲坏气缸衬垫等,因此需认真检查和修理。

(1) 检查方法

气缸体、气缸盖的结合面是否平正,可用平板接触法检查,也可用平尺和厚薄规检测,技

要求见表 3-1-1。

表 3-1-1 气缸体与气缸盖平面度公差   mm

测量范围	发动机气缸数	铸铁缸盖	铝合金缸盖	气缸体上平面
任 50×50		0.010	0.020	0.010
整个平面	四 缸	0.050	0.075	0.075
	六 缸	0.075	0.100	0.100

（2）修理方法

气缸体、气缸盖结合面凹陷或拱曲超过上述规定时，应进行修整：

① 气缸体平面螺孔周围有凸起，可用油石、平面砂轮修磨，或用细锉刀修平。

② 铸铁气缸体和气缸盖不平，可用铣、磨的加工方法修复。

③ 气缸盖的翘曲，可用敲压法校正。先将厚度约为变形量 4 倍的钢片垫在气缸盖两端与平板间，把压板放在气缸盖中部，拧紧螺母，使气缸盖中部的平面与平板贴合。用小锤沿气缸盖筋部敲击 2、3 遍，停留 5 min 后，将压板移装到气缸盖全长的 1/3 处敲击，最后再移装到另一端 1/3 处进行压校敲击。气缸盖不平经过修磨后，厚度变薄，燃烧室容积变小，从而增大压缩比。因此，当气缸盖厚度比原标准厚度小 2 mm 时，应更换新气缸盖或更换加厚气缸垫继续使用。

三、气缸体与气缸盖其他部位的维修

1. 水道口腐蚀的修理

铝合金气缸盖水道口容易腐蚀，轻者可采用环氧树脂胶黏补，重者采用堆焊后重新开水道口，也可采用补板镶补。

2. 螺孔损坏的修理

螺孔损坏一般是由于冲击磨损和金属腐蚀引起的，最常见的是滑扣，螺柱安装不当或扭力过大还会引起螺孔胀裂。螺孔螺纹损坏超过 2 丝扣以上时，可用镶套法修复，将损坏的螺孔按一定尺寸扩大并攻出新的丝扣，拧入有外螺纹的螺套，然后将螺套内的螺纹加工成与原规格相同的螺纹，也可将损坏螺孔扩大再配用台阶形的螺栓。

第二节 气缸的维修工艺

一、气缸的磨损

气缸经过长期使用后，其尺寸和形状的改变称为气缸磨损。气缸磨损后，将引起发动机技术性能变坏，因此发动机是否需要大修，主要取决于气缸的磨损程度。研究气缸的磨损规律及原因，不仅对检验气缸磨损程度有一定的指导意义，更重要的是针对气缸的磨损规律及原因，在使用和维修中采取有效措施，减少气缸磨损，延长发动机的使用寿命。

1. 气缸磨损的规律

发动机在使用中，气缸表面在活塞环运动区域内磨损较大且不均匀。从气缸的纵断面看，磨损最大部位一般在活塞到达上止点时，第一道环所对应的气缸壁处，使气缸磨损后形成了上

大下小的形状,俗称"锥形",如图3-2-1所示。从气缸横断面看,气缸磨损后失去了原来的正圆形状,一般在进气门的对面磨损较大,俗称"失圆"。从气缸的纵断面看,气缸上口活塞环不接触的部位几乎没有磨损,形成一明显"台阶",俗称"缸肩"。在特殊情况下,气缸可能出现中部磨损最大,俗称"腰鼓形"。

气缸磨损超过一定限度后,将破坏与活塞、活塞环的正常配合,造成气缸漏气、窜机油,使发动机动力下降、油耗增加、可靠性降低甚至不能工作。

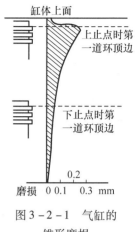

图3-2-1 气缸的锥形磨损

2. 气缸磨损的原因

气缸磨损的原因是多方面的,其主要原因有以下几个方面:

(1) 压力的影响

发动机工作时,活塞环在自身弹力和传递到环内壁上的气体压力作用下,压紧在气缸壁上,当活塞在气缸中往复运动时,活塞环与缸壁发生相对摩擦而产生磨损。磨损的程度取决于活塞环作用在气缸壁上正压力的大小,正压力愈大,润滑油膜的形成和保持愈困难,使机械磨损加剧,在做功冲程,当发动机气缸内燃气压力约为3 920 kPa时,第一道环背面的压力约为2 940 kPa,第二道环背面的压力约为735 kPa,第三道环背面的压力约为294 kPa,如图3-2-2所示。该压力将随着活塞的下行、气缸容积的增大而降低,这样,造成了活塞环对气缸壁的压力上大下小,使气缸磨损呈上大下小的锥形。

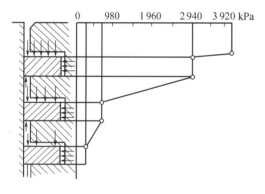

图3-2-2 活塞环背面压力示意图

(2) 润滑不良

发动机在工作中,由于气缸壁是靠激溅润滑。上部润滑油供应比较困难,同时气缸上部燃烧温度较高,不易在气缸壁表面形成良好的油膜,甚至润滑油可能被烧掉。

(3) 酸性腐蚀物质的影响

酸性腐蚀物质的产生取决于气缸壁的温度。当气缸壁的温度低时,气缸内的水蒸气会在缸壁上凝聚成水珠,废气中的酸性气体分子遇到水后将溶解生成酸性物质(如硫酸、碳酸等),这些酸性物质附在缸壁上腐蚀缸壁,使缸壁表面组织结构松散、强度降低,当活塞在气缸内运动时,在活塞环的作用下金属腐蚀物质被刮去,造成腐蚀磨损。腐蚀越严重,磨损越厉害。反之,气缸壁温度较高,水蒸气不易凝聚成水珠,酸性气体不能溶解将随废气排出,腐蚀性较小,但温度过高时,机油黏度低,不易形成油膜,抵抗腐蚀的作用几乎不存在,腐蚀和机械磨损加剧。同台发动机,由于各缸冷却效率不同,所受到的腐蚀程度也有所区别。如进气门对面,一缸前壁和六缸(或四缸)后壁,冷却效率较高,其腐蚀就较严重,磨损也就较大。一般认为,腐蚀磨损是造成气缸"失圆"的主要原因。

(4) 磨料的影响

空气中的灰尘、碳渣或润滑油中的杂质,夹持在活塞环与缸壁之间,当活塞上下往复运动时形成有害磨料。由于活塞在气缸中部运动速率最大,磨料对缸壁的磨削作用最严重,故使气缸磨损成"腰鼓形"。

此外,修理时选用的材料质量差,维修质量不好,如缸壁粗糙度超过要求、活塞销座孔倾斜、连杆弯扭等,都会使气缸产生不正常的磨损。

3. 减少气缸磨损的主要措施

① 冬季启动后应预热发动机,做到水温低于40 ℃时不起步。运行中,应使发动机冷却水保持在正常温度(80 ℃~90 ℃)范围。

② 加强保养,及时清洁空气滤清器,禁止拆除空气滤清器行驶。

③ 经常检查机油的数量和质量,及时清洗机油滤清器。

④ 提高维修质量。

二、气缸的测量及气缸孔磨损使用极限

1. 气缸的测量

气缸测量的目的主要是通过测量气缸的磨损程度,根据气缸的磨损量确定发动机的技术状态。气缸磨损超出使用极限,则应更换缸套或对气缸进行镗磨修理。

气缸的磨损情况通常用内径量表(也叫量缸表)进行测量,测量方法如下:

① 将百分表装入表杆下端孔内,当表针稍有摆动,即可用锁紧螺母将百分表固紧,一般表面与活动测杆在同一方向。

② 根据所测气缸直径,选择长度合适的接杆,旋上固定螺母,将接杆装入量缸表杆下端的接杆座内。

③ 将量缸表的测杆插入气缸上部,调整接杆长度,当表针转动1~1.5圈时为合适,而后拧紧接杆上的固定螺母。

④ 根据气缸的磨损规律,在活塞环行程内找出气缸磨损最大处,转动表盘使"0"位对正指针。测量时应前后摆动量缸表,使测杆垂直于气缸轴线,测量才能准确(前后摆动量缸表,表针均指示到某一最小值时,即表示测杆已垂直于气缸轴线)。

⑤ 将量缸表上移至缸肩处或在气缸内找一最小直径处,此时表针所指的位置与表上"0"位之差,即为气缸的磨损量。

⑥ 取出量缸表,用外径千分尺测量量缸表在气缸内最大直径处的测杆长度,即为气缸磨损后的最大直径。

2. 气缸孔磨损的使用极限

气缸孔磨损超出使用极限,则应更换缸套或对气缸进行镗磨修理。表3-2-1列出了几种发动机活塞与气缸的配合间隙及其极限值。

表3-2-1 活塞与气缸的配合间隙及使用极限

机 型	活塞与气缸的配合间隙/mm	极限值/mm
(大柴)CA6110	0.142~0.170	0.250
(康明斯)EQ6BT5.9	0.101~0.179	0.275
(斯太尔)WD615	0.143~0.182	0.350

三、气缸的修理

1. 湿式气缸套的换配

(1) 取出旧缸套

拆除旧缸套时,可轻轻敲击缸套底部,用手或拉器取出。气缸体内的金属锈、污垢应清除干净。气缸套与气缸体的结合处及密封圈接触的气缸体孔壁必须光滑,防止因凹凸不平而漏水。

(2) 换配新气缸套

气缸体上下承孔的圆柱度公差为 0.015 mm,承孔与气缸套的配合间隙为 0.05~0.15 mm。

在安装前,应先将未装密封圈的气缸套放入承孔内,把气缸套压紧时气缸套端面应高出气缸体上平面 0.03~0.24 mm,各缸高出差不大于 0.03 mm,过高可锉修气缸套上平面,过低可在气缸套突缘下垫紫铜丝调整。气缸套压入时,应装上新的涂有白漆的橡胶密封圈,以防漏水。

(3) 注意事项

气缸套因压入时用力不大,气缸套内径受影响较小,因而通常不进行光磨加工;若气缸套压入后,气缸的圆度或圆柱度误差增大时,应拉出气缸套,检查和修整承孔的锈蚀部位。气缸套压入后,密封圈不得变形,应密封良好,必要时,进行水压试验,以不渗漏为合适。

2. 干式气缸套的镶配

(1) 选择气缸套

气缸套外表面粗糙度应不超过 0.80 μm;圆柱度公差不超过 0.02 mm;缸套下端外缘应有 3×15° 或 10×45° 的倒角。

(2) 取出旧缸套

旧缸套可用专用工具拉出,如图 3-2-3 所示,或用镗缸机镗掉。旧缸套取出后,应检查缸套承孔是否符合要求。缸套与承孔配合应有适当的过盈量,一般发动机缸套与缸孔的配合过盈量为 0.05~0.08 mm。

原来没有气缸套的发动机,镶配缸套应根据选用的缸套外径,将气缸镗至所需尺寸和应有的粗糙度。承孔表面粗糙度不超过 1.60 μm,圆柱度公差不大于 0.01 mm。有突缘的缸套,承孔上端应镗出突缘槽,突缘与槽的配合每边应有 0.05 mm 的间隙。旧承孔与新选缸套的配合如不符合要求时,应把承孔镗至所需尺寸。

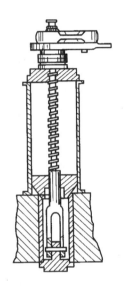

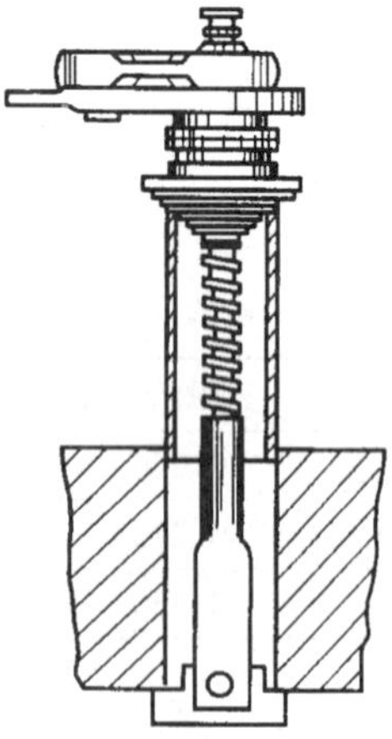

图 3-2-3 拉出旧缸套

(3) 新气缸套的压入

清洁气缸和气缸套后在缸套的外壁上涂以机油,插入气缸用直角尺找正,用压床或专用工具压入,如图 3-2-4 所示。在压入过程中,如遇阻力突然增大,应立即查明原因。为防止变形,应隔缸压入。EQ6BT 型发动机缸套压入气缸体之前应放入冰箱内冷却到 -20 ℃,保持 1 h 以上;将每个缸孔内表面涂以 loctite 620(乐泰 620)胶,这种胶具有抗高温、抗腐蚀的作用,能有效地保护缸体与缸套的过盈配合;双手戴好防护手套,将冷冻后的气缸套(外径减少 0.05~0.07 mm)压入气缸孔,然后用一个专用工具轻轻敲打缸套,使缸套与气缸孔的下止口充分接触(注意:止口面一定要去尖角、毛刺,必须保持平整、无斜度)。

图 3-2-4 压入新缸套

(4) 修整平面

气缸套压入承孔后,其端面应与气缸体上平面平齐,如遇高出缸体平面可用锉刀修平。若突缘槽镗深,可在突缘下边垫以铜丝。

3. 气缸的镗削

（1）修理尺寸的选择

气缸磨损后，选配加大活塞、镗磨加工气缸内孔来恢复气缸与活塞的正常配合及气缸的圆柱度等技术要求，是常用的气缸修理方式。活塞、气缸的修理尺寸通常是在标准直径的基础上，每加大 0.25 mm 或 0.50 mm 为一级，逐级增大至 1.00 mm 或 1.50 mm。

确定气缸修理尺寸的方法如下：

根据磨损最大气缸的最大直径选取加大活塞，即确定气缸修理尺寸。所选活塞的直径加配缸间隙应稍大于磨损后的气缸直径。

$$修理尺寸 = 磨损最大气缸的最大直径 + 加工余量$$

加工余量一般取 0.10~0.20 mm。

（2）计算镗削量和镗削次数

镗缸前根据活塞和气缸的尺寸，按下式计算镗削量：

$$镗削量 = 活塞最大直径 - 气缸最小直径 + 配合间隙 - 磨缸余量$$

几种车型活塞与气缸的配合间隙见表 3-2-1。

磨缸余量一般应为 0.03~0.05 mm，不可过大也不可过小，过大不但浪费工时，还易把气缸磨出失圆或锥体；过小则粗糙度难以达到要求，不能保证质量。

镗削量确定后，再根据镗缸机每次允许的吃刀量确定镗削次数，一般铸铁气缸第一刀和最后一刀吃刀量为 0.05 mm。中间几刀可稍大，但不能超过镗缸机所规定的最大吃刀量。东风 TM1 型镗缸机最大吃刀量为 0.40 mm，在实际使用中，尽量不要用最大吃刀量，以延长镗缸机的使用寿命。

（3）镗缸工艺

现以东风 TM1 型镗磨缸机为例介绍镗缸工艺。东风 TM1 型镗磨缸机如图 3-2-5 所示。

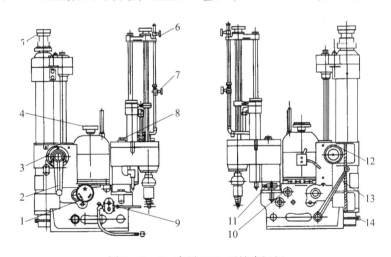

图 3-2-5　东风 TM1 型镗磨缸机

1—调速盘；2—刀杆升降手柄；3—自动走刀离合器；4—磨刀盘；5—定中心手轮；
6,7—磨头行程调节螺钉；8—加油孔螺塞；9—冷却油泵；10—磨缸离合手柄；
11—磨头箱锁紧螺钉；12—镗缸行程刻度盘；13—机座固定扳手；14—定心指

焊补气缸体、镶气缸套会引起气缸变形，这些工作必须在镗缸前进行。

镗缸的工艺步骤如下:

① 清洁和修整平面:清洁气缸体上平面和镗缸机底部,并用细锉刀消除气缸体上平面不平度。

② 初步固定镗缸机:在欲镗气缸相邻的气缸内,安装镗缸机固定装置,使下端钩住气缸的下部,如图3-2-6所示。用扳手转动螺钉,使撑爪压紧在气缸壁上,把拉紧螺钉调整到适当高度,以镗缸机能固定紧为合适,把镗缸机压板的T形槽对正拉紧螺钉,使镗缸机镗杆对正欲镗气缸。

③ 选择和安装定心指:根据气缸直径选择一套长度相适应的定心指,清洁后插入镗杆的定心指孔内,并用弹簧箍紧,转动定心指旋钮,使定心指收缩。定心指共5副,每副3只,使用范围见表3-2-2。

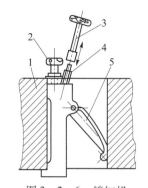

图3-2-6 镗缸机固定装置
1—气缸体;2—拉紧螺钉;3—扳手;螺钉撑爪;4—螺钉;5—撑爪

表3-2-2 定心指与刀架规格

类 别	定心指编号					刀 架	
	1	2	3	4	5	小刀架	大刀架
适用缸径/mm	65~77	76~88	87~99	98~110	109~116		
镗削直径/mm						65~95	90~115

④ 定中心:定中心是镗缸工艺中一项重要的工作,其方法有两种,如图3-2-7所示。

a. 同心法:就是将镗杆上的定心指降至气缸下部活塞环行程以外气缸磨损较小的部位定中心。此种方法能使所镗气缸的中心线与原气缸中心线重合,保证了配合精度。但是,用同心法定中心镗缸,要把气缸镗成正圆筒形,其镗削直径比较大,如图3-2-7所示中的D_1,使气缸的镗削次数减少。

b. 不同心法:是在气缸磨损最大部位定中心,这样镗出的气缸中心与原气缸中心略有偏移,如图3-2-7所示中OO_1。这时镗杆的轴心线移到O_1处,影响了配合精度,但它可以缩小镗削直径。如图3-2-7中的D_2,使气缸镗削次数增加。不同心法只适用于镶过套的气缸,没有缸套的气缸镗缸时定中心必须采用同心法,禁止使用不同心法,以免没镶套前使气缸中心偏移,永远得不到纠正。

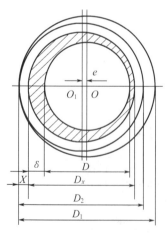

图3-2-7 镗缸的两种定中心方法
O—原气缸中心;O_1—最大磨损处气缸中心;
e—偏移量;D—原气缸直径;D_x—最大磨损处气缸直径;D_1—同心法定中心镗削直径;
D_2—不同心法定中心镗削直径;
X—加工余量;δ—磨损量

定中心时,将镗杆上的定心指降至活塞环行程以外(同心法定中心)或气缸磨损最大部位(不同心法定中心),拧转定中心手轮,使定心指外伸抵紧气缸壁,借心指的外伸力推动镗缸机,使镗杆处于气缸中心。为了定中心更准确,可松开手轮,使镗杆转动一个角度,再次定中心,然后将镗缸机牢固地固定在气缸体上,收回定心指,将镗杆升起。

⑤ 调节行程:根据所镗气缸深度,将行程刻度盘转

到所需的刻线位置,转动刻度盘时,不要用力过猛,以免超出刻线限位。

⑥ 选择刀架:镗刀架有两种规格,适用于镗削大小不同的气缸直径,选用范围见表3-2-2。根据所镗气缸直径,选择合适的镗刀架,将镗刀插入刀架上的镗刀孔内,刀头露出 8 mm 左右,将镗刀固定紧。镗刀架及镗刀如图3-2-8所示。

⑦ 调整镗刀:镗刀尺寸的调整,是把镗刀架放到专用千分尺上进行的,如图3-2-9所示。专用千分尺是用 0~25 mm 的外径千分尺改装的。镗刀的安装如图3-2-10所示,当把镗刀架放在专用千分尺上使刻度对准"0"时,镗刀架的长度是 55 mm,将长度为 55 mm 的刀架装入镗头的刀架孔内后,可知

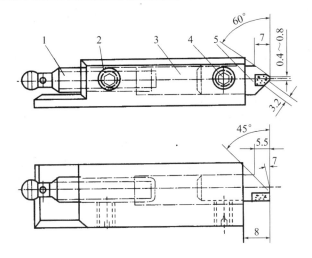

图3-2-8 镗刀架及镗刀
1—调整螺钉;2,4—固定螺钉;3—镗刀架;5—镗刀

$$R = A - K$$

式中　R——镗削半径;

　　　A——镗刀架长度,为 55 mm;

　　　K——孔壁到镗杆中心的距离,为 22.50 mm。

所以,$R = A - K = 55 - 22.50 = 32.50$ mm,即镗削直径为 65 mm。

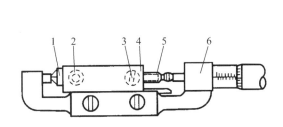

图3-2-9 镗刀的调整
1—镗刀;2,3—固定螺钉;4—刀架;
5—调整螺钉;6—千分尺

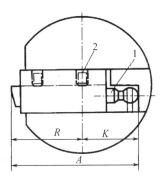

图3-2-10 镗刀的安装
1—调整螺钉;2—固定螺钉

从这种千分尺的结构可知,千分尺上的读数反映的既不是镗削半径,也不是镗削直径,而是当千分尺对准"0"时,减去镗削半径 32.50 mm 多余的数。因此,在已知镗削直径时,千分尺的读数按下式计算

$$千分尺的读数 = \frac{欲镗直径}{2} - 32.50$$

镗刀架尺寸的调整方法是将刀架的刀头顶住千分尺的砧,刀架放入千分尺底面槽内,如

所示。放松调整螺钉的固定螺钉,用调整螺钉把刀架的长度调整到所需尺寸后,将固定螺钉拧紧。将镗头上的刀架孔擦拭干净后,把刀架插入刀架孔内,用镗头上的固定螺钉把刀架固紧。

⑧ 选择镗头转速:镗头转速是指镗头每分钟旋转的圈数。调速盘上指示有高速和低速的转动方向,一般在粗镗时采用慢转速,精镗时采用快转速。调换转速,必须在电动机完全停止运转时进行。如果齿轮啮合不上,可一手握住电动机下的砂轮盘,转动电动机轴,一手转动调速盘,即可使齿轮完全啮合。只有在齿轮完全啮合后,才能开动电动机工作。

⑨ 接通电源进行镗削:接通电源前务必将带动磨头的离合手柄拉出,使磨缸部分和冷却油泵脱离运转。把镗刀降至缸口并转动镗刀,检查吃刀量是否合适,圆周各个方向吃刀量是否均匀一致,发现问题及时纠正,然后接通电源,将自动走刀离合器推入,即可自动走刀镗削。镗至预定深度后,镗杆便自动回升,回升完毕后,关闭电机开关。

镗完一刀后,应用量缸表检查镗削后的气缸直径是否与欲镗尺寸一致,若有误差应加以修正。

⑩ 缸口倒角:气缸镗好后,应用专用镗刀在气缸上口镗出 $1×75°$ 的倒角,以便于安装活塞连杆组。镗缸口倒角时,不易自动走刀,可用手握住镗杆升降手柄,慢慢转动使镗杆下降进行镗削。

气缸镗削后的质量要求:各缸应镗成同一级修理尺寸,气缸壁粗糙度不超过 $1.60~\mu m$;气缸轴线对气缸两端曲轴轴承孔公共轴线的垂直公差为 $0.05~mm$;缸内允许有深度不大于 $0.04~mm$ 的局部凹陷。

气缸镗削后严禁将活塞放入气缸内上下拉动,以防拉伤活塞。

4. 气缸的光磨

气缸光磨的目的是降低气缸壁表面粗糙度,获得活塞与气缸的正常配合间隙,以延长气缸与活塞环的使用寿命。

磨缸用珩磨机进行珩磨,如图 3-2-5,一侧为东风 TM1 型镗磨缸机附带的珩磨机构,图 3-2-11 所示为珩磨头。

(1) 磨缸工艺

① 清洁气缸:用冷却液将气缸壁上的铁屑清洗干净。

② 选择和安装油石:珩磨铸铁气缸,一般选用磨料为碳化硅(代号为 TL 和 TH 的绿或黑两种颜色),硬度为中软(ZR_1、ZR_2)或软(R_1、R_2、R_3),粒度粗磨时选用 180 或 240 号油石,细磨时选用 280 或 320 号油石。珩磨时,先粗磨至气缸还有 0.01 mm 磨缸余量时再细磨至气缸所需尺寸。油石安装到磨缸头上后,用外径卡钳检查磨头,锥形度应不大于 0.10 mm,否则,应在油石下面垫铜皮调整。

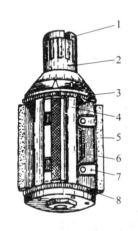

图 3-2-11 珩磨头
1—连接套;2—调整盘;3,8—箍簧;
4—磨头体;5—油石;
6—油石导板;7—油石压片

③ 调整磨头行程:磨缸用油石长度应与气缸的深度相适应,一般采用油石长度为 100 mm,油石伸出气缸上、下端的长度为 10~15 mm。若油石伸出过多,使气缸上、下端磨削时间相对增长,加上油石受离心力的作用,会将气缸上、下端磨成"喇叭口";若油石伸出过少,油石在气缸中部重叠距离增大,会将气缸磨成"腰鼓形"。磨头的

工作行程一般为:气缸的长度加上两端伸出的长度减去油石的长度,如图 3 – 2 – 12 所示。

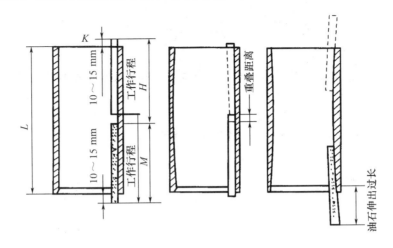

图 3 – 2 – 12　油石在气缸中上下运动的位置
L—缸套深度;M—油石长度;H—珩磨行程

④ 调整油石对气缸壁的压力:将磨缸头放入气缸内,转动调整盘使油石对缸壁有一定压力,即以磨头不能自由下落、上下拉动没有过大阻力为宜。

⑤ 冷却液:冷却液一般用煤油、柴油或在煤油中加入 15% ~20% 的机油。

⑥ 珩磨:磨缸时尽量使电机主轴、磨头和气缸中心线重合,以免磨偏。还应经常测量气缸直径,以防磨大,测量时发现锥形、失圆应及时消除。当磨至活塞与气缸的配合间隙合适时,用 240 号砂布包在磨头上,将气缸抛光。

(2) 东风 TM1 型镗磨缸机的磨缸工艺特点

① 把气缸体放在 1 000 mm × 800 mm × 100 mm(长 × 宽 × 高)的油盆里,用 100 mm 厚的方木把气缸体垫起,在油盆内放入清洁的冷却液。

② 清洁气缸体上平面和气缸,放上镗磨缸机,使磨缸杆对准待磨的气缸中心,装好磨头,用机座固定扳手把磨头箱锁紧螺钉拧紧,然后把镗缸机紧固于气缸体上。

③ 拧开加油孔螺塞,检查磨头箱内的油量,不足时应加入机油、机械油各 50% 的混合油,以保证磨头箱和油缸工作的需要。

④ 推进磨缸离合器手柄,把变速手轮置于空挡位置。按照所磨气缸深度,把两只行程调节螺钉调至所需行程后紧固。

⑤ 磨缸过程中测量气缸时,要松开磨头箱锁紧螺钉,卸下磨头,把磨头箱体移开,才能进行气缸测量。

(3) 气缸光磨后的质量要求

① 气缸壁粗糙度为 0.40 ~0.20 μm,采用经验检查方法,缸壁呈深蓝色或灰白色,无明显磨痕。

② 气缸的圆度公差为 0.007 5mm,圆柱度公差为 0.01 mm。

③ 活塞与气缸的配合间隙应符合规定。检查活塞与气缸的配合间隙,应以量缸表的测量为准。在实际工作中,也可采用经验检查方法,即将活塞倒置于气缸内,在最大直径处夹入规定厚度的厚薄规,用手推拉活塞,此时活塞能随手移动,没有过大阻力,配合间隙为合适。

活塞与气缸间隙配好后,应在活塞顶打上各缸缸号,以防错乱。

小　结

本章讲述了缸体、缸盖的检验及气缸的维修工艺,应重点掌握气缸的测量方法,了解气缸的镗磨工艺。

思 考 题

1. 气缸的一般磨损规律是什么?
2. 气缸光磨后的技术要求是什么?

第四章 活塞连杆组的维修

第一节 活塞连杆组常见故障分析与排除

活塞连杆组在使用中常见的故障主要有活塞敲缸响、活塞销响、连杆轴承响等。

一、活塞敲缸响

1. 故障

① 发动机怠速时,在气缸的上部发出清晰的"嗒嗒嗒"敲击声。
② 发动机低温时响声明显,温度升高后响声减弱或消失;怠速或中速时响声明显、清晰,中高速时一般减弱或消失。
③ 单缸断缸试验,响声减弱或消失。
④ 发动机在中速运转时,可用手抖动油门检查,一般在收油门的瞬间响声较明显。

2. 原因

① 活塞与气缸壁间隙过大。
② 气缸壁润滑条件不佳。
③ 活塞销与衬套装配过紧。
④ 活塞顶碰击缸盖衬垫或连杆变形。

3. 排除方法

① 可用听诊器具,放在气缸体上部察听,并结合断火试验,来确定哪个气缸发响。
② 经诊断初步确定为某缸发响后,为了进一步证实,可将发动机熄火,卸下火花塞,往气缸内注入少量机油,然后再装回火花塞启动发动机。如响声减弱或消失,过一会响声又出现或在启动着火后的几十秒钟内出现几响,随后即消失,过一会又出现几声响,则可断定此缸敲缸响。
③ 有时遇到"反上缸"的现象,即在断火试验时出现敲击响声,并由间响变为连响。这是由于活塞裙部锥度过大,致使头部撞击气缸壁所致。
④ 如冷车响,热车不响时,可继续运行。大修的车辆,温度在低于 40 ℃ 时,允许有轻微的响声。
⑤ 用螺丝刀接触气缸盖若感振动,说明活塞碰击缸盖衬垫。

二、活塞销响

活塞销响由两个部位产生:活塞销与衬套,活塞销与活塞座孔。

1. 现象

① 发动机怠速或者中速运转时,发动机的侧上部可听到"嗒嗒嗒"明显、清晰而尖脆的敲

击声。

② 由怠速往略低于中速急速抖动油门时,响声非常明显,且清脆而连贯。

③ 发动机温度升高,响声更明显。

④ 断火试验时,响声减弱或消失,而恢复工作时的瞬间,有明显的 1～2 个响声。

2. 原因

① 活塞销与连杆小头衬套配合松旷。

② 活塞销与活塞上的销孔配合松旷。

③ 机油压力过低,曲轴箱内机油飞溅不足,或连杆上的润滑油道堵塞而造成活塞销烧蚀严重。

3. 排除方法

① 断火试验时,响声明显。可将发动机稳定在响声较强的转速下逐缸断火试验:当断开某缸后,响声明显减弱或消失,并在复火的瞬间,能灵敏而突出地恢复响声,可断定此缸活塞销响。

② 如响声非常严重,并且发动机转速越高,响声越大,可在响声较大的转速下断火试验,如响声不但不消失,反而变得杂乱,一般是由于间隙增大到了一定程度的缘故。

③ 在发动机转速不断变化的情况下,将听诊器具触及在发响气缸的缸体上部或气缸盖上,可听出较清脆响声,也可在加机油口上听到活塞销的清脆响声。

三、连杆轴承响

1. 现象

发动机中等转速工作时,产生较重、短促、有节奏的响声。在中速范围内响声明显,在突然加速时,有短促而连续的"当、当"的敲击声。当发动机熄火 10～15 分钟后再次发动的瞬间,响声更加清晰。

2. 原因

① 连杆螺栓松动或折断。

② 连杆轴颈与轴承配合间隙过大。

③ 连杆轴承烧蚀或合金层脱落,润滑不良。

④ 轴承过长或过短,造成轴承断裂或转动。

3. 排除方法

① 机油压力下降,说明轴承间隙增大。

② 利用单缸断火法试验。若某缸断火时声响减弱或消失,而在复缸的同时响声又立即出现,说明是该缸的连杆轴承响。

③ 放尽机油,拆下油底壳检查。

a. 若发现机油中或油底壳壁上有轴承合金颗粒,说明连杆轴承合金脱落,应更换新的相同级别的轴承。

b. 检查连杆轴承盖螺栓是否松动,松动则应按规定力矩拧紧。若连杆轴承盖不松动,可用手上下推拉轴承盖进行检查,感觉旷量较大,说明连杆轴承磨损过大,应更换新的相同级别的轴承。

④ 如在车辆行驶中突然听到"唧唧唧"的响声,好像在缺乏润滑油的情况下,用大钻头在

材质坚硬的钢材上钻孔时发出的声音,一般是由于缺乏润滑油而烧瓦所发出的响声。出现这种响声时,曲轴有被抱住的可能。因此,应立即停车熄火并将车挂低挡推行数米。

第二节 活塞组的选配

一、活塞的选配

活塞的修理尺寸与气缸的修理尺寸相适应,分标准尺寸和加大尺寸。

发动机大修时,应根据气缸的磨损情况,选配活塞、确定气缸的修理尺寸,更换活塞时应注意以下几点:

① 同台发动机上,应选用同一厂牌、同级、同组活塞,以便使材料、性能、质量及尺寸一致。

② 同组活塞直径差应不超过 0.025 mm,其质量差一般不大于 8 g。否则,重新选配。

③ 活塞头部与裙部直径差、裙部圆度、圆柱度公差应符合技术要求。

二、活塞环的选配

活塞环应有与活塞、气缸相对应的修理尺寸。发动机大修时,应选用与气缸、活塞相同修理尺寸的活塞环。目前有的配件生产商,已将活塞、活塞环及活塞销,经选配按不同的规格成套供应,这样既方便了修理,又可提高修理质量。

为了保证活塞环与活塞环槽、气缸的良好配合,在活塞环的选配中,应做好以下的检查:

(1) 端隙

活塞环留有端隙,是为防止活塞受热膨胀后卡死在气缸内。端隙值如表 4-2-1 所示。

检查活塞环端隙时,将活塞环平正的放入气缸内,用活塞顶部将其推平,然后用厚薄规测量开口处间隙,如图 4-2-1 所示。端隙过大时,应重新选配活塞环;端隙过小时,应对环口的一端加以锉修,如图 4-2-2 所示。锉修时应注意环口平整;锉修后外口应去掉毛刺,以防锋利的环口拉伤气缸。

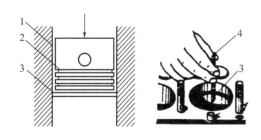
图 4-2-1 测量活塞环端隙
1—气缸;2—活塞;3—活塞环;4—厚薄规

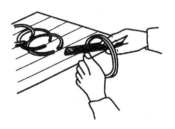
图 4-2-2 锉修活塞环

(2) 侧隙

一般第一道环为 0.05~0.09 mm,其余各道环为 0.03~0.07 mm。侧隙过大,将影响活塞

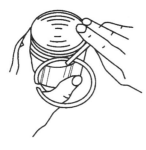

图 4-2-3 检查
活塞环侧隙

环的密封作用;侧隙过小,活塞环受热膨胀后可能卡死在环槽内。

检查活塞环侧隙时,将活塞环放入环槽内,用厚薄规按图4-2-3所示的方法测量。

(3) 背隙

背隙即活塞环安装在活塞上放入气缸后,活塞环内圆面与环槽底之间的间隙。因此间隙难以直接测量,通常背隙以槽深与环厚之差来表示。一般应低于槽岸0~0.75 mm,过低会漏气、窜油,应重新选配。

常用车型活塞环的装配间隙见表4-2-1。

表 4-2-1 活塞环装配间隙

机 型			EQ6BT	WD615.77	CA6110
端隙/mm	气环	第一道	0.40~0.70	0.40~0.60	0.45~0.65
		其 余	0.25~0.55	0.25~0.40	0.45~0.65
	油环		0.25~0.55	0.35~0.55	0.35~0.55
侧隙/mm	气环	第一道	0.095~0.115		0.060~0.095
		其 余	0.085~0.130	0.07~0.12	0.040~0.075
	油环		0.040~0.085	0.050~0.085	0.040~0.075
背隙	气环		一般为环低于槽岸 0~0.75	一般为环低于槽岸 0~0.35	一般为环低于槽岸 0~0.75
	油环				
使用限度/mm	气环			端隙:1.50 气环侧隙:0.28 油环侧隙:0.26	端隙:1.50 侧隙:0.20
	油环				

检查活塞环侧隙、背隙的经验方法是:将活塞环装入活塞环槽内,并能转动自如,无松旷感觉,环低于槽岸为合适。

三、活塞销的选择

发动机大修时,与活塞一起更换新的活塞销。一般情况下,活塞销座孔上、活塞销端面、连杆小头上都有相应的颜色标记,不同的颜色表示不同的配合公差带,选配时按照颜色配对选配活塞、活塞销。活塞销的质量要求是:表面粗糙度应不超过 0.20 μm;无锈蚀斑点;圆柱度公差不大于 0.001 25 mm;应选配同厂、同级、同组活塞销,以便使质量、尺寸一致。

第三节 连杆衬套的修配

一、连杆衬套的选择

连杆衬套外径与连杆小头孔的配合应有一定的过盈量,以保证衬套在工作时不走外圆。

连杆衬套与连杆小头及活塞销的配合应符合表4-3-1的规定。

表4-3-1 连杆衬套与连杆小头及活塞销的配合

机 型	衬套与连杆小端孔/mm		衬套与活塞销/mm	
	原厂规定	大修允许	原厂规定	使用限度
EQ6BT	-0.14 ~ -0.06		+0.049 8 ~ +0.070 2	
WD615.77	-0.145 ~ -0.065		+0.045 ~ +0.066	+0.10
CA6110	-0.240 ~ -0.147		+0.030 0 ~ +0.047 5	+0.10

全浮式活塞销与连杆衬套的配合要求是在常温下应有一定的配合间隙,见表4-3-1,接触面应达到75%以上。

二、衬套的修配

活塞销与衬套的正确配合是通过对衬套的铰削和镗削加工来实现的。

1. 连杆衬套的铰削加工

(1) 选择铰刀

根据活塞销的标准尺寸选择合适的铰刀,铰刀选好后将其正直地夹在虎钳上。

(2) 调整铰刀

第一刀通常做试验性铰削,调整到刀片上端露出连杆衬套上平面3~5 mm即可,以后各刀的调整也不宜过大,一般当铰削量较大时,可扭转调整螺帽60°~90°;铰削量较小时,可扭转调整螺帽30°~60°。每次的吃刀量不可过大或过小,否则会使连杆在铰削中跳动,而铰出棱坎或喇叭口。

(3) 铰削

铰削时,一只手握住连杆小头,并向下略施压力,另一只手托住连杆大端,均匀用力按顺时针方向扳动连杆进行铰削。铰削中应使连杆轴线与铰刀轴线垂直,以防铰偏,如图4-3-1所示。当衬套下端与刀刃下方平齐时,应停止铰削,将连杆小头下压,使之从铰刀下方脱出,以免铰出棱坎和喇叭口。在铰刀直径不变的情况下,将连杆翻面再重铰一次,以防出现锥体。

(4) 试配

在铰削中应不断用活塞销试配,以防铰大。当铰削到用手掌能将销子推入衬套的1/3~2/5时,停止铰削,将销子压入或用手锤垫铜铳打入衬套内,并夹在虎钳上,往复扳动连杆,研磨后将活塞销铳出,查看接触印痕情况进行修刮。

(5) 修刮

根据接触印痕和松紧度进行修刮。其要领是:刀与衬套的修刮面成30°~40°角,以免修刮面积过大,未接触的部位也被刮掉。修刮时应按由里向外、刮重留轻、刮大留小的原则进行,开始时两端边缘应少刮或不刮,防止刮成喇叭口,待松紧度和接触面接近合适时,再稍修刮两端。当修刮至能用手掌的力量将销子推入衬套时,松紧度为合适,如图4-3-2所示,接触面应达到75%以上。

2. 连杆衬套的镗削加工

为了提高衬套的维修质量,可用车床或专用小型镗削机进行镗削加工。镗削时应依活塞销的尺寸进行,并使其有一定的配合间隙;衬套孔的粗糙度应不超过 0.40 μm;圆度和圆柱度公差应不大于 0.002 5 mm。

连杆衬套的加工除铰削和镗削外,还可用油压拉床带动拉光刀对连杆衬套进行拉削加工。

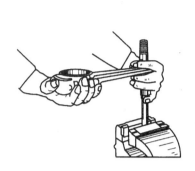

图 4-3-1　铰削连杆衬套

图 4-3-2　连杆衬套的试配

有的先用活动铰刀对衬套进行铰削,留出微小余量(一般为 0.02~0.03 mm),再用挤光刀挤光,这样可降低衬套的粗糙度,提高耐磨性,还可使衬套与连杆小头孔进一步贴合。

第四节　连杆弯曲、扭曲的检验与校正

连杆大、小端承孔的轴心线应在同一平面内,其平行度误差(弯曲)应不大于100∶0.03;在与此平面垂直的方向,轴心线的平行度误差(扭曲)应不大于100∶0.06;连杆大、小头端中心误差一般为 ±0.05 mm。

一、连杆弯曲和扭曲的检验

连杆弯曲和扭曲的检验,一般都在连杆检验器上进行,如图 4-4-1 所示。

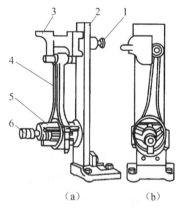

图 4-4-1　连杆检验器
(a) 弯曲检验;(b) 扭曲检验
1—小角铁固定螺钉;2—垂直板;3—小角铁;
4—连杆;5—定心块;6—横轴调整螺栓

① 将连杆大头的轴承盖装好(不装轴承),将连杆螺栓螺帽按规定扭力扭紧,并将活塞销装入已铰好的连杆衬套内。

② 把连杆大头装在检验器横轴上,拧动横轴上的调整螺栓,使定心块向外扩张,把连杆固定在检验器上。

③ 将小角铁下移,使其下平面靠在活塞销上,拧紧小角铁固定螺钉,观察小角铁下平面与活塞销的接触情况,即可检查出连杆弯曲的方向和程度,如图 4-4-1 (a) 所示。

④ 在检验弯曲的基础上,将小角铁下移,使其侧平面与活塞销接触,如图 4-4-1(b)所示,观察接触情况,即可检查出连杆扭曲的方向和程度。

在实际工作中,通常是在连杆轴承、衬套修配好后,装上新配的轴承和活塞销进行连杆弯曲、扭曲的检验和

校正的,这样可以消除因连杆轴承、衬套修配的偏差给连杆上、下端孔平行度带来的影响。

二、连杆弯曲和扭曲的校正

经过检验,如连杆的弯曲或扭曲超过规定时,应记住弯、扭方向,并予以校正。连杆弯曲、扭曲的校正,一般都是在连杆校正器上进行的,也可用其他方法校正。用连杆校正器校正连杆弯曲的方法,如图4-4-2所示,也可用压床校正。用连杆校正器校正连杆扭曲的方法,如图4-4-3所示,也可用长柄扳钳或管子钳进行校正。

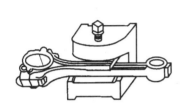

图4-4-2 连杆弯曲的校正

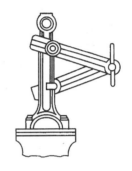

图4-4-3 连杆扭曲的校正

第五节 活塞连杆组的组装

活塞连杆组的零件在修配好之后、装入气缸之前,应进行总成的组装。

一、活塞与连杆的组装

把活塞加热到85 ℃左右,在活塞销和连杆衬套内涂些机油,取出活塞后,迅速清洁销座孔并涂少许机油,把活塞销插入一个座孔,并稍微露出。随后把连杆小头伸入两个活塞销座孔之间,对正活塞销,将活塞销迅速地轻轻敲入连杆衬套直至活塞另一座孔。组装后应检查活塞销的浮动情况,即把活塞连杆组放入水中加热到75 ℃～85 ℃,迅速取出,一只手按住活塞,另一只手握住并扭转连杆大头,推拉连杆使销子转动,此时,若活塞销能在座孔内转动,说明配合符合要求;若温度超过85 ℃时,活塞销在座孔内仍不能转动,为配合过紧,应修刮;若温度低于75 ℃时,活塞销在座孔内还能转动,说明配合过松,应更换活塞销重新修配。

组装时应注意活塞和连杆的安装方向。东风EQ6BT型发动机当活塞的指前记号"FRONT"朝上时,连杆应在左边(将活塞朝内从上往下看),如图4-5-1所示;斯太尔WD615.77型发动机应使活塞顶部避阀坑靠近缸体前视右侧,连杆大头45°切分面也对应缸体前视右侧,如图4-5-2所示。

二、装活塞销锁环

活塞销装入座孔后,为防止活塞销窜出,必须在锁环槽内装上锁环。若锁环槽过浅,锁环易脱出,会造成"拉缸"事故。锁环的安装要求是:

① 钢丝环:锁环槽的深度应为钢丝直径的3/5～2/3;钢片环:锁环槽深应为

0.6~0.7 mm，环槽深度不够应车深。

② 锁环装入环槽后，应与环槽贴合牢靠。锁环与活塞销端面应有不小于0.10 mm的间隙，以适应活塞销和活塞热胀冷缩的需要。间隙过小，锁环易被活塞销顶出，造成"拉缸"事故。间隙过小时，可将活塞销磨短。

图4-5-1　EQ6BT型发动机活塞与连杆的装配方向

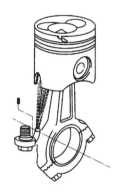

图4-5-2　WD615.77型发动机活塞与连杆的装配方向

三、活塞环的安装

活塞环安装时，应先装油环后装气环。

① 镀铬环要装在第一道环槽内。

② 东风EQ6BT型发动机活塞环安装时顶面上有"TOP"或供应商标记"．"，装配时应将该表面朝上，如图4-5-3所示。有切槽的活塞环安装时应注意：内圆切槽的，装配时切槽向上；外圆切槽的，装配时切槽向下。

③ 解放CA6110柴油机第一道环为单面梯形桶面环，安装时"RN"标志向上；第二道气环为外锥面内切槽扭曲环，安装时必须把有"R"记号的面朝上，不能装反。

④ 装组合油环时，先把衬环装入油环槽内，依次装入两个刮片环于衬环的两侧，开口错开180°。

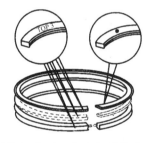

图4-5-3　EQ6BT型发动机活塞环安装时的侧面方向

四、检查活塞连杆组的质量差

为了保证发动机运转的平稳性，活塞连杆组各零件组装后，应检查各活塞连杆组之间的质量差，检查应在盘式天平上进行，要求见表4-5-1。

表4-5-1　活塞连杆组质量差

机　型	同组活塞质量差/g (≤)	同组连杆质量差/g (≤)	活塞连杆组质量差/g (≤)
EQ6BT	18		

续表

机 型	同组活塞质量差/g（≤）	同组连杆质量差/g（≤）	活塞连杆组质量差/g（≤）
WD615.77	同一机型用同一代号活塞，台发动机产品代号一致	同一台柴油机连杆上的质量标记字母完全一致	29
CA6110	8		25

对于不符合质量差要求的活塞连杆组，应分别检查活塞及连杆的质量，并做适当调整，以保证同台发动机上的活塞连杆组质量差符合技术要求。

第六节 活塞连杆组的小修

发动机使用中，活塞连杆组往往会发生个别机件的损坏，使发动机产生不正常的响声，甚至出现严重事故，直接影响着发动机使用的可靠性。因此，必须及时地修复损坏机件，使车辆随时处于完好状态。

1. 更换活塞

车辆在使用中，遇有活塞拉伤或烧熔；活塞与气缸配合间隙过大，热状态有严重的敲缸声，但气缸磨损尚未达到大修标准；个别气缸严重拉伤，需镶套镗磨缸修理；活塞销与座孔配合松旷，但又没有加粗的活塞销等情况下，均应对活塞进行更换。

2. 更换活塞销

活塞尚能使用，但活塞销与座孔配合松旷时，应更换加大修理尺寸的活塞销；活塞销磨损严重，也应更换活塞销。更换时最好整组更换，否则将破坏活塞连杆组的平衡，连杆衬套一般不需更换，只需对其修配，获得合适的配合间隙即可。

3. 更换连杆衬套

如果活塞销与连杆衬套配合间隙过大，而活塞销磨损未超过允许限度（用手摸感觉不出凹槽），只需更换连杆衬套即可。

4. 更换活塞环

活塞环经长期使用后，由于磨损和高温作用，使活塞环弹力减弱，发动机出现窜油、漏气、气缸压力降低、动力显著下降、油耗增加等现象时，可以考虑更换活塞环。更换活塞环时，应尽可能使用原修理尺寸的活塞环，少用加大修理尺寸的活塞环，以减少气缸的磨损。因此，应注意以下几点：

① 检查活塞环端隙时，应在活塞环行程最低位置进行，不能在磨损最大部位或活塞环运动区域以外进行，以免活塞环卡死或端隙过大。

② 活塞环与环槽的配合间隙可放宽要求，侧隙：可放宽到 0.125 mm；背隙：气环可放宽到 0.80 mm，油环可放宽到 1.00 mm。

③ 活塞环漏光度不做要求。

④ 更换新的活塞环后，应用砂布将缸口磨光，便于活塞连杆组的拆装和消除活塞环对"缸肩"的撞击。

活塞连杆组小修工艺基本与大修相同,但技术要求应适当放宽。如活塞与气缸的配合间隙应与其他气缸一致,活塞销与座孔、连杆衬套的配合也应放宽,否则,会引起各机件之间配合松紧不一样,使各机件运动不协调,而产生不正常的响声。

小 结

本章主要讲述了运输车发动机活塞连杆组在使用中常见损伤形式、产生原因及排除方法,应掌握活塞、活塞环、活塞销的选配方法及修配工艺,掌握活塞连杆组的组装工艺及要求,了解连杆的检验与校正。

思 考 题

1. 怎样测量活塞环的端隙和侧隙?
2. 全浮式活塞销与销座孔的配合要求是什么?
3. 活塞连杆组组装的注意事项有哪些?

第五章　曲轴和轴承的维修

第一节　曲轴和轴承常见故障分析与排除

曲轴和轴承在使用中常见的故障主要有曲轴主轴承响、曲轴轴向窜动响、飞轮撞击响等等。

一、曲轴主轴承响

1. 现象

① 转速突然变化时,发出低沉的"瞠、瞠"响,发动机有负荷变化时,声响明显。

② 发动机转速上升,响声增大,单缸断火,声响无明显变化,相邻两缸断火,声响显著减小。

③ 机油压力明显下降。

2. 原因

① 主轴承盖螺栓松动。

② 主轴颈与轴承配合间隙过大。

③ 轴承润滑不良,润滑油黏度低,摩擦过热使轴承烧毁。

④ 曲轴弯曲或轴向间隙过大。

3. 排除方法

① 在机油加注口观察,反复变化发动机转速,当突然加速或减速时,如有明显钝哑而沉重"瞠瞠"声响,用螺丝刀在缸体曲轴位置听察转速变化,声响明显,说明是曲轴主轴承响。

② 单缸断火试验,声响无变化,而利用相邻两缸断火试验时,声响明显减弱,说明故障在两缸之间的曲轴轴承处。

③ 发动机温度越高,响声越明显。发动机转速至高速时声响变化杂乱,则有可能是曲轴弯曲。

④ 若踏下离合器踏板,曲轴皮带轮向前窜动且声响减轻或消失,说明曲轴轴向间隙过大。

⑤ 若发动机转速并不高,机体却振动较大,甚至有摆动摇晃现象,同时发出沉重、粗闷的"嘣嘣"金属敲击声,说明曲轴将要折断。

二、曲轴轴向窜动响

1. 现象

① 急速时有较沉重的"当、当"声响,类似主轴承发响。

② 急加速时声响明显,但提高转速后,声响消失。

2. 原因

① 曲轴止推垫圈磨损过甚。

② 曲轴后止推垫圈装反,装曲轴磨成深槽,使曲轴轴向间隙过大。

3. 排除方法

踏下离合器踏板,曲轴皮带轮向前窜动,且声响消失,可判断此声响为良性,应待机检修。

三、飞轮撞击响

1. 现象

① 由怠速稍提高转速时,有较沉闷的"当、当"声响,类似主轴承发响。

② 单缸断火(油)响声加重。

③ 声响的振动区域在发动机后部。

④ 抖动油门,声响明显。

⑤ 急加速时,声响亦明显,但高速运转声响不明显存在。

2. 原因

飞轮固定螺栓松动。

3. 排除方法

可闪关点火开关试验,即发动机怠速运转,关闭点火开关,即将熄火时,立即打开点火开关,如每当如此闪关点火开关,总是发出"当、当"声响,即表明飞轮撞击发响。可判断此声响为恶性声响,应立即检修。

第二节　曲轴的检验与维修

一、曲轴弯曲的检验与校正

曲轴在使用中由于轴承间隙过大,工作中受到冲击;发动机爆燃或突然增大负荷使曲轴过分震动;少数气缸不工作或轴承松紧度不一致;个别活塞在气缸中卡住;个别轴承烧坏而"抱轴"等,都会使曲轴受力不均匀,产生弯曲变形。弯曲变形后若继续使用,将会加速曲柄连杆机构的磨损,严重时会造成裂纹、折断的危险。因此,在维修曲轴前,必须进行认真的检验。

曲轴弯曲的检验,如图 5-2-1 所示。将曲轴两端用 V 形铁块支撑在平台上,把百分表的触针垂直地抵在中间主轴颈上,转动曲轴,先记下百分表的最小读数,再旋转曲轴180°,记下百分表的最大读数,百分表所反映的最大读数与最小读数之差为径向圆跳动,其公差应不大于 0.15 mm。差值的一半即为该曲轴轴心线的弯曲度。被检曲轴主轴颈为双数时,应测中间两道主轴颈,取其最大值作为该曲轴的径向圆跳动误差。当误差小于 0.15 mm 时,可结合光磨曲轴加以修正,当误差大于 0.15 mm 时,应进行校正。

曲轴弯曲的校正通常在压床上进行,如图 5-2-2 所示。用 V 形铁块支撑两端主轴颈,在曲轴弯曲的相反方向对中间主轴颈施加压力,将百分表放置在被压轴颈下面,触针杆与主轴颈下表面接触,调整表盘使表针指"0"。为消除曲轴弹性变形的影响,应根据曲轴的实际情况确定压校量,一般锻制中碳钢曲轴,压校量为曲轴弯曲度的 30~40 倍,球墨铸铁曲轴,压校量为曲轴弯曲度的 10~15 倍即可基本校正。压校时应进行多次反复,直至符合要求为止。为减小曲轴受压变形时产生的内应力,在施压期间应取下百分表,用手锤轻击轴颈两侧曲轴臂。

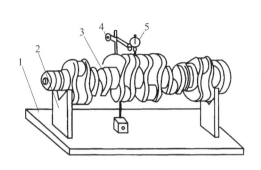 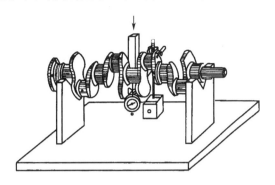

图 5-2-1 曲轴弯曲的检验　　　　　　　图 5-2-2 曲轴弯曲的校正
1—检查平台;2—V 形铁块;3—曲轴;
4—百分表架;5—百分表

在无压床的情况下,也可就缸体进行校正,方法是:将气缸体倒放,在前后两主轴承座上放置旧轴承,抬上曲轴,转动曲轴,用百分表找出中间主轴颈最高点,并做上记号,在中间主轴颈处装上带有旧轴承的轴承盖,根据弯曲程度均匀扭紧螺栓,即可达到校正弯曲的目的。

二、曲轴裂纹的检验

曲轴裂纹多发生在主轴颈或连杆轴颈与曲轴臂相连接的过渡圆角处以及轴颈中的油孔处。

曲轴的裂纹可用磁力探伤仪或浸油敲击的方法检查。曲轴经光磨后,各轴颈沿轴线方向的裂纹未裂至两端圆角处或油孔边缘处时允许存在;轴颈上的横向裂纹,经光磨后能消除的允许使用,否则应予更换,以防裂纹延伸,使曲轴折断。

三、曲轴轴颈磨损的检验与光磨

曲轴轴颈的磨损在径向和轴向都是不均匀的,其主要表现是径向磨成椭圆形,轴向磨成锥形,各轴颈磨损的一般规律如图 5-2-3 所示。

1. 连杆轴颈的磨损

连杆轴颈径向磨损的最大部位是在各轴颈的内侧面上,即靠曲轴中心线一侧,如图 5-2-3 所示;轴向磨损的最大部位,一般在机械杂质偏积的一侧和各个轴颈受力大的部位,如图 5-2-4 所示。

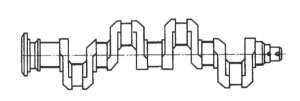 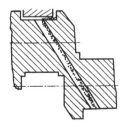

图 5-2-3 曲轴轴颈磨损规律示意图　　　　　图 5-2-4 机械杂质偏积示意图

2. 主轴颈的磨损

主轴颈磨损后主要是呈椭圆形,它的磨损最大部位是在靠近连杆轴颈的一侧。四缸发动机的磨损最大部位如图 5-2-3 所示,六缸发动机的磨损最大部位一、四、七道主轴颈与四缸发动机相同,其余几道呈在两曲轴臂 120°夹角间的表面磨损最大,如图 5-2-5 所示。主轴颈沿轴向的磨损是不均匀的,一般没有规律性。

3. 曲轴轴颈磨损的检验方法

检验曲轴轴颈磨损情况,主要是用外径千分尺测量轴颈的圆度和圆柱度偏差,如图 5-2-6 所示。其方法是:先在轴颈磨损的最大部位处测量,找出最小直径,在同一横断面上找出磨损最小的最大直径,此时千分尺读数与最小直径差值的一半为圆度偏差;然后在圆柱面上找出磨损最小的最大直径,与最小直径差值的一半为圆柱度偏差,主轴颈和连杆轴颈磨损后,圆度或圆柱度偏差大于 0.012 5 mm 时,应对曲轴进行光磨。

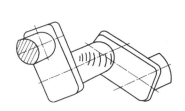

图 5-2-5 曲轴主轴颈磨损示意图

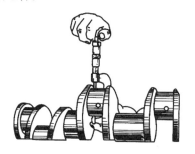

图 5-2-6 曲轴轴颈磨损的测量

4. 曲轴轴颈光磨后的技术要求

发动机大修时,对轴颈磨损已超过规定的曲轴,应按修理尺寸进行光磨修复。曲轴轴颈的修理尺寸以每缩小 0.25 mm 为一级,为确保曲轴的强度和刚度,曲轴轴颈最大缩小量不得超过 1.50 mm,有的发动机曲轴轴颈所允许的最大缩小量甚至更小。超过时更换曲轴,或用热喷涂、堆焊等方法修复。常见车型发动机曲轴轴颈的修理尺寸见表 5-2-1。

表 5-2-1 曲轴轴颈的修理尺寸

机型	轴颈	标准长度 /mm	过度圆弧尺寸/mm	标准尺寸 /mm	缩小量			
					-0.25mm	-0.50mm	-0.75mm	-1.00mm
EQ6BT	主轴颈	37.5		83.00±0.013	82.75±0.013	82.50±0.013	82.25±0.013	82.00±0.013
	连杆轴颈	39.0		69.00±0.013	68.75±0.013	68.50±0.013	68.25±0.013	68.00±0.013
WD615.77	主轴颈	第二道 $46.00^{+0.05}$ 其余 $46.00^{+0.022}$	$100.00_{-0.022}$	$99.75_{-0.022}$	$99.50_{-0.022}$			
	连杆轴颈	$46.00^{+0.10}$	$82.00_{-0.022}$	$81.75_{-0.022}$	$81.50_{-0.022}$			
CA6110	主轴颈	$37.00^{+0.10}$		$85.000_{-0.019}$	$84.750_{-0.019}$	$84.500_{-0.019}$	$84.250_{-0.019}$	$84.00_{-0.019}$
	连杆轴颈	$42.00^{+0.10}$		$70.000_{-0.019}$	$69.750_{-0.019}$	$69.500_{-0.019}$	$69.250_{-0.019}$	$69.000_{-0.019}$

曲轴轴颈光磨后应符合下列技术要求:各轴颈圆度和圆柱度公差不大于 0.005 mm;粗糙度不超过 0.40 μm;各轴颈直径差不大于 0.02 mm;轴颈长度应不超过标准长度 0.30 mm;轴颈两端应有一定半径的过渡圆弧,见表 5 - 2 - 1;轴颈上的油孔口应有 1×45° 倒角、无毛刺;主轴颈与连杆轴颈如因磨损程度不同,允许分别光磨成两个不同级别的修理尺寸。

四、曲轴其他部位的修理

① 曲轴后端装飞轮的突缘端面,应与曲轴轴线垂直,端面圆跳动公差应不大于 0.06 mm,如超过应以车或磨的方法修复,或装配时在突缘与飞轮间加垫调整,以防止飞轮偏摆。飞轮螺栓孔磨损变形应予修复,螺栓与孔的配合间隙为 0~0.07 mm,最大不超过 0.10 mm。

② 曲轴后端变速器第一轴轴承与轴承孔的配合为间隙 -0.280~0.021 mm。如磨损松旷或与曲轴轴线不重合,在轴承孔内测量,径向圆跳动公差大于 0.06 mm 时,应对轴承座孔镶套修复。

③ 曲轴后端突缘外表面和正时齿轮轴颈,是光磨曲轴的基准,为保持同心度,要求在突缘外圆测量径向圆跳动公差不大于 0.04 mm;正时齿轮轴颈径向圆跳动公差不得大于 0.03 mm,否则,应进行修正。

④ 曲轴后油封颈磨损,径向圆跳动公差超过 0.06 mm 时应堆焊,然后以正时齿轮轴颈和后端滚动轴承孔为定位基准,车削修复。

⑤ 正时齿轮与轴颈的配合间隙为 -0.034~0.050 mm。正时齿轮不允许有裂纹和击伤,键槽宽度的磨损,一般不得超过 0.04 mm,否则应予修复。

⑥ 曲轴皮带轮油封颈的磨损超过 0.20 mm 时,应予修复。修复后的油封颈及皮带轮的轴颈与曲轴轴心线应同心,径向圆跳动公差不大于 0.05 mm。曲轴皮带轮不允许有裂纹和轮槽宽度不均现象。安装后中心孔端面应高出轴颈端面 0.50 mm 以上,否则应加垫调整。皮带轮槽对曲轴轴心线的端面斜向圆跳动公差不得超过 1.00 mm。

⑦ 起动爪螺纹孔不得有裂纹和显著变形,螺纹磨损或损坏超过 2 丝扣时,应进行修复。

第三节 曲轴轴承的修配

曲轴轴承在使用中的损坏,主要是磨损、疲劳剥落和烧熔。在发动机大修时,必须更换新轴承。

一、轴承座孔的检查与修正

在修配轴承前,应首先检查轴承座孔是否符合要求,轴承座孔的圆度、圆柱度误差不大于 0.015 mm。检查和修正的方法是:擦净轴承座,装上轴承盖,按规定扭力拧紧固定螺栓,用量缸表检查座孔的圆度、圆柱度,超过规定时,可在轴承盖两端堆焊加工或加垫调整,不允许锉修轴承盖。

二、轴承的选配

轴承的选配方法如下:

1. 根据轴颈选轴承

根据曲轴轴颈光磨后的修理尺寸,选用同一级修理尺寸的轴承。其方法是:

轴颈标准尺寸－轴颈现有尺寸＝选配轴承缩小尺寸

2. 轴承长度合规定

新选配的轴承装入座孔后,两端均应高出座孔平面 0.05 mm,如图 5-3-1(a)所示,以保证轴承与座孔紧密贴合。检查轴承长度的经验做法是:将轴承在座孔内装好,扣合轴承盖,在轴承盖与座结合的平面一边,插入厚度为 0.05 mm 的铜皮,把另一边的螺栓按规定扭力拧紧,当把夹有铜皮的一边螺栓拧紧到 14.7 N·m 时,铜皮抽不出,说明轴承长度合适;若铜皮能抽出,说明轴承过长,应在无突榫的一端将轴承适当锉低;如果有铜皮的一边螺栓未拧扭力数,铜皮就抽不出,说明轴承短,应重新选配。

3. 背面光滑突榫好

轴承背面必须光滑,定位突榫应完好无损,如过低可用尖铳铳出理想的突榫。若突榫损坏,应重新选配轴承。

4. 弹性合适无哑声

在自由状态下,把新轴承放入轴承座孔后,轴承的弯度要小于座孔的弯度,如图 5-3-1(b)所示,以利于轴承装入座孔后轴承能借自身的弹力与座贴合紧,有利散热。敲击轴承查听,如有沙哑声,说明合金与底板贴合不牢,应重新选配。

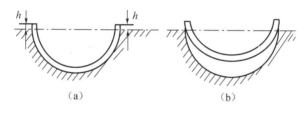

图 5-3-1 轴承装入座孔的要求

(a)轴承两端高出座孔;(b)轴承弯度小于座孔的弯度

除上述要求外,轴承合金表面,不应有裂纹和漏出底板的砂眼存在。

三、轴承的修配方法

经光磨后曲轴轴颈与轴承的配合,其径向间隙应符合表 5-3-1 的规定,轴承表面的光洁度应达到一定的要求。

表 5-3-1 曲轴轴颈与轴承配合的径向间隙

机 型	EQ6BT	WD615.77	CA6110
连杆轴承径向间隙/mm	0.038~0.116	0.059~0.127	0.050~0.119
主轴承径向间隙/mm	0.041~0.110	0.095~0.163	0.070~0.142

曲轴轴承的修配方法有很多种,每种方法又有不同的形式,现主要介绍选配法和刮配法。

1. 选配法

按修理尺寸光磨曲轴轴颈后,选用同级经过精加工的轴承(一般称合瓦),按要求装复后检查松紧度,若偏紧可对个别接触重的稍加修刮,若配合过紧,则应检查轴承座孔、轴承的尺寸是否符合要求,否则应另选轴承,或用其他方法加工。

2. 刮配法

(1) 连杆轴承的刮配

① 刮配工艺:将装配好轴承的连杆套在轴颈上,扭紧螺帽到扳动连杆有阻力时,来回扳动连杆数次,使轴承与轴颈摩擦,然后拆下连杆,查看轴承与轴颈的接触情况进行修刮,方法是:左手托住连杆或盖,右手将刮刀与轴承面成30°～40°,手腕用力。在修刮中应注意刮大留小、刮重留轻,起刀、落刀要稳,并经常保持刀的锋利。开始时轴承的接触面一般在两端,经几次修刮后,接触面逐步向中间扩大,轴承的修刮必须反复进行,直到松紧度、接触面合适为止。

② 连杆轴承刮削后的质量检验:接触印痕应星点满布、轻重一致,接触面在75%以上。松紧度多采用经验方法检查,在轴承表面涂一层机油,套在轴颈上按规定扭力扭紧连杆螺栓螺帽,扭力见表5-3-2,用手甩动连杆,连杆能绕曲轴转动1～1.5圈为合适;沿曲轴轴向扳动连杆,没有间隙感觉为松紧度合适,如图5-3-2所示。

表5-3-2 曲轴轴承螺栓(母)扭力

机型	EQ6BT	WD615.77	CA6110
主轴承扭力/(N·m)	176	1、4、7道:230 2、4、6道:236	230～250
连杆轴承扭力/(N·m)	85～125	120～160	140～160

连杆轴承修刮达到要求后,应检查连杆大端与曲轴臂之间的轴向间隙,一般为0.17～0.35 mm,超过0.50 mm时,应在连杆大端侧面堆铜焊或焊一层轴承合金,并进行修配。

(2) 曲轴主轴承的刮配

① 刮配工艺:主轴承选配的要求与连杆轴承相同。轴承选好后首先校正水平线,方法是:将各道主轴承装入主轴承座,抬上曲轴转动数圈(不装轴承盖),查看各道轴承的接触情况,在轴承两端稍下位置接触为正常。若在轴承中

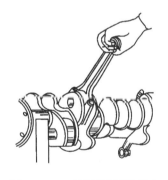

图5-3-2 轴承松紧度的检查

部接触,为选配不当,应重新选配;个别轴承接触不到,为轴承厚薄不一,应更换个别轴承;当各道轴承接触在两端附近,但各有差异,应略加修刮使其接近一致。水平线校好后,抬上曲轴,装上调整垫片(无垫片的可不装),盖上轴承盖。以4,2,6,3,5,7,1(四道为2,3,1,4)的顺序扭紧固定螺栓少许,每扭紧一道转动曲轴数圈,松开该道螺栓,再扭紧另一道,各道都进行完毕后,取下主轴承盖,抬下曲轴,根据表面接触印痕修刮轴承。如此反复进行到松紧度和接触面接近合适时。将主轴承盖全部扭紧后转动曲轴,再进行修刮,直到按规定扭力扭紧全部螺栓,轴承松紧度和接触面合适为止。

② 主轴承刮削后的质量检验:松紧度检查是将轴承涂上机油,将曲轴装好。轴承盖螺栓按规定扭力拧紧,扭力见表5-3-2。用双手腕力,能将曲轴扳动成圈转动为合适,接触面应在75%以上,星点满布,均匀一致。

3. 轴承刮削中的注意事项

① 为防止轴承盖断裂,轴承盖紧固时螺栓必须逐渐扭紧,凡有四只螺柱的轴承盖,应对角逐渐扭紧。

② 在刮配主轴承时,轴承盖不能上得过紧。撬动曲轴的撬棒长度不能超过 600 mm,否则会使曲轴扭曲或把合金挤伤,使合金和底板结合不牢,容易疲劳脱落而造成烧瓦等严重后果。

③ 由于轴承合金的成分不同,对轴承松紧度的要求应有所区别,高锡铝合金轴承由于膨胀系数大,所以在修配时,轴承的径向间隙应取标准的上限,或比上限大 0.01 mm 左右。

4. 曲轴轴向间隙的检查

为了适应发动机机件正常工作的需要,曲轴必须留有一定的轴向间隙。间隙过大,会给活塞连杆组的机件带来不正常的磨损;间隙过小,则会使机件因受热膨胀而卡死。因此,在主轴承修配好后应检查和调整曲轴的轴向间隙,检查方法如图 5-3-3 所示。将带有正时齿轮和止推垫圈的曲轴装上,并按规定扭力拧紧轴承盖螺栓,用压紧装置将正时齿轮压紧,把百分表的触针抵在曲轴前部或与曲轴轴线垂直的平面上,前后撬动曲轴,表针的摆差即为轴向间隙,各车型的曲轴轴向间隙见表 5-3-3。间隙过大或过小时,应用更换或修刮止推垫圈的方法进行调整。

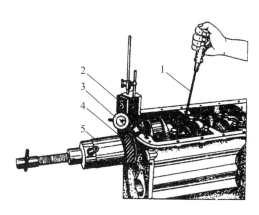

图 5-3-3 曲轴轴向间隙的检查
1—螺丝刀;2—磁性表座;3—百分表;
4—曲轴正时齿轮;5—压紧装置

表 5-3-3 曲轴轴向间隙

机 型	EQ6BT	WD615.77	CA6110
轴向间隙/mm	0.10~0.30	0.052~0.255	0.16~0.29

第四节 飞轮及飞轮壳的检验与维修

一、飞轮的检验与维修

1. 飞轮齿圈的检修

齿圈牙齿若系单面磨损,可将齿圈翻面使用;个别牙齿损坏,可继续使用;齿圈两面均磨损超过齿长的 25%,牙齿连续损坏四个以上时,应更换新齿圈。更换齿圈时,对齿圈加热到 350 ℃~400 ℃时,齿圈便会自行脱落,装复也只需对齿圈加热即可。齿圈与飞轮的配合应有 0.25~0.97 mm 的过盈。

2. 飞轮工作面的检修

飞轮与离合器接触的工作面,如有严重烧蚀、龟裂或磨损、沟槽深度超过 0.50 mm 时应光磨,否则,会引起离合器发抖、打滑和加速摩擦片磨损。光磨后飞轮工作面的总厚度,小于标准厚度不得超过 1.20 mm。工作面允许有一或二道环形沟痕存在。

3. 飞轮偏摇度的检查与调整

曲轴与飞轮结合后,安装在气缸体上,用百分表抵于飞轮指定的半径处,转动曲轴一周,飞轮平面对曲轴轴心线的端面圆跳动应符合表 5-4-1 的规定,超过时应在曲轴突缘与飞轮间加垫调整,不允许用机械加工的方法修复,以免破坏原来的动平衡。飞轮进行静平衡检查时,允许其不平衡量一般为 100 g·cm。飞轮的技术标准、飞轮与曲轴连接螺栓的扭力见表 5-4-1。

表 5-4-1 飞轮的技术标准

机 型	工作面标准厚度/mm	飞轮螺栓扭力/(N·m)	齿圈牙齿长度/mm	齿圈过盈量/mm		允许偏摇度/(°)
				原厂规定	大修允许	
EQ6BT	24.50		不小于12	0.43~0.72		
WD615.77						
CA6110		160				0.15

二、飞轮壳的检验与维修

飞轮壳不得有裂纹;安装变速器和起动机的螺丝孔丝扣损坏不得超过 2 丝扣;飞轮壳与缸体配合的定位销钉,如有松动、变形应更换。

飞轮壳与气缸体结合后,飞轮壳安装变速器的平面应与曲轴轴心线垂直,检查方法如图 5-4-1 所示。端面圆跳动不超过 0.20 mm;超过时可在飞轮壳与气缸体结合面处加垫调整。

飞轮壳安装变速器第一轴轴承盖的孔,其中心线应与曲轴轴心线重合,用百分表在其内孔测量时,径向圆跳动不得超过 0.40 mm,超过时可镗大内孔后镶套修复,检查方法如图 5-4-2 所示。

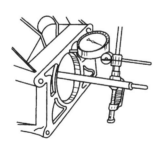

图 5-4-1 垂直度的检查

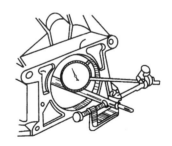

图 5-4-2 同轴度的检查

飞轮壳上装有通风防护罩的,应配备齐全。装有离合器分离叉轴衬套的,分离叉轴与两端衬套的配合间隙,大修标准为 0.025~0.130 mm,大修允许为不大于 0.25 mm,否则应更换衬套修复。

小　结

本章应重点掌握曲轴、轴承的损伤形式、原因及排除方法,以及曲轴的检验方法和轴承的选配,了解轴承的修配工艺。

思 考 题

1. 曲轴修磨后的技术要求是什么?
2. 怎样选配曲轴轴承?

第六章　配气机构的维修

第一节　配气机构常见故障分析与排除

配气机构在使用中常见的故障主要有气门响、正时齿轮响、凸轮轴轴承响等。

一、气门响

1. 现象

① 响声明显，清脆、连续而有节奏，在气门室一侧察听，响声尤其明显。
② 发动机转速增高声响也随之增高，中速以上时声响变得模糊嘈杂。
③ 发动机温度变化或断火时，响声都不随之变化。

2. 原因

① 气门杆端和摇臂（传动机构）磨损，使气门间隙过大，导致气门端部碰击。
② 凸轮磨损过大，运转中挺柱产生跳动。
③ 气门弹簧座脱落。
④ 气门挺柱固定螺母松动或调整螺栓端面不平。
⑤ 气门导管积炭过多而咬住气门。

3. 排除方法

① 在气门室侧或气门罩察听，声响随发动机转速不同高、中、低改变频率，且均有异响，同时发动机温度变化或断火试验时声响并不随之变化，可断定为气门响。
② 拆下气门室盖或罩，使发动机怠速运转，并将厚薄规插入气门间隙中，逐个试验。当插入某个气门间隙中时，声响减弱或消失，说明该气门发响。
③ 若厚薄规插入后，声响减轻，但未消失，可用螺丝刀撬住气门杆，声响若消失，说明气门杆导管磨损，间隙过大。

二、正时齿轮响

中型车辆为齿轮传动，轻型车辆为链条传动。由于齿轮的自然磨损、损坏，凸轮轴轴向间隙调整使用不当，使啮合间隙不正常，产生齿轮发响。

1. 现象

① 响声比较复杂，且有时有节奏响、有时无节奏响。
② 发动机怠速运转时，在正时齿轮室盖处发出"嘎啦、嘎啦"声，中速时响声明显，高速时响声变得杂乱并带有破碎声。
③ 有的响声不受温度和单缸断火试验的影响，有的响声受温度影响，温度低时无噪声，温度正常后，才出现噪声。

④ 有的声响伴随正时齿轮室盖振动,有的声响不伴随振动。

2. 原因

① 轮啮合间隙过大。
② 两齿轮啮合间隙过小或曲轴与凸轮轴的轴心线不平行。
③ 啮合间隙不均匀。
④ 正时齿轮胶木与铁芯松脱。
⑤ 正时齿轮个别牙齿损坏。
⑥ 齿轮固定螺母松动。

3. 排除方法

① 发动机怠速运转,若发出有节奏的轻微的"嘎啦、嘎啦"声;中速时突出,高速时杂乱,用螺丝刀触及正时齿轮盖部位,听诊时声响更明显,说明是正时齿轮啮合间隙过大。

② 若声响的大小随发动机转速而变化,且声响类似于"呼啸"声,说明齿轮啮合不良。

③ 发动机怠速运转时,发出有节奏的"哽、哽"声响,发动机转速提高,声响也随之加大,说明齿轮啮合不均匀。

④ 将发动机转速逐渐提高到某一较高转速,若突然发出强烈而杂乱的声响,而急减速时同样会发出一声"嘎"的声响(正时齿轮盖有振动感),然后消失,说明凸轮轴正时齿轮松动。

⑤ 新大修车或更换正时齿轮后出现连续不断的"呜、呜"声,发动机转速越高声响越明显,说明齿轮啮合间隙过小。

三、凸轮轴轴承响

1. 现象

发动机在怠速稍高时,发出一种有节奏的发闷的金属敲击声。
① 怠速或怠速稍高时,响声明显。
② 在各道凸轮轴轴承处查听,响声较为明显。

2. 原因

① 凸轮轴轴颈与轴承磨损过甚使其配合间隙过大。
② 轴承与座孔配合过松,使轴承在座孔内转动。
③ 轴承合金层脱落或烧蚀。
④ 凸轮轴弯曲或轴向窜动等。

3. 排除方法

① 进行各种速度的运转:若怠速时声响清晰,中速时声响明显,高速时声响由杂乱变得减弱以及消失,说明凸轮轴轴向间隙过大或衬套转动。

② 使发动机在声响较强的转速下运转,在气缸体外部用听诊器具触在各节轴承附近部位听诊,若某处响声较强并伴有振动,说明该处相应凸轮轴轴颈发响。

第二节 气门组零件的检验与维修

发动机工作时,气门组零件常见的损伤有:气门和气门座工作面起槽、变宽;烧蚀后出现斑点和凹陷;气门杆磨损和弯曲;气门杆与气门导管配合松旷;气门弹簧自由长度缩短、弹力减退和变形、甚至折断等。

一、气门的检验与维修

1. 气门的检验

① 气门的工作面磨损起槽、变宽或烧蚀出现斑点、凹陷时,应进行光磨。

② 气门杆的磨损(磨损最大部位一般在杆部与导管上下端接触的部位),用千分尺在磨损最大部位和杆未磨损处对比测量,磨损量超过 0.05 mm 时,或用手摸有明显阶梯形感觉,应更换气门。

③ 气门头部锥面对杆部圆柱面斜向圆跳动误差应不大于 0.03 mm;气门杆的直线度误差应

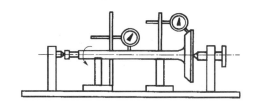

图 6-2-1 气门的检验

不大于 0.02 mm,检查方法如图 6-2-1 所示。超过规定时,可用冷压的方法校正,气门杆的直线度可在平板上滚动,用厚薄规测量缝隙检查。

④ 气门杆下端面,如磨损有凹陷应磨平。气门杆的直径见表 6-2-1。

表 6-2-1 气门主要规格

机 型		头部直径/mm		杆部直径/mm	总 长/mm	工作面锥度
		标 准	缩小极限			
EQ6BT	进气门	45.00 ± 0.13		$7.98_{-0.02}$	126.22 ± 0.18	30° ± 15′
	排气门	42.00 ± 0.13		$7.98_{-0.02}$	125.80 ± 0.18	45° ± 15′
WD615.77	进气门	50.90		11.932 ~ 11.950		35°
	排气门	48.90		11.932 ~ 11.950		45°
CA6110	进气门			8.953 ~ 8.975		45°
	排气门			8.92 ~ 8.94		45°

2. 气门的光磨

气门光磨通常是在磨气门机上进行的。磨气门机型号较多,图 6-2-2 是 3M9390 型磨气门机,主要由机座、车头座、拖板和冷却液泵等组成。

气门的光磨工艺:

① 检查砂轮平面,不平时用金刚石修整。

② 选择弹子夹芯,根据气门杆直径选择合适的夹头,装入车头轴孔内,插入气门杆,使气门伸出夹芯 40 mm 左右,把气门杆夹紧,开动电机检查气门有无偏摆现象,若有偏摆应查明原因。

③ 按气门工作面的锥角,调整车头座角度,调好后将其车头固定。

④ 磨削气门工作面时,转动左手轮使气门工作面接近砂轮工作面,先打开车头电源开关,再打开砂轮电源开关和冷却液开关,转动右手轮,使砂轮慢慢接近气门,当砂轮稍微接近气门工作面时,应停止砂轮进给,来回转动左手轮,使气门在整个砂轮工作面上左右移动,以保持砂轮工作面的平整,但气门不能离开砂轮面,以免打坏砂轮,同时应逐渐转动右手轮调整光磨量,

直到把旧痕全部磨掉为止。如果要停止磨削查看情况,应先将砂轮移开,再关电源开关和冷却液开关。为了提高气门工作面的光洁度,在旧痕磨去后,可用 240 号砂布砂磨工作面。

⑤ 气门杆端面不平,可用磨端面架的 V 形槽和平行砂轮的端面进行修磨,如图 6-2-3 所示,累计磨削量应不大于 1.50 mm。

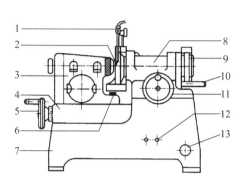

图 6-2-2　3M9390 型磨气门机
1—冷却液开关;2—蝶形砂轮;3—车头座;4—纵拖板;
5—左手轮;6—车头拧紧螺母;7—机身;8—砂轮座;
9—平行砂轮;10—附件轴;11—右手轮;
12—电源开关;13—水泵开关把手

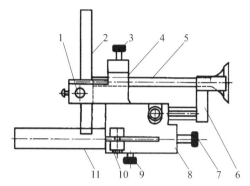

图 6-2-3　磨削气门杆端面示意图
1—装金刚钻孔;2—平行砂轮;3—气门限位螺钉;
4—磨端面架;5—气门;6—V 形支架;7—调节螺钉;
8—V 形支架固定螺钉;9—键槽螺钉;
10—磨端面架锁紧螺钉;11—附件轴

气门经光磨后其边缘将逐渐减薄,工作时容易变形和烧毁,因此,气门头部边缘厚度应不小于 1.20 mm,如图 6-2-4 所示。否则应对气门头部边缘加以修磨,修磨后气门头直径不得小于表 6-2-1 的规定。

若无气门光磨机,可将气门夹在台钻或车床上,开动电机后用锉刀沿气门原来的工作面角度进行锉磨,如图 6-2-5 所示,最后在锉刀上包细砂布,将气门工作面进一步磨光。

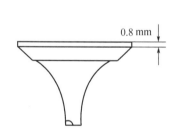

图 6-2-4　气门头边缘厚度

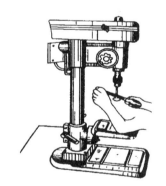

图 6-2-5　用台钻锉磨气门

二、气门杆与导管的修配

1. 气门杆与导管的配合

气门杆与导管的配合间隙应符合表 6-2-2 的要求,若配合间隙超过规定时,应更换气门、气门导管。

第六章 配气机构的维修

表 6-2-2 气门杆与导管的配合间隙

机 型	进气间隙/mm		排气间隙/mm	
	标准	使用限度	标准	使用限度
EQ6BT	0.039~0.079	0.149	0.039~0.079	0.149
WD615.77	0.030~0.066	0.100	0.050~0.080	0.160
CA6110	0.025~0.069	0.150	0.060~0.102	0.150

2. 气门导管的镶入与铰配

气门杆与导管的配合间隙超过使用限度时,应更换新导管;大修时,均换用新导管。

(1) 气门导管的选择与镶入

应根据气门的尺寸选择新导管,新导管与导管孔的配合应有一定的过盈量,应符合表 6-2-3 的规定。过盈量的大小也可用新旧导管对比的方法确定,一般新导管比旧导管直径大 0.01~0.02 mm 为合适。

表 6-2-3 气门导管与导管孔的配合

机 型	气门导管规格/mm			导管与导管孔配合过盈量/mm	导管至气缸盖上、下平面的距离/mm
	内径	外径	全长	标准	
EQ6BT	8.029±0.010				
WD615.77	12.000~12.018				高出缸盖上平面22
CA6110					18

将旧导管铣出后,新导管外壁涂以机油。按正确的方向铣入导管孔内,新镶入的导管下端与缸盖下平面的距离应符合规定。距离过小会增大进、排气阻力,距离过大会影响气门的散热。

(2) 气门导管的铰配

气门杆与导管的配合间隙除用百分表检查外,经验做法是将气门杆与导管内孔擦拭干净,涂上机油将气门杆插入导管孔内,上下拉动几次,提起后若气门能借自身重量徐徐下降为配合适当,配合过紧时可用如图 6-2-6 所示的气门导管铰刀进行铰削,也可用可调式活动铰刀进行铰削。

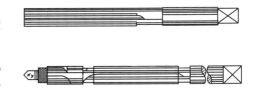

图 6-2-6 固定式气门导管铰刀

三、气门座的维修

1. 气门座圈的镶换

气门座经多次铰磨后,工作面将逐渐下降,当下降到一定深度后,会影响充气系数和降低气门弹簧的弹力。因此,当气门座工作面的上边缘低于缸盖下平面 1.50 mm 或原镶的座圈有裂纹、松动时,均应重镶气门座圈。其工艺如下:

① 若原气缸体上没有座圈孔,可用立式钻床或专用的平面铰刀,按一定的规格镗出座圈

孔。座圈孔应光滑清洁,圆度公差不大于0.012 5 mm,且孔的底平面内圈应比外圈高0.05 mm左右,如图6-2-7所示,以使座圈压入后,内圈先与底平面接触,防止废气窜入座圈与孔之间而使座圈松动。如原有座圈可用如图6-2-8所示的气门座圈拉器拉出。

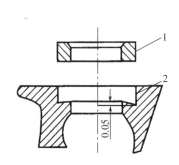

图6-2-7 气门座圈孔示意图
1—气门座圈;2—气门座圈孔

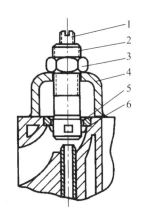

图6-2-8 气门座圈拉器
1—调整顶杆;2—拉器体;3—施力螺帽;
4—支架;5—气门座圈;6—拉爪

② 新气门座圈的尺寸可按表6-2-4的要求选择,座圈内外壁的粗糙度不超过1.60 μm,座圈与座圈孔的配合应符合表6-2-4中的规定,气门座圈的镶入,可用冷缩座圈或热胀座圈孔的方法。一般将座圈放入液氮中(-196 ℃)泡15~20 s而后取出座圈,迅速放入座圈孔即可;也可将座圈加热至100 ℃左右,垫以软金属,迅速将座圈铳入。

表6-2-4 气门座圈孔的尺寸及与座圈孔配合的要求

机 型		EQ6BT	WD615.77	CA6110
进气门座圈	内径/mm			
	外径/mm		$56\sim57^{+0.5}$	$49.081\sim49.097$
	高/mm			
排气门座圈	内径/mm			
	外径/mm		$53\sim54^{+0.5}$	$42.081\sim42.097$
	高/mm			
座圈与座孔的配合过盈量/mm				$0.056\sim0.097$

2. 气门座的铰削

新镶入的气门座圈或气门座工作面磨损变宽超过2 mm,以及工作面有严重烧蚀斑点时,均应对气门座进行铰削。通常所用的铰刀如图6-2-9所示,铰刀的角度分为30°,45°,75°和15°,其铰削方法如图6-2-10所示。

(1)选择铰刀

根据气门座的角度和气门头直径,选择与之相适应的铰刀,把铰刀装紧在刀杆的锥面部位。

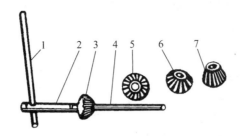

图 6-2-9 气门座铰刀
1—铰柄;2—刀杆;3—30°铰刀;4—导杆;5—15°铰刀;6—45°铰刀;7—75°铰刀

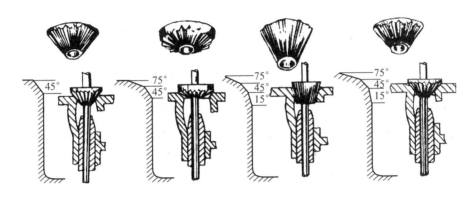

图 6-2-10 气门座的铰削方法

(2) 初铰

把装好铰刀的刀杆插入气门导管孔内,两手握铰柄,均匀用力顺时针方向转动铰刀进行铰削。铰削中要保持铰刀正直,两手用力要一致,转动平稳,直到把工作面的凹陷、斑点、烧蚀等缺陷铰掉为止。开始铰削时,如遇冷硬层铰刀打滑,可在铰刀下垫粗砂布砂磨后再铰削。

(3) 试配与修整接触面

初铰后,应用光磨过的气门进行试配,要求接触部位在中部或中下部。宽度为 1.5~2.0 mm,如图 6-2-11 所示,如接触面偏上,应用 15°铰刀铰削气门座上口,使接触面下移;如接触面偏下,应用 75°铰刀铰削气门座下口,使接触面上移;如接触面宽度超过 2 mm,可视接触部位的情况,用 15°或 75°铰刀进行修正。若出现接触面的宽度合适,但接触部位不在中部或中下部,而是偏上或偏下,用铰刀不能再修正时,若接触面距气门斜面上沿或下沿有 1 mm 以上时,允许使用;否则,应更换气门或座圈。

(4) 精铰

用与气门座角度相同的铰刀,在铰刀下垫细砂布再次修磨气门座工作面,以提高接触面的光洁度。

气门座的铰削,在没有上述铰刀的情况下,可自制如图 6-2-12 所示的简易铰刀。使用时,可根据需要在刀片上磨出不同的角度。

3. 气门的研磨

为了提高气门与气门座的密封性。光磨后的气门与铰削过的气门座需进行研磨。修理

时,若发现气门与气门座有较轻的烧蚀或斑点,也可采取研磨的方法消除。研磨气门可用机动或手工的方法进行,其工艺如下:

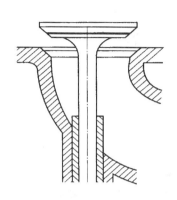

图 6-2-11　气门与气门座的正确接触位置

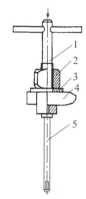

图 6-2-12　简易气门座铰刀

1—刀架;2—压紧螺母;3—垫片;4—刀片;5—定位杆

① 清洗气门、气门座及气门导管。

② 在气门工作面上涂一薄层粗气门研磨砂,气门杆上涂些机油,将气门杆插入导管内,捻转木柄或螺丝刀,使气门在气门座上研磨,如图 6-2-13 所示。研磨时应经常改变气门与座的相对位置,使工作面上各点都能相互研磨。研磨时不要过分用力,严禁上下拍打气门,以免气门工作面出现凹痕。同时应经常检查其接触情况,当气门与气门座工作面研磨出一条较整齐而无斑痕、麻点的接触环带时,可将粗研磨砂洗去,换用细研磨砂研磨,研磨到气门工作面上出现一条整齐的 1.5～2.0 mm 宽的灰色无光的环带时,洗去细砂,涂上机油再研磨几分钟即可。

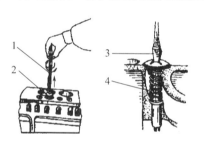

图 6-2-13　研磨气门

1—木柄;2—橡皮碗;3—螺丝刀;4—弹簧

③ 气门与气门座密封性的检验方法有以下几种:一是用如图 6-2-14 所示的检验仪,将仪器的空气室罩在气门座上用手压紧,挤压橡皮球,使空气室内具有 70 kPa 的压力,如在 0.5 min 内压力不下降,即为合格。二是用铅笔在气门工作面上每相距 8 mm 左右画一条线,装入气门导管内轻压使气门转动 1/4 圈,若将铅笔所画线条全部切断为合乎要求,如图 6-2-15 所示。三是将气门与气门座擦干净,用气门轻拍数下,气门与座上出现明亮而完整的光环为好。当密封不合要求时,应采取适当措施解决。

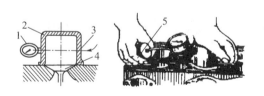

图 6-2-14　气门密封性检验

1—气压表;2—空气室;3—进气孔;4—气门;5—橡皮球

图 6-2-15　划线法检查气门密封性

四、气门弹簧的检验

① 气门弹簧断裂应更换。

② 气门弹簧的自由长度和弹力可用气门弹簧检测仪进行检验,其结果应符合表6-2-5的规定。也可用新旧对比的方法检验,即取一只标准张力的弹簧与被检弹簧一起放在平板上,看其自由长度是否一样,然后在两弹簧间垫一块铁板一起夹在虎钳上,压缩后若二者长度一致或相差不多,即为弹力合格。经检查弹力和自由长度不符合规定时,应更换。在材料缺乏的情况下,可在弹簧与气缸盖接触处加适当厚度的垫圈(一般不超过2 mm)以增加其弹力。

表6-2-5 气门弹簧的技术要求

机 型		自由长度/mm	气门开启时		气门关闭时	
			压缩长度/mm	相应压力/N	压缩长度/mm	相应压力/N
EQ6BT		55.63	38.53	812±27	49.85	303±18
WD615.77	外弹簧	64.50				
	内弹簧	58.00				
CA6110	主弹簧	53~55			46.00	135.7~153.7
	副弹簧	51~53			41.31	75.8~85.8

③ 气门弹簧的变形,在自由状态下弹簧轴线对支承面的垂直度,其误差不得超过2°;各道弹簧的外径,应在同一平面上,其误差不得超过1 mm,否则应更换,检查方法如图6-2-16所示。弹簧如有裂纹应更换。

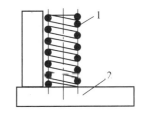

图6-2-16 气门弹簧的检验
1—被检气门弹簧;2—角规

第三节 气门传动组零件的检验与维修

一、气门挺杆的检验与维修

① 气门挺杆直径的磨损,一般不得超过0.05 mm,气门挺杆与导孔的配合应符合表6-3-1的规定。如超过使用限度时,可通过电镀或刷镀加粗挺杆直径、铰大导孔的方法进行修复。当导孔直径加大到1.50 mm以上时,应对导孔镶套,恢复到与标准挺杆的正确配合。镶套过盈量为0.10~0.15 mm,铸铁套为0.015~0.025 mm。

表 6-3-1 气门挺杆与导孔配合

机型	标准配合/mm	使用限度/mm
EQ6BT		
WD615.77	0.025~0.089	0.15
CA6110	0.050~0.091	0.20

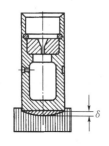

图 6-3-1 挺杆球

② 气门挺杆应光滑,球面对杆部轴心线的斜向圆跳动公差应不大于 0.05 mm。挺杆球面的磨损情况可用样板检查,如图 6-3-1 所示。样板圆弧与球面处处贴合为良好。出现缝隙大于一定值时,应更换或修磨挺杆球面。

挺杆球面的修磨,通常是在专用磨床上进行的。在没有磨床的情况下,也可将挺杆夹在钻床上,下面放一块胶皮,上面垫细砂布,与挺杆球面研磨,由于球面边缘线速度大,磨损量也大,球面中心线速度小,磨损量也小,这样研磨后形成了球面。

二、气门摇臂、摇臂轴及推杆的维修

摇臂轴的磨损应不超过 0.025 mm,否则应电镀修复或更换。用测径向圆跳动法检查摇臂轴的直线度,全长上误差应不大于 0.10 mm。摇臂衬套与摇臂轴的配合间隙:EQ6BT 型发动机为 0.025~0.065 mm,WD615.77 型发动机为 0.040~0.119 mm,CA6110 型发动机为 0.041~0.070 mm。使用限度一般为 0.15 mm,超过时可更换摇臂衬套修复,气门摇臂衬套外径与承孔配合过盈一般为 0.092~0.190 mm。装配衬套时,衬套油孔应与摇臂上的油孔对正,以保证机油流动畅通。

摇臂轴弹簧折断、变形,应更换;装复摇臂轴支座时,有油槽的支座应与缸盖上油孔对正,不许混装,否则将破坏润滑;气门摇臂脚应与气门杆端头对正,其误差应不大于 0.50 mm;摇臂脚与气门杆接触处如磨损有轻微凹陷不平时,可放在油石上修磨;若磨损过大有明显凹坑时,应堆焊修复或更换。

气门脚间隙调整螺丝的螺丝刀口,不允许有裂损、变形现象,丝扣损坏应更换。调整螺丝下端与推杆配合的球面应光滑,当球面磨损使调整螺丝低于螺母时应更换。

气门推杆不得弯曲,推杆上端与调整螺丝接触的球座及推杆下端球头应光滑,如有裂损、变形或磨损起槽时,应予修复或更换。

三、凸轮轴与轴承的维修

1. 凸轮轴的检验与维修

① 检查凸轮轴的弯曲。以两端轴颈为支点,如图 6-3-2 所示,径向跳动不得大于 0.03 mm,超过 0.10 mm 时,可用冷压校正法校正。

② 凸轮的升程不低于表 6-3-2 规定的 5% 时,允许不修磨凸轮,但应检查凸轮基圆、凸

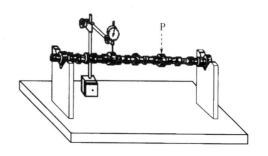

图 6-3-2 凸轮轴弯曲的检验

轮基圆对凸轮轴轴线的径向圆跳动公差:大修标准为 0.03 mm,大修允许不大于 0.05 mm。

表 6-3-2 凸轮尺寸

机 型	凸轮最大直径 /mm	凸轮升程 /mm	基圆直径/mm		凸轮斜度 /mm	夹角偏差 /mm
			公称尺寸	缩小极限		
EQ6BT	进:47.392	进:6.448	40.944			
	排:47.122	排:6.736	40.386			
WD615.77	进:50.481$^{+0.1}$	进:8.493	进:42$^{+0.1}$			
	排:49.492$^{+0.1}$	排:9.492	排:40$^{+0.1}$			
CA6110		6.83	41	40		

③ 凸轮表面有击伤、麻点、毛糙应修磨。凸轮顶端磨损超过 1.00 mm 时,应对凸轮顶端堆焊后予以修磨,以恢复原有的尺寸和形状,或者更换。

④ 凸轮轴上的机油泵驱动齿轮,如有毛糙或齿面磨损超过 0.50 mm 时,应予修复。齿轮个别牙齿损坏,在不影响使用的情况下,允许磨掉锐角后继续使用。驱动输油泵的偏心轮表面粗糙度不得超过 0.80 μm。偏心轮磨损,超过 2.00 mm 时,应予堆焊修复或更换凸轮轴。

⑤ 凸轮轴各轴颈的圆柱度公差:大修标准为 0.005 mm,大修允许不大于 0.015 mm,使用限度为 0.025 mm。

⑥ 凸轮轴装正时齿轮的轴颈径向圆跳动公差和轴向止推端面的端面圆跳动误差,均不大于 0.035 mm。

2. 凸轮轴轴承的修配

凸轮轴轴承与轴颈配合间隙大于 0.15 mm 或发动机大修时,都应更换新轴承,以恢复轴颈与轴承的正常配合。

① 根据凸轮轴轴颈的尺寸,选择同级修理尺寸的轴承。

② 凸轮轴承与承孔的配合应有一定的过盈量。过盈量过大,轴承装入承孔困难且易损坏,过小则定位不牢靠。凸轮轴承与承孔及轴颈的配合要求见表 6-3-3。

表 6-3-3 凸轮轴承与承孔及轴颈的配合

机型	轴承与承孔配合间隙/mm	轴承与轴颈配合间隙/mm	
		标准	使用极限
EQ6BT	-0.178 ~ -0.102	第一道:0.094 ~ 0.146 其余:0.076 ~ 0.152	
WD615.77	-0.09 ~ -0.06	0.04 ~ 0.12	
CA6110		0.05 ~ 0.10	0.15

③ 根据轴颈尺寸刮削轴承的方法是:把轴承套在相应的轴颈上,转动轴承数圈后取下,根据接触情况修刮轴承合金,修刮后再把轴承套在轴颈上转动,取下轴承后根据接触情况再次修刮,如此反复进行。当刮削至轴承与轴颈间插入的厚薄规厚度等于轴承与承孔的配合过盈量加轴承与轴颈的配合间隙,拉动厚薄规时稍有阻力为合适。这样,当把轴承压入承孔后,由于

轴承内径的缩小量接近轴承与承孔配合的过盈量,即可得到所需的配合间隙。刮削时,要尽量做到使轴承壁厚均匀,以保证各道轴承的同心度。

④ 铣下气缸体的后端盖,拆除旧轴承。新轴承压入时应注意对正油孔,各道凸轮轴承不得装错,以免影响摇臂机构的润滑。

⑤ 将凸轮轴装入轴承孔内转动数圈,根据松紧度和接触面的情况进行适当的修刮。检验配合松紧度的方法是:在轴承内涂机油,转动凸轮轴数圈后,用手指拨动正时齿轮时,应转动灵活无卡阻现象,上下扳动凸轮轴无明显的间隙感觉。

四、正时齿轮的检验与修复

① 正时齿轮与曲轴正时齿轮的啮合间隙应符合表 6-3-4 的规定。超过使用限度时,或同一对齿轮啮合间隙沿齿轮圆周相隔 120° 三点测量,间隙差超过 0.10 mm 时,应更换齿轮。啮合间隙可用厚薄规插入两齿间或用百分表抵在齿轮上的方法进行测量。

表 6-3-4　正时齿轮啮合间隙及凸轮轴轴向间隙

机 型		EQ6BT	WD615.77	CA6110
啮合间隙/mm	原厂规定	0.08~0.33		
	使用限度			
轴向间隙/mm	原厂规定	0.10~0.36	0.10~0.40	
	使用限度			

② 凸轮轴正时齿轮不得有裂损,齿形及内孔应完整。齿毂松动时,应更换正时齿轮。

③ 凸轮轴上装正时齿轮的键槽损坏,允许另开新槽,但要在正时齿轮上重新标出正时记号,以防影响配气相位。

五、凸轮轴轴向间隙的检查与调整

凸轮轴轴向间隙应符合表 6-3-4 的规定,检查方法如图 6-3-3,用厚薄规测量,也可直接测量止推凸缘与隔圈的厚度差。当止推凸缘磨损使轴向间隙超过规定时,应更换标准厚度的止推凸缘,不得任意减薄隔圈的厚度。否则,将改变凸轮的轴向位置,影响配气相位的准确性。

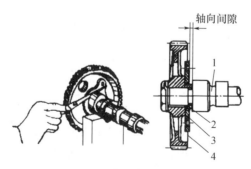

图 6-3-3　凸轮轴轴向间隙的测量
1—凸轮轴;2—隔圈;3—止推凸缘;4—正时齿轮

第四节 气门脚间隙的调整

气门脚的间隙会因配气机构零件的磨损而发生变化,间隙过大,会使气门的升程减小,引起充气不足,排气不畅,而且会带来不正常的敲击声;间隙过小,会使气门关闭不严,造成漏气,易烧蚀气门与气门座的工作面。因此,要按规定调整好气门脚间隙,以保证发动机正常地工作。气门脚间隙见表6-4-1。

表6-4-1 气门脚间隙

机 型	热发动机气门脚间隙/mm		冷发动机气门脚间隙/mm	
	进气门	排气门	进气门	排气门
EQ6BT	0.20~0.30	0.45~0.55		
WD615.77			0.30	0.40
CA6110	0.30	0.35	0.35	0.40

气门脚间隙的检查和调整,要在气门完全关闭、气门挺杆落至最低位置时进行。为了达到上述要求,通常是在气缸压缩终了时,调整该缸的进、排气门。检查调整方法有两种。

一、逐缸调整法

① 摇转曲轴使飞轮上的上止点记号与飞轮壳检查孔上的刻线对正,或曲轴皮带轮上的标记与指针对正,此时是一缸或六缸(四缸)压缩终了的位置,可以调整一缸或六缸(四缸)进、排气门的间隙。

② 调整时应先松开锁紧螺母,旋松调整螺丝,在气门杆与摇臂脚之间插入规定厚度的厚薄规,如图6-4-1所示,用螺丝刀拧进调整螺丝,使摇臂脚轻轻压住厚薄规,拉动厚薄规有轻微阻力,固定调整螺丝的位置。拧紧锁紧螺母,再用厚薄规复查一次。

③ 当一缸或六缸(四缸)的两只气门脚间隙调好后,摇转曲轴120°(四缸摇转180°),按点火顺序调整下一缸进、排气门脚间隙,依此类推,逐缸调整完毕。

二、两次调整法

多缸发动机摇转曲轴两圈,可以调整完所有的气门脚间隙,这是由发动机的工作循环、点火顺序、连杆轴颈的配

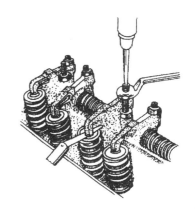

图6-4-1 气门脚间隙的调整

角和气门实际开闭角度确定的,在一缸或六缸(四缸)处于压缩终了上止点时,除调整本缸的气门脚间隙外,其他缸有的气门脚间隙也可调整。

常用的六缸(四缸)发动机,一般都是直行单列,点火顺序多是1,5,3,6,2,4(四缸为1,2,4,3),进、排气门都采取早开迟闭,工作循环又都相同,依这几个方面,即可推出可调气门,列成表6-4-2。它是按发动机的气缸序号、气门序号和气门排列位置,再根据发动机的工作循

环和点火顺序列表分析各缸的工作状态,确定可调与不可调的气门。

表6-4-2 气门脚间隙两次调整时的可调气门

气缸序号		一		二		三		四		五		六	
气门序号		1	2	3	4	5	6	7	8	9	10	11	12
一缸压缩终了	EQ6BT	○	○	○			○	○			○		
	WD615.77	○	○	○			○	○			○		
	CA6110	○	○	○			○	○			○		
六缸压缩终了	EQ6BT				△	△			△	△		△	△
	WD615.77				△	△			△	△		△	△
	CA6110				△	△			△	△		△	△
注:气门排列		进	排	进	排	进	排	进	排	进	排	进	排

小 结

本章讲述了配气机构零件的检验及维修工艺。维修目标就是保证气门组的密封和传动组的工作可靠,重点掌握气门座的铰削工艺和气门脚间隙的调整方法。

思 考 题

1. 气门和气门座的接触有什么具体要求?
2. 在什么条件下更换气门座圈?
3. 两次调整气门脚间隙的根据是什么?

第七章　润滑、冷却、燃料系的维修

第一节　润滑系常见故障分析与排除

润滑系在使用中常见的故障主要有机油消耗过多、机油压力过高、机油压力过高、机油压力过低、机油变质等。

一、机油消耗过多

1. 现象

机油在正常使用中,为保证活塞、活塞环与气缸壁间有良好的润滑,采用喷溅法使缸壁上黏附一层机油,由于活塞环刮油有限,残留在气缸壁上的机油在高温燃气作用下,有的被燃烧,有的随废气一并排出或在缸内机件上形成积炭,当柴油机温度过高时,还有部分机油蒸气汽化而被排到曲轴箱外,或经通风管吸入气缸。在柴油机技术状况良好时,这些正常的消耗是比较少的,约为燃料消耗量的1.5%左右。但当柴油机技术状况随使用时间的延长而变差时,机油消耗量随之增加,机油消耗量增加越大,标志着柴油机性能下降严重。

2. 原因

① 活塞与气缸壁的配合间隙过大。
② 活塞环对口,或卡死在环槽内失去弹性。
③ 扭曲环或锥形环装反失去刮油性能,而产生向燃烧室泵油。
④ 进气门杆部与导管配合间隙过大。
⑤ 气门导管密封帽损坏。
⑥ 废气涡轮增压器的压气机叶轮轴密封圈失效。
⑦ 曲轴油封漏油。
⑧ 与曲轴箱结合部的衬垫处渗漏机油。
⑨ 空气压缩机窜机油。

3. 排除方法

① 首先检查与缸体曲轴箱结合部和油管接头等处有无渗漏机油痕迹。
曲轴前后油封是否密封。如发现油底壳与曲轴箱的结合面边缘普遍渗油,而油底壳螺钉紧固、衬垫良好,则说明曲轴箱内压力过高。

② 抽出机油尺,从机油尺孔感觉曲轴箱压力确实过高,则可认为是曲轴箱通风装置堵塞,必须进行疏通处理。

③ 若检查曲轴前后油封漏油严重,应及时维修;如果只有渗出,仍可暂时继续使用,待二级保养时一并排除,但使用中应经常注意检查油面高度。

④ 在储气筒放气阀处排污中有很多机油,说明空气压缩机窜机油,此时应检查空压机活

塞、活塞环与缸壁的磨损是否过甚,并予以修复。

⑤ 如果柴油机的排气冒蓝烟,说明机油被吸入气缸燃烧排出。应该先检查过气管中有无机油,若有机油则说明增压器的压气机叶轮轴密封圈损坏,机油顺轴流入进气道;应更换密封圈。

⑥ 若进气管内干燥,无机油,应检查气门导管密封帽是否完好,进气门杆与导管的配合间隙是否过大,并给予更换维修。

⑦ 若上述检查均良好,再拆下缸盖和油底壳,对气缸、活塞、活塞环进行全面检查测量,达到排除故障的目的。

二、机油平面升高

1. 现象

柴油机在使用中不添加机油,油面反而升高有两种可能,一种是柴油流入曲轴箱使油面升高;另一种是水漏入曲轴箱与机油混合,这种现象的出现,如不及时排除将造成严重的事故。

2. 原因

① 喷油器针阀关闭不严或针阀卡滞在开启位置,燃油直接流入气缸。

② 由于燃烧室温度过低,未蒸发汽化燃烧的柴油沿气缸壁下漏至油底壳。

③ 采用强制润滑的喷油泵或输油泵,当柴油压力大于机油压力时,柴油便泄漏至润滑油管内流回油底壳。

④ 冷却液流入曲轴箱使机油平面升高,主要是与水套相通的缸体裂纹、湿式缸套与缸体间的密封圈处漏水至曲轴箱所致。

3. 排除方法

① 先抽出机油油标尺滴几滴机油在纸上观察机油颜色并闻气味。如颜色呈黄乳状,且无其他气味,说明是水进入了曲轴箱。此时,应按照冷却系漏水进行排除。

② 闻到机油中有柴油气味,再用手指捻机油检查黏度,若黏度过低,说明是柴油混入机油中。应启动柴油机观察其运转是否良好,若起动柴油机后排气管冒黑烟,转速异常,则应检查喷油泵的喷嘴是否关闭,有无滴漏,并予以维修。若柴油机在正常工作温度下动力不足,则应检查喷油泵柱塞副是否下漏柴油,并予以维修。

③ 中因温度过低造成柴油下流,使曲轴箱机油面升高的故障,则应改变不良的驾驶操作习惯或按柴油机温度过低进行处理。

以上检查维修完成后,必须将旧机油放出,并清洗润滑系,再重新加入合适牌号和规定量的新机油。

三、机油压力过高

1. 现象

柴油发动机工作时,机油压力表机油感应塞良好的情况下,机油压力表指示压力超过规定值,柴油发动机动力不足;有时会因机油压力过高而损坏传感器或机油滤器外壳等机件。

2. 原因

① 未按规定标号使用润滑油,使机油黏度过大。

② 主、副油道限压阀调失灵,使限压阀不能适时开启回流减压。

③ 主、副油道至各润滑表面的通道堵塞。
④ 副油道喷嘴堵,使机油喷量减少或停喷,导致压力过高。
⑤ 新修配的主轴承、连杆轴承及凸轮轴轴承配合间隙过小。

3. 排除方法

① 抽出机油标尺滴几滴机油在手上,用手指捻揉感觉机油黏度是否过大;若黏度过大,应更换符合标准的机油。
② 对于新维修的柴油发动机,应考虑各轴承配合间隙是否过小,必要时重新检查、调整。
③ 检查主、副油道和机油泵安全阀弹簧的预紧力是否过大,若预紧力过大,机油压力将难以顶开安全阀而使机油压力过高;调压柱塞结胶也会使安全阀不能打开,遇此情况应及时予以检查、清洗、调整或更换。
④ 对于使用已久且保养不及时的柴油发动机,应检查、清洗油道和副油道喷油嘴,排除油道出口堵塞情况。

四、机油压力过低

1. 现象

柴油发动机冷启动后,机油压力指示正常,但不久即迅速降低至零附近且低压警报灯亮。

2. 原因

① 机油的标号不符合要求,黏度过低,使机油泵压力降低。
② 机油变质或机油中有水。
③ 机油量不足。
④ 机油管路堵塞或裂口漏油,减少了进入主油道的机油。
⑤ 发动机温度过高,致使机油过稀,导致压力过低。
⑥ 机油集滤器堵塞,使机油吸入量明显减少。
⑦ 机油粗滤器过脏,同时旁通阀损坏,使机油不易进入主油道。
⑧ 机油泵齿轮啮合间隙或齿轮与泵盖的间隙过小或过大,使泵油压力下降。
⑨ 油道中限压阀弹簧张力过小,使主油道压力低于规定值。
⑩ 主轴承、连杆轴承及凸轮轴轴承配合间隙过大,导致压力低于规定值。
⑪ 机油泵安全阀与阀座因磨损而不密封,或弹簧张力过小,以致机油泵工作时大量机油经安全阀回流,使主轴承难以建立起正常的压力。
⑫ 机油散热器堵塞,同时旁通阀失灵,也使机油压力过低

3. 排除方法

① 柴油发动机工作中,一旦发现机油压力过低,应及时停车,约 5 min 后检查油底壳的油平面是否低于规定值;若低于机油油标尺的下线,应及时添加同牌号的机油。
② 查看机油有无变质和水分,如果机油已变质,应更换,并清洗油道和滤清器滤芯;若机油中有水分,应查明水的来源予以排除,并更换机油。
③ 如未进行换季保养或加注了劣质、标号不符的机油,均应及时换用相应黏度和标号的机油。
④ 如果柴油发动机有温度过高现象,应降低发动机温度至常温后再启动发动机,机油压力恢复正常,在以后使用中应特别注意发动机温度和机油散热器是否良好。

⑤ 检查机油滤清器滤芯是否清洁,旁通阀是否通畅。若滤清器滤芯已达到更换周期或过脏应及时清洗或更换,并保证旁通阀无卡滞。

⑥ 检查集滤器滤网是否过脏,旁通阀能否打开。长期未保养的集滤器,由于胶质较多,将使滤网黏结在网罩上,造成旁通阀不能打开;同时,若滤网过脏,将严重影响机油的通过量而使压力下降。遇此,应清洗保养。

⑦ 检查润滑油道有无沉淀物堵塞,如堵塞应予疏通。

⑧ 检查主、副油道限压阀的弹簧张力是否过小、阀门是否磨损过甚。若阀门磨损正常,检查弹簧张力是否过小造成开启压力过低,应拆下弹簧在试验台上检验,一般不允许随意调整。若阀门磨不密封而漏油,应总体更换。

⑨ 检查主轴承、连杆轴承及凸轮轴轴承配合间隙是否过大,并视情予以修复。

五、机油变质

1. 现象

① 机油取样检查颜色变黑,用手指捻搓,失去黏性感并有杂质感。

② 含水分的机油呈乳浊状并有泡沫。

2. 原因

① 机油使用时间过长,在高温和氧化作用下形成氧化聚合物,使机油逐渐老化变质。

② 活塞与气缸壁配合间隙过大,活塞环密封不严,造成漏气。

③ 曲轴箱通风不良,机油中混杂有废气中的燃油,促使机油变质。

④ 发动机缸体裂纹,冷却水渗漏入油底壳。

⑤ 机油泵磨损,供油能力下降。

⑥ 机油滤清器过脏、堵塞或密封不好,使润滑油短路。

3. 排除方法

① 用机油尺取数滴机油滴于中性滤纸上,检查其扩散后的油迹。圈中心黑色杂质较黑,粒子较粗,说明机油含杂质(尘土、金属细末)较多已变质。

② 用手指捻搓取样的机油,若失去黏性感,说明机油内混有燃油,检查曲轴箱通风是否良好,活塞的漏气是否过大。

③ 检查机油中是否含有水分,进而检查缸壁是否有裂纹渗漏处。

④ 检查滤清器是否失效以及油道是否堵塞。

第二节 润滑系的维修

一、机油泵的维修

发动机润滑系统的油压是靠齿轮泵或转子泵供给的,发现机油压力不足时,要调整主油道的压力调节器和机油泵的限压阀,确实无效,判断为机油泵的故障时应维修或更换机油泵,更换机油泵是快速的维修方法。机油泵维修时应首先拆下机油盘,再拆下机油泵并解体。

1. 机油泵的分解与检修

CA6110 柴油机的分解与检修如图 7-2-1 所示。

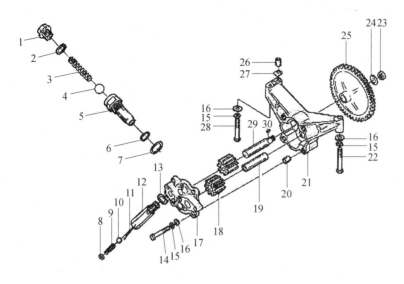

图 7-2-1 CA6110 机油泵

1—螺塞;2—调整垫片;3—调压阀弹簧;4—钢球;5—调压阀体;6—O 形橡胶密封圈;7—垫;8—簧座;
9—限压阀弹簧;10—钢球;11—销;12—限压阀体;13—锁片;14—螺栓;15—垫圈;16—垫圈;
17—泵盖;18—齿轮;19—从动轴;20—定位销;21—泵体;22—螺栓;23—螺母;24—垫圈;
25—传动齿轮;26—定位圈;27—调整垫;28—螺栓;29—主动轴;30—键

① 拧下机油集滤器连接管上的 2 个螺栓。
② 拧下机油泵盖上的 4 个螺栓。
③ 用铜质榔轻轻敲打泵盖,取下泵盖和限压阀及锁止垫片。
④ 用厚薄规测量主、从动齿轮与泵壳端面之间的间隙,如超过 0.15 mm 应更换主、从动齿轮或泵壳或更换机油泵。
⑤ 用厚薄规测量机油泵主、从动齿轮与泵壳间的径向间隙,如超过 0.20 mm 应更换。
⑥ 用厚薄规测量机油泵主、从动齿轮的啮合间隙,如超过 0.15 mm 应更换。
⑦ 按拆卸的相反顺序装配机油泵,四只泵盖固定螺栓的拧紧力矩为 20 N·m。
⑧ 装好限压阀和锁止片,拧紧力矩为 60 N·m。
⑨ 装上机油集滤器的连接管。

2. 机油泵的试验

① 在试验台上测试机油泵的技术性能,应符合表 7-2-1 所列技术要求。

表 7-2-1 机油泵性能试验技术要求

机 型	试 验 条 件		泵油量/(L·min^{-1})
	转速/(r·min^{-1})	输油压力/kPa	
EQ6BT	3 343	207	61.8
WD615.77	2 400		125.0
CA6110	2 670		104.0

② 若没有试验台,机油泵装复后灌入机油,用拇指堵住出油口,旋转泵轴应有机油压出且有明显压力。而后将机油泵装回车上检验,当发动机温度正常时,按表7-2-2所列转速与压力数据检查机油表指示的压力是否符合标准(机轴压力表和感应塞应良好)。如不符合标准,应调整限压阀。

表7-2-2 机油泵装车后的技术要求

机 型	发动机转速/(r·min^{-1})	压力/kPa	发动机怠速时压力/kPa
EQ6BT	额定转速	不低于207	不低于69
CA6110	2 000	200~550	不低于80

调整限压阀的方法是:机油压力过低时,在限压阀螺塞内孔加调整垫片,以增大弹簧张力,使机油压力增高;机油压力过高,则减垫片,减弱弹簧的张力,使机油压力降低;由于球阀关闭不严而影响机油压力时,应更换新件;若机油泵和限压阀均无故障,而机油压力仍不能达到规定数值时,则应检查机油是否过稀,机油滤清器及油道是否堵塞,机油压力表和传感器是否良好,主轴承和连杆轴承的配合间隙是否过大等。

二、机油滤清器和机油散热器的维修

1. 集滤器的维修

采用浮动式的集滤器,浮筒有裂纹、凹陷过多及浮筒内渗有机油时,均应进行焊修。对于不明显的裂缝或浮筒内渗有机油时,可在浮筒上钻一小孔,把机油倒出后将浮筒放入水中,用打气筒从小孔处向里打气,即可找出裂缝并焊修,最后再把小孔焊死,焊好后应将浮筒放入90 ℃以上的热水中浸泡3~5 min,应无气泡出现。滤网有严重破损或弹性不足时应更换。装复时,滤网中心孔边缘应与罩贴紧并把罩的夹脚夹牢,以免受震动脱落。截口和限制架的位置不要装错,集滤器铰接处应上下活动自如、不发卡。

2. 滤清器的维修

机油粗、细滤清器均应完整、清洁及无破损存在。采用一次性旋装式滤清器的,应按规定行驶里程更换;纸质滤芯应更换,橡胶密封垫损坏或老化应更换。离心式机油细滤器的转子装配好后,应能转动自如;转子装入转子罩内时,必须把转子罩和转子座两箭头记号对准,否则将破坏转子总成平衡;橡胶密封垫应完好,否则将漏油使转子不转;锁紧螺母不能拧得过紧,若扭力超过490 N·m,也会破坏转子的正常工作。图7-2-2为CA6110柴油机离心式机油滤清器。

离心式机油滤清器的转子试验:在试验台上,当将运动黏度为0.17~0.24 m²/s的机油、柴油混合油加热至(75±5)℃,进油压力为294 kPa时,转

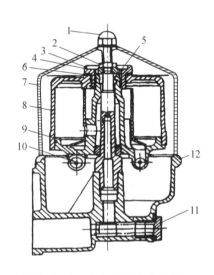

图7-2-2 离心式机油滤清器
1—盖形螺母;2—锁紧螺母;3—碗形螺母;
4—调整螺母;5—止推垫片;6—转子上密封垫;
7—离心式机油滤清器外罩;8—转子总成;
9—转子底座;10—喷嘴;11—进油限压阀;12—密封垫

子的转速应在5 000 r/min以上。在发动机上试验,转子正常工作时,发动机熄火后2~3 min内,转子由于惯性可继续旋转,这时可以在发动机罩旁或变速器换挡杆上听到轻微的"嗡嗡"声。如听不到,可用长柄螺丝刀触在细滤器壳上进一步查听,若有旋转声为正常,否则应拆检。

旁通阀的开启压力应符合表7-2-3的规定,以便在滤清器堵塞时,保证机油的正常供应。

表7-2-3　机油滤清器旁通阀开启压力

机　型		EQ6BT	WD615.77	CA6110
开启压力/kPa	粗滤器旁通阀		250±17.5	196~245
	细滤器旁通阀			88~108

3. 机油散热器的维修

机油散热器维修保养时,可用肥皂水清洗干净,空气干燥,并将机油冷却器泡在水中,用高压空气试压483 kPa,如果没有气泡出现,机油冷却器可继续使用。否则,应更换。如果在使用中发现冷却液内有油水混合,也应及时更换机油散热器。

三、疏通发动机润滑油道

发动机大修装复前,必须彻底清洁疏通润滑油道,其方法是:

① 总油道的清洗。先拆下油道螺塞,用圆毛刷或缠有布条的细长铁杆蘸洗油插入总油道来回拉动清洗,横油道用铁丝缠布条蘸洗油清洗,并用压缩空气吹净,曲轴内油道用同样方法清洗后用压缩空气吹净。

② 此外,油道清洗后,将油道螺塞涂密封胶拧紧在主油道上,并检查各油道(管)接头不得有松动、漏油现象。

曲轴箱通风装置的各通风管不得老化、破损,否则应更换。单向通风阀拆开后应用煤油清洗干净,单向阀孔应畅通。滤清器清洗干净后用压缩空气吹干,滤网装入前可先在机油中浸渍,以增强对空气中灰尘的吸附和过滤,各部零件应修配齐全。

发动机润滑油中的限压阀,各零件应清洁无损、性能良好,限压阀的开启压力应符合表7-2-4的规定。

表7-2-4　限压阀开启压力

机　型	EQ6BT	WD615.77	CA6110
开启压力/kPa	460	1 550±0.15	392
限压阀安装位置	机油冷却器座上	主油道上	缸体主油道后端

第三节　冷却系常见故障分析与排除

冷却系在使用中常见的故障主要有水温低且水箱"泛水"、风扇异响、风扇皮带打滑、冷却液量足但发动机温度过高、冷却液不足引起发动机过热、发动机突然过热等。

一、水温低且水箱"泛水"

1. 现象

散热器或膨胀水箱出现剧烈的泛水溢气,与前述的柴油机过热"开锅",从现象看很相似,但它俩有本质的区别。"泛水"一般是气缸邻近水套孔处的气缸损坏,使燃烧室与水道相通。当活塞上行压缩或燃烧爆发时,气缸内的高压气流从缸垫损坏处窜入水道,造成水气从加水口盖溢水管和通气阀处大量溢出;严重时,伴随进气冲程将水又吸入气缸,甚至柴油机停止工作,也有水流入气缸,使冷却液减少。

2. 原因

① 气缸盖不平整,拉盖螺栓拧紧力矩不足,或者使用螺栓已延伸变形而未能压紧缸垫。
② 气缸套或缸盖与燃烧室相邻的水套处有砂眼、穴蚀、腐蚀,造成锈堵。
③ 在温度过高的情况下,突然加入冷水,使气缸体、气缸套或缸盖的水套处产生裂纹,造成高压气体窜入水套。

3. 排除方法

① "泛水"不受柴油机温度的影响,即使水温不高,膨胀水箱或散热器内的冷却液也会剧烈翻腾,水气外溢。
② 随柴油机转速升高,"泛水"现象加剧,而"开锅"则不存在此现象。
③ "泛水"伴随有冷却液大量减少。
④ "泛水"不重时,有水进入气缸,故排气管排出白色烟雾;更甚者出现停车后缸内积水过多无法启动。
⑤ 水冷式空气压缩机缸盖的排气室与水套处有砂眼、腐蚀孔等,也会使压缩气体进入水套而产生"泛水"。
⑥ 当发生"泛水"时,首先应检查水冷式空气压缩机的缸盖是否有漏气、漏水现象。
⑦ 若水冷式空气压缩机无故障,可采用逐缸断油法判断气缸垫是否冲坏。进行此项检查时,应打开水箱盖观察,当被断油缸不工作时,水箱泛水随之停止,排气管冒白烟也有改善,表明该缸气缸垫冲坏,应及时修理、更换气缸垫。
⑧ 检查气缸垫若无损坏,也无漏气痕迹,则可查找有无砂眼和穴蚀孔,若有则予以维修。

二、风扇异响

1. 现象

柴油机在工作时,发出"哗啦、哗啦"响声,尤其是柴油机转速变化时,随转速的升高而增大。

2. 原因

① 由于风扇叶片的振动,叶片与风扇叶轮毂的铆钉松动。
② 风扇紧固螺钉松动。
③ 风扇叶片根部发生了裂纹,改变了叶片的倾斜角度。
④ 风扇叶片断裂。

3. 排除方法

① 当汽车运行中,突然听到异响,首先应熄火,再停车检查,以避免因风扇叶片断裂而打

坏散热器。

② 用起动机带动风扇低速旋转,查看有无运转不均或前后摆动,如有此现象可进一步确认。

③ 停止柴油机转动,用手前后扳动风扇叶片有松旷感,说明风扇皮带轮紧固螺栓松动或紧固风扇的螺钉松动,应予以紧固。

④ 当发现风扇叶片根部有裂纹时,应及时焊接或更换。

⑤ 在行车途中发生风扇叶断裂,但无法修理时,可拆下风扇,将其对称的叶片剪去,安装后继续行驶。值得注意的是:当叶片被剪后使用时,柴油机转速不可过高。

三、风扇皮带打滑

1. 现象

柴油机运转中,偶尔发出频率较高的尖锐而持续不断的"吱——"声音,急加油时,响声更为突出。

2. 原因

① 风扇皮带张紧度不足。

② 皮带经长期使用被拉长未及时调整。

3. 排除方法

① 汽车运转时有"吱——"的响声,在踩下离合器踏板的同时轻轰油门,响声随转速而变化,则可认为是皮带打滑。

② 停车熄火,用适当力按压皮带,下陷量超过 15 mm 者,为皮带过松,应进行调整。

③ 用手扳转风扇皮带轮,若感觉阻力不大,扳转时,曲轴皮带轮未转动,也可判断皮带过松,检查可将两种方法结合起来进行判断。

④ 皮带过松时应进行调整。

四、冷却液量足但发动机温度过高

1. 现象

① 发动机冷却液容量符合标准,但行驶过程中发动机动力不足,冷却液温度超过标准。

② 运行中温度在正常范围,停车后冷却液立即沸腾。

2. 原因

① 百叶窗关闭或开度不足。

② 风扇皮带松弛或打滑。

③ 节温器大循环工作不良或分水管不良。

④ 散热器出水管被吸瘪或管壁脱层堵塞;散热器的水管堵塞;散热器的外部积垢过多,堵塞水管外表空间,使散热效率降低。

⑤ 缸体水套水垢沉积过多。

⑥ 风扇叶子变形,角度不当。

⑦ 超负荷低速挡行驶时间过长,引起发动机过热。

⑧ 点火时间过迟。

⑨ 混合气过浓或过稀;燃烧室积炭过多。

⑩ 发动机油底壳润滑油油量不足。

3. 排除方法

① 检查百叶窗是否关闭或开度不足。

② 检查风扇叶片是否变形,皮带松紧度是否适当,皮带是否打滑。

③ 若以上检查良好,再检查水循环系统是否正常,胶管是否吸瘪,管壁是否脱层,节温器是否失效,散热器是否堵塞,叶片是否倾倒过多,缸体水套是否积垢太多,分水管是否损坏或堵塞。

④ 若通过以上检查,发动机仍然过热,则应检查点火时间是否过迟,排气门间隙是否过大,混合气是否过浓或过稀,燃烧室内积炭是否过多,以及油底壳内机油量是否不足。

五、冷却液不足引起发动机过热

1. 现象

发动机冷却系容纳不了规定的冷却液。在运行中冷却液消耗异常。

2. 原因

① 缸体水套或散热器积垢过多造成局部堵塞。

② 散热器漏水或散热器盖的进排气阀失效。

③ 水泵水封皮碗不良或叶轮密封垫圈磨损过量而漏水。

④ 低温季节,散热器内冷却水在停车时未放净而结冰。

⑤ 气缸水道孔与气缸沟通。

⑥ 气门室内壁破裂漏水。

⑦ 冷却系其他部位漏水。

3. 排除方法

① 检查冷却液容量是否足够,散热器是否良好,冷却系各部是否漏水,散热器和缸体水套内水垢沉积堵塞情况。

② 在严寒季节和地区行驶的车辆,应特别注意检查散热器是否结冰。这种故障的特征是水温已达到100℃,但散热器仍然冰冷,称为冰阻。

③ 检查水泵泄水孔是否漏水。可用一干净木条伸到泄水孔处,木条上有水,说明水泵漏水。

④ 若冷却系外部并不漏水,而冷却水消耗仍然较快,则应检查冷却系内部有无漏水,若拔出机油油标尺发现机油中有水,说明气缸内壁或进气通道内壁破裂漏水,或缸垫水道处冲坏与气缸沟通。

⑤ 检查散热器盖的排气阀是否失效,若冷却水容易从加水处飞溅损失,说明散热器盖的进气阀失效。

六、发动机突然过热

1. 现象

① 水温表指针很快指示到100 ℃的位置。

② 发动机功率明显下降。

③ 冷车发动时,发动机水温迅速升高并沸腾,在补足冷却水后转为正常。

2. 原因

① 节温器主阀门脱落。
② 水泵轴与叶轮松脱。
③ 冷却系严重漏水。
④ 气缸垫冲坏,水套与气缸沟通,高压气流进入水道。
⑤ 风扇离合器失灵。
⑥ 风扇皮带断裂或发电机固定支点松动移位。

3. 排除方法

① 行车中发动机突然过热,应注意电流表动态:若提高发动机转速,电流表不指示充电,而是在放电 3~5 A 位置和"0"位之间做间歇摆动,说明风扇皮带断裂,发电机和水泵均不工作。
② 用手触试散热器和发动机,若发动机温度甚高,而散热器温度较低,说明水泵轴与叶片松脱,冷却水循环中断。
③ 若发动机和散热器温度差别不大,则应检查冷却系有无严重漏水之处。
④ 检查自动调速的风扇离合器是否能随温度变化而变动转速。
⑤ 若冷车启动时温度迅速升高,冷却水沸腾,一般是节温器主阀门脱落并横卡在散热器进水管内,阻碍了冷却水的大循环。
⑥ 检查气缸垫是否烧坏。若气缸垫烧坏,有时会不断从散热器口向外溢水或排气泡,呈现冷却水沸腾的假象。这主要是因为气缸垫烧蚀或缸盖、缸套出现裂纹,使高压气体窜入水套,因此冒出激烈气泡。

第四节　冷却系的维修

发动机冷却系在使用中若出现故障,将使发动机不易保持最佳工作温度,造成工作不良,使动力下降、经济性变坏、可靠性变差,严重者还可造成机件损坏事故。

一、水泵的维修

1. 水泵的分解、检验

① 拆下风扇皮带轮。
② 拆下泵盖及衬垫。
③ 取出轴承卡环,一般情况从前向后压出水泵轴。
④ 若只需取出水封总成,只需拆下叶轮即可。
⑤ 泵壳与盖板的结合面及壳体与气缸体的结合面的平面度公差一般不大于 0.05 mm,否则应予修平。
⑥ 叶轮如破裂应焊修或更换;水封座腔与水封座有破损时,应修复或更换。
⑦ 轴承应转动灵活、无噪声,一般轴向间隙不得超过 0.30 mm,径向间隙不得超过 0.15 mm,否则应更换轴承。
⑧ 水泵检视孔漏水,则更换水封总成。解放 CA6110 型发动机水泵,如图 7-4-1 所示。

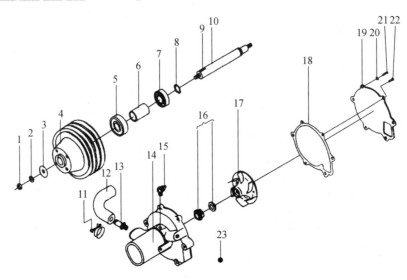

图 7-4-1 CA6110 型发动机水泵

1—螺母;2—弹簧垫圈;3—垫圈;4—皮带轮;5—球轴承(前);6—隔管;7—球轴承(后);
8—开口挡圈;9—半圆键;10—水泵轴;11—双钢丝式环箍;12—连接软管－水泵小循环;
13—管接头－水泵小循环;14—水泵体;15—滑脂嘴;16—水封总成;17—叶轮;18—垫密片－水泵盖;
19—水泵盖板;20—弹簧垫圈;21—螺栓－紧固水泵盖;22—沉头螺钉;23—紧固螺钉

2. 水泵的装复与试验

① 将水泵轴承、隔套和水泵轴装好,并装上轴承锁环。

② 装上水封。水封装复时要注意放正,水封内缘不要与轴相碰,以免磨损。再装上叶轮,叶轮密封圈,拧紧固定螺栓。

③ 在泵轴前端装上皮带轮毂,用螺栓固定紧,再装上皮带轮及风扇叶片。

④ 装水泵盖及衬垫,从滑脂嘴加注润滑脂润滑轴承。

⑤ 水泵装复后,用百分表抵在皮带轮槽内测量其摆差不得超过 1.00 mm;用手转动皮带轮应无卡阻现象;堵住进水口,将水加入叶轮工作室转动泵轴,查视孔应无水漏出,如有卡阻和漏水现象,应查明原因予以排除。

有条件时应将水泵装在试验台上工作运转试验,查看其水泵流量以及是否有漏水现象,其台架试验水泵流量应符合表 7-4-1 的规定。

表 7-4-1 水泵流量试验

机　　型	EQ6BT	CA6110
水泵转速/(r·min^{-1})	5 150	3 300
流量/(L·min^{-1})	216	260

二、硅油风扇离合器的维护及风扇维修

1. 硅油风扇离合器的维护

硅油风扇离合器的分解及风扇总成,如图 7-4-2 所示。硅油风扇离合器出厂前,在专用设备上进行过严格检查和调整,使用中不要随意拆散观察,行车时如发现每个叶片的工作面上都有黏性油质,说明有硅油漏出,应更换新的风扇离合器总成。

第七章 润滑、冷却、燃料系的维修

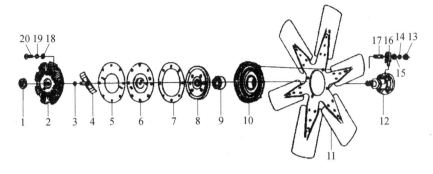

图7-4-2 硅油风扇离合器及风扇

1—双金属感温器；2—前盖；3—O形密封圈；4—阀销总成；5、7—垫片；6—从动板；
8—主动板；9—轴承；10—壳体；11—风扇总成；12—主动轴；13—六角螺母；
14、19—轻型弹簧垫圈；15、18—垫圈；16—锁止块；17—双头螺栓；20—螺钉

使用中双金属片不能堵塞，更不能将已分裂层的双金属片改用。风扇离合器拆下后不得立起放，应保持车上的位置。

如果结合面垫片损坏，可以拆开更换垫片后加入22 mL的硅油(运动黏度为0.028 m^2/s)，继续使用。

2. 风扇的维修

叶片铆钉松动应重新铆固，叶片支架上的裂纹未超过叶片宽度1/3时，允许焊修，但焊迹不得超过叶片宽度的1/2，否则将影响平衡，应更换新件。

三、水套、散热器的清洗与维修

1. 水套的清洗与维修

① 水套内的水垢和杂质清洗时，应先拆出节温器，将水从正常循环反方向压入(即从出水管处压入)，直到放出的水清洁为止，也可加入适当的清除水垢的溶液，使水垢溶解，然后用水冲洗。

② 就车清洗水套、散热器时可用表7-4-2的配方溶液及清洗方法清洗。清洗后应对水套和散热器分别进行冲洗，以免来自气缸体水套内的铁锈或水垢将散热器水管堵死，为了提高冲洗效果，冲洗的水流方向应与冷却水循环方向相反。

表7-4-2 清洗液成分和清洗方法

类别	溶液成分		清洗方法	备注
1	苛性钠(火碱) 煤油 水	750 g 150 g 10 kg	将溶液过滤后加入冷却系中，停10~12 h后，启动发动机使其怠速运转15~20 min，直到溶液开始有沸腾现象为止，放出溶液，再用清水冲洗	适用于铸铁气缸盖、水套的清洗
2	碳酸钠(洗衣碱) 煤油 水	1 000 g 500 g 10 kg		
3	2.5%盐酸溶液		将盐酸溶液加入冷却系中，使发动机怠速运转1 h，放出溶液，以超过冷却系容量3倍的清水冲洗	

续表

类别	溶液成分		清洗方法	备注
4	水玻璃 液态肥皂 水	15 g 2 g 1 kg	将配好的溶液加入冷却系中,启动发动机工作 8～10 h 后,放出清洗液,用清水冲洗干净	适用于铝制气缸盖、水套的清洗
5	煤油接触剂(石油磺酸) 水	75～1 000 g 1 kg		

现已生产的汽车水箱"一次清"等除垢剂,可将冷却系中的水垢、锈垢、油垢、污垢等一次清除干净。

③ 水套如有裂纹或破洞应进行修复。

④ 发动机的分水管如腐蚀损坏应更换。

2. 散热器的清洗与维修

(1) 散热器的清洗

散热器除就车清洗外,在发动机大修时,可将外表清洁的散热器放置在洗涤池内,清洗脱除水垢,方法如下:

① 在洗涤池内放入含有 3%～5% 碳酸钠的水溶液,加热并使温度保持在 80 ℃～90 ℃,将散热器放置在洗涤池内,5～8 h 后取出,放入清洗池中,用温水冲洗。

② 在洗涤池内放入含有 10%～15% 苛性钠的水溶液,加热使散热器在其中浸煮 25～30 min,然后用清水冲洗。

对水垢严重的散热器,可用 3%～5% 盐酸溶液,并按每升溶液加入 3～5 g 六亚甲基四胺,然后加热至 60 ℃～70 ℃,清洗约 30 min,再用碱水清洗中和,最后用热清水冲洗。

(2) 密封试验

散热器清洗后,应进行密封试验,方法是:将散热器进、出水口用木塞或橡皮塞堵住,加满水后用专用盖密封加水口,用打气筒从泄水管口向散热器打气,使散热器内压力增加,如有破裂处,水即会渗出,可在渗漏处做上记号,以便进行维修。

(3) 散热器的维修

① 上、下水室损坏应更换,彻底清除上、下水室和芯子的污垢,再将上、下水室焊好。

② 如水室或外层芯子破漏,可用锡焊修复;破漏较大时,可用铜皮挂锡后,对破漏处实施锡焊修补;如内层水管破漏,可将外层散热片剪掉,用尖铬铁直接焊修;若管子破损漏水严重,又无条件接通管子时,允许把水管压扁、焊死(一般不多于 3 根)继续使用,或更换新芯子;如芯子和散热片损坏过多,应更换新散热器。

③ 散热器进、出水管破漏应更换,放水开关漏水应拆下研磨或更换。

散热器修复后,应再次进行试验。将散热器放入水中,以 29～49 kPa 的气压试验,历时 1 min 不得有漏气。散热器的装水容量,不得小于原厂规定的 98%。

3. 节温器的检验

清除节温器上的水垢,把节温器放入盛热水的器皿中,如图 7－4－3,再逐渐加热,检验节温器的活门开始开启和完全开启时的温度是否符合规定,节温器的性能见表 7－4－3。

节温器损坏时,当活门升程不符合使用要求时,必须更换节温器。

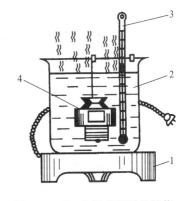

图 7－4－3 检验节温器的性能
1—电炉;2—烧杯;3—温度计;4—节温器

表 7－4－3 节温器性能

机　　型	EQ6BT	WD615.77	CA6110
节温器形式	蜡式	蜡式	蜡式
主活门开始开启温度/℃	83	80±2	76
主活门全开时温度/℃	95	95	86
全开时活门升程大于/mm	8	10	8

第五节　柴油机燃油供给系常见故障分析与排除

柴油机燃油供给系若有了故障,将会使发动机在各种不同的工作情况下,无法获得适当的混合气,致使发动机出现功率下降、油耗增多、启动困难、工作异常和容易熄火等故障,柴油机燃料系的常见故障有:启动困难、动力不足、工作粗暴、飞车等。

一、启动困难,排气管不排烟

1. 现象
发动机不易启动,排气管不冒烟。

2. 原因
（1）低压油路原因
① 油箱开关未打开或油箱盖通气阀失灵。
② 油箱内无油或存油不足。
③ 油箱内上油管堵塞或从上部脱落、折断。
④ 油箱至输油泵间油管中有漏气部位,使油路中进入空气。
⑤ 柴油滤清器滤芯或输油泵滤网堵塞。
⑥ 输油泵活塞损坏或咬住,止回阀黏滞、密封不严、弹簧折断等,使输油泵不泵油。
⑦ 油路中有空气(气阻)。

（2）高压油路原因

① 柱塞与套筒间隙过大或两者黏滞。

② 出油阀黏滞或密封不良或其弹簧折断。

③ 溢油阀密封不良或其弹簧折断。

④ 喷油器针阀喷针阀积炭或烧结而不能开启；压力弹簧调整过硬。

⑤ 高压油管破裂或其接头松动；

3. 故障诊断与排除

（1）低压油路故障诊断与排除

① 先检查油箱中存油是否充足，开关是否打开，油箱盖通气阀是否失灵。

② 用手油泵泵油试验，若拉出手油泵拉钮时，明显感到有吸力，松手后又自行回位，说明油箱至输油泵的油路堵塞。

③ 若提拉手油泵拉钮时感到没有吸力，但压下去时比较费力，说明细滤器堵塞。

④ 如若上下拉动手油泵拉钮时，均无正常的泵油阻力，说明手油泵本身失效。

⑤ 旋松输油泵的出油接头，拉动手油泵拉钮，观察出油情况，若排出的油有气泡，说明输油泵至油箱这段油管或油箱内上油管接头松动；若排出的是柴油，说明前段油管无故障，故障在滤清器或高压油路。

（2）高压油路故障诊断与排除

① 启动发动机，查看喷油泵输入轴是否转动，联轴器是否连接可靠，高压油管有无漏油或渗入空气。

② 若上述检查正常，在发动机运转时，用手触试各缸高压油管，若感到喷油有"脉动"，说明故障在喷油器；若无"脉动"，或"脉动"甚弱，说明故障在喷油泵。

③ 检查喷油泵的故障。

a. 将喷油泵侧盖卸下，查看柱塞弹簧有否折断而卡住或柱塞咬住。

b. 来回扳动操纵臂，查看齿杆与衬套配合是否过紧而咬住，使齿杆始终停留在停车的位置上。同时，应检查调节齿轮的螺钉是否松脱而引起供油量的减少。

c. 经上述检查均良好，应将喷油泵的高压油管拆下，用手油泵泵油，若喷油泵的出油阀处有油溢出，说明出油阀密封不严，有污物或弹簧折断、磨损过大。

d. 若没有油溢出，应检查高压油路中有无空气。用螺丝刀撬喷油泵柱塞弹簧座（将齿杆放在供油量最大位置），做喷油动作，使燃油从出油阀中喷出至不再有气泡为止。旋紧高压油管，再撬几次喷油泵弹簧，使喷油器喷出燃油，在外面能听到有清脆的"噗、噗"声为止。

④ 检查喷油器的故障。可将喷油器从缸体上卸下，仍接到高压油管上，用螺丝刀撬动喷油泵弹簧座，做泵油动作，若喷油雾化不良，说明故障在喷油器，应予拆检。若喷油良好，应检查喷油时间是否失准或空气滤清器是否堵塞。

二、启动困难，启动时排气管冒白烟

1. 现象

① 发动机启动困难。

② 启动时排气管冒白烟。

2. 原因

① 柴油中有水或水套中的水漏入气缸,水在气缸内被蒸发为水蒸气,从排气管排出。
② 气缸盖螺栓不紧,使冷却水进入气缸。
③ 气缸体或气缸盖冷却水套有破裂,冷却水进入气缸。
④ 供油时间过迟,气缸内温度下降,未燃烧的部分柴油成白色油雾从排气管排出。
⑤ 发动机温度过低,柴油不易蒸发燃烧,呈乳白色油雾从排气管排出。

3. 排除方法

① 用手接近排气管消声器出口处,手上留有水珠,说明有水进入气缸。应检查上述原因中的前三项,看是否有水进入气缸。
② 检查柴油质量,看有无水分掺入。
③ 检查气缸体、气缸盖有无破裂漏水。
④ 检查气缸盖螺栓有无松动。
⑤ 检查气缸垫有无冲坏漏水。
⑥ 通过以上检查,若不能明确诊断,应检查喷油泵连接盘固定螺栓的紧固情况,以及键与键槽的连接情况;检查连接从动盘是否装配错位,使喷油顺序错乱(喷油顺序错乱冒白烟)。
⑦ 以上检查正常的话,再检查喷油泵各柱塞的定时调整螺钉是否失调(喷油时间过迟冒白烟)。
⑧ 用单缸停止供油法,找出停油后发动机运转无变化的可疑缸位,将该缸的喷油器卸下,进行缸外喷油试验,观察有无滴油现象(检查是否由于雾化不良,导致燃烧不完全而冒白烟)。若有滴油现象,应进一步找原因。看是喷油压力过低还是针阀体变形或针阀磨损过甚引起。
⑨ 若在低温启动时(特别是冬季)排气管排白烟,但在发动机温度升高后排烟颜色恢复正常。

三、启动困难,启动时排放大量黑烟

1. 现象

发动机不易发动,排气管大量排放黑烟。

2. 原因

① 柴油发动机超负荷而增加供油来运行,供油量过多,在缺氧情况下,燃烧不完全。
② 柴油质量太差,雾化不良,以致燃烧不完全。
③ 进气系统堵塞,气缸进气量不足。
④ 增压器有故障,供气压力不够。
⑤ 喷油器雾化质量差或有滴油现象。
⑥ 喷油过迟,部分燃油在缺氧条件下燃烧或在排气管中燃烧。
⑦ 各气缸的供油不均。
⑧ 气门间隙调整不当。
⑨ 喷油器针阀黏滞不能关闭或针阀与阀座间泄漏。
⑩ 发动机个别缸不工作或工作不良。

3. 排除方法

① 排气管冒黑烟,同时气缸内有清脆的敲击声,一般是喷油时刻过早。应检查喷油泵联

轴器螺栓是否松动,键和键槽是否松旷或连接从动盘是否错位。

② 排气管冒黑烟,同时振动严重,一般为各气缸的供油不一样,个别气缸供油太多。

③ 发动机在爬坡、启动、加速时冒黑烟是允许的。

④ 排气管冒黑烟,同时消声器内有火焰,一般为喷油时间过晚。

⑤ 检查喷油器工作情况。包括喷油器喷油雾化情况,喷油压力大小,喷雾锥角大小及射程是否符合标准。然后拆检针阀是否卡滞,针阀与阀座是否密封,喷油压力弹簧是否过软或断裂,喷油器座孔密封垫是否有积炭等。

⑥ 如故障不在上述原因,则应检查空气滤清器和更换柴油。

四、柴油机运转不均匀,排气管排白烟

1. 现象

发动机乏力、运转不均匀且大量排出下述白烟之一:

① 灰白色的烟雾。

② 水汽状白烟。

③ 发动机刚发动时排白烟,温度升高后变成黑烟。

2. 原因

① 喷油时间过迟。

② 气缸垫冲穿,使水道孔与气缸沟通。

③ 气缸破裂漏水。

④ 气缸压缩压力过低。

⑤ 柴油内含有水分。

3. 排除方法

① 发动机乏力,排气管又排灰白色烟雾。此种情况不仅是高速运转不匀、加速不灵敏,而且温度过高。如若突然有上述现象,说明喷油泵驱动轴联轴器固定螺栓松动,喷油时间过迟所致。

② 若排气管排出水汽状白烟,将手靠近消声器口处,手面上留有水珠,则应检查柴油内有无水分,用单缸停止供油法检查气缸有无破裂,以及气缸壁是否冲坏等。

③ 发动机刚启动时排白烟,温度升高后冒黑烟,说明气缸压力过低。刚启动时温度低,使得部分柴油未能全部燃烧而排出,故呈白色烟状,待温度升高后,燃烧条件虽有改善,但由于某种原因尚不能完全燃烧故又呈黑烟排出。这时应检查气门关闭密封性、配气相位、气缸垫或喷油器座孔密封衬垫有否漏气,气缸和活塞环是否磨损过量,活塞环有无卡滞或重合的现象。

五、游车的故障诊断与排除

1. 现象

发动机乏力,运转忽快忽慢,但有一定规律,转速无法提高,俗称"游车"。

2. 原因

① 调速器外壳的孔及喷油泵盖板孔松旷。

② 调速器飞块销孔、座架磨损松旷,灵敏度下降。

③ 调速器飞块过重或收张距离不一致。

④ 调速器内润滑油太脏或太少。
⑤ 调速器调速弹簧变形或断裂。
⑥ 喷油泵供油量调节齿杆卡滞。
⑦ 喷油泵供油量调节齿杆与扇形齿轮齿隙过大,或柱塞调节臂与油量调节拨叉配合间隙过大。
⑧ 喷油泵凸轮轴轴向间隙过大。
⑨ 喷油泵柱塞套安装不良,使调节齿杆(或拨叉)不能自如移动。
⑩ 喷油泵柱塞调节臂或扇形小齿轮变形或松动、妨碍调节齿杆移动。
⑪ 供油量调节齿杆(或拨叉)的拉杆销子松旷。
⑫ 个别气缸喷油器针阀烧结。

3. 排除方法

① 拆下喷油泵侧盖,检查其供油齿杆的松紧度。可用手轻轻移动齿杆,若不能前后移动,或齿杆只能在很小范围内被移动,应找出其阻滞点。方法:将喷油泵齿杆与调整器拉杆拆离,这时若喷油泵齿杆滑动自如,说明阻力在调速器。若拆离后仍只能在小范围内移动,说明阻力在喷油泵。如若调节齿杆拉动自如,说明游车可能是调速器各部连接点松旷造成的。

② 若非上述原因,则应检查调速器弹簧是否变形,飞块是否偏重,其收张距离是否一致。

③ 气动调速器产生游车,往往是密封性受到破坏。应先检查真空管及两端接头是否漏气,调速器左腔密封是否良好,膜片有无破裂,右腔是否与大气相通。

④ 对于带有可变调速率装置的 RSU 型全速调速器,由于装配调整不当,不仅会使调速率发生改变,而且还可能使调速器的工作变得不稳定,导致发动机产生严重的游车而不能正常工作(在实际中这种现象不少)。

六、飞车(超速)的故障诊断与排除

飞车是指柴油机的转速失去控制,突然超过允许的最高转速,并伴有巨大声响的现象。飞车是很危险的,如若不能及时采取有效措施予以制止,柴油机最终会遭到破坏。

1. 现象

发动机转速失去控制突然升高,疾转不止,并伴有极大的异响。

2. 原因

(1) 喷油泵、调速器的故障

① 喷油泵油量调节齿杆和调速器拉杆脱开。
② 加速踏板拉杆或供油调节齿杆卡滞,使其在额定供油位置上回不来。
③ 喷油泵柱塞弹簧折断或柱塞卡在高速位置。
④ 喷油泵凸轮轴轴向间隙过大。
⑤ 调速器弹簧折断或弹力下降。
⑥ 调速器的高速调节螺钉或最大供油量调整不当。
⑦ 调速器内润滑油过多,黏度太大或太脏,使飞球难以甩开。

(2) 燃烧室进入额外燃料,无法熄火停车

① 气缸窜油,使得机油进入燃料室燃烧。
② 惯性油浴式空气滤清器存油过多,被吸入燃烧室燃烧。

③ 带增压器的柴油发动机,由于增压器油封损坏,机油进入燃烧室燃烧。
④ 低温启动装置的电磁阀漏油,使多余的柴油进入燃烧室燃烧。
⑤ 空气滤清器纸质滤芯在清洗后残留的汽油过多,装配使用时,浓度较高的汽油蒸气被吸入燃烧室燃烧。
⑥ 多次启动不着火,缸内集聚柴油过多,一旦着火,便燃烧不止,转速猛增。

3. 排除方法

(1) 紧急措施
① 迅速将加速踏板收回或将加速踏板拉杆拉回到停车位置。
② 供油拉杆或调油齿杆外露的喷油泵,可迅速将杆拉回到停油位置。
③ 用衣物堵塞空气滤清器或进气的通道,切断空气的来源。
④ 有减压装置的,迅速将减压手柄拉到减压位置。
⑤ 及时推入高速挡,踩下制动踏板(踩到底),缓抬离合器,强制发动机因扭力不足而熄火。
⑥ 迅速松开各缸高压油管,以停止供油。

(2) 发动机熄火后确诊飞车原因
① 当出现超速现象时,若迅速抬起加速踏板,不回位,当发动机达到最高转速时不再继续升高,则多为加速踏板拉杆或拉臂等处卡住。
② 若反复迅速抬起加速踏板时,转速能有所降低或熄火,说明调速器有故障,熄火后拆下调速器上盖检查:
    a. 调速器润滑油的数量、黏度和杂质。
    b. 调速器供油量调节齿杆和调速器拉杆工作是否可靠。
- 调速弹簧是否变形或折断。
- 调速器拉杆销子是否脱落。
- 调速器球座或圆盘支架是否装配不当或表面有沟槽等缺陷。
- 调速器的高速调节螺钉或最大油量调整螺钉是否调速适当。

③ 若迅速抬起加速踏板时,发动机转速仍继续升高,则可能是喷油泵柱塞或泵杆被卡住。
④ 若上述检查证实供油系统均正常,则应检查有无额外燃油或润滑油进入气缸内。
⑤ 飞车原因未找到,故障未排除,绝对不准再次启动。

第六节 柴油发动机供给系的维修

一、VE 型分配式喷油泵的维修与调整

为了使分配式喷油泵经常处于良好的技术状态,必须定期对分配式喷油泵进行技术保养和调整试验,以达到规定的技术指标。

1. 喷油泵的铅封

喷油泵是柴油发动机最精密的总成,其上设有铅封的部位不得随意拆除、调整,只能在指定的维修点进行维修。

在喷油泵上有两个铅封,其一是油量调整螺栓设有铅封,如图 7-6-1(a) 上箭头所指的

位置;其二是最高转速限制螺栓设有铅封,如图7-6-1(b)上所指 B 的位置;图中箭头所指 A 的部位是怠速调整螺栓,无铅封。

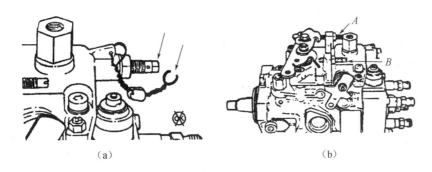

图 7-6-1 喷油泵的铅封

由于调整以上两个带有铅封的螺栓将改变发动机性能,因此不得擅自调整。

2. 喷油泵的拆卸

从发动机上拆卸喷油泵,步骤如下:

① 确定一缸上止点位置,用飞轮摇柄慢慢转动发动机,将正时销插入凸轮轴齿轮上的正时销孔,为防止正时销被切断,在找到上止点后,从正时销孔中拔出正时销。

② 将喷油泵轴锁紧螺栓上的垫块取下,以锁死泵轴。这样,油泵正时在拆卸中不会变化。螺栓拧紧力矩为 30 N·m。

③ 拧下接近孔盖和泵轴上的螺母。

④ 用齿轮拔出器从泵轴拔下齿轮。

⑤ 拧下喷油泵安装螺母,从发动机上取下喷油泵。

3. 喷油泵的维修

(1) 更换油封

用油封拔出器取出油封,检查油封的密封表面是否有划伤和毛刺,如有毛刺,允许进行少量修整,修整后须进行彻底清洗吹干。安装新油封时,用保护套筒将油封压到位,套筒应为与油封外圆(金属表面)接触的深套筒。

(2) 停油电磁阀的更换

① 电磁阀损坏与否的判断:电磁阀损坏后,油泵处于停油位置,发动机无法启动。判断电磁阀是否损坏的方法之一是通以约 12 V(对 12 V 电器系统)或 24 V(对 24 V 电器系统)的直流电,若电磁阀正常,可以听到较弱的"咔哒"声。

判断电磁阀是否损坏的另一种方法是检查电磁阀电阻,如图 7-6-2 所示。正常工作的电磁阀应符合下面的测量值:当电磁阀电压为 12 V 时,电阻值为 $(7.4+0.5)\Omega$,电流应小于或等于 2 A;当电磁阀电压为 24 V 时,电阻值为 $(29.5+2.5)\Omega$,电流应小于或等于 1 A。

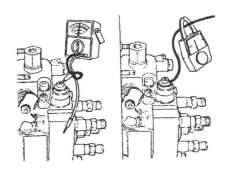

图 7-6-2 测量电磁阀电阻

② 电磁阀的更换：从喷油泵上拆下电磁阀，取出柱塞和弹簧。安装新电磁阀时，应在新电磁阀上装好 O 形圈，将电磁阀拧入油泵分配头，拧紧力矩为 43 N·m。

（3）出油阀总成的更换

拆下出油阀体，检查出油阀座孔密封面、出油阀和出油阀座表面有无损坏，如有损坏应更换。安装出油阀总成和密封垫的拧紧力矩为 30 N·m。

（4）喷油泵正时的调整

喷油泵正时在出厂时已调好，自行调整可能造成零部件乃至发动机损坏的严重后果。如在维修过程中正时不慎变化，可按如下步骤调整：

从分配头上取下接近孔螺塞，将正时检查仪连接杆拧入接近孔，将测头接杆拧到百分表上，再将百分表装入连接杆，应使表针至少有 3.0 mm 的测量行程。供油时，泵轴键槽与供油的相应出油阀及表征该出油阀的刻线（在油封座上）对齐，该刻线仅供调正时参考。一缸出油阀标记为 D。松开泵轴锁紧螺母，顺时针转动泵轴，此时表针也顺时针转动。当某一缸供油结束，柱塞自上止点回行时，表针反时针转动，读数减小。将表针停止转动，然后开始再次顺时针转动处设为 0。继续转动泵轴，直到键槽接近与一缸出油阀刻线对齐，应使读数保持为 0。转动泵轴，表针转动一圈为 0.5 mm，三圈为 1.50 mm。6BT 预行程为 (2.35 ± 0.05) mm。调到规定的正时后，锁紧泵轴，防止转动。

（5）喷油泵的试验

VE 型分配式喷油泵的调试可在喷油泵试验台上进行。不同型号的分配式喷油泵，其调试条件和程序是不相同的。表 7-6-1 为东风 EQ6BT 型发动机 VE 型分配式喷油泵调试条件和程序。

表 7-6-1　VE 型分配式喷油泵调试条件和程序

试验程序	试验条件		
	供油压力：0.03~0.04 MPa；喷油压力：25.0~25.3 MPa 高压油管规格：φ6×φ2×840（外径×内径×长度）mm³ 试油温度：40 ℃~48 ℃；电子式：42 ℃~45 ℃		
分配转子行程	预行程（从分配转子下止点）		0.30 ± 0.02（± 0.04）mm
	柴油机第一缸压缩上止点时分配转子行程		2.35 ± 0.02（± 0.06）mm
正时器活塞行程	增压补偿器压力/MPa	分配泵转速/(r·min⁻¹)	正时器活塞行程/mm
	0.1	1 300	1.70~2.50（1.40~1.80）
	0.1	1 200	1.40~1.80（0.90~2.30）
	0.1	1 100	0.40~1.20（0.40~1.50）
二级输油泵输油压力	增压补偿器压力/MPa	分配泵转速/(r·min⁻¹)	输油压力/MPa
	0.1	500	0.48~0.54
	0.1	1 200	0.81~0.87
	0.1	1 300	0.86~0.92
供油量	增压补偿器压力/MPa	分配泵转速(r·min⁻¹)	供油量(mL/1 000 次)

续表

试验程序 \ 试验条件	供油压力:0.03~0.04 MPa;喷油压力:25.0~25.3 MPa 高压油管规格:φ6×φ2×840(外径×内径×长度)mm³ 试油温度:40~48 ℃;电子式:42~45 ℃		
全负荷供油量	0.1	850	73.5~74.5
额定供油量	0.1	1 300	64.0~69.0
补偿器作用点	0	500	50.5~51.5
调速器开始起作用点	0.1	1 400	54.0~60.0
最高转速	0.1	1 540	<1.50
怠速	0	350	9.0~11.0
启动供油量	0	100	60.0~140.0
溢流量	增压补偿器压力/MPa	分配泵转速/(r·min^{-1})	回油量(ml/10 s)
	0	500	104.20~145.00 (89.20~160.90)
	0.1	1 300	111.90~194.60 (96.20~209.60)

(6)在发动机上检查调整正时

在试验台上调试好的分配式喷油泵在向发动机上安装时,必须按发动机最有利的供油提前角进行调整。使用中的分配式喷油泵也需要定期对供油提前角进行检查和调整。但是,不同的分配式喷油泵和不同的配套柴油机,供油提前角不尽相同,而供油提前角的调整方法也不完全一样。现以EQ6BT型发动机装用的VE型分配式喷油泵为例予以说明。

按住喷油泵体下面的正时销,用专用花键轴慢慢转动飞轮,直至正时销插入凸轮轴齿轮的正时孔内,此时为第一缸压缩上止点;用12 mm的扳手卸下喷油泵端部中间的检测孔螺塞,装上预行程检测仪(此检测仪可将百分表触头加长,并附套管及固定螺母即可),并使其表针转动1/2圈;将正时销拔出,反转飞轮至检测仪表针不动为止,转动表盘使"0"位对正指针,然后再慢慢回转飞轮至正时销插入正时孔内,即第一缸压缩上止点位置,此时表上的读数即为分配泵转子的预行程,应为(2.35±0.05)mm,亦即相当于喷油泵静态供油提前角;若不符合规定时,用13 mm扳手松开喷油泵固定凸缘的螺栓,转动泵体,直到检测仪表上的读数为(2.35±0.02)mm为止,用10 N·m的转矩拧紧固定螺栓,观察喷油泵凸缘与齿轮室上的刻线是否重合,否则应重新打刻线,最后拔出正时销。

二、A 型喷油泵的维修与调整

(一)A 型喷油泵及机械式调速器的分解

1. 分解前的准备

(1)分解前应放尽燃油、润滑油,并彻底清洗外表,分解用的工作台也要擦干净。

(2)分解前要进行一次性能试验,记录原始数据,做到心中有数。

(3) 如单独从车上拆下喷油泵进行检修时,应注意对准各部记号。拆下喷油泵前,按曲轴旋转方向撬转曲轴,使喷油泵从动盘上的刻线与喷油泵前盖上的刻线对齐后,再拆下喷油泵,且在拆下期间不得转动曲轴。否则,在装复喷抽泵时,还应重新找出一缸供油时的活塞位置,而后装复喷油泵。

(4) 分解时应注意装配记号或重做记号,并按拆卸顺序,用专用工具进行。

(5) 拆卸的零件应依次放置整齐,对于不能互换的精密偶件,必须按原来的组合成对放置好,绝对不允许错乱。

2. A 型喷油泵的分解和装配

(1) A 型喷油泵主要零部件的拆卸

喷油泵的分解如图 7-6-3 所示。

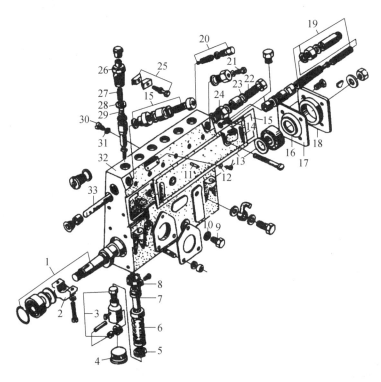

图 7-6-3 A 型喷油泵

1—凸轮轴部件;2—托瓦;3—挺柱体部件;4—碗形塞;5—弹簧下座;6—柱塞弹簧;7—控制套筒;8—调节齿圈;
9—放油螺塞;10、12、23—垫圈;11—柱塞套定位销;13—挡油螺钉;14—检查窗盖;15—检查窗盖密封垫;
16—骨架油封;17、28—密封垫;18—轴承座;19—油量限制器部件;20—出油接头部件;21—放气螺钉;
22—进油接头;24—接头座;25—夹板部件;26—出油阀紧座;27—出油阀弹簧;29—出油阀偶件;
30—齿杆限制螺钉;31—柱塞偶件;32—泵体;33—齿杆

① 拆卸出油阀偶件:先拆下出油阀紧座,用吊出油阀工具将出油阀偶件从泵体内取出,如图 7-6-4 所示。

② 拆卸柱塞偶件:拆下出油阀紧座和出油阀偶件后,将喷油泵平放,用钩形硬铜丝钩住柱塞套进油孔,拉出柱塞套,同时从柱塞套安装孔内取出柱塞。

③ 拆卸凸轮轴:转动凸轮轴,按顺序将各缸挺柱体部件顶至上止点位置时,用插片插入正

时螺钉和正时螺母之间卡住,使凸轮轴凸轮与滚轮脱离接触,拆下喷油泵前端轴承座,取出凸轮轴。

④ 拆卸挺柱体部件:拆下泵体底部各缸碗形塞,用挺柱顶持器逐个顶推挺柱体,取下插片。然后用尖嘴钳从碗形塞孔中取出挺柱体部件及弹簧下座、柱塞弹簧等零件。油量控制套筒和调节齿圈可从泵体窗口取出。

(2) 喷油泵零件的检验

① 柱塞弹簧和出油阀弹簧如发现断裂、锈蚀、扭曲变形和裂纹等情况,应及时更换。

② 柱塞偶件配合工作面如有发暗或严重磨损痕迹,则应更换。柱塞和柱塞套的磨损部位如图7-6-5所示。在无专用试验设备的情况下,可按图7-6-6所示的方法检查柱塞偶件的径部密封性(即径向部位配合间隙):可将在清洁柴油中清洗后的柱塞偶件的柱塞拉出1/3,如能借自重缓慢滑下则属正常;若柱塞急剧下滑,则可判断柱塞偶件配合表面已严重磨损,应予以更换。

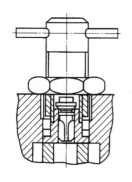

图7-6-4 取出出油阀偶件

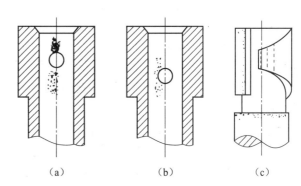

图7-6-5 柱塞偶件的磨损部位
(a) 进油孔附近的磨损;
(b) 回油孔附近的磨损;(c) 柱塞的磨损部位

③ 出油阀偶件配合工作表面的磨损情况及部位,如图7-6-7所示,1,2两处磨损较大。如磨损严重,应予以更换。在无专用试验设备的情况下,可按图7-6-8所示方法检查出油阀偶件径部密封性(即径向部位配合间隙):用手指堵住出油阀大端孔口,反复拉动出油阀,在出油阀向外拉动的过程中,封堵的手指上如无吸力或吸力极微弱,则可判断出油阀偶件径部配合工作表面已严重磨损,应予更换。

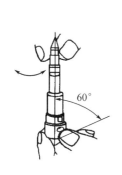

图7-6-6 柱塞偶件
密封性检查

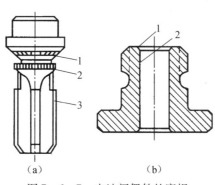

图7-6-7 出油阀偶件的磨损
(a) 出油阀磨损情况;(b) 出油阀座磨损情况
1—密封锥面;2—凸缘环带;3—配合表面

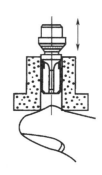

图7-6-8 出油阀偶件密封性检查

④ 各主要零件配合间隙磨损变形极限值,见表 7-6-2。

表 7-6-2 喷油泵主要零件使用极限值

项目	极限值/mm	备注
挺柱体与泵体导程孔配合间隙	0.20	更换挺柱体
柱塞法兰与油量控制套筒槽配合间隙	0.12	更换油量控制套筒或柱塞偶件
齿杆与齿圈的配合间隙	0.15	更换齿圈
凸轮磨损值	0.20	更换凸轮轴
凸轮轴中心线直线度误差	0.15	更换凸轮轴
柱塞弹簧中心线对两端面的垂直度误差	1.50	更换
出油阀弹簧中心线对两端面的垂直度误差	1.00	更换

拆检更换零件应注意:各生产厂家配套的喷油泵结构参数不相同,所换零件必须是原喷油泵厂的配件。

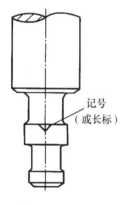

图 7-6-9 柱塞上的法兰记号

(3) 喷油泵的装复

① 柱塞偶件装配时,柱塞法兰凸块上刻有记号的一边应朝泵体窗口安装,切不可装反。柱塞法兰记号见图 7-6-9 所示。柱塞的拉出和插入应小心准确,不可碰坏。如碰毛,应用油石修之。

② 在拧紧出油阀紧座过程中,应回松出油阀紧座几次,最后按规定力矩拧紧,同时检查柱塞在柱塞套内的滑动和转动是否灵活。

③ 挺柱体部件的装配尺寸为 32.5 mm。

④ 凸轮轴轴向间隙为 0.05~0.10 mm,可用凸轮轴向调整垫片进行调整。

⑤ 拆卸过的密封垫片都应更换,不得重新使用。装复时密封表面应涂密封胶。

(4) 调速器的分解和装配

① 调速器的拆卸:拆卸前应准备好必要的工具,如图 7-6-10 所示。放净调速器内腔的润滑油并清洗表面。需拆卸的各调整部位事先应进行测量并记录。拆卸程序如图 7-6-11(文中叙述括号内的数字与图中序号一致)。

a. 拧下螺栓,取下油尺座盖(105)。

b. 用专用扳手(图 7-6-10(a))松开螺母(61),用螺丝刀拧下校正器(61~55)。用专用扳手(图 7-6-10(b))拧下连接螺母(59),并用专用扳手(图 7-6-10(c))取下怠速装置(53~59)。

c. 拧下盖形螺帽(115)及扁螺母(112),取下稳定器部件(110)。

d. 拧下后壳上两侧的闷头螺钉(75)。

e. 松开前后壳之间的螺栓(108,94),使前后壳部分分开。

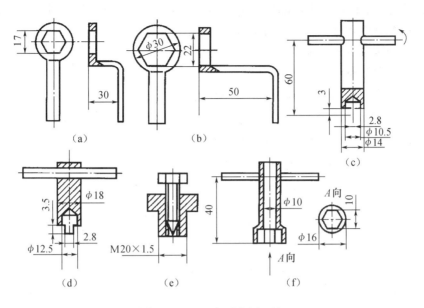

图 7-6-10 主要专用工具

(a) 校正器专用扳手；(b) 怠速紧固专用扳手；(c) 怠速调整专用扳手；(d) 凸轮轴螺母专用扳手；
(e) 飞锤拆卸专用工具；(f) 大头调节螺钉专用扳手

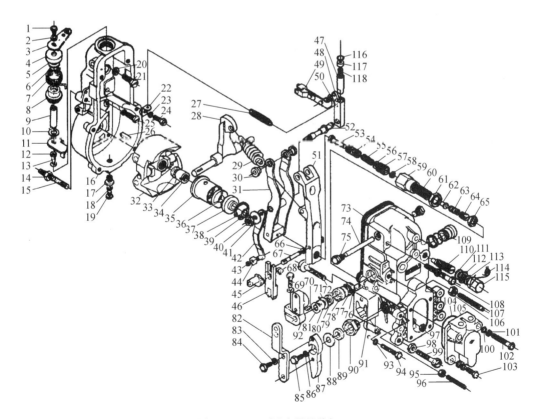

图 7-6-11 调速器的分解

f. 用螺丝刀压下齿杆连接杆部件(49)上的弹簧片,从齿杆孔中脱开连接杆部件,再用尖嘴钳把起动弹簧(27)从弹簧挂板(22)上取下,然后拿下整个后壳部分。

g. 用螺丝刀顶出支撑杆销子(74)。

h. 从下部抽出整个支架部件、滑套部件。

i. 压平止推垫圈(41),松开螺母(40),分别取下下拨杆焊件(42)及弹性杆部件。

j. 松开挡圈(39),取下滑套(35)及厚垫(36),并小心地压下连接盘(37)。

k. 必要时松下挡圈(116),分解弹性杆部件。

l. 从后壳下方抽出支撑杆并脱下调速弹簧(29)。

m. 松开螺栓,取下操纵手柄的限位块(92)。

n. 取下挡圈(76),拉出摇臂轴承(78,109),取出弹簧摇臂(28)。

o. 拧下螺栓,拆下油门手柄(82)及其限位块(87)。

p. 从后壳内拉出拨叉(46)及曲柄(45)。

q. 用专用工具(图7-6-10(d))拧下凸轮轴螺母(34),并用专用工具(图7-6-10(e))吊出整个飞锤支座部件(32)。

r. 必要时可拧下前壳与泵体之间的连接螺栓,从泵体上取下前壳(16)。拆卸前壳时事先应当用专用工具支撑挺柱,可参考喷油泵的拆卸。

s. 按需要对各部件作进一步的分解。

② 调速器的装配

装配顺序与拆卸正好相反,但应注意:

a. 凸轮轴螺母拧紧力矩60~80 N·m。

b. 各密封表面装配前应涂密封胶。

c. 各调整部位应按拆卸前测量记录预调(最后经试验台调试确定)。校正装置及怠速装置在调整过程中装配,油尺座盖在调整结束后再装。

d. 各运动件(包括齿杆)应灵活无阻。

三、喷油器的检验与调试

从发动机上拆卸喷油器时,为避免因喷油器转动而损坏缸盖喷油器孔定位槽,应用扳手扳住喷油器体,然后用另一扳手松开喷油器紧固螺母。有条件时最好先在生锈的紧固螺母上喷以除锈溶剂。

1. 喷油器的分解、清洗和检验

(1) 分解

① 用图7-6-12所示的专用工具,取下留在喷油嘴上的铜锥体,收存调整垫片。

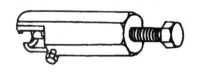

图7-6-12 铜锥体拉器

② 将外部清洗干净的喷油器夹在垫有铜片的虎钳上,并使喷油嘴朝下,拧下锁紧螺母和调压螺钉,取出弹簧、弹簧座和顶杆,收存垫片。

③ 将喷油嘴朝上在虎钳上夹好,拆下喷油嘴紧固螺套,取出针阀体,如针阀体被积炭卡于螺套内,应在清洁柴

油中浸泡后取出,不允许硬敲。

④ 从针阀体内拔出针阀,如拔不动时,可用手钳垫布夹住拧出;分解的各零件摆放应整齐,针阀与阀体应成对放置;进油管内的滤芯除需要更换时拆出外,一般不必拆出。

（2）清洗和检验

用铜丝刷清除外部积炭,如喷孔堵塞可用专用通针疏通,针阀体内的污物可用专用清除工具剔除,然后用柴油洗净。针阀导向面、密封锥面有伤痕、暗淡无光应更换,针阀体有严重的腐蚀也应更换。

2. 喷油器的装复与调试

（1）喷油器的装复

装复前,清洗所有零件,然后使喷油器进油口端朝下夹于垫有铜片的虎钳上;将在清洁柴油中浸泡过的喷油嘴取出,对准定位销,装于喷油器体上,以60 N·m的扭矩拧紧固定螺套;取下喷油器,上下移动可听到针阀活动的响声,否则应重新清洗喷油嘴后装复,若针阀仍不滑动,可更换喷油嘴;将喷油器反过来夹于虎钳上,装顶杆、弹簧座、弹簧;拧上调压螺钉和紧固螺母。

（2）喷油器的调试

① 喷油器的调试应在图7-6-13所示的喷油器试验器上进行。试验包括以下三项：

a. 密封性试验：试验前,应先检查喷油器试验器的密封性,应符合如下要求：将喷油试验器的高压出油管堵死,压动手柄,使压力升至30 000 kPa时,在3 min内压力下降不大于1 000 kPa为良好。

图7-6-13 喷油器试验器

b. 圆柱工作面密封性试验：将喷油器装在喷油器试验器上,用螺丝刀拧动调压螺钉,并连续压动试验器手柄将喷油压力调整到比标准压力高3 000~5 000 kPa,测量压力从20 000 kPa下降到18 000 kPa所需时间应不小于10~20 s。

c. 圆锥工作面密封性试验：连续压动试验手柄,使压力上升到比标准喷油压力低2 000 kPa,观察喷油器喷孔,在10 s内不得有渗漏现象。

② 调整喷油压力。以60次/分的速度压动试验器手柄,喷油器开始喷油时压力表所示压力即喷油压力,其数值应符合表7-6-3的规定,若不合规定时,拧动喷油器的调整螺钉或改变调整垫片厚度（EQ6BT型柴油机喷油器）进行调整。

表7-6-3 柴油机喷油器喷油压力

项目 \ 机型	EQ6BT	WD615.77	CA6110
正常压力/MPa	24.5~25.3	22.5±0.5	22~23
各缸压力差/MPa		0.5	

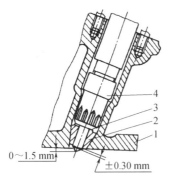

图 7-6-14 喷油器的定位
1—缸盖;2—铜锥体;3—调整垫片;4—喷油器

③ 喷射质量检验。按规定的喷油压力使喷油器以 60~70 次/分的喷油速度进行喷射质量检验,要求油雾均匀分布,不得有油滴飞溅现象。当喷油切断时应有清脆响声;多次喷射后,允许喷孔附近略有湿润。

3. 检查喷油器在气缸盖的安装位置

将喷油器安装于气缸盖上后,应检查喷油器喷油嘴端凸出气缸盖底平面的高度,如图 7-6-14 所示。各柴油喷油器喷油嘴尖端凸出气缸盖底平面的高度见表 7-6-4,若不符合要求,则通过更换调整垫圈或铜锥体来调整(WD615.77 型柴油机仅通过调整垫圈调整)。

表 7-6-4 柴油机喷油嘴尖端凸出气缸盖底平面高度

机 型	EQ6BT	WD615.77	CA6110
数值/mm	2.7~3.8	3.2~4.0	3.6±0.5

四、输油泵的检修

1. 输油泵的分解、检验与装复

将输油泵夹于垫有铜皮的虎钳上;拆下手油泵及进、出油管接头,并取出进、出油阀和弹簧,拧下螺塞,取出弹簧、活塞及推杆。

泵体应无裂纹;活塞、推杆等配合表面不应有腐蚀和划痕;阀门与座应密封良好,否则应进行研磨;弹簧弹性良好无锈蚀。

膜片式输油泵摇臂或凸轮损坏、磨损,膜片损坏,应更换。

装复时,所有零件应清洗干净,更换密封圈,按分解时相反顺序装复。

2. 输油泵的性能试验

(1) 密封性试验

旋紧手油泵,堵住出油口,将输油泵浸入盛有柴油的容器中,如图 7-6-15 所示,以 300~400 kPa 的压缩空气从进油口通入,各部不得有漏气,若用试管收集漏气量,应不大于 1~7 mL/min,否则应更换推杆。

(2) 吸油能力试验

输油泵能在 30 个行程内从低于输油泵 1 m 的油箱中吸油并出油为合格;若用喷油泵带动输油泵吸油,在转速 150 r/min 内供油为合格;若用手油泵泵油,能充满低压油路。

(3) 供油量和供油压力试验

此项试验一般在专用试验台上进行。供油量的试验是在规定的转速、出油压力及吸油高度为 1 m 的条件下进行,最大油压是在回油路关闭时测得,其要求应符合

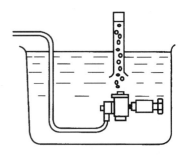

图 7-6-15 输油泵密封性试验

表7-6-5的规定。

表7-6-5 输油泵供油量和供油压力

项目 机 型	转速/(r·min⁻¹)	出油压力/kPa	供油量/(L·min⁻¹)	最大油压/kPa
EQ6BT	1 400	21	2.44	40~50
WD615.77	1 200		2.0	
CA6110	1 000	156.8	1.2	

五、废气涡轮增压器的维修

废气涡轮增压器的工作特点是在高温和高速条件下工作。为保证其正常工作,必须对增压器进行定期的维护。

1. 增压器的拆卸与检查

增压器使用一定时间后应强制性地到指定维修点进行保养、检查,如零件磨损应及时更换,防止引起其他零件的损坏。保养、检查时需把增压器解体。

(1) 增压器的拆卸

废气涡轮增压器如图7-6-16所示。

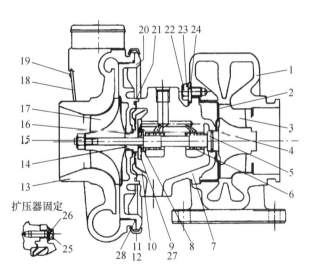

图7-6-16 废气涡轮增压器
1—涡轮壳;2—隔热板;3—涡轮部件;4—涡轮端密封环;5—轴承挡圈;6—浮动轴承;
7—中间壳;8—定距止推套;9—止推轴承;10—挡油板部件;11—压气机端卡箍部件;
12—六角螺母;13—压气机壳;14—轴封;15—锁紧螺母;16—压气机端密封环;17—压气机叶轮;
18—铭牌;19—螺钉;20—扩压器;21、28—O形橡胶密封圈;22、26—六角螺钉;
23—涡轮壳锁紧片;24—涡轮壳压板;25—扩压器锁紧片;27—平头螺钉

① 拆下压气机壳(13)。
② 拆下涡轮壳(1)。

③ 以涡轮部件(3)的梅花头部定位,拆下锁紧螺母(15)和压气机叶轮(17)。注意:锁紧螺母(15)的螺纹是左旋螺纹,要注意扭力方向。

④ 拆扩压器(20)时,将扩压器连同轴封(14)一起取下来,再取下O形密封圈(28),从扩压器上推出轴封,同时取下压气机端密封环(16)。

⑤ 取出挡油板部件(10)。

⑥ 用手轻轻拉出涡轮部件(3),卸下隔热板(2),再从涡轮部件上取下涡轮端密封环(4)。注意:拉出涡轮部件时,不要擦伤浮动轴承。

⑦ 用十字头螺丝刀拆下平头螺钉(27),取出止推轴承(9)及定距止推套(8)。注意:当心平头螺钉滑牙。

⑧ 用专用尖嘴钳取出压气机端轴承挡圈(5),取出浮动轴承(6)及轴承孔内部的两只挡圈。

(2) 增压器的检查

增压器拆开后将零件浸泡在清洗剂(煤油、柴油或汽油)中,用毛刷清洗干净。清洗干净后对增压器的零件进行检查:

① 压气机叶轮和涡轮叶轮有无裂纹、弯曲、变形或碰擦,如有应更换,并校正动平衡。注意:不可将碰弯的叶片校直后使用。

② 涡轮轴轴颈、密封环槽侧壁有无磨损及密封环有无磨损、烧结、失去弹性等现象,严重者更换。

③ 检查止推轴承、止推片、定距止推套等零件,有无磨损,严重者应更换。

④ 检查止推轴承的油楔槽及进油孔是否清洁。

⑤ 检查浮动轴承内外表面有无拉毛、磨损等现象,严重者更换。

⑥ 检查O形密封圈有无硬化、永久变形、表面切边断裂或损坏等现象,严重者更换。

⑦ 检查壳体有无裂纹和碰擦现象。

2. 增压器的装配

损坏的零件更换后,必须清洗干净才能进行装配。增压器的装配顺序与拆卸过程相反。装配时应注意下列事项:

① 转子组件在厂内装配前进行过整体动平衡,并在图7-6-17所示的1,2,3,4,5零件上分别刻有记号,装配时要严格按照零件上的记号对齐,以保证动平衡精度。更换转子组件5个零件中的任一个零件后,要重新整体平衡,才能进行装配。

② 装配时用干净的发动机润滑油润滑浮动轴承、中间壳的轴承孔、止推轴承及定距止推套等。

③ 将涡轮部件装入中间壳时,注意密封环的开口朝进油口方向,轻轻压入,不可敲击。装压气机端密封环时,环的开口也应朝进油口方向。

④ 装锁紧螺母(15)时,应注意螺纹是左旋螺纹,扭紧力矩为14 N·m。

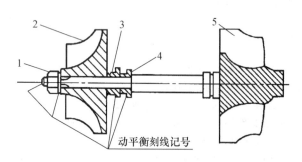

图7-6-17 转子组件动平衡校核图
1—锁紧螺母;2—压气机叶轮;3—轴封;
4—定距止推套;5—涡轮部件

⑤ 压气机壳与中间壳连接时,要注意 O 形橡胶圈(28)必须放平,不得折叠和扭曲,以防压气机叶轮与压气机壳相碰。

⑥ 装配结束后,将中间壳进油孔加入适量的润滑油,并用手转动转子组件,转子组件应运转灵活,不能有异响噪声或阻滞现象。

3. 使用注意事项

(1) 安装要求

为了确保增压器的正常工作,必须严格按下述要求进行安装:

① 检查进、排气管路系统中有无杂物,要清洁干净。

② 将涡轮增压器涡轮壳进口法兰直接固定在发动机的排气管法兰上。由于排气管受热膨胀,涡轮壳出口处与其他管道应采用柔性连接。发动机进气管与增压器压气机壳出口处也应采取柔性连接,如用耐油、耐压橡胶管或金属波纹管连接,并用卡箍夹紧,以防漏气。

③ 涡轮增压器的中间壳润滑油进口朝上,回油口向下,不得反装。

④ 增压器的润滑油由发动机的润滑油路直接供给,必须保证进入增压器的润滑油不含有大于 15 μm 颗粒的污物。

⑤ 机油进油管内径为 8～12 mm,回油管内径为 20～25 mm,不要有缩颈,使回油能逐渐顺流油底壳中,回油要畅通。

⑥ 空气滤清器应有足够大的容量,并应按保养周期及时清洁元件,使其压力降不大于 4.9 kPa(500 mm 水柱)。

(2) 运转检查

① 发动机冷车启动后,急速运转 5 min,使机油压力、机油温度正常后再加载,否则会因增压器缺油而烧坏轴承。

② 凡是更换润滑油和机油滤清器、长期停放(超过一周)、环境温度过低,必须松开增压器进油口接头,注入干净的润滑油,使增压器润滑系统中充满润滑油。注入润滑油时,可将转子组件转动,使其得到充足的润滑。

③ 运转中注意增压器有无异响或振动,若有,应立即停车检查并排除。

④ 避免发动机长时间运转。

⑤ 发动机在高速满负荷运转时,或持续大负荷运转中不可立即停车。如发动机突然停车,增压器转子因惯性还会继续旋转,而发动机停车后润滑油不再供应,这样很容易使轴承、转子组件因缺油或过热而损坏;增压器在持续运转中,轴承部位靠润滑油带走热量,突然停车,轴承上的热量无法散去,会使轴承过热损坏。正常使用时应慢慢降速、降负荷,停车前再急速运转 3～5 min。

4. 增压器的保养

(1) 日常保养

① 检查运行时油压、油温是否正常,进回油管是否畅通,不得有漏油现象。增压器正常使用时的进油温度为 50 ℃～60 ℃,进油压力 196～392 kPa。

② 检查增压器与发动机连接部位是否松动,有无漏气现象,若有应及时消除。

③ 检查发动机润滑油油质,若变质,应及时更换。

(2) 定期检查

使用一段时间后应定期对增压器进行检查,检查保养周期见表 7-6-6。

表 7-6-6 增压器检查保养周期

序号	检查项目	保养周期/km		
		12 000	24 000	48 000
1	紧固件	△	△	△
2	运动件	△	△	△
3	转子组件轴向游动量及压气机径向间隙		△	△
4	增压器拆卸、检查、装配			△

注意:在检查涡轮增压器时,不应启动发动机。若发动机已经发动,必须要等到发动机冷却后再进行检查。

警告:在不装进气管和连接空气滤清器的情况下使涡轮增压器运转,会造成人员伤害。外来物进入涡轮增压器内可能会造成机组损坏。

① 检查紧固件

a. 检查涡轮增压器与发动机进、排气管连接处以及增压器连接螺钉是否松动,消除漏气现象。

b. 检查增压器进回油管处是否漏油。

② 检查运动件

a. 用手拨动压气机叶轮,检查运转是否正常,若有阻滞或有碰擦声(异响),应拆开增压器进行检查,消除异常现象。

b. 用手推拨增压器转子组件,检查间隙、运动件磨损是否正常,若转子组件轴向游动量、径向晃动超过规定值应拆开检查,更换零件。

③ 转子组件轴向游动量的检查

新装配的增压器的转子组件轴向游动量为 0.051~0.106 mm,使用后测得的最大轴向游动量不得大于 0.20 mm,若间隙大说明止推轴承磨损已过限,应更换。检查方法如图 7-6-18 所示。将磁性表座固定在涡轮壳出口法兰上,用百分表与涡轮叶轮端面接触,再将转子组件沿轴向推或拉,测得差值即为游动量。

④ 压气机径向间隙的检查

检查方法如图 7-6-19 所示。检查时用手沿径向将压气机叶轮向下压,并用厚薄规测得

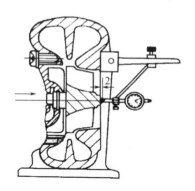

图 7-6-18 转子轴向游动量的检查

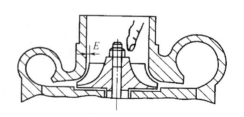

图 7-6-19 压气机径向间隙的检查

压气机叶轮与压气机壳之间的最小间隙 E。此间隙不小于 0.10 mm,若小于此值应及时调换浮动轴承。

注意:增压器转子总成中压气机叶轮-涡轮总成必须成组更换,以免破坏运动组件的平衡。

小　结

本章分别讲述了润滑、冷却及供给系的常见故障形式、形成原因及维修方法,重点掌握机油泵、水泵、燃油泵的分解检验及装配后的技术要求。

思 考 题

1. 机油压力过低的原因有哪些?
2. 高压油泵柱塞偶件和出油阀的检验方法是什么?
3. 怎样调试喷油器?
4. 怎样进行柴油机供油系统的排气?

第八章　发动机总成的装配与试验

第一节　发动机总成的装配

把经过检验符合技术要求的零件和已装配好的部件、总成组装成为完整的发动机,称为发动机的总装。

发动机的装配工作是发动机修理过程中的一个重要环节,每一部分装配质量的好坏,都直接影响着整个发动机的修理质量。

发动机装配的准备工作主要包括发动机各零部件和总成的准备、装配环境的准备、装配台架和工具量具的准备等,只有做好了装配前的准备,才能顺利、可靠地装配发动机。

① 备齐所有零件和各大总成:气缸体、气缸盖总成、活塞连杆组、曲轴、机油泵、水泵、燃油泵、喷油泵、机油滤清器、正时齿轮等,均应彻底清洗干净,按技术要求组装并调试合格。

② 备齐所有紧固件、锁止件、各种垫片、垫圈、密封衬垫和所需的各种零件,均应除锈并清洗干净。

③ 备齐装配用的工具、量具,工具应清洁并整齐排列,存放于固定位置,装配作业中和使用完应随时放回原位。

④ 洗手,更换干净的工作服、工作帽和手套,清洁地面和现场,环境应无灰尘。

⑤ 清洁发动机气缸体,气缸体和曲轴上的油道应再次清洁干净,并用压缩空气吹净。

⑥ 再次检查并清洁和润滑各摩擦表面。

⑦ 备齐各种用油。

一、EQ1141 发动机的装配

1. 气缸体的装配

气缸体在装配前应清洗干净,所有油道、主轴承孔、挺杆孔、螺孔不得有毛刺,并用压缩空气吹净。主轴承盖与气缸体必须配对装配。用专用工具将主轴承盖的定位环、飞轮壳定位环、气缸盖定位环和齿轮室定位环压入缸体的相应座孔中,并要保证压到位、不偏斜。发动机凸轮轴衬套,装配前先用白绸布擦净轴承孔,并要注意检查凸轮轴衬套孔是否有划伤。检查冷却喷嘴是否清洁和存在缺陷,并要检查喷嘴孔是否通畅,用无纺布或绸布擦净缸体轴承孔内表面,然后装入冷却喷嘴。EQ6BT 发动机冷却喷油嘴装在第 2,3,4,5,6,7 主轴承承孔内。把气缸体倒放在工作台上,装上凸轮轴后堵盖、油道螺塞和水套边盖,用涂油漆的方法加以密封。应特别注意装好气缸盖后端的主油道螺塞,否则会因漏油而造成较大的返工。

2. 曲轴和主轴承的安装

先检查曲轴轴颈表面是否有划痕等缺陷。装上定位销或曲轴键,定位销最小凸出量为 1.8 mm。在装齿轮前,先把齿轮放在 150 ℃ 的炉子中加热 1 h。应检查齿轮的正时记号情况。

装配时,把有倒角的一面朝向曲轴主轴颈。EQ6BT 型发动机装入曲轴止推轴承。正时齿轮压入曲轴后应紧贴在曲轴台肩上,用 0.05 mm 的塞尺检查,不得塞入。在缸体主轴承座上装上主轴承和曲轴主轴颈止推轴承,装配时轴承内表面和止推轴承止推面应涂润滑油。曲轴装入发动机前应仔细清洗轴颈表面、斜油道和轴承座表面,曲轴非加工表面不允许有夹砂和毛边。

带油槽的主轴瓦装在缸体的轴承座上,轴瓦的油孔应与轴承座油道孔重合,活塞冷却喷嘴的油孔座盖住喷嘴的 1/2,定位后按定位槽中定位的轴瓦两端必须与座平齐。主轴承盖上装不带油槽的主轴瓦。

EQ6BT 型发动机主轴承螺栓按下列方法拧紧:

第一次拧紧力矩为(50±6) N·m。

第二次拧紧力矩为(80±6) N·m。在主轴承螺栓搭子上画一条线与螺栓六角头的某一点对齐。

第三次拧转(60±5)°,使六角头的下一点与搭子上的线对齐,最终力矩为 176 N·m。

注意:如果一个主轴承螺栓需要松开,就必须同时松开另一螺栓,然后再按拧紧力矩要求拧紧。

最后一道主轴承盖两边开有凹槽的发动机应在槽内压入木条或填满石棉绳,以防止从缝隙处漏油。主轴承螺栓拧紧后应检查曲轴的轴向间隙和旋转力矩。曲轴的轴向间隙为 0.10~0.30 mm,旋转力矩为 2.5 N·m。

3. 后油封与后油封座的安装

后油封有零件号的一面朝向发动机的前方,压入后油封座时要保证没有油进入后油封刃口处。把后油封座总成装到缸体上之前,要检查靠近凸轮轴的主油道碗形塞是否装好,并要保证曲轴后油封颈上没有机油。把两个工艺定位销装到缸体的后油封上部螺栓孔内,后油封座密封垫套在工艺定位销上。再次检查曲轴和油封的清洁度,确保没有机油存于油封刃口和曲轴后油封轴颈上,然后装入后油封座总成。

4. 安装飞轮壳与飞轮

装飞轮壳前应检查定位销及销孔有无磨损,装上飞轮壳,按规定扭力十字交叉均匀地拧紧固定螺栓。检查壳孔与曲轴的同心度和端面与曲轴轴线的垂直度,应符合规定。壳孔与曲轴中心线偏差小于 0.40 mm,相差不多时,可移动飞轮壳进行调整,然后固定。相差过多,应更换或对壳孔进行镶套修复。飞轮壳端面倾斜度大于 0.20 mm 时,应在飞轮壳与气缸体之间加垫调整。

为了保证飞轮上点火正时记号与曲轴的相对位置不变,曲轴后端结合盘螺孔位置是不等距的或有定位销定位,故安装时应对孔装复。装复后,按规定的扭矩把连接螺母均匀地拧紧。检查飞轮的偏摆,不符合要求时加以调整。

5. 齿轮室的安装

在缸体上装上工艺定位销,把齿轮室密封垫套在工艺定位销上,然后装上齿轮室,用手拧紧其他螺栓,去掉三个工艺定位销,拧上三个螺栓,拧紧螺栓到(27±3) N·m,并保证密封垫仍然对准,再把其余螺栓拧紧到(27±3) N·m。

检查齿轮室的油底壳安装面与缸体油底壳安装面的不平度,应在 ±0.13 mm 范围内,密封垫如高出油底壳安装面,应用刀修整到高出油底壳安装面 0.25 mm 以下。

6. 正时销座和输油泵的安装

旋转曲轴,使其处于一缸上止点位置,检查曲轴齿轮上的正时记号是否与凸轮轴齿轮上的正时记号对齐,把矩形密封圈装入正时销座槽内(装配时可加一点儿黄油)。把正时销座安装到齿轮室的安装孔上,用手拧两个螺栓2~3丝扣,然后把金属的工艺销插入正时销座内。正时销的尖端应插入凸轮轴后面的孔内,以此来固定正时销座与凸轮轴齿轮的相对位置。螺栓拧紧力矩为(5±1) N·m。应检查正时销在螺栓拧紧过程中是否从齿轮中滑出,并检查能否自如地拔出,正时销座装好后拔出工艺正时销。输油泵装配时,检查手动摇臂能否自由地摆动。固定螺栓拧紧力矩为(24±3) N·m。

7. 安装活塞连杆组

(1) 检查活塞连杆组的组装质量

① 检查活塞与连杆的缸号是否相同,两者的相对位置是否正确;活塞有无碰伤、拉毛之处。

② 检查活塞销与连杆衬套和活塞销座孔的配合是否符合技术要求,如有过松或过紧现象,应调换活塞销或予以修刮。

③ 检查活塞销锁环的安装是否符合技术要求。

④ 检查连杆螺栓和螺母,如有损伤应更换。

(2) 检查活塞是否偏缸

发动机主要零件修理质量不高,特别是相对位置偏差较大时,将在活塞连杆组装配中反映出来,使活塞在气缸中产生歪斜,这种现象称为偏缸。活塞偏缸将加速气缸磨损,使气缸的密封性变差,恶化活塞与活塞环的润滑条件。因此,装配中应对活塞的偏缸进行检查和校正。

活塞偏缸的检查方法:

检查活塞偏缸时,把气缸体侧放,将不装活塞环的活塞连杆组装入相应气缸,按规定扭力拧紧各道连杆轴承螺母。首先转动曲轴数转,使各部位处于工作状态。然后检查连杆小头在活塞销座间是否居中,要求连杆小头每边与销座两端面间的距离,不小于1 mm。如果小于1 mm,多为气缸中心线产生偏移所致。再转动曲轴,使活塞在活塞行程内运动,当活塞处于上止点、气缸中部和下止点时,用厚薄规插入活塞头部前后两个方向检查,其间隙应相等(两边插入的深度要一致,一般插到活塞头部即可)。若间隙差超过0.10 mm时,说明偏缸,应查明原因,进行校正。

(3) 安装活塞环

① 再次复查活塞环的端隙、侧隙和背隙,看是否符合要求。复查活塞环的端隙、梯形环的侧隙时应在气缸内进行,如图4-1-3所示。

② 按照安装活塞环的具体要求,把各道气环和油环安装到环槽里,再检查一下转动是否灵活,如有发卡现象,应查明原因排除。

EQ6BT型发动机第一道活塞环为外圆镀铬梯形桶面环,第二道活塞环为锥面扭曲环,第三道活塞环为油环。

③ 活塞环装复后,应把活塞连杆组零件清洗干净,特别是活塞环槽、活塞销中心孔、连杆轴承等,以备装入气缸。

(4) 将活塞连杆组装入气缸

① 活塞连杆组装入气缸时,应注意活塞和连杆的缸号和活塞的安装方向,不得错乱。通常在活塞、连杆上都有表示活塞、连杆安装方向的记号,以供识别。

② 卸下连杆轴承盖,在活塞销、活塞环槽及连杆轴承和气缸壁涂机油润滑,把活塞连杆组插入气缸,将各道活塞环端口错开(一般第一、二道环,第三、四道环各相错180°;第二、三道环相错90°),用活塞环卡箍箍紧活塞环,再用手锤木柄将活塞推入气缸内,使连杆大端落在连杆轴颈上,按规定的扭力拧紧螺母。拧紧后,用手锤沿曲轴轴线方向轻轻敲击轴承盖,连杆大端在轴颈上应能移动。如果不能移动或转动曲轴阻力显著增加时,应查明原因,如轴承间隙过小、轴承盖装错或调整垫片错乱等,应予以排除。

③ 活塞顶面高出或低于气缸体上平面应符合规定,否则应查明原因并予以排除。

④ 检查连杆螺栓和螺母的开口销孔是否对正,没有对正时,应先在螺母中调配,经调配仍对不正时,可锉磨螺母端面少许。当销孔对正后,应把长度合适的开口销穿入,把开口销的两尾分别压弯在螺母的棱边和螺栓的尾端上。

EQ6BT型发动机活塞销与活塞销座孔间隙为 0.002 8 ~ 0.017 2 mm,活塞销与连杆小头孔间隙为 0.049 8 ~ 0.070 2 mm。装配前可把活塞加热至 50 ℃ ~ 70 ℃,也可不加热,当活塞的指前记号朝前时,连杆盖应在右边(从前往后看)。在活塞销上涂润滑油,然后平稳地把活塞销推入活塞销孔和连杆小头孔内,活塞销应能自由滑入。弹性挡圈应确保落在环槽内。活塞连杆装成合件后,活塞应能自由摆动。

装活塞环前,先用干净刷子蘸润滑油涂刷活塞环槽,活塞环安装时记号(点)应朝上,活塞环开口错开120°,不要把开口放在活塞销方向。油环先装螺旋衬簧,然后再装铸铁环,螺旋衬簧的搭口应与铸铁油环开口成180°。装环时,不允许碰到活塞环槽岸以防刮伤活塞。活塞环应能在环槽内自由转动。活塞环开口间隙:第一环为 0.40 ~ 0.70 mm,第二环为 0.25 ~ 0.55 mm,油环为 0.25 ~ 0.55 mm。

把活塞连杆合件装回缸体前,要再次检查活塞环向上的记号(第一环和第二环有向上记号)、活塞指前记号、连杆装配是否正确(连杆盖应在右边)和弹性挡圈是否完全进入环槽内,并要检查清洁度和有无缺陷。然后自如地将活塞连杆合件推入缸孔内,连杆螺栓先用手拧 2 ~ 3 丝扣,然后分两次拧紧:第一次拧紧力矩为(60 ± 5) N·m,再转(60 ± 5)°,最终拧紧力矩为(105 ± 20) N·m。连杆螺栓如有一个需要松开,就必须同时松开另一个螺栓,然后再按拧紧力矩要求拧紧。

连杆轴向间隙应为 0.10 ~ 0.30 mm,活塞应高出缸体上平面 0.33 ~ 0.66 mm,如达不到要求,要进行选配。

活塞连杆合件装入后要检查曲轴的旋转力矩,应在 15 ~ 30 N·m 范围内,如超出规定值要检查和调整。

8. 安装气缸盖

把进、排气门杆涂以机油,按一定位置插入气门导管内,套上气门弹簧及座,用专用工具压缩弹簧,装上锁片。气门弹簧装复后,应用榔头轻敲气门弹簧座的边缘,使锁片与弹簧座的锥孔配合紧密。然后再检查锁片与弹簧座锥孔是否贴合,气门杆端是否下沉等,否则应更换锁片或气门弹簧座。

在装气门弹簧之前,应先把挡油罩(气门油封)套在气门导管上,以防止机油进入气缸。清除气缸体上螺栓孔内的铁锈和污物,防止因螺栓紧度不足而漏气。发动机因结构关系,气缸衬垫的安装位置是固定的,不能任意翻面使用。观察水、油孔是否对准。注意:当缸垫用过一次后不能再用。

装上气缸盖螺栓,从中间向两端按规定的顺序均匀地初步拧紧,再以同样的顺序按规定扭力拧紧。对于铸铁气缸盖,为防止螺栓受热后伸长影响气缸盖结合紧度,应该在启动发动机升温到正常温度后熄火,再按缸盖螺栓的拧紧顺序和规定的扭力复查一次。

EQ6BT 发动机缸盖螺栓拧紧步骤为:

第一步,按拧紧顺序用 80 N·m 的扭力拧紧;

第二步,全部按顺序拧松;

第三步,短、中缸盖螺栓拧紧到 90 N·m,六根最长缸盖螺栓拧紧到 120 N·m;

第四步,所有螺栓全部拧转 90°。

对分开式的气缸盖,在把气缸盖固定螺母拧紧前,应用平尺检查两气缸盖的侧平面是否在同一平面内。因为两气缸盖侧面不在同一平面内时将影响进、排气歧管的正确安装。此时,可用榔头轻敲气缸盖侧平面,直到调好为止。

9. 凸轮轴和挺杆体的安装

把隔套、止推凸缘、半圆键和正时齿轮按要求装配在凸轮轴上,装好螺母和锁圈。检查轴向间隙应符合规定。在把凸轮轴装入发动机前,应先装上正时齿轮盖板。

在凸轮轴表面涂机油,插入凸轮轴,对准正时齿轮记号后将凸轮轴推入轴承孔内,紧固止推凸缘固定螺丝。检查凸轮轴正时齿轮与曲轴正时齿轮的啮合间隙应符合规定。转动曲轴时,阻力应没有显著的增加。

EQ6BT 发动机挺杆体与孔的配合间隙为 0.020~0.065 mm,挺杆体应全部落座在挺杆体孔内,并能自由转动。如果挺杆不能落座和自由转动应检查缸体的挺杆体孔和挺杆体,找出原因进行排除或更换零件。挺杆体要从缸体底面向上穿出。

凸轮轴第一轴颈与孔配合间隙为 0.094~0.146 mm,凸轮轴其他轴颈与孔的配合间隙为 0.076~0.152 mm,凸轮轴装入发动机前,旋转曲轴,使第一缸处于上止点位置,并使曲轴齿轮上的正时记号"0"进入凸轮轴齿轮正时记号的两个"0"之间。推入凸轮轴时,应小心把前部抬起,以免碰伤第一凸轮轴孔内的衬套。

凸轮轴止推片插到凸轮轴齿轮后面,止推片的紧固螺栓拧紧力矩应为(24±3) N·m,拧紧前先用手拧紧 2~3 丝扣。当止推片装好后应检查凸轮轴的轴向间隙和凸轮轴齿轮齿侧间隙,轴向间隙应为 0.13~0.34 mm。齿侧间隙应为 0.08~0.33 mm。如果检查发现轴向间隙和齿隙超过规定值,应更换止推片和齿轮。

10. 摇臂轴总成的组装

结合气门脚间隙调整螺栓和螺母,并把螺栓分别拧入摇臂的螺孔内。把摇臂轴中间支座套在摇臂轴中间支座的位置上,把紧固螺钉拧紧在中间支座的螺孔内,此时应使摇臂轴的油槽向下。在中间支座的两侧,首先分别按同一个方向套上带有调整螺栓和螺母的摇臂各一个,然后再分别套上摇臂定位弹簧及带有调整螺栓和螺母的摇臂各一个。把摇臂定位弹簧压缩到一定程度后,在两边分别装上摇臂支座、带调整螺栓和螺母的摇臂各一个,最后把片形弹簧(凸面朝向摇臂)、垫圈及钢丝挡圈各一个分别装好。

11. 调整气门脚间隙

EQ6BT 型发动机调整气门脚间隙时,旋转曲轴把正时销插入到凸轮轴齿轮孔内,此时为一缸压缩上止点。拆掉正时销,调整 1,2,3,6,7,10 气门脚间隙,曲轴旋转 360°,调整 4,5,8,9,11,12 气门脚间隙。进气门间隙应为(0.25±0.05) mm,排气门间隙应为(0.5±0.05) mm。

调整螺栓的拧紧力矩为(24±3)N·m。

气门室罩盖上有加机油口的装在第一缸。气门室罩盖必须均匀地进入密封垫的槽内。

12. 喷油泵的安装

用工艺正时销使发动机固定在一缸压缩上止点位置,把喷燃油泵密封垫套在齿轮室后部的三个双头螺栓上,把泵装在螺栓上,轴的锁紧螺栓朝外。用手拧三个固定螺母3~4丝扣,必须保证喷油泵轴中心可以在螺栓上自由转动。

装齿轮时,齿轮上的"C"对准凸轮轴齿轮上的"0",然后拧紧喷油泵轴中心螺母至(15±3)N·m,为了消除间隙,把泵朝齿轮旋转反方向转动(从发动机前端看按反时针方向旋转),直至齿轮靠到凸轮轴齿轮上。然后拧紧喷油泵的三个固定螺母,拧紧力矩为(24±3)N·m。再拧紧喷油泵轴中心螺母至(65±6)N·m。松开喷油泵轴锁紧螺栓,使挂在泵上的垫板能插入螺栓头下面,再拧紧螺栓至(13±3)N·m。

13. 机油吸油管(收集器)和机油泵总成的安装

把机油集滤器装到机油泵上,用开口销锁好。将机油泵装到气缸体上,连接好油管。使集滤器在油底壳的中央位置,摆动灵活,高度适宜。

EQ6BT型发动机装配时,支架放在缸体上不应有间隙,也不需要用力对准螺孔,如强制装配将会在使用中产生焊缝和管子开裂,螺栓的拧紧力矩为(24±3)N·m。

首先旋转机油泵,检查机油泵是否能转动自如。用手拧紧四个螺栓,直到与机油泵安装法兰接触,然后拧紧螺栓至8~14 N·m,再拧紧至(24±3)N·m。旋转曲轴一周,在12:00,3:00,6:00和9:00的时针位置检查惰轮的齿侧间隙,间隙应为0.08~0.33 mm,主动齿轮的轴向间隙为0.04~0.09 mm,惰轮的轴向间隙为0.02~0.28 mm。

14. 油底壳的安装

在缸体底平面、齿轮室底平面和后油封底座平面接缝处涂GD-409胶。装油底壳时,在油底壳安装面两端各装一工艺定位销,把油底壳密封垫套在工艺定位销上。油底壳放在密封垫上后去掉工艺定位销。每个法兰螺栓上一个碟形垫圈,碟形垫圈的凸面应朝向螺栓头部。用手拧上3~5丝扣,螺栓拧紧力矩为(24±3)N·m。油底壳衬垫厚度要适当,油底壳内应清洁,不得有异物。螺栓要从中间向两端交叉均匀拧紧。

15. 机油冷却器座、机油冷却器、机油滤清器的安装

把调压阀空心端朝外装入到调压阀孔中,并装入弹簧。把铜垫圈套在调压阀螺塞上,调压阀螺塞拧紧力矩为(80±8)N·m,螺塞的拧紧力矩为(8±1)N·m。在安装机油滤清器座前,先在缸体的上、下安装孔内各装一工艺定位销,然后以其定位,装入机油冷却器密封垫、机油冷却器、滤清器密封垫和机油滤清器座。螺栓先用手拧紧2~3丝扣,螺栓拧紧力矩为(24±3)N·m。

16. 水泵的安装

检查水泵清洁度和有无发卡现象,将密封圈先装入水泵法兰盘槽内,水泵上的泄水孔朝发动机下方,再用两个螺栓将水泵固定在缸体前端水泵壳室内,拧紧力矩为(24±3)N·m。

17. 前齿轮室盖、减振器、空压机、空压机支架和液压泵的安装

在正时齿轮盖的油封承孔内涂密封漆,把曲轴前油封压入油封承孔内。

将正时齿轮盖的衬垫贴在气缸体上,装回挡油圈,使挡油圈突出的一面朝向正时齿轮,套上正时齿轮盖(解放牌发动机应注意定位环是否完好),压入曲轴皮带盘后拧紧正时齿轮盖的固定螺栓(母),以保证油封与油封颈同心和密合,最后装上起动爪。BJ492Q 型发动机正时齿轮上的正时指针不允许发生变形,正时指针突出正时齿轮盖面的高度应为 10 mm。

曲轴皮带盘装复后,半圆键的上平面与皮带盘的键槽之间应有 0.22~0.47 mm 的间隙。如半圆键上平面过高,就会把皮带盘中心挤偏,使油封颈与油封单边接触,造成漏油。

固定东风牌汽车发动机正时齿轮盖时,应先拧紧靠近定位销的螺栓,然后再交叉均匀地拧紧其他螺栓。

空压机齿轮螺母的拧紧力矩为(125±12) N·m。空压机固定螺母拧紧力矩为(77±7) N·m。

液压泵装在空压机后部,驱动轴与空压机曲轴后端的槽对准。为了便于安装,可以在密封垫上加少量黄油,液压泵螺栓拧紧力矩为(43±4) N·m。

18. 安装进排气歧管

把进排气歧管连同衬垫用螺栓固紧在气缸盖上,使进排气歧管衬垫卷边的一面朝向气缸盖。因为进排气歧管在工作中温度高,热膨胀变形较大,为了防止在膨胀变形中损伤衬垫,卷边的一面应朝向气缸盖,还要注意使衬垫进排气口与气缸盖进排气道口同心。

用螺柱固定时,应先把螺栓拧入气缸盖,把衬垫套在螺柱上,装上进排气歧管,将螺母自中间向两侧交叉均匀拧紧。

19. 附件的安装

检查喷油器确保只有一个铜垫,用手拧 3 圈喷油器锁紧螺母,然后转动喷油器本体直到对中球滑到对中槽内,拧紧螺母,拧紧力矩为(60±5) N·m。拧紧时喷油器本体不能转动,否则将损坏缸盖。在燃油滤清器和燃油滤清器带油水分离器的橡胶圈上涂少许润滑油(加油后,必须在 15 min 内安装),滤清器装到接头上后,用手拧紧,直到与滤清器座接触,然后再转 1/2~3/4 圈。

增压器密封垫安装时,包边的凸端朝向增压器,在螺柱上涂 FZ-1 防黏剂。螺母拧紧力矩为(43±4) N·m。在增压器进油口里加入适量润滑油,然后接通增压器的进油管和回油管。将节温器的定位唇对准放入到节温器座中的定位槽中,再将密封圈止口朝向节温器,然后将前吊耳放在密封圈外圆上,用三根固定螺栓拧紧到缸盖上,拧紧力矩为 24 N·m。

二、CA1121 发动机的装配

1. 气缸套的装配

先把 O 形橡胶密封圈仔细地置于气缸体的环槽内,然后选用同一尺寸分组的气缸套(A 组或 B 组);同时,在其下部约 50 mm 范围内的外表面均匀涂以肥皂水,平稳地把气缸套压入气缸体中,并用软质锤子轻轻敲打,使台肩与气缸体止口的上平面紧密贴合。装配时 O 形密封圈不许被剪切和刮伤。气缸套上端法兰面凸出缸体顶面 0.085~0.165 mm,相邻气缸套高度差不大于 0.03 mm。

气缸套装毕之后,缸体水腔须经 294~392 kPa 的水压试验,在 3~5 min 内不得渗漏。

2. 曲轴的装配

首先将气缸体翻转,使底面朝上放平。分别将上主轴承放入气缸体轴承座孔内,使瓦片凸肩嵌入缸体轴承座孔凸肩槽内,注意观察缸体上的油孔是否在轴承油槽范围内。在轴承内表面涂润滑油,然后将止推轴承片用两个弹性圆柱销装在最后一个轴承座后端止推面上,使带有油槽面朝外并与端面靠紧。

用专用吊具将曲轴吊起,用磁性钢丝伸到油孔中吸出孔内残留的铁屑,用压缩空气把曲轴全部油孔吹干净,平稳地放入气缸体中的主轴承上,并向主轴颈上涂以机油,然后转动一下曲轴,或用软质锤子轻轻敲打,使其与轴承贴合。把下主轴承分别置于主轴承盖内,再把止推轴承片分别装到后主轴承盖前后端面上,使带有油槽面向外用弹性圆柱销固定,在紧密贴合状态下,弹性圆柱销应凹入止推轴承片 0.5~1.0 mm。

将已装好主轴承的主轴承盖依次放入缸体上相应的主轴承座的止口内,向前标记不得装反,将主轴承螺栓螺纹部分及螺栓头支承面涂机油,然后旋入螺孔中;孔壁不得与螺栓定位带接触。可用铜锤轻敲主轴承盖进行调整,直至与缸体贴合为止,要保证后端面上、下止推片在同一平面内,如图 8-1-1 所示。

拧紧主轴承螺栓时,应从中间开始向两端交叉进行,并分两次拧紧,其拧紧力矩为(250±10) N·m。待全部主轴承螺栓拧紧后,转动曲轴应灵活自如,最后将曲轴推向前端,用厚薄规检查曲轴轴向间隙,应保证在 0.105~0.308 mm 范围之内。

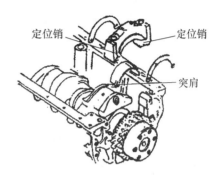

图 8-1-1 曲轴的装配

3. 活塞连杆组的装配

(1) 活塞和连杆的装配

安装在同一台发动机上的活塞连杆总成应为同一质量分组、同一裙部尺寸分组和同一销孔尺寸分组(见表 8-1-1 和表 8-1-2)。

表 8-1-1 连杆大小头质量分组

组别	大头质量/g	小头质量/g	标记
I	1 655~1 670	800~810	红
II	1 670~1 685	810~820	蓝
III	1 685~1 700	820~830	白
IV	1 700~1 715	830~840	黄

表 8-1-2 活塞销与销孔、连杆衬套的配合   mm

活塞销/销孔	红 $\phi 38^{0}_{-0.005}/\phi 88$	间隙 0.005~0.015
	蓝 $\phi 88/\phi 88$	间隙 0.005~0.015
活塞销/连杆衬套	红 $\phi 88/\phi 88$	间隙 0.037 5~0.055 0
	蓝 $\phi 88/\phi 88$	间隙 0.030 0~0.047 5

装配活塞连杆总成时,应使连杆体与连杆盖上有 $\phi 1.5$ mm 小球的一侧和活塞上向前的标记位于同侧。活塞销表面涂润滑油后对准销孔和衬套孔轻轻推入。如果活塞销装配困难时,可将活塞放入热水中加热后再行装入,不允许锤击。然后用专用工具把活塞销挡圈装入槽内,必须使挡圈完全入槽。

(2) 活塞环的装配

安装活塞环时应使用专用工具进行。第一道气环有"RN"标志的一面朝上;第二道气环有"R"的一面朝上;油环总成安装顺序是:先打开弹簧胀圈的搭接口,再把胀圈卷入活塞环槽内,结合搭口,最后把油环外圈套在弹簧胀圈上,并使环的开口和弹簧胀圈搭口互成180°。活塞环装入环槽后要能在槽内自由转动。第一道气环的开口与活塞销轴线成30°,第二道气环和油环依次错开120°。

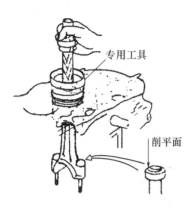

图8-1-2 活塞连杆组的装配

(3) 活塞连杆总成的装配

安装活塞连杆总成时,要使用专用工具按原始缸序装配。装配前,用发动机润滑油润滑活塞、活塞环、连杆轴承和曲轴连杆轴颈。注意瓦背上和承孔不得有润滑油。活塞顶面的向前标记和连杆盖上的 $\phi1.5$ mm 小球朝向发动机的前端,如图8-1-2所示。

同一台发动机上的活塞裙部尺寸分组必须与气缸套尺寸分组相符,即Ⅰ对A,Ⅱ对B,其配合间隙见表8-1-3。

表8-1-3 活塞裙部与气缸套的配合　　　　　　　　　mm

活塞裙部/气缸套	Ⅰ$\phi109.87_{-0.015}^{0}$ / A$\phi110.00_{0}^{+0.015}$	间隙 0.13~0.16 (允许 0.16~0.19)
	Ⅰ$\phi109.87_{0}^{+0.015}$ / B$\phi110.00_{+0.015}^{+0.03}$	间隙 0.13~0.16 (允许 0.16~0.19)

连杆螺母的拧紧力矩为 140~160 N·m。连杆轴颈与连杆轴承之间的间隙为 0.050~0.119 mm。连杆螺栓导颈与连杆孔是过渡配合,一般不要拆卸,装配时可用铜锤轻轻打入。

(4) 曲轴前端的装配

前油封在压入油封座之前,先把挡油片放入油封座内,并使其开口与座上的开口对齐。然后把油封两刃口之间的沟槽内填满钙钠基润滑脂,用专用工具把油封压入油封座孔内,再将曲轴平键打入曲轴键槽内,直至与槽底贴合为止,并装入挡油片,再把装好油封的油封座用螺栓装在缸体前端面上,螺栓拧紧力矩为 50~70 N·m。然后把扭振减振器总成的皮带轮毂键槽对准曲轴上的键,轻轻穿过前油封直至与挡油片接触并与曲轴前轴肩贴合,再把锥套装入轮毂内,用大螺母压紧,其拧紧力矩为 600~700 N·m。

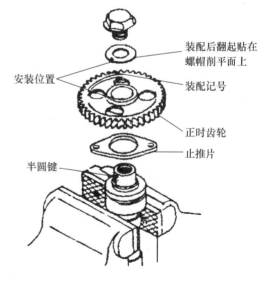

图8-1-3 凸轮轴的装配

4. 凸轮轴的装配

用压缩空气把凸轮轴吹干净,然后将其夹持在台钳上,如图8-1-3所示。为防止损伤凸轮轴,应在钳口上垫以铝或铜片,安装半圆键于凸轮轴键槽上后,安装止推片和正时齿轮。注意齿轮上的正时记号面向外。将锁紧垫圈套入并使其锁舌插进正时齿轮的键槽内,然后拧紧凸轮轴紧固螺栓。在正对螺栓平面处撬起锁紧垫圈并与该面贴紧,然后检查止推片和正时齿轮轮毂端面之间间隙为0.16~0.29 mm。

凸轮轴及正时齿轮总成装入气缸体时,应先在各轴颈涂以发动机润滑油,不得刮伤凸轮轴衬套,然后用套有弹簧垫圈和平垫圈的螺栓把止推片紧固于气缸体后端,其拧紧力矩为30~40 N·m。

5. 齿轮系的安装

如图8-1-4,当曲轴、凸轮轴正时齿轮总成及喷油泵传动齿轮安装后,把正时中间齿轮(3)套入正时中间齿轮(4)上后再装到齿轮轴(23)上,把O形橡胶密封圈装在该轴的环槽内,并将该轴装入气缸体后端面上的相应孔中,然后用套有弹簧垫圈的螺栓紧固,其拧紧力矩为60~70 N·m。用弹簧垫圈及螺栓把齿轮轴(5)紧固在缸体后端面相应位置上,拧紧力矩为30~40 N·m,把正时中间齿轮(8)及垫圈装在轴上,再把卡环装入该轴的相应槽内,装配完后各齿轮上的正时记号应对正。

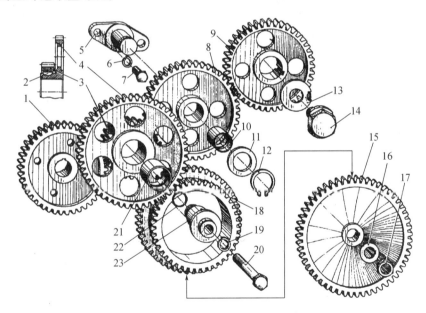

图8-1-4 齿轮传动系统

1—喷油泵传动齿轮;2—半圆键;3—凸轮轴正时中间齿轮(2);4—凸轮轴正时中间齿轮(1);5—齿轮轴(2);
6—轻型弹簧垫圈;7—螺栓;8—凸轮轴正时中间齿轮(3);9—凸轮轴正时齿轮;10—正时中间齿轮(3)衬套;
11—齿轮轴(2)垫圈;12—轴用弹性挡圈;13—凸轮轴正时齿轮锁紧垫圈;14—凸轮轴紧固螺栓;15—机油泵驱动齿轮;
16—锁片;17—六角薄螺母;18—曲轴正时齿轮及机油泵驱动齿轮;19—轻型弹簧垫圈;
20—螺栓;21—正时中间齿轮(1)衬套;22—O形橡胶密封圈;23—齿轮轴(1)

6. 飞轮及齿轮室盖-飞轮壳的装配

在齿轮室盖-飞轮壳装到气缸体上之前,应将飞轮正时指针、喷油泵正时指针分别紧固到该件内的相应位置上,将紧固起动机、空气压缩机、离合器外壳用的双头螺栓拧紧到该件的相应螺孔中,将六角头螺塞及垫圈和橡胶堵塞装于该件上,然后在该件前端周边法兰面上涂以密封胶装到气缸体上,其螺栓拧紧力矩为 30～40 N·m。同时检查飞轮壳止口与曲轴中心线摆差应不大于 0.27 mm。否则,应将螺栓松开,轻敲飞轮壳找正后再重新拧紧。

飞轮壳装完之后,把后油封两刃口之间的沟槽内填满钙钠基润滑脂,用专用工具把油封压入油封座孔内。后油封座套上 O 形橡胶密封圈,从曲轴后端套入,并紧固在飞轮壳上,螺栓拧紧力矩为 15～20 N·m。

把飞轮用压缩空气吹干净,同时擦净与曲轴相配合的表面和端面,用铜锤敲击,使飞轮与曲轴完全贴合,把垫圈和锁片套在飞轮螺栓上拧入曲轴后端,拧紧力矩为 (160±10) N·m,拧紧顺序按直径方向成对拧紧,用扁铲撬起锁片使之与螺栓头的平面贴紧,但不得铲伤飞轮表面。然后检查飞轮端面摆差在 R150 mm 范围内应 ≤0.15 mm,如超差应检查螺栓拧紧是否均衡或安装表面是否有杂物。

7. 气缸盖及配气机构的装配

(1) 喷油器套的装配

装配前先将 O 形橡胶圈套上,然后在配合表面涂以密封胶后再压入缸盖孔内。用碾压器挤压,同时在下端孔口处扩孔。

(2) 气门导管的装配

将气门导管孔清洗干净,在孔壁上涂以润滑油,将导管压入孔内。压至气门导管上端距离气门弹簧座面 18 mm 时为止。

(3) 气门的研磨

进、排气门在装配前要与气门座配对研磨,其接触带宽度为 1.2～1.5 mm,整圈无断痕。在气门弹簧力的作用下用煤油检查其密封性,历时 5 min 不得渗漏。进气门凹入度应为 0.90～1.10 mm;排气门凸出量为 1.3～1.5 mm。每个缸进(排)气门凹坑容积相差不得大于 0.8 mL。

(4) 气门导管密封圈的装配

首先把气门弹簧下座放入气缸盖上的座孔内,其大端与气缸盖贴合,用专用工具把气门导管密封圈总成压在气门导管上。

(5) 气门弹簧的装配

将研磨好的气门清洗干净,在杆部涂上机油,按配对顺序重新放入气缸盖内,然后装入气门内、外弹簧及气门弹簧座,用专用工具压弹簧座,使弹簧处于压缩状态,装入气门锁块。最后安装气门杆盖。

(6) 摇臂机构的装配

将摇臂支架从摇臂轴后端套入,并使其上的油孔与轴上的通孔对准,螺纹孔对准轴上定位凹坑,然后拧紧定位螺栓。从摇臂轴后端套入摇臂总成、波形弹簧及摇臂后支架,并在支架上装入垫圈后,拧上摇臂轴紧固螺钉。此时,当摇臂处于水平状态时,与气门尾端接触的摇臂圆柱面和定位螺栓方向相反且该端与支架上的切口处于摇臂轴的同侧,然后从摇臂轴的前端套入其余的零部件。各件的位置与上述相同,最后装上前支架并拧紧紧固螺钉。该合件装配后应该是每缸有两个摇臂总成和一个摇臂轴支架,且支架位于两个摇臂之间,相邻两缸的两个摇臂之间应该是定位弹簧。该合件用摇臂轴支架螺栓紧固在气缸盖上,拧紧力矩为 30～40 N·m,并和缸盖一起用缸盖螺栓拧紧在发动机上。

当上述各部分完成之后,将挺杆放入缸体挺杆孔中,然后安装气缸垫总成,先检查是否有缺陷、是否清洁,然后对准定位销孔放平。注意正反面是否对准各个缸套、水孔及螺栓孔。向每个气缸内壁注入 20 mL 润滑油后再放上气缸盖,注意对准定位销孔,这时要把推杆装到推杆孔中。将摇臂轴总成、摇臂及摇臂轴支架合件放在气缸盖上,放上气缸盖螺栓垫圈,在气缸盖螺栓螺纹部分涂润滑油后再拧入气缸体。气缸盖螺栓拧紧力矩为 180～200 N·m(M14 螺栓)或 35 N·m(M10 螺栓)。

调整气门脚间隙。冷态时,进气门脚间隙为 0.35 mm,排气门脚间隙为 0.40 mm。其调整方法是:使飞轮上的标记与固定在飞轮壳内的指针对准,当第一缸气门关闭时,调整第 1,2,3,6,7,10 气门脚间隙。然后将曲轴转动一圈,调整第 4,5,8,9,11,12 气门脚间隙。

8. 风扇皮带的安装和调整

水泵总成、发电机安装之后,安装风扇皮带。通过改变发电机的位置来调节其松紧程度。在 39 N·m 的力矩的作用下两轮间的皮带挠度应在 10～15 mm 范围内,如图 8-1-5 所示。

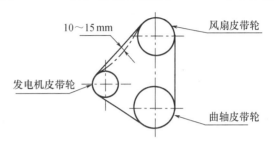

图 8-1-5 皮带挠度

9. 喷油泵和空气压缩机的安装及喷油正时的调整

(1)安装

喷油泵安装前,应先将飞轮上的 $\frac{1-6}{上止点}$ 供油正时标记"0"度对准飞轮壳上的指针,并确认发动机第一缸活塞处于压缩行程上止点位置,然后将空气压缩机传动齿轮上的装配标记"Z"对准飞轮壳上指针装入,同时拆下飞轮壳观察孔橡胶塞,检查装配的正确性。

装配喷油泵时,转动自动提前器壳体上的刻线与正时片指针重合,此时为喷油泵第一缸供油始点,并用连接盘将其与空气压缩机连接。若发现连接盘上的螺栓孔不对中时,可松开喷油泵前端连接盘上的正时调整盘上两个压紧螺钉进行调整,再均匀地紧固。

(2)调整

① 打开飞轮壳观察孔橡胶塞。
② 转动飞轮至一缸压缩上止点前 14°角对准飞轮壳上的固定指针(即 4,5 缸气门处于关闭状态)。
③ 松开连接器的连接盘两螺钉。
④ 转动自动提前器,使提前器壳体上的刻线与正时指示刻线重合,此时,即为喷油泵第一缸供油始点。
⑤ 锁紧连接盘两螺钉。

10. 其他所有附件的安装

安装进排气歧管、柴油滤清器、机油滤清器、增压器、机油泵、油底壳、机油冷却器及盖、曲轴箱通气装置等。

第二节 发动机总成的磨合与试验

经过大修的发动机,在装配后到正常运用之前,应按照一定的规范和要求进行磨合与测试,其目的在于逐步扩大相互摩擦零件的实际接触面积,以保证发动机在额定载荷下能够正常运行;降低磨合表面的粗糙度,减少初驶阶段的磨损量,及时发现和排除装配中存在的问题,以延长发动机的使用寿命。

发动机装复后的磨合,包括冷磨合和热磨合两个阶段。

一、发动机的冷磨合

发动机的冷磨合,也就是靠外来的动力驱动发动机运转。

发动机冷磨合时,将发动机置于磨合台架上,与可改变转速的动力装置连接,对重要的摩擦副(气缸-活塞环、轴颈-轴承等)进行磨合,使零件摩擦表面基本定型,以利于继续磨合,从而延长发动机使用寿命。

冷磨合时,要加足润滑油,为了有利于散热并冲洗摩擦表面,应使用黏度较小的润滑油。冷磨合时间的长短,应根据零件加工质量和装配情况而定。加工精度高,冷磨时间可以缩短,反之需要延长。按一般经验,冷磨合时间一般在1.5~2 h左右。冷磨合的转速及时间,应符合表8-2-1的规定。

表8-2-1 冷磨合的转速及时间

阶 段	曲轴转速/(r·min^{-1})	时间/min
1	250~300	50
2	400~500	40
3	700	30

在冷磨合的整个过程中,都要注意观察各机件的工作情况,如发现有不正常现象或异常响声时,应立即停止,待故障排除后再进行。

二、发动机的热磨合

发动机冷磨合后装上全部附件,即可进行热磨合,热磨合分为无负荷热磨合和有负荷热磨合两个阶段。

无负荷热磨合是有负荷热磨合的准备阶段,让发动机作低速运转,从而使零件摩擦表面进一步磨合,以弥补冷磨合的不足,同时,对发动机油、电路进行调整,并及时发现和排除发动机在正常工作情况下的故障。

在无负荷热磨合过程中,应注意各部摩擦件的发热情况,尤其应注意观察机油压力和水温的变化情况。运转中应将水温由70 ℃逐渐升至90 ℃,观察发动机有无异常现象。如果在此阶段运转中发现发动机本身阻力较大,应及时停机检查,然后再以正常温度和不同转速(600~900 r/min,1 000~1 400 r/min)试转,此时机油温度不应超过80 ℃,机油压力应当正常。

发动机经过无负荷热磨合后,还需要进行有负荷热磨合。一方面是为了在有负荷下对零件表面进行磨合,另一方面是为了检验发动机的功率恢复情况,同时也是为发现并排除往往在无负荷磨合时不易发现或不能发现的发动机故障。

发动机试验是对修理质量的最后检查,目的在于测定发动机的功率和燃油消耗量,以鉴定发动机的动力性和经济性。此项试验一般采取抽样方法进行,不一定每台发动机都必经试验。

发动机试验前,必须经过充分的磨合过程,从而避免发动机在大负荷、高转速下破坏零件的摩擦表面,缩短发动机的使用寿命。

实践证明,即使发动机经过充分磨合,其零件表面的实际承载面积,仍然小于计算面积。因此在发动机试验时,不宜使用最大额定负荷和最高速度。如需要测定发动机最大功率时,试验的动作要迅速、准确,以减少发动机在高负荷下的运转时间。发动机的热磨合规范见表8-2-2。

表8-2-2 发动机的热磨合规范

磨合试验过程	曲轴转速/(r·min^{-1})	负荷/kN	磨合试验时间/min
无负荷热磨合	800~1 000	0	30
	1 000~1 200	36.7	30
有负荷热磨合	1 400	37.6	20
功率试验	1 600	110.3	15

发动机热磨合后应重点检查、调整的部位:

① 观察各部衬垫、油封、水封及油管接头处,如有漏油、漏水、漏气的现象,应查明原因予以排除。

② 查看电流表、机油压力表和水温表的工作是否正常。

③ 调整点火装置和化油器的油平面高度、怠速等,调整怠速应在发动机温度正常时进行,发动机在各种转速下的运转都应平稳。

④ 检查发动机各缸的工作情况是否正常,察听发动机各部有无不正常的响声,对存在的异响应以排除。

⑤ 检查发动机气缸压力。

小 结

本章介绍了发动机的总成装配与试验,着重介绍了东风康明斯EQ6BT和大柴CA6110柴油发动机的装配一般顺序和规律,这也是需要重点掌握的内容。

思 考 题

1. 简述EQ6BT发动机装配的一般顺序。
2. 发动机装配后磨合的目的是什么?主要包括几个步骤?
3. 发动机磨合后的检查有哪些?

第九章 离合器的维修

第一节 离合器常见故障分析与排除

离合器由于使用频繁,经常在冲击、振动及交变负荷作用下工作,容易出现离合器打滑、离合器分离不彻底、离合器发抖、离合器发响等各种故障。

一、离合器打滑

离合器打滑的实质是摩擦式离合器所产生的摩擦力矩不足,发动机的扭矩不能全部输出。

1. 离合器打滑的现象

① 汽车正常起步或重载上坡时感到动力不足。

② 加大油门,车速不能随之增加。

③ 严重打滑时,从离合器摩擦片处冒烟,有焦臭味,甚至烧坏摩擦片。

2. 判断方法

① 启动发动机,拉紧手制动,挂上挡(运输、牵引车二挡,指挥车一挡),使汽车正常起步,若车身不动,发动机也不熄火,说明离合器打滑。

② 在不踩下离合器踏板的情况下,挂上挡,拉紧手制动,用手摇柄摇转发动机能使之转动,也证明离合器打滑。

3. 故障原因

① 经长期使用后的摩擦片与压盘磨损过甚、变薄前移,导致分离杠杆内端后移与分离轴承顶死,没有踏板自由行程而造成打滑。

② 离合器压紧力不足(压盘弹簧受热变软使弹力减弱或摩擦片与压盘磨损变薄前移过量使压盘弹簧伸长过多,使压紧力不足)。

③ 摩擦片表面性质发生变化,导致摩擦系数下降(摩擦片表面严重油污、烧蚀、硬化、破裂、铆钉外露等)。

④ 离合器踏板不能可靠回位。

⑤ 发动机飞轮、离合器压盘或从动盘变形;离合器盖与飞轮之间的固定螺栓松动。

⑥ 膜片弹簧损坏、变形或弹力不足。

4. 排除方法

① 调整离合器操纵系统,调好离合器踏板的自由行程和踏板的总行程。

② 磨平摩擦片,清除表面油污或更换摩擦片。

③ 检查离合器踏板助力机构和操纵机构,调好间隙,使离合器能可靠地分离和接合。

④ 消除飞轮、离合器或从动盘的变形,将离合器盖可靠地固定在飞轮上。

⑤ 维修从动盘盘毂花键轴或变速器输入轴花键轴,消除发卡因素。

二、离合器分离不彻底

离合器分离不彻底的实质是当踩下离合器踏板需要切断发动机与传动系的动力联系时,而离合器上所产生的摩擦力矩不能彻底消除。

1. 分离不彻底的现象

① 启动发动机,挂上挡,松开手制动,正常起步,不抬离合器踏板汽车就行走或发动机熄火。

② 发动机在怠速运转时踩下离合器踏板,挂挡感到困难,同时变速器齿轮发出撞击声。

2. 判断方法

既可以根据现象进行判断,也可以两人配合进行判断,方法是:一人在驾驶室内将变速器挂入一个挡位,踏下离合器踏板,另一人用手摇柄摇转发动机,若摇转不动或汽车有向前移趋势,说明离合器分离不彻底。

3. 故障原因

① 离合器操纵系统调整不当,离合器踏板自由行程过大,使工作行程过小,离合器踏板踏到底还不能使离合器完全分离。

② 分离杠杆高度调整的高低不一致。

③ 离合器盖、飞轮壳固定螺丝松动。

④ 从动盘、压盘翘曲不平。

⑤ 从动盘花键在花键轴上移动发卡。

⑥ 新更换(或新铆)的摩擦片过厚致使杠杆高度过低。

⑦ 离合器摩擦片松动或表面不平或表面油污。

⑧ 离合器扭转减振器损坏。

⑨ 压盘弹簧弹力分布不均等。

⑩ 膜片弹簧弹力减弱或指端磨损。

⑪ 液压操纵系统缺油或进入空气。

⑫ 液压操纵系统元件损坏或漏油。

⑬ 离合器分离叉座及球头磨损或变形。

4. 排除方法

① 重新调整操纵系统,调好离合器踏板自由行程和总行程,使离合器彻底分离。

② 向离合器操纵系统的储液罐中加油,排出液压操纵系统中的空气。

③ 更换液压操纵系统中损坏的零件;拧好液压系统各管接头,消除漏油现象。

④ 维修从动盘扭转减振器或更换从动盘总成。

⑤ 维修从动盘盘毂或变速器输入轴花键,使二者滑动自如。

⑥ 维修变速器输入轴。

⑦ 磨光离合器从动盘不平整的摩擦片表面,更换摩擦片或更换从动盘;清除摩擦片上的油污。

⑧ 更换膜片弹簧或压紧弹簧。

⑨ 更换离合器分离叉座。

⑩ 离合器盖紧固在飞轮上。

三、离合器发抖

离合器发抖的实质是摩擦力矩在压盘上分布不均匀。当汽车起步时,驾驶员按正常操作较平缓地放松离合器踏板,汽车不是平稳地起步加速,而是间断接通动力,汽车轻微抖动,有行进振动感觉。

1. 故障原因

① 分离杠杆高度不一致。
② 压盘弹簧的弹力分布不均或个别弹簧折断。
③ 摩擦片上有油污、从动盘翘曲不平、摩擦片铆钉外露或松动。
④ 发动机飞轮、压盘或从动盘磨偏、变形或表面不平,压紧时三者接触不良。
⑤ 动平衡遭到破坏,旋转不平衡。
⑥ 从动盘毂铆钉松动,发动机固定螺栓、离合器盖与飞轮壳固定螺丝松动。
⑦ 膜片弹簧在圆周上弹簧力不均匀。
⑧ 扭转减振器弹簧弹力不均或失去弹力。
⑨ 离合器从动盘盘毂花键磨损,变速器输入轴花键轴磨损或轴变形,滑动不自如。
⑩ 飞轮在曲轴上的固定螺栓松动;变速器壳在离合器上的固定螺栓松动。

2. 排除方法

① 磨平摩擦片;磨去油污;更换摩擦片;更换从动盘。
② 消除飞轮、压盘和从动盘的变形,使离合器盖可靠地紧固在飞轮上。
③ 更换扭转减振器弹簧或更换从动盘。
④ 更换从动盘或维修变速器输入轴。
⑤ 紧固飞轮固定螺栓;紧固变速器固定螺栓;紧固发动机支承或换新支承。

四、离合器发响

离合器发响主要是分离轴承及各零部件之间配合松旷,在使用中出现的不正常噪声。汽车在行驶中离合器发出异常响声,多为离合器零件严重磨损,造成配合件间的撞击声,或某些零件脱落,卡滞在离合器中,发出不正常的声音。

1. 判断方法

把变速器放入空挡位置,发动机怠速运转,踩下离合器踏板放松踏板,在汽车不移动的情况下听响声。

① 当踩下离合器踏板少许,刚接触时发出"沙沙"的响声,一般为分离轴承响。
② 当把离合器踏板刚踩下或刚抬起的那一瞬间发响,一般为从动盘毂键齿与第一轴上键齿配合松旷发响。
③ 当把离合器踏板踩到底时听到"哗啦哗啦"松散的金属干摩擦声时,则为分离轴承损坏(从底盖下可看到轴承与杠杆火花)。
④ 单片式离合器(如 BJ2020)发动机怠速运转,离合器踏板抬到最高位置(结合)发响,踩下踏板(分离)时消失,一般为半圆销与滚柱或杠杆与压盘凸耳配合处间隙过大所致。

2. 故障原因

① 离合器分离轴承缺油或损坏。

② 起步时离合器发抖且伴随响声,为摩擦片粘有油污、铆钉外露等摩擦片的原因;离合器从动盘中心偏斜;膜片弹簧损坏或变形。
③ 离合器分离不彻底。
④ 行驶中由于摩擦片的原因使离合器处于半接合的状态。
⑤ 从动盘盘毂花键磨损严重或变速器输入轴花键磨损,二者间隙过大。
⑥ 膜片弹簧断裂或有一指断裂。
⑦ 扭转减振器弹簧脱落或移位。
⑧ 有螺钉等异物进入离合器中。

3. 排除方法

① 更换损坏的离合器分离轴承。
② 更换摩擦片;更换从动盘;更换膜片弹簧。
③ 消除离合器分离不彻底的因素。
④ 更换摩擦片。
⑤ 清理花键和花键轴,在有一薄层润滑脂的条件下,用轻微的力就能使从动盘在花键轴上移动。
⑥ 更换膜片弹簧。
⑦ 更换或调好扭转减振器弹簧。
⑧ 消除离合器中的金属异物。

第二节　离合器的分解与零件检修

一、离合器的分解

1. EQ1141 离合器的分解

(1) 从汽车上拆下离合器
① 拆下传动轴总成;
② 在取力器的输出连接法兰上进行分解(按需要进行);
③ 拆下离合器操纵助力器和回位弹簧,并把助力器牢固地固定在车架上;
④ 拆下连接电线;
⑤ 用吊具吊下变速器总成;
⑥ 拆下离合器压盘总成及从动盘摩擦片总成。

分离机构拆卸步骤如下:
① 拆下分离叉与分离叉轴的紧固螺栓;
② 从分离叉轴带分离臂一端抽出分离叉轴;
③ 从第一轴轴承盖上取下分离轴承及分离叉和分离轴承座及轴承总成、回位弹簧;
④ 从分离叉轴支承孔中压出衬套及塞片;衬套压出后需更换,不准继续使用。

(2) 离合器总成分解(如图 9-2-1)
① 在离合器压盘盖和压盘上做上配合记号;
② 将离合器压盘总成放在压力机工作台上,利用导向杆给压盘盖施加一定的压力;再松

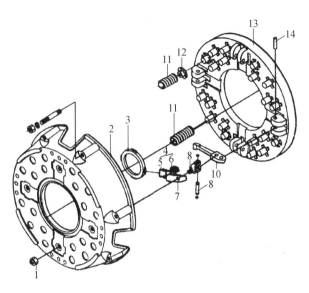

图 9-2-1 离合器盖及压盘总成

1—分离杆调整螺母;2—离合器盖;3—分离杆垫环;4—分离杆弹簧总成;5—分离杆弹簧挂钩;
6—分离杆弹簧;7—调整螺钉弹簧片;8—圆柱销;9—分离杆调整螺钉;10—分离杆总成;
11—压盘弹簧;12—压盘弹簧座;13—压盘;14—圆柱销

开分离杠杆的调整螺母;松开螺母后再渐渐地卸去压力;

③ 卸下离合器压盘盖及压盘弹簧;

④ 拆除分离杠杆与压盘连接的圆柱销;

⑤ 取下卡环,然后拆下分离杠杆与调整螺钉连接的圆柱销;

⑥ 将分离杠杆上的圆柱销孔中的复合轴承衬套压出;拆下不准再继续使用,需更新。

(3) 离合器操纵机构分解

EQ1141 离合器操纵机构采用液力传动,带气压助力器,其操作系统如图 9-2-2 所示。

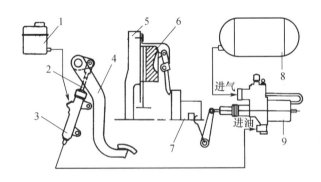

图 9-2-2 离合器操纵机构

1—储油筒;2—总泵推杆;3—总泵;4—踏板;5—飞轮;6—离合器;7—分离轴承;8—储气筒;9—助力器

① 拆除离合器助力器。拆掉回位弹簧,将离合器分离杠杆外侧杆与推杆分开,拆除油管和气管,注意用布将管接头包住,防止灰尘进入,拆下离合器助力器总成。

② 分解离合器助力器(如图 9-2-3)。

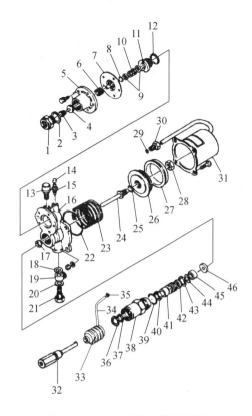

图 9-2-3 气压助力器分解图
1—管接头;2—密封垫;3—弹簧;4—提升阀;5—提升阀壳体;6—弹簧;7—膜片总成;8—挡圈;9—密封圈;10—活塞;11—阀套 12—密封圈;13—通气塞;14—护套;15—排气螺钉;16—壳体;17—油封;18—密封垫;19—管接头;20—密封垫;21—管接头螺栓;22—O 形密封圈;23—锥形弹簧;24—推杆;25—O 形密封圈;26—动力活塞;27—密封圈;28—螺母;29—密封垫;30—管套;31—气缸;32—推杆;33—护套;34—软管;35—卡箍;36—垫圈;37—液压缸;38—O 形密封圈;39—密封圈;40—活塞;41—挡圈;42—挡圈;43—垫片;44—限位块;45—密封圈;46—垫片

a. 控制阀的分解:拆下推杆和护套,拆下管接头;拆下密封垫,弹簧和提升阀,拆下阀壳体、弹簧和膜片,将阀套和密封圈拆下,拆下挡圈,拆下密封圈和活塞。

b. 液压缸的分解:拆下挡圈和垫圈,将液压缸拆下,拆下活塞总成,拆开管套,然后拆下气缸和 O 形密封圈,拆下挡圈,拆出垫片、限位块、密封圈、垫片和油封;拆下排气螺钉。

c. 动力活塞的分解:拆下弹簧和活塞总成,分解动力活塞。

2. CA1121 离合器的分解

(1) 从车上拆下离合器

拆下变速器后,拧下紧固离合器盖的八个固定螺栓,离合器盖总成和从动盘总成即可从飞轮上拆下。

(2) 分解离合器盖与压盘总成(如图 9-2-4)

分解前,记下压盘与离合器盖的装配位置。卸下内六角螺栓,将压盘与分离钩、传动片分开,压盘与离合器盖脱开。

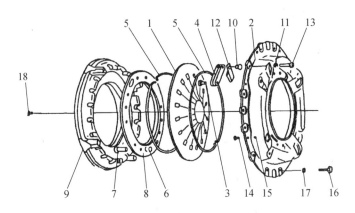

图9-2-4 膜片弹簧离合器盖及压盘总成

1—膜片弹簧;2—离合器盖;3—传动片铆钉;4—传动片;5—支承环;6—隔套;7—支撑圈铆钉;
8—支撑圈;9—压盘;10—分离钩座;11—弹簧垫圈;12—分离钩;13—内六角螺栓;14—平衡铆钉;
15—平衡垫圈;16—紧固螺栓;17—弹簧垫圈;18—定位销

(3) 离合器操纵机构分解

CA1121离合器操纵机构采用液力传动,其操作系统如图9-2-5。

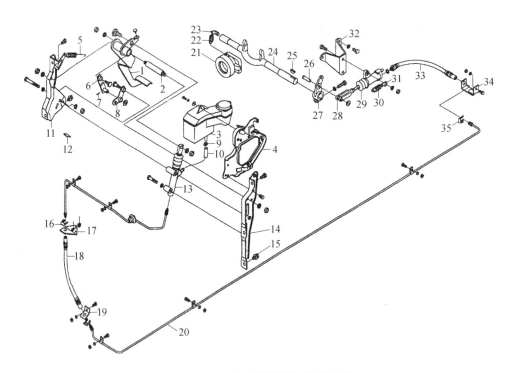

图9-2-5 离合器操纵机构分解图

1—踏板;2—轴;3—贮油杯;4—仪表板支架;5—回位弹簧;6—摇臂;7—平口销;8—杠杆;9—软管卡箍;10—软管;
11—右支架;12—缓冲块;13—总泵;14—右支架;15—固定螺母;16—锁片;17—软管支架;18—软管;19—软管支架;
20—油管;21—分离轴承;22—回位弹簧;23—钩环;24—分离杠杆;25—半圆键;26—平头销;27—推臂;
28—推杆;29—分泵;30—回位弹簧;31—钩环;32—支架;33—软管;34—支架;35—锁片

二、零件的检修

1. EQ1141 离合器零件的检修

（1）离合器从动盘的检查

① 离合器从动盘总成的摆差：维修标准为 0～1.0 mm，使用极限为大于 1.0 mm。

② 检查减振弹簧和波纹片是否有断裂现象。如果有断裂的情况，需更换离合器从动盘摩擦片总成。

③ 测量从动盘表面至铆钉头部的厚度：标准尺寸为 1.6 mm，使用极限为 0.3 mm。

④ 测量从动盘花键毂与花键轴的花键侧隙：标准尺寸为 0.05～0.15 mm，使用极限为 0.3 mm。

检查离合器从动盘，如果超出使用极限应更换新品。

（2）离合器压盘的检查

① 测量离合器压盘的平面度：标准尺寸为不大于 0.1 mm，使用极限为 0.3 mm。

② 测量压盘的厚度：当压盘尺寸由于磨损或修理小于规定尺寸 2 mm，就要更换压盘。标准尺寸为 25 mm，使用极限为 23 mm。

（3）压盘弹簧的检查

① 测量压盘弹簧的自由长度：标准尺寸为 74 mm，使用极限为 72 mm。

② 测量压盘弹簧的弹力：标准弹力为 600 N，使用极限为 450 N。

③ 测量压盘弹簧的直角度（如图 9-2-6）：使用极限为 4.0 mm。

压盘弹簧的自由长度、弹力、直角度如果超出使用极限应更换新压盘弹簧。

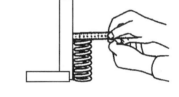

图 9-2-6　压盘弹簧直角度的测量

（4）分离拨叉轴的检查

测量拨叉轴的外径（与衬套配合部位）和离合器壳上衬套的内径，计算二者的配合间隙：维修标准为 0.15 mm，磨损极限为 0.3 mm。

（5）助力器的检查

气缸：测量气缸的内径或活塞的外径，计算二者的间隙，磨损极限为 1.0 mm。

推杆：检查推杆的弯曲度或扭曲，磨损极限为 0.15 mm。

液压缸：测量活塞的外径和缸筒的内径，计算其间隙，磨损极限为 0.11 mm。

继动阀：测量活塞的外径和阀套的内径，计算其间隙，磨损极限为 0.11 mm。

弹簧：测量弹簧的弹力，活塞回位弹簧的磨损极限为 68 N（当压缩到 55 mm 时），提升阀弹簧的磨损极限为 2.7 N（当压缩到 13 mm 时），阀弹簧的磨损极限为 12 N（当压缩到 10 mm 时）。

2. CA1121 离合器零件的检修

（1）离合器压盘总成的检修

压盘总成有表面刮伤、磨损、烧蚀、发生裂纹和翘曲变形，膜片弹簧指端磨损、断裂、翘曲变形等，当检查确认较难修复时，可以更换离合器压盘总成。

压盘的工作平面翘曲度不应超过 0.5 mm,修理时可以校正或磨平。

膜片弹簧分离指端出现磨损或沟槽深度达到 0.5 mm 时,应更换膜片弹簧。

维修后的离合器压盘总成在组装时,应在离合器盖和压盘相接触的表面上涂上一薄层锂基润滑脂,以防锈蚀,但压盘工作表面不能有油脂存在。

压盘总成装到飞轮上时,紧固螺栓应交叉拧紧,确保安装可靠。

（2）飞轮的检修

检查飞轮有无磨损、沟槽、划痕、破裂等机械损伤;飞轮在曲轴上的固定是否可靠。

检查飞轮旋转时对于曲轴中心线的垂直度,当飞轮旋转发生偏斜时,就会有交变载荷作用在飞轮壳上,严重时引起变速器前壳体断裂损坏。

如发现飞轮损坏严重或表面垂直度偏差过大而无法修复时,应更换飞轮。

（3）从动盘总成的检修

从动盘主要损伤形式是翘曲变形,在调整和使用不当的情况下会发生烧焦或开裂、磨损严重等。检查时,应先检查其翘曲程度,在距外圆边缘 2.5 mm 处测量端面的跳动量不应大于 0.5 mm,否则应该校平。

在正常使用条件下,摩擦片的磨损较慢,但使用日久也会磨损导致摩擦片变薄、铆钉外露、铆钉松动、从动盘盘毂花键磨损等。可用游标卡尺检查铆钉的深度,其深度应大于 0.3 mm,否则下一次维修前就会露出铆钉。

（4）离合器操纵机构的检修(如图 9-2-5)

① 总泵和分泵的检修

检查缸筒内壁的擦伤和磨损程度,内壁磨损不应超过 0.125 mm;活塞与缸筒的间隙不应超过 0.20 mm;复位弹簧弹力应足够;皮碗、皮圈等橡胶件功能要好,否则应予以更换。装配时所有零件应用中性液体清洗并擦拭干净,装配时在缸筒、活塞、皮碗等零件上涂上一层制动液,装配后检查功能,动作应灵活自如。

在维修中如发现总泵和分泵等损坏无法修复时,应更换新件总成。液压连接管路的连接要可靠,不能有漏油现象。分泵用螺栓固定在离合器壳体上,要用一个杠杆加适当的力压下工作缸,再旋紧固定螺栓,旋紧力矩为 45 N·m。分泵和总泵以及管路全部连接好后,对液压系统充制动液,并放气,操纵系统和离合器机构才能正常工作。

② 离合器分离装置的检修

维修中应检查分离叉和分离轴承座的两个接触平面的磨损及损坏情况和有无变形,损坏后无法修复时应更换新件。还应检查分离轴承是否松旷和有无噪声,如有明显磨损或损坏、明显松旷或发卡无法修复和使用时应更换新件。分离轴承为含油轴承,一般不必拆卸维修,也不必在清洗液中清洗,如有脏物可用干净擦布擦净。

第三节　离合器的装配与调整

离合器的装配与调整是各机件修复后的重要工序,它直接影响着离合器的正常工作。因此,在装配、调整时,应注意各机件之间的互相联系和遵循的它们的运动规律。

一、EQ1141 离合器装配与调整

1. 装配离合器与压盘总成(如图 9-2-1)

① 将分离杠杆衬套压入分离杠杆孔中,并在衬套内表面涂上一层薄薄的润滑脂。
② 将分离杆调整螺钉和圆柱销装到分离杠杆的孔中,利用卡环将圆柱销两端固定。
③ 利用圆柱销将分离杠杆总成装到压盘上。
④ 将压盘放到压力机上。
⑤ 将压盘弹簧装到压盘上。
⑥ 在分离杠杆调整螺钉上装上分离杆弹簧和调整螺钉弹簧片。
⑦ 将离合器盖放在压盘上,利用压力机进行加压。
⑧ 利用压力机压压盘盖,直到调整螺钉螺纹端露出表面,拧上调整螺母。
⑨ 利用分离杠杆弹簧挂钩装上分离杆垫环。
⑩ 离合器压盘总成装配完成后,需进行动平衡测试,动平衡量应小于 700 mg·m。

2. 离合器助力器的装配(如图 9-3-1)

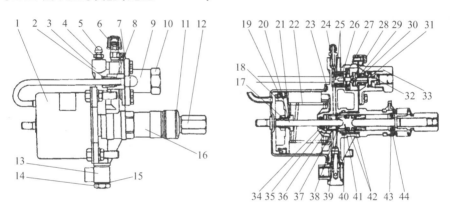

图 9-3-1 气压助力器的装配
1—气缸;2—管套;3—壳体;4—排气螺钉;5—护套;6—通气塞;7—卡箍;8—密垫圈;9—提升阀壳体;
10—管接头;11—护套;12—推杆;13—管接头;14—管接头螺栓;15—密封垫;16—液压缸;17—螺母;
18—动力活塞;19—密封圈;20—推杆;21—O 形密封圈;22—锥形弹簧;23—O 形密封圈;24—活塞;
25—密封圈;26—阀套;27—挡圈;28—密封圈;29—膜片总成;30—弹簧;31—提升阀;32—弹簧;
33—密封垫;34—油封;35—垫片;36—密封圈;37—限位块;38—垫片;39—挡圈;40—O 形密封圈;
41—活塞;42—密封圈;43—垫圈;44—挡圈

(1) 动力活塞的组装
用台钳将推杆的六角边夹住;在活塞的密封圈安装槽中涂上气动密封胶,然后装上密封圈,在密封圈的密封表面也均匀地涂上气动密封胶;在推杆上安装 O 形密封圈、活塞和密封圈组件、螺母,拧紧力矩为 20~30 N·m;在气缸的内表面涂上一薄层气动密封胶;在推杆上涂上一薄层的橡胶润滑脂;安装弹簧。

(2) 壳体的安装
安装油封、垫片、密封圈、限位块、垫片和挡圈;安装 O 形密封圈;安装管套和密封圈;安装好壳体,拧紧力矩为 20~25 N·m;装上螺塞。为了使动力活塞推起,将压缩空气吹入到壳体中的气缸,然后将气断开,看动力活塞是否迅速回位。如果活塞动力缓慢,松开安装螺母,然后操作活塞几次,重新拧紧螺母。

(3) 液压缸的组装

用橡胶润滑脂涂抹活塞密封圈;安装密封圈;安装活塞总成;慢慢地拧紧液压缸,注意不要损伤壳体上的O形密封圈,拧紧力矩为 30~40 N·m;安装垫圈和挡圈。

(4) 控制阀的安装

用橡胶润滑脂涂抹密封圈;将密封圈背对装到活塞上;安装活塞总成和挡圈;将橡胶润滑脂涂到密封圈上,然后将密封圈放到阀套上;安装阀套,拧紧力矩为 12~25 N·m;从壳体上抹去多余的润滑脂;安装膜片总成;安装弹簧;安装提升阀壳体,拧紧力矩为 4~6 N·m。

(5) 安装提升阀

安装弹簧;安装密封垫和管接头,拧紧力矩为 20~30 N·m;安装排气螺钉;装好排气螺钉护套和推杆;从台钳上取下离合器助力器。

3. 安装离合器助力器

① 安装离合器助力器总成。

② 接好气、油软管和钢管。

③ 将推杆和离合器摇臂连接上,装好回位弹簧;完成连接装配后,应保证摇臂有适当的自由行程。

④ 排掉油路中的空气,并保证踏板工作行程为 185 mm。

4. 离合器总成装车

为便于安装,最好选用一个变速器第一轴(或替代轴),然后按分解相反顺序,依次把从动盘总成和离合器盖总成与压盘总成装到飞轮上,盖与飞轮固定螺钉的拧紧力矩为 40~60 N·m。将清洁的分离轴承后盖启开,在滚珠保持架间填充新的润滑脂后装复,再将分离轴承装在变速器第一轴上。按拆卸的反程序把变速器总成、传动轴总成装复,连接操纵机构。

5. 调整

(1) 离合器分离杆高度的调整

离合器总成紧固于飞轮上之后,分离杆垫环端至飞轮面的距离应符合规定,分离杆垫环端面跳动量在 0.4 mm 之内。当超过标准时,可通过调整分离杆上的调整螺母,调整分离杆垫环端的高低。在高度调整适当后,用木锤轻敲几下分离杠杆和分离杠杆垫环,然后再重新检查杠杆垫环的高度及端面跳动,直至符合要求。注意调整完后要将调整螺母锁死。

(2) 总泵活塞与推杆的间隙

总泵活塞与总泵推杆之间的间隙为 0.2~0.7 mm,调整时松开锁紧螺母,旋转总泵推杆,先使总泵推杆顶住总泵活塞,然后退 1/7~1/2 圈即可,拧紧锁紧螺母。

(3) 助力器推杆空行程

离合器助力器推杆的空行程为 3~5 mm,即用手能推动推杆向前的距离。调整时松开锁紧螺母,然后旋转助力器上的螺母,调整助力器的推杆长度使分离拨叉轴被销孔处向前向后使游隙渐渐变为零,然后向回拧两圈,锁紧锁止螺母即可。

6. 离合器助力器安装后的试验

(1) 气密性试验

当气压在 600 kPa 以上时,将固定在汽车上的离合器助力器的排气口打开,检查是否有压缩空气泄漏。

(2) 油密性试验

踏下离合器踏板,检查管路接头是否漏油,保持踏下的踏板固定在某个位置,测量踏板力是否有较大的变化,同时应检查助力器推杆是否移动,如果没有异常,皮碗和油封可以认为是正常的。

(3) 操作试验

反复踏下离合器踏板,通过听从排气口中排出的压缩空气的噪声,检查助力器推杆的运动情况。

二、CA1121 离合器装配与调整

1. 装配

按与拆卸相反的顺序装配离合器,CA1121 离合器与 EQ1141 离合器的安装基本一样,在此仅做简单叙述。

① 用专用工具导向心轴(变速器第一轴)插入分离轴承孔和从动盘盘毂中做导向用,并用专用支架固定飞轮。

② 压盘通过定位销在飞轮上定位,使压盘与飞轮端面完全接触,再插入离合器与飞轮间的固定螺栓,并按对角线依次逐渐拧紧,其拧紧力矩为 60 N·m。

③ 从动盘的方向不能放反。注意毂长一面朝向压盘总成。

④ 不能弄脏从动盘。

⑤ 装配中不准偏斜。

2. 操纵机构的调整(见图 9-3-2)

① 调整离合器踏板限位螺栓,使踏板总行程为 160~180 mm,调好后将限位螺栓用锁紧螺母锁紧。

② 踏板总行程调好后,调整偏心螺栓,使总泵挺杆顶部与总泵活塞凹坑底部有 0~0.65 mm 的间隙,调好后将偏心螺栓锁紧。

总泵挺杆与总泵活塞凹坑底部的间隙,是为了保证总泵活塞能够回到上限位置,使补偿阀打开,贮油杯与总泵下腔相通,当管路有泄漏或因温度变化等因素造成缺油时,能够及时得到补充。当离合器踏板总行程调好后,通过调整偏心螺栓不能保证此间隙。

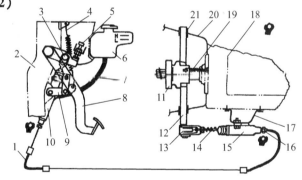

图 9-3-2 液压操纵机构

1—前软管总成;2—踏板支架;3—偏心栓;4—回动及助力弹簧;5—限位螺钉;6—贮油杯;7—输油软管;8—踏板;9—踏板助力机构;10—总泵;11—分离轴承;12—分离叉轴;13—分离叉推臂;14—回位弹簧;15—分泵;16—放气塞;17—分泵支架;18—变速器;19—分离轴承座回位弹簧;20—外壳;21—分离叉轴衬套

总泵不过油,可通过离合器踏板的限位螺栓来调整,但不能无限制上调,否则可能造成离合器踏板过高、离合器自由行程过大、补偿阀常开、不能形成高压油、造成离合器分离不彻底等故障。值得注意的是在调整好总泵过油后,如果离合器踏板过高,用调整离合器限位螺栓降低

踏板高度时,必须要保证总泵过油,否则将造成补偿阀打不开,虽然此时离合器能够进行正常的分离、接合,但总泵下腔至分泵内只有开始时充入的油,当管路有泄漏时,得不到补充;当环境温度升高时,离合器油膨胀,破坏了离合器的自由行程,影响了离合器以后的正常工作。

③ 调整离合器踏板自由行程:将分泵挺杆旋向分泵,直至挺杆顶部顶住分泵活塞凹坑底部,再拧回1~2圈,即保证分泵挺杆与分泵活塞凹坑底部有1~2 mm的间隙,通过该间隙保证离合器踏板有35~45 mm的自由行程,调好后将挺杆螺母锁紧。当自由行程过大时,离合器分离不彻底,将调整螺母向外旋出,使推杆的有效长度增加,然后锁紧锁紧螺母;当自由行程过小时,离合器分离轴承就顶在膜片弹簧的分离指端,使分离轴承和指端早期磨损,并使离合器分离不彻底,可将锁紧螺母多向内旋,而后使调整螺母也向内旋,以缩短挺杆的有效长度。

④ 液压系统的放气:当液压系统中有空气时,离合器就不能正确工作,使离合器踏板弹力过大,离合器抖动。当贮油杯中的液面降得很低或拆装液压系统维修后,也要对系统放气。

放气时,先旋松液压操纵系统工作缸前端的锁紧螺母,调整调整螺母使分离轴承与膜片弹簧分离指之间无间隙。先踏几下离合器踏板,使操纵系统中充满制动液,并停留在踏到底的位置,使操纵系统中的制动液有压力。摘下放气螺钉帽旋松放气螺钉,使系统中的空气随制动液一起排出来。当再无空气放出时,迅速拧紧放气螺钉,放松离合器踏板,使其慢慢回位。如此重复进行3~5次,当放气螺钉处无气泡时,放气工作即告结束,旋上放气螺钉帽。重新调好调整螺母和拧紧锁紧螺母,调好自由行程,最后再调好离合器总泵挺杆,调好踏板总行程。

⑤ 调整后要对离合器进行检查,离合器应分离彻底,接合平稳,如果出现不能分离或分离不彻底,应进行重新调整。

第四节　离合器的维护

一、离合器的正确使用

① 汽车起步时力求结合平稳,不能猛抬离合器踏板。否则,在冲击负荷下,将会损坏压盘、摩擦片及传动部分。

② 离合器分离时力求迅速彻底,减少主、从动部分的滑磨;防止变速器挂挡时的齿轮冲击,以保护齿轮牙齿及同步器。

③ 为延长离合器的使用寿命,减少主、从动部分的滑磨机会,应尽量减少离合器半联动的使用次数。

④ 严禁以下几种不正确的操作方法,即:

a. 下坡拖挡行驶:下坡时踩下离合器踏板(发动机熄火),挂空挡滑行,然后再挂挡猛抬离合器踏板、强迫发动机重新启动的不正确操作方法,不仅加速了离合器和传动系的早期损坏,极易造成摩擦片与压盘破碎,同时也影响气压制动的气源供应,影响行车安全。

b. 有些驾驶员,一遇到松软路面和泥泞路段驱动车轮打滑时,就用猛加油门、猛抬离合器踏板的办法,来通过泥泞路面,这种做法将使传动系冲击负荷增大造成早期损坏。

二、离合器应及时润滑、检查、紧定与调整

1. 润滑

在离合器的配合运动副中,大部分都是采用滑脂润滑,应该及时地给予润滑,以减少不必

要的磨损。尤其是分离轴承,承受的载荷大、转速高,极易磨损与损坏,应及时润滑,一般在汽车每行驶 4 000～4 500 公里时润滑一次。

离合器踏板轴与支架之间,应每隔 6 000～8 000 公里润滑一次。

2. 离合器的检查、紧定与调整

离合器的检查、紧定与调整,是离合器在使用与保养中必不可少的。只有经常要检查、调整才能发现问题,以达到正常使用的目的。

一般情况下,每当汽车行驶 6 000～8 000 公里后,应对离合器踏板自由行程检查、调整一次。通过调整踏板自由行程来恢复离合器的正常工作,不需对分离杠杆高度检查与调整。当调整自由行程不能恢复正常工作时,可对分离杠杆的高度予以调整。

小　结

本章介绍了离合器的损伤形式、分解、检验、维修,重点应掌握离合器的故障模式和故障产生的原因,进而能够有针对性地进行维修,同时应了解离合器的日常保养和维护。

思 考 题

1. 试分析离合器打滑的主要原因有哪些并简述其排除方法。
2. 试分析离合器分离不彻底的主要原因有哪些并简述其排除方法。
3. 试分析离合器发抖的主要原因有哪些并简述其排除方法。
4. 试分析离合器发响的主要原因有哪些并简述其排除方法。
5. 如何正确使用离合器?

第十章　变速器的维修

第一节　变速器常见故障分析与排除

变速器在使用中常见的故障主要有变速器异响、变速器乱挡、跳挡以及换挡困难、变速器异常振动和变速杆发抖、变速器漏油等。

一、变速器挂不上挡和错挡

1. 现象

变速器在行驶中掉挡,而后挂不上挡,使汽车不能行驶。只有低速挡而没有高速挡;前进挡均挂不上,只能挂上倒挡,汽车只能倒行;变速器乱挡,是指变速器能够挂入某个挡位,但却不是所需要的挡位,或者虽能挂入挡位而后又自行退出;跳挡是指汽车行驶中从挂挡位置自行跳入空挡;换挡困难是指很难挂入挡位,一旦挂入后又很难退出挡位。这些故障通称为错挡。

2. 原因

① 离合器分离不彻底。
② 变速器操纵机构的外换挡机构故障。
③ 变速器内换挡机构拨叉磨损或弯曲变形;换挡拨叉导轨磨损变形。
④ 同步器磨损或损坏。
⑤ 变速器轴承、衬套、垫片和花键等磨损,变速器轴或变速器齿轮前后窜动或晃动。
⑥ 选挡换挡轴磨损。
⑦ 挡位锁止机构的压紧弹簧或外操纵机构压簧失效。
⑧ 换挡连接件失效。

3. 排除方法

① 调整离合器踏板的自由行程和总行程;液压操纵系统放气;调整液压操纵系统,排除故障;维修离合器。
② 调整变速器的外换挡机构,消除卡滞,清除异物,使换挡杆操纵位置准确。
③ 检查、维修变速器的内操纵机构,更换或维修损坏的换挡拨叉及换挡拨叉导轨。
④ 检查、维修或更换损坏的同步器。
⑤ 检查变速器各轴承、衬套、垫片和花键等各磨损部位,保证各轴和齿轮定位准确。
⑥ 检查换挡锁止机构,更换磨损件。
⑦ 检查并更换选挡换挡轴。
⑧ 检查变速器上锁止机构的拉紧弹簧或操纵机构上的压簧,失效的应更换。
⑨ 检查换挡操纵机构上的铰链总成,连接杆件、螺栓和螺母等有无损坏和失效,连接好操纵机构。

二、变速器异响

1. 现象

变速器异响是指变速器在工作时响声明显加大,发出不正常的响声,如发出单调频率的响声,发出金属的干摩擦声以及不均匀的碰撞声等。

2. 原因

① 变速器中齿轮损伤;变速器齿轮使用日久,齿轮出现损伤,齿轮齿面、齿端、齿轮轴孔、内花键磨损;齿轮齿面疲劳剥落、腐蚀斑块损坏;严重时出现齿轮轮齿破碎、折断或断裂。啮合齿轮副之间间隙加大和中心距加大,运转中产生冲击;齿面啮合不良,有金属剥离声;某个轮齿折断损坏,运转中产生异响。

② 变速器中轴承损坏;变速器中轴承磨损松旷;轴套剥落损伤;轴承滚子破损等引起噪声;变速器轴颈损坏。

③ 变速器中有螺栓、螺母等金属异物,剥落下来的大块金属物等在运行中被油搅起撞击齿轮等旋转零件;里程表齿轮发响;变速器缺油、润滑油使用日久使油过浓或过稀等,使齿轮齿面工作时负荷加大而造成噪声。

④ 变速器异常振动,伴随异响,并且在变速器操纵手柄上也能感觉到振动,甚至麻手。

3. 排除方法

① 拆检变速器,检查或更换齿轮。当齿面面积有 1/4 左右的细小斑点,使表面光洁度明显变坏,齿面上有深度达 0.4 mm 的浅痕时应更换齿轮;如齿顶面有细小的剥落时,应将边角修磨光,但齿顶面磨损深度超过 0.45 mm 时或齿长磨损超过 1/4 时应更换齿轮;齿轮上的花键磨损厚度超过 0.4 mm 或配合间隙超过 0.6 mm 时应更换齿轮;齿轮损坏时应更换齿轮。齿轮更换时应检查要更换的齿轮,必须更换合格的齿轮且成对更换齿轮。

② 拆检变速器,检查或更换轴承和轴。当维修变速器时,应检查变速器中的各个轴承和变速器轴,当出现轴承损坏转动不均匀时应更换新轴承;当发现输入轴和输出轴损坏时也应更换。

③ 拆检变速器,仔细清洗变速器前壳和后壳,清除变速器中可能存在的异物和杂质;装配变速器时应注意清洁度;变速器维修和装配时,除了仔细装配变速器各轴和各轴上的齿轮、轴承外,还应仔细装配内操纵机构拨叉和拨叉导轨,仔细维修里程表输出机构,消除各机械部分可能发出的异常响声;变速器还应加注合适牌号和容量的变速器油。

④ 除做上述检查、处理外,还应检查内操纵器和同步器,必要时予以调整和更换;对于异常振动,还应检查发动机支承,变速器在离合器壳和发动机上的连接是否可靠,以及外操纵机构是否松动,针对具体故障予以排除。

在变速器中装有倒挡传动啮合齿轮,如使用日久,齿轮严重磨损、齿面损坏或齿轮间隙异常变大,除了会产生异常响声外,还会发生异常振动,也应在维修变速器中检查调整或更换。

三、变速器漏油

1. 现象

检查变速器外观,发现变速器壳与变速器上盖的接合面、变速器输入轴端以及输出部分等处有漏油时,即可认为变速器漏油;如变速器壳或变速器上盖出现裂纹或变形时,变速器也会漏油;漏油的表现为变速器油面低。

2. 原因

① 变速器加润滑油过多,工作时搅动使内压过大,可能从各接合部位漏油。

② 油封损坏。

③ 变速器前壳或后壳损坏。

④ 变速器壳体上通气塞堵死。

3. 排除方法

① 应加入合适牌号和一定量的润滑油。

② 维修时更换油封。

③ 维修损坏的变速器壳。如结合表面不平误差超过 0.5 mm 时,可用机械加工方法予以修复;如裂纹较小时可用黏结法或焊修法修复;对于无法修复的壳体,应更换新的。

④ 清洗通气塞。

第二节 变速器的分解与零件检修

一、变速器的分解

(一) EQ1141 变速器的分解

1. 从汽车上拆下变速器

① 将汽车停放在平整场地上,用掩木将车轮掩住以保证安全,拧下放油螺塞,将润滑油放出。

② 拆下传动轴与变速器第二轴连接突缘的连接,并做上记号。

③ 拆下倒车警报器开关电线接头,拆下速度表传动软轴、离合器分离拉杆上的锁紧螺母和球形调整螺母以及踏板回位弹簧等零部件,使离合器的踏板机构与分离叉分开。

④ 拆下驾驶室内的盖板,把起重小车或支承物,放在变速器下方,托住变速器,均匀地拆掉变速器固定在飞轮壳上的固定螺栓,取下变速器。

2. 变速器的分解(见图 10-2-1)

(1) 变速器附件

① 拆掉离合器壳总成;

② 拆下变速器上盖总成和衬垫;

③ 拆下传动轴连接法兰紧固槽形螺母,然后取出平垫圈、O 形圈和法兰;

④ 拆除倒挡惰轮、检查孔盖板或取力箱和衬垫;

⑤ 测量各对齿轮的齿隙,并记录下结果;

⑥ 测量各齿轮的轴向间隙,并记录下结果,检查点:各常啮合齿轮与止推垫片的间隙。

(2) 变速器本体

① 拆下二轴后轴承座总成;

② 拆下速度里程表主动齿轮和隔套;

③ 拆下速度里程表从动齿轮、软轴接头和衬套;

第十章 变速器的维修

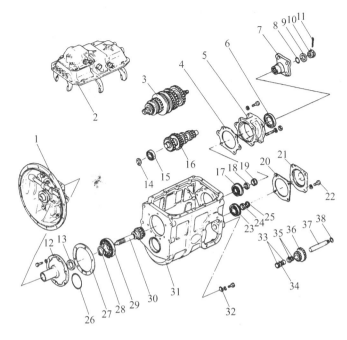

图 10－2－1 变速器的分解图

1—离合器壳总成;2—变速器上盖总成;3—二轴总成;4—二轴轴承座衬垫;
5—二轴后轴承座;6—油封;7—传动轴连接法兰;8—O形圈;9—平垫圈;
10—槽形螺母;11—开口销;12—一轴轴承盖;13—油封;14—弹性挡圈;
15—滚子轴承;16—中间轴总成;17—球轴承;18—隔套;19—速度里程表主动齿轮;
20—中间轴后轴承盖衬垫;21—中间轴后轴承盖;22—螺母;23—球轴承;24—弹性挡圈;
25—弹性挡圈;26—O形圈;27—一轴轴承盖衬垫;28—弹性挡圈;29—球轴承;
30—一轴;31—变速器壳体;32—倒挡惰轮轴锁片;33—滚针轴承;34—隔套;
35—滚针轴承;36—倒挡惰轮;37—倒挡惰轮轴;38—O形圈

④ 拆下二轴后轴承座油封(注意：只有当发现漏油时才拆下油封。油封一旦被拆下,就不能再用);

⑤ 拆下中间轴后轴承盖和衬垫;

⑥ 拆下中间轴前轴承堵盖和O形圈;

⑦ 拆下第一轴轴承盖和衬垫;

⑧ 把油封和O形圈从轴承盖上拆下(只有当油封或O形圈需要更换时);

⑨ 取出第一轴总成;

⑩ 取下弹性挡圈和拆下球轴承(只有当轴承需要更换时);

⑪ 拆下二轴后球轴承弹性挡圈,将拉力器卡到挡圈的槽里,将轴承卸下;

⑫ 拿下四、五挡同步器同步环,并做相应的记号;

⑬ 用起重机或吊车把二轴总成的前端向上倾斜着从变速器壳体中吊出;

⑭ 用专用拉器拉出倒挡惰轮轴;

⑮ 分解倒挡齿轮总成;

⑯ 用卡簧钳取下弹性挡圈和隔套;

⑰ 取下中间轴后球轴承的弹性挡圈,用拉力器拉出轴承,取出中间轴。

(3) 变速器二轴(见图 10-2-2)

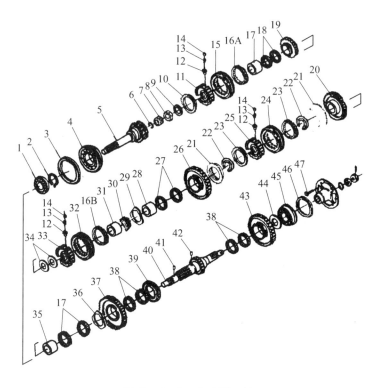

图 10-2-2　变速器二轴

1—六角槽形螺母;2—平垫圈;3—O 形圈;4—二轴突缘;5—突缘螺母;6—轴用钢丝挡圈;7—二轴前轴承;8—二轴锁紧螺母;9—二轴锁紧螺母锁片;10—五挡同步环;11—四、五挡固定齿座;12—同步器推块;13—锁销弹簧;14—同步器锁销;15—四、五挡滑动齿套;16A—四挡同步环;17—四挡齿轮滚针座圈;18—四挡滚针轴承;19—四挡齿轮总成;20—二挡齿轮;21—二、三挡同步器锥环;22—二、三挡同步器锥环卡簧;23—二、三挡同步环;24—二、三挡滑动齿套;25—二、三挡固定齿座;26—三挡齿轮;27—三挡滚针轴承;28—三挡齿轮滚针座圈;29—六挡齿轮止推环;30—六挡齿轮总成;31—六挡齿轮衬套;16B—六挡同步环;32—六挡齿轮滑动齿套;33—六固定齿座;34—挡圈;35—二挡齿轮滚针座圈;36—二挡齿轮止推环;37—倒挡从动齿轮;38—倒挡滚针轴承;39—一、倒挡滑动齿套;40—变速器第二轴;41—六挡齿轮止推环定位销;42—二挡齿轮止推环定位销;43—一挡齿轮;44—一挡齿轮止推环;45—二轴后轴承;46—止动环;47—法兰盘固定螺栓

① 按顺序拿下止推垫圈、一挡齿轮、滚针轴承和一、倒挡齿套;

② 把二轴前端向上,放在工作台上,拆下弹性挡圈,弄平锁片,用扳手松开锁紧螺母;

③ 用拉力器拉下轴承,然后按顺序卸下锁紧螺母、锁片和隔套;

④ 拿下四、五挡齿轮同步器总成和四挡齿轮;

⑤ 拆开四、五挡同步器总成;

⑥ 用拉力器拉住倒挡齿轮,拉松轴套和各齿轮滚针轴承座圈;

⑦ 拿下四挡齿轮滚针轴承;

⑧拆下六挡齿轮衬套,拿下六挡同步器;

⑨取下止推垫片和六挡齿轮;

⑩拆下滚针轴承、隔套轴承座圈;

⑪拆下止推垫片、三挡齿轮、滚针轴承和三挡齿轮轴承座圈;

⑫拆下二、三挡固定齿座;

⑬拿下二、三挡同步器;

⑭取下二挡齿轮;

⑮拆下滚针轴承、隔套、轴承座圈和止推垫片;

⑯拆下倒挡齿轮和滚针轴承。

(4) 变速器中间轴(见图10-2-3)

一般的情况,中间轴不需要分解,除非因为齿轮磨损或齿打坏等情况需要更换时,才进行分解工作。

①拆下弹性挡圈和隔套;

②拆下滚子轴承;

③压出各个用键固定的齿轮,同时拆下隔套。

(5) 变速器上盖(见图10-2-4)

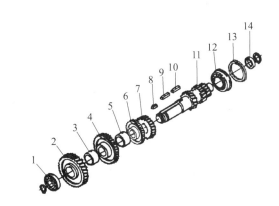

图10-2-3 中间轴分解图

1—弹性挡圈;2—常啮合齿轮;3—隔套;4—四挡齿轮;5—隔套;
6—六挡齿轮;7—三挡齿轮;8、9、10—平键;11—中间轴;
12—后轴承;13—止动环;14—弹性挡圈

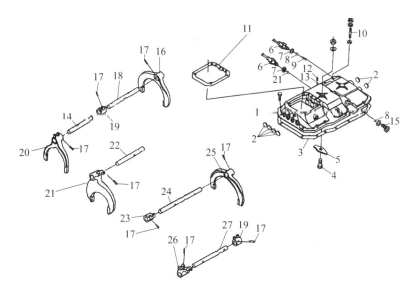

图10-2-4 变速器上盖分解图

1—上盖;2—塞片;3—密封垫;4—转换摇臂轴;5—一、倒挡转换摇臂;6—开关总成;7—密封垫;
8—联锁钢球;9—联锁圆柱销;10—双头螺栓;11—顶盖密封垫;12—锁止变速叉轴弹簧;
13—自锁钢球;14—六挡变速叉轴;15—导向螺钉;16—一、倒挡变速叉;17—弹簧销;
18—倒挡变速叉轴;19—一、倒挡转换导块;20—六挡变速叉;21—四、五挡变速叉;
22—四、五挡变速叉轴;23—二、三挡导块;24—二、三挡变速叉轴;25—二、三挡变速叉;
26—一、倒挡导块;27—一、倒挡变速叉轴;28—钢球变速拨叉轴和拨叉可以按任何顺序移动。然而，互锁销和钢球与变速器上盖关联。所以，如果互锁销不在空挡位置，便不可能拉下变速、拨叉轴。

① 拆下顶盖总成和衬垫；
② 取出并保管好自锁弹簧和钢球；
③ 拆下倒车灯开关和空挡开关、钢球；
④ 拆下限位导块导向螺栓；
⑤ 用工具取出各个变速拨叉和导块上的弹簧销；
⑥ 敲下四、五挡变速拨叉轴，拿下互锁销、四、五挡变速拨叉和钢球；
⑦ 敲出一、倒挡变速导块轴，然后拆下一、倒挡导块、转换摇臂导块和钢球；
⑧ 敲出二、三挡变速拨叉轴，然后取出二、三挡导块和变速拨叉、互锁销；
⑨ 敲出一、倒挡变速拨叉轴，然后取出变速拨叉；
⑩ 拆下一、倒挡转换摇臂；
⑪ 敲下六挡变速叉轴，拿下互锁销、六挡变速叉和钢球；

（6）变速器顶盖（见图10－2－5）
① 弄平锁片或挡油板，然后拆下限位板；
② 取下弹性挡圈，然后把选挡摇臂和O形圈一起拆下；
③ 松开螺塞，拆下锁片，从换挡杆中取出弹簧和钢球；
④ 在换挡杆和换挡轴的花键的相同位置上做上记号；
⑤ 用锤子敲出圆柱销，然后拉出换挡轴；
⑥ 从换挡轴上取出隔套。

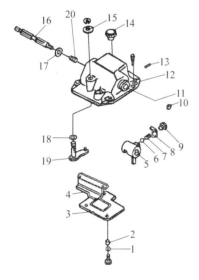

图10－2－5 变速器顶盖
1—锁片；2—隔套；3—选挡限位板；4—挡油板；5—换挡杆；6—钢球；7—倒挡阻尼弹簧；8—弹簧锁片；9—倒挡阻尼弹簧座；10—碗形塞片；11—选挡平衡弹簧；12—顶盖；13—圆柱销；14—通气塞；15—垫圈；16—操纵轴；17—操纵轴油封；18—O形圈；19—选挡转臂总成；20—选挡平衡弹簧（红）

（二）CA1121变速器的分解

1. 从汽车上拆下变速器

参照EQ1141变速器。

2. 变速器总成的解体

变速器总成有故障时或者大修时都要将变速器解体，以维修和调整内部各总成和零部件，使其恢复原有的功能。

（1）变速器盖总成的拆卸

变速器盖总成上有18只螺栓，应用扳手将螺栓拧松并全部拆下，用专用工具将变速器上盖总成撬活，即可取下上盖总成，工作中注意不要破坏上盖的下平面，其零件图如图10－2－6所示。

（2）变速器本体总成的解体

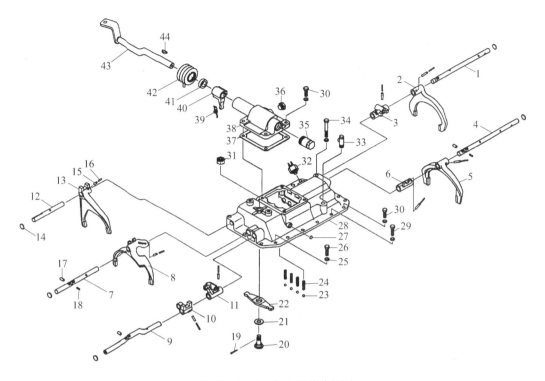

图 10-2-6 变速器盖分解图

1—倒挡拨叉轴;2—倒挡拨叉;3—倒挡变速导块;4——、二挡拨叉轴;5——、二挡拨叉;6——、二挡变速导块;
7—三、四挡拨叉轴;8—三、四挡拨叉;9—五、六挡拨叉轴;10—五、六挡换向块;11—五、六挡变速导块;
12—五、六挡换向拨叉轴;13—五、六挡拨叉;14—塞片;15—锁止波口销;16—锁止弹性销;17—互锁块;
18—互锁销;19—开口销;20—五、六挡换向轴;21—垫圈;22—换向臂;23—自锁钢球;24—自锁弹簧;
25—弹性垫圈;26—螺栓;27—塞片;28—上盖;29—螺栓;30—螺栓;31—槽形螺母;32—倒车开关;
33—通气塞;34—螺栓;35—端盖;36—螺塞;37—密封垫;38—顶盖;39—固定螺钉;40—拨杆;
41—油封;42—防尘罩;43—换挡轴;44—半圆键

当拆下变速器盖总成后,即可对变速器本体总成进行解体,如图 10-2-7 所示。

① 拆下二轴突缘锁紧螺母和二轴突缘,由于紧固力矩较大,在拆下之前应先拨动变速器中的同步器啮合套,同时挂上两个挡位将二轴锁止不能转动,用手锤和扁铲松开锁紧螺母的锁紧装置,使锁紧螺母可以转动。利用专门的带有大的加长杆的扳手将锁紧螺母拧下,将二轴突缘从二轴花键上拔出,注意不要损伤 O 形环和挡尘罩。

② 拆下变速器后盖。如图 10-2-7 中 68,69 所示,先拆下 10 个后盖螺栓,再取下后盖。注意不要损坏后盖中的橡胶油封,损坏后应更换。抽出车速里程表从动齿轮的偏心套和从动齿轮装置。

③ 拆下一轴轴承盖和一轴,如图 10-2-7 中 50,3 所示。先拆下一轴轴承盖的 6 只紧固螺栓,取下一轴轴承盖。注意不要损坏轴承盖内的油封,损坏后应更换。

采用带活锤的一轴拔轮器,夹住一轴花键,将一轴总成拔出。用卡环钳子拆下一轴滚柱轴承的内卡环和外卡环。用压力机或专用工具压出一轴滚柱轴承。用螺丝刀起出一轴孔中的卡环、滚柱轴承和垫圈。

④ 拆下滚柱轴承及卡环和二轴。

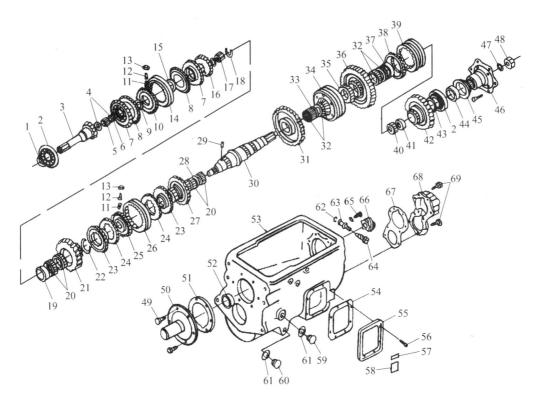

图 10-2-7 变速器本体解体图

1——轴后轴承内圈卡环;2—滚柱轴承及卡环;3—一轴;4—隔环;5—滚子;6—固定滚子卡环;7—五、六挡同步锥;8—五、六挡同步环;9—卡环;10—五、六挡同步器毂;11—同步器弹簧;12—定位块;13—推块;14—五、六挡滑动齿套;15—卡环;16—五挡齿轮;17—五挡齿轮滚针轴承;18—卡环;19—四挡齿轮衬套;20—滚针轴承;21—四挡齿轮;22—卡环;23—三、四挡同步锥;24—三、四挡同步环;25—三、四挡同步器齿毂;26—三、四挡滑动齿套;27—三挡齿轮;28—滚针轴承隔套;29—防转销;30—二轴;31—二挡齿轮;32—滚柱轴承;33—隔套;34—二挡同步器总成;35—二挡固定齿座;36—一挡齿轮;37—一挡齿轮衬套;38—倒挡固定齿座;39—倒挡滑动齿套;40—滚针轴承;41—倒挡齿轮衬套;42—倒挡齿轮;43—倒挡齿轮止推垫片;44—后盖油封总成;45—挡尘罩总成;46—二轴突缘;47—O形环;48—锁紧螺母;49—一轴轴承盖螺栓;50—一轴轴承盖;51—密封垫;52—一轴油封总成;53—外壳;54—密封垫;55—取力孔盖板;56—取力孔盖板螺栓;57—速度表齿轮名牌;58—变速器名牌;59—加油螺塞;60—放油螺塞;61—密封垫;62—O形环;63—偏心套;64—速度表从动齿轮;65—偏心套固定螺栓;66—蜗杆;67—密封垫;68—后盖;69—后盖螺栓

先拆下二轴后滚柱轴承上的卡环。用铜锤轻敲二轴的前端,使二轴向后移动一段距离。用带薄钩的拉器钩住轴承的卡环槽,将二轴后滚柱轴承拆下。利用一个夹紧装置,顶出二轴的后端,以免二轴上的齿轮脱落。从变速器壳体中先取出一轴侧的套在二轴上的同步锥和同步环。从二轴后孔中取出二轴总成各零件。

⑤ 拆下中间轴总成和倒挡惰轮轴总成,如图 10-2-8 所示。

先拆下中间轴后端的轴承(2)的内圈卡环(3)和外圈卡环。拆下中间轴前密封盖(1)。用铜棒和手锤从中间轴前端向后敲打,使中间轴向后窜动一段距离;用带薄钩的拉器将中间轴后轴承拆下,从变速器壳体内取出;中间轴总成。或在不取下前密封盖的情况下,在变速器壳体中向后敲打中间轴并从中取出;也可从壳体内部向外打出中间轴前轴承的外圈,同时顶出前轴

第十章 变速器的维修

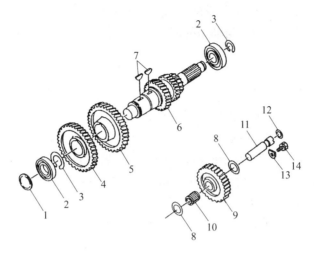

图 10-2-8 变速器中间轴总成及惰轮轴总成解体图
1—中间轴前密封盖；2—轴承；3—卡环；4—减速齿轮；5—五挡齿轮；6—中间轴；7—半圆键；
8—止推垫片；9—惰轮；10—惰轮轴承；11—惰轮轴；12—O形环；13—锁片；14—螺栓

承密封盖,密封盖损坏应更换。

用拉器或压力机将中间轴前轴承内(2)圈拔出或压出来；拆下中间轴上的齿轮卡环(3)；用压力机压下中间轴上的主减速齿轮(4)和五挡齿轮(5)。拆下惰轮轴端部的锁片螺栓(14)和锁片(13)。用专用工具将惰轮轴从壳体中拔出,从壳体中取出惰轮(9)和两个止推垫片(8)。

变速器中的零部件比较多,解体后应检查所有零部件,进行清洗,注意不能丢失零件,非易损件丢失后较难配齐,装配中不可缺少。

二、零件的检修

(一) EQ1141 变速器零件的检修

1. 壳体和盖的检修

① 变速器壳体和盖应无裂纹,否则应修复或更换。

② 变速器盖的结合平面的平面度在全长上应小于 0.15 mm,最大不超过 0.30 mm,超过限度应进行修磨。

2. 齿轮的检修

① 在齿高 2/3 处测量,滑动齿轮或套合齿的齿长磨损均不得大于原齿长的 15%。

② 齿轮工作面不得有疲劳性脱落,工作面上的打击伤痕和缺口面积不得大于 20%。

③ 齿轮不得有裂纹。

④ 齿轮啮合间隙超过 0.50 mm。

如果不符合上述要求,应更换新齿轮。

3. 轴与轴承检修

① 轴弯曲、轴颈严重磨损或损坏,应修理或更换。

② 轴承内、外圈滚道、滚动体上不得有疲劳点蚀或疲劳剥落,否则应更换。

③ 一轴、二轴、中间轴后轴承严重磨损,轴向间隙超过 0.30 mm,应更换。

④ 二轴、倒挡轴各滚针轴承与轴颈的配合间隙,因轴承磨损,超过 0.30 mm 时,应更换滚针轴承。

4. 同步器的检修

(1) 锁销式同步器的检修

对于锁销式同步器,锁销磨损松旷、锥环斜面 0.40 mm 深的沟槽已磨损至 0.1 mm,应更换同步器总成;锥环端面已与锥盘接触,有磨痕,同步啮合过程失效,允许将锥环端面车削修复,最大车削量(累积)为 1 mm;更换新同步器总成后,原锥盘可用,但要检查锥环端面和锥盘端面不得接触(新锥盘、新同步器锥环端面的间隙单面为 3 mm 左右)。

(2) 锁环式同步器的检修

① 测量同步环和同步器锥环的间隙(B),见图 10-2-9。维修标准为 1.5~2.5 mm,磨损极限为 0 mm。

② 测量同步环和固定齿座间的间隙(C),见图 10-2-10。维修标准为 5.3~5.7 mm。

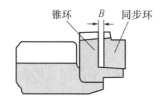
图 10-2-9 测量同步环和同步器锥环的间隙

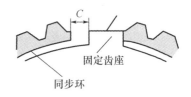
图 10-2-10 测量同步环和固定齿座间的间隙

③ 测量同步环和同步器止动块之间的轴向间隙(D),见图 10-2-11。维修标准为大于 0.5 mm。

④ 测量固定齿座和同步器止动块之间的径向间隙(E),见图 10-2-12。维修标准为 0.05~0.35 mm。

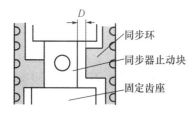
图 10-2-11 测量同步环和同步器止动块之间的轴向间隙

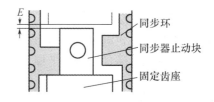
图 10-2-12 测量固定齿座和同步器止动块之间的径向间隙

⑤ 测量同步器弹簧的自由长度和刚度。自由长度为 15 mm;当压缩到 12.5 mm 时,刚度维修标准为 6~10 N,磨损极限为 4 N。

(二) CA1121 变速器零件的检修

CA1121 变速器零件的检验与 EQ1141 变速器零件的检验大同小异,在此仅作简单叙述。

(1) 变速器壳的检查

检查变速器壳有否裂纹,有裂纹应焊修或黏合;检查变速器有否变形和上平面的平面度误差。

(2) 轴和轴齿、齿轮的检查

检查各轴是否有磨损、弯曲变形或损坏,如不能使用应予以更换新件。检查所有齿轮的齿面和齿端面;检查齿轮的内孔;检查齿轮有无裂纹或其他缺陷,如不能使用应予换新。

(3) 轴承的检查

检查一轴、二轴和中间轴前后端的四个圆柱滚子轴承是否磨损或损坏,必要时更换。检查各滚针轴承,如磨损或损坏应更换。检查各油封,特别是密封刃口是否损坏或磨损,使用里程较长或拆卸损坏时应更换。检查车速里程表主从动齿轮,检查半圆键和键槽;检查止推垫片等,视磨损情况更换。

第三节 变速器的装配与调整

在变速器总成装配中,首先是各分总成的装配与调试,而后装配变速器总成,在变速器总成装配到发动机总成上时,应确保原来的装配关系,即从哪一台发动机上拆下来的离合器壳和变速器总成,还应装回到这台发动机上。这主要是因为在拆卸时离合器壳与变速器一起拆下的,离合器壳上的与变速器一轴轴承盖外圆相配合的孔是与发动机缸体上的主轴承孔同心加工的,才能保证同心度。如果不能确保原配件装配,就要以曲轴主轴承孔定位加工离合器壳上的同心孔,否则对变速器的正常工作十分不利,有时甚至可能损坏离合器壳。

一、EQ1141 变速器装配与调整

当进行零件装配时,应确保齿轮止推垫圈滚针轴承和隔套的方向正确。所有的运转表面应涂上干净的齿轮润滑油。根据修理规程,要更换所有的自锁螺母、油封和 O 形圈。

1. EQ1141 变速器的装配

(1) 二轴的装配(装配图见 10-3-1)

① 装复滚针轴承和倒挡齿轮;

② 装止推垫片,倒角大的一面面向倒挡齿轮,并使缺口对准销钉;

③ 压入二挡齿轮滚针轴承座圈,然后将滚针轴承、隔套、滚针轴承装到二轴上;

④ 装上二挡齿轮;

⑤ 装上二、三挡同步器固定齿座和同步器总成;

⑥ 压上三挡齿轮滚针轴承座圈,然后装上滚针轴承和三挡齿轮;

⑦ 装上止推垫片,倒角大的一面面向三挡齿轮,并使缺口对准销钉;

⑧ 装上六挡齿轮滚针轴承座圈并在六挡齿轮上装上六挡同步环;

⑨ 装上六挡固定齿座和六挡齿轮;

⑩ 按顺序装配同步器止动块、弹簧座、弹簧和锁销;

⑪ 把同步器锁销总成装到固定齿座的槽中;

⑫ 装上六挡滑动齿套;

⑬ 装上六挡同步器总成;

⑭ 装上四挡齿轮滚针轴承座圈;装上五挡齿轮衬套;

⑮ 在四挡齿轮上装上四挡同步环;

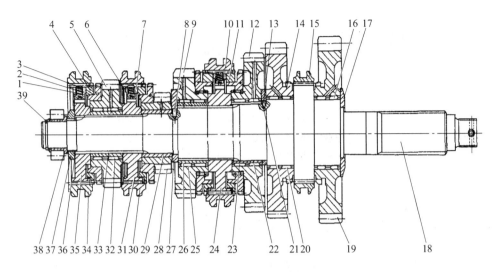

图 10-3-1 二轴装配图

1—同步器推块;2—锁销弹簧;3—同步器锁销;4—四、六挡同步环;5—四挡齿轮总成;6—挡圈;7—六挡同步器推块;8—止推环定位销;9—三挡齿轮总成;10—二、三挡滑动齿套;11—二、三挡同步环;12—二挡齿轮总成;13—二挡齿轮止推环;14—倒挡从动齿轮;15—一、倒挡滑动齿套;16—一、倒挡滚针轴承;17—一挡齿轮止推环;18—变速器第二轴;19—一挡齿轮;20—一、倒挡滚针轴承;21—止推环定位销;22—二挡齿轮滚针座圈;23—二挡滚针轴承;24—二、三挡固定齿座;25—三挡滚针轴承;26—三挡齿轮滚针座圈;27—六挡齿轮止推环;28—六挡齿轮总成;29—六挡齿轮衬套;30—六挡滑动齿套;31—六挡固定齿座;32—四挡滚针轴承;33—四挡齿轮滚针座圈;34—四、五挡滑动齿套;35—四、五挡固定齿座;36—锁紧螺母锁片;37—二轴锁紧螺母;38—滚针轴承规格图;39—轴用钢丝挡圈

⑯ 再装上四、五挡固定齿座;

⑰ 按顺序装配同步器止动块、弹簧座、弹簧和锁销;

⑱ 把同步器锁销总成装到固定齿座的槽中;

⑲ 装上四、五挡滑动齿套;

⑳ 装上四、五挡同步器总成;

㉑ 装上隔套和锁片后用专用扳手拧紧锁紧螺母,拧紧力矩为 300 N·m;

㉒ 装上二轴前轴承;

㉓ 将弹簧挡圈装在二轴端头的槽中,用以挡住轴承;

㉔ 将二轴前端向下,装上一、倒挡滑动齿套、滚针轴承、一挡齿轮和止推垫片;

㉕ 测量二轴各挡齿轮的端隙(见图 10-3-2):维修标准为 0.3~0.5 mm,磨损极限为0.7 mm。

(2)中间轴的装配(见图 10-3-3)

① 装上三、四、六挡齿轮的平键;

② 装中间轴三、四、六挡齿轮;

③ 装隔套;

④ 装中间轴常啮合齿轮平键;

⑤ 装中间轴常啮合齿轮;

⑥ 要保证隔套和齿轮之间的间隙不大于 0.05 mm,用厚薄规测量;

⑦ 装滚子轴承；
⑧ 把弹性挡圈装到中间轴上。

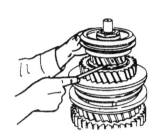

图 10-3-2 二轴齿轮端隙检查示意图

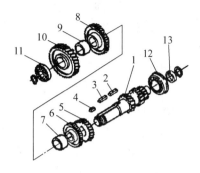

图 10-3-3 中间轴零件图
1—轴用弹性挡圈；2—键；3—键；4—中间轴隔套；5—键；
6—中间轴；7—中间轴三挡齿轮；8—中间轴六挡齿轮；
9—中间轴四挡齿轮；10—隔套；11—中间轴常啮合齿轮

（3）上盖的装配（见图10-2-4）
① 装配一、倒挡转换摇臂；
② 通过上盖孔压装变速拨叉轴，并装上一、倒挡变速拨叉。在变速拨叉弹簧销孔上装上弹簧销；
③ 在四、五挡变速拨叉轴上装上互锁销后，再将四、五挡变速拨叉轴通过上盖孔压装进去，并且装上变速拨叉；
④ 装上互锁钢球；
⑤ 在六挡变速拨叉轴上装上互锁销后，再将六挡变速拨叉轴通过上盖孔压装进去，并装上变速拨叉；
⑥ 把弹簧销装到弹簧销孔中；
⑦ 装上互锁钢球；
⑧ 在二、三挡变速拨叉轴上装上互锁销后，通过上盖孔压装二、三挡变速拨叉轴，并装上二、三挡导块和变速拨叉；
⑨ 把弹簧销装到弹簧销孔中；
⑩ 装钢球；
⑪ 通过一、倒挡变速拨叉轴孔压装变速拨叉轴和导块、限位导块；
⑫ 装上导向螺栓；
⑬ 装配两端的堵盖和塞片；
⑭ 把弹簧销装到每根轴上；
⑮ 装倒车灯开关和空挡开关。

（4）顶盖的装配
① 把隔套和O形圈装在换挡轴上；
② 把换挡拨块装到换挡轴上，并要注意按拆下时所做的记号对齐装配；
③ 用锤子将圆柱销敲进壳体；
④ 把钢球和弹簧装到换挡拨块里，并使螺塞通过锁片装到换挡拨块上；

⑤ 把O形圈装到选挡转臂上的槽内,表面涂上润滑脂后装到顶盖上;
⑥ 装上平垫圈和弹簧挡圈;
⑦ 把隔套、限位板和锁片(挡油板)按顺序装到顶盖上,然后拧紧螺栓;
⑧ 弯曲锁片或挡油板;
⑨ 把钢球和自锁弹簧装到孔内,然后把顶盖总成装到变速器上盖。

(5) 总成组装

在组装前,应在轴承、O形圈、油封和有配合的螺栓上涂上齿轮油。
① 装中间轴总成;
② 装上后球轴承和隔套,然后再装上弹性挡圈;
③ 装倒挡惰轮轴总成,并把锁板装轴上;
④ 测量倒挡惰轮的端隙和齿隙,确保测量的值在维修标准之内:端隙维修标准为0.3~0.6 mm,齿隙维修标准为0.15~0.25 mm。
⑤ 装二轴总成;
⑥ 装配中间轴后轴承盖及衬垫;
⑦ 装配软轴接头、油封和里程表从动齿轮总成;
⑧ 按顺序装球轴承、隔套、里程表主动齿轮、衬垫和轴承座;
⑨ 装四、五挡同步器同步环;
⑩ 把球轴承压装到一轴上,并装上弹性挡圈;
⑪ 装一轴总成;
⑫ 装轴承盖总成;
⑬ 测量一挡齿轮的端隙(一挡齿轮和一挡止推垫片之间的间隙)和使其在维修标准值内,维修标准为0.3~0.5 mm。
⑭ 测量各挡齿轮的齿隙,维修标准为0.15~0.25 mm。

(6) 变速器附件

① 装传动轴连接法兰,拧紧力矩为340~560 N·m;
② 装倒挡检查孔盖或装取力箱总成和纸垫;
③ 装纸垫和变速器上盖总成;
④ 装离合器壳总成。

(7) 变速器的安装

在变速器装到车上以前,所有相关零件应确实装配好和牢固。
① 用一个变速器千斤顶和钢丝绳把变速器和支架作为一个总成装到汽车上,要保证一轴花键和离合器从动盘毂花键对上;
② 装离合器助力器或离合器分泵、回位弹簧和叉杆销;调整离合器外推杆空行程,离合器外推杆空行程为2~3 mm;
③ 装变速器操纵拉杆;
④ 连接取力箱连接法兰(如果装取力箱);
⑤ 装传动轴和中间支承,传动轴拧紧力矩为215~245 N·m;中间支承拧紧力矩为160~220 N·m;
⑥ 连接所有线路和管路;

⑦ 确认变速器放油螺塞被拧紧后,加变速器齿轮油,然后切实拧紧加油口(油面)螺塞,拧紧力矩为 120~140 N·m。

2. EQ1141 变速器的调整

(1) 更换换挡软轴

① 如图 10-3-4(a) 所示,先将球节总成(1)装上,然后将软轴的前端推到底,通过球节和螺母,使尺寸 A 的长度为 (185±1) mm。

② 如图 10-3-4(b) 所示,将橡胶接头(3)装上,将软轴后端推到底,调节螺母,使 B 长度为 (205±1) mm,保证球节总成与软轴固定夹箍(1)和橡胶接头(3)之间的相对角度为 90°。

③ 调整完毕后,将调整螺母拧紧。

(2) 更换选挡软轴

① 如图 10-3-4(c) 所示,先将两端球节总成(1)装上,将软轴前端推到底,通过调整球节和螺母(3),使尺寸 A 的长度为 (193±1) mm。

② 如图 10-3-4(d) 所示,将软轴后端推到底,测量尺寸 C 的长度应为 (214±1) mm,同时应保证两球节之间的角度关系以及和软轴固定夹箍之间的角度关系。

③ 调整完毕,将两处调整螺母拧紧。

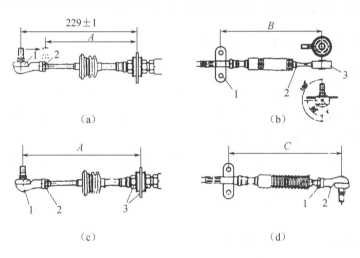

图 10-3-4 换挡软轴更换示意图

(3) 装车

将按上述方法调整好后的换(选)挡软轴总成装到车上,其步骤如下:

① 如图 10-3-5(a) 所示,将前端的大螺母(1)松开,使软轴总成穿过支架(2)和防尘罩固定板(8),然后拧紧螺母。

② 用自锁螺母(4)将球节总成(3)与换(选)挡臂(6(5))连接在一起,软轴防尘罩应装在固定板上。

③ 软轴的前端装好后再装后端,即与变速器总成连接。如图 10-3-5(b) 所示,先将软轴固定夹箍(13(14))装在固定架上,然后和变速器总成上的换(选)挡摇臂(15(16))连接。

注意:a. 必须保证软轴两端滑杆部分的清洁,不得有任何尘污进入软轴内部。

b. 如图 10-3-5(c) 所示,不得手持防尘罩部分,以免损伤其内部构件。

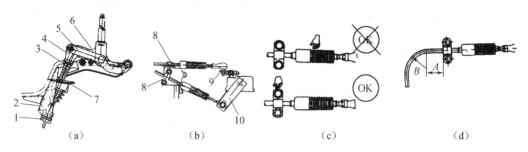

图 10-3-5　选挡软轴更换示意图

1—螺母；2—支架；3—自锁螺母；4—球节总成；5—选挡臂；6—换挡臂；7—尘罩固定板；
8—软轴固定夹箍；9—选挡摇臂；10—换挡摇臂

c. 不可损伤防尘罩，并且不要使其受扭。

d. 不可使软轴的芯线受扭。

e. 如图 10-3-5(d)所示,软轴与变速器连接时,软轴的端部应保持 140 mm 左右的直线段(A 段),方可开始弯曲,软轴不可有急弯,弯曲半径不小于 200 mm(B 段)。

f. 软轴两端和其他零件连接时应注意装配方向,不可使其歪斜。

二、CA1121 变速器装配与调整

1. 同步器的装配

① 在同步器毂的孔内先装同步器弹簧,再把定位块从小面装入孔中。

② 用螺丝刀将同步器弹簧压下,将推块对准定位块插入同步器毂的槽中。

③ 在同步器毂的外圆装上滑动齿套。

④ 根据原来的装配标记将同步锥套装在相应的齿轮上,并检查锥面的跳动量在 0.1 mm 范围内,否则应调整二者的装配关系或更换零件。

⑤ 装固定同步锥的卡环到卡环槽中。

⑥ 装回同步环总成。

2. 一轴总成的装配(见图 10-2-7)

① 将一轴滚柱轴承内环端环放到靠近一轴齿轮一端,装上滚柱轴承及卡环,如图 10-2-7 中(2)所示,用压力机压轴承内圈压到底,并在轴承内涂以少量齿轮油。

② 装轴承内圈卡环,并检查卡环的轴向间隙,保证卡环与轴承内圈为紧密配合。

③ 先将隔环装入一轴内侧孔中,再装入二轴前滚子轴承,应为 15 个滚子,再装入一个隔环;然后用卡环将滚子和隔套撑住,并涂以少量齿轮油,使能平滑转动。如需更换滚子轴承时,应将 15 个滚子一起更换,不能混装。

④ 准备从变速器壳内侧装入一轴承孔中。

3. 二轴总成的装配

① 二轴上的零件较多,应在清洁状态下依次装配,装配时应将二轴后端向上垂直立起,先装二挡齿轮的滚针轴承、隔套和第二组滚针轴承,如图 10-2-7 中(32)和(33)所示,再装入二挡齿轮(30)。在轴承上涂以少量润滑油。

② 在花键中装入二挡固定齿座,必须将外齿上有减薄量的一端朝后,用铜棒轻轻敲入。

第十章 变速器的维修

③ 装入二挡同步器总成,带有同步环的一侧朝内。

④ 将一挡齿轮衬套(37),在水中加热至80 ℃以上,然后立即热套在二轴的相应轴颈上,保证位置准确;再套上两组滚针轴承(32),涂润滑油;装上一挡齿轮(36)。

⑤ 将倒挡固定齿座(38),带凹面朝内,套装到二轴相应的花键上。

⑥ 将倒挡齿轮衬套(41),在水中加热至80 ℃以上,然后立即热套在相应位置上,保证位置准确;再装入倒挡滑动齿套(39)。

⑦ 装入滚针轴承(40),涂润滑油;装入倒挡齿轮(42);装入倒挡齿轮止推垫片(43)。二轴后部装配完毕,用一个专用工具将轴类零件卡住,防止倒过来时脱落。

⑧ 将二轴倒过来,前端朝上,依次装入三挡齿轮的滚针轴承(20)和滚针轴承隔套(28),涂润滑油;装三挡齿轮总成(27)和三、四挡同步锥(23);再装三挡同步环(24),并使锥面吻合。

⑨ 装三、四挡同步器齿毂(25);装入防转销(29)。

⑩ 装四挡齿轮(2);装入两组滚针轴承(20);装入四挡齿轮衬套(19),使缺口对准防转销;将卡环(18)放入卡环槽中,使其紧密配合。

⑪ 将五挡齿轮滚针轴承(17)涂润滑油,装入五挡齿轮(16)和五、六挡同步锥(7);装入五、六挡同步环(8);装卡环(9),使其成紧密配合。

⑫ 装配完毕,准备装入变速器壳中。

4. 中间轴总成的装配(如图10-2-8)

① 在中间轴上有装五挡齿轮(5)和减速齿轮(4)的半月键(7),选择适当的厚度,分别装入键槽中;再压入中间轴五挡齿轮和减速齿轮。

② 装入卡环(3),使轴向间隙为零。

③ 装入中间轴前轴承(2),将内圈压入;准备好后轴承(2)和卡环(3)。

5. 变速器盖总成的装配

CA1121变速器顶盖与EQ1141变速器顶盖大同小异,对照图10-2-6进行装配即可,在此就不详细叙述了。

6. 变速器本体装配

(1) 惰轮轴的装配和装入

先将滚针轴承装入惰轮的孔中,如图10-2-7所示,将两个止推片放入惰轮的两端,涂上少量润滑油;将惰轮轮毂凸出的一侧朝前放入变速器壳中;将O形环放入惰轮轴的槽中,从变速器壳外侧轴孔用铜锤打入惰轮轴,使惰轮活动自如;用螺栓装好惰轮轴锁片。

(2) 装入中间轴总成

先装中间轴前轴承外圈,并用卡环定位,如图10-2-7所示,涂以少量润滑油;将中间轴总成装入变速器壳中,前端轴承内圈装入轴承外圈中;装入中间轴后端轴承,并以卡环定位;将中间轴旋转,要转动自如,转动均匀,无异常响声;再装入前端轴承盖,并再次检查中间轴和惰轮轴的转动情况。

(3) 装入二轴总成

从变速器壳内装入二轴总成,将后端装入轴承孔中;在前端装入六挡同步锥和同步环,使二轴上的齿轮分别与中间轴上的齿对相啮合;装入二轴后轴承和卡环。

(4) 装入一轴总成

从变速器外侧装入一轴,先将二轴上的六挡同步锥和同步环套在一轴的花键上,再将二轴轴端压入一轴内滚针轴承内圈中;压入一轴滚柱轴承的内圈,用卡环将外圈固定在变速器壳上;装入带密封胶的一轴轴承盖垫片和一轴轴承盖总成;以 40~50 N·m 的力矩拧紧六个轴承盖固定螺栓;在轴承盖上装上离合器分离轴承座回动弹簧的钩环,准备装分离轴承座和弹簧。

（5）变速器后盖总成装配

先把车速里程表传动装置装到二轴的后端;装带密封胶的后盖垫密片和后盖总成,并将十个螺栓以 40~50 N·m 的力矩拧紧。

（6）二轴后突缘总成装配

先把突缘上的挡尘罩和二轴后突缘套在二轴轴端花键上;拧上锁紧螺母,用带加长杆的扭力扳手以 600~800 N·m 的力矩拧紧,拧紧时应使变速器齿轮挂挡于锁止状态;用凿子和手锤将锁紧螺母尾端凿紧,决不许松动。将变速器齿轮恢复到空挡状态。

（7）变速齿轮间隙的检查

在各挡自由状态下测量间隙。

齿侧间隙为：

减速齿轮副:0.04~0.12 mm

六挡齿轮副:0.04~0.12 mm

四挡齿轮副:0.04~0.12 mm

三挡齿轮副:0.08~0.18 mm

二挡齿轮副:0.08~0.18 mm

一挡齿轮副:0.08~0.18 mm

倒挡齿轮副:0.08~0.18 mm

所有齿轮副使用极限间隙为 0.4 mm;

端面间隙:一、二、三、四挡齿轮为 0.15~0.30 mm(新变速器);五挡和倒挡齿轮为 0.18~0.35 mm。

所有齿轮的端面间隙使用极限为 0.50mm。

7. 变速器盖的装配

变速器本体总成上表面装两个定位环,并在表面涂一圈密封胶;本体总成和盖均处于空挡位置时装上变速器盖,不能大幅度相互错动,不得损坏密封胶,拧紧 18 只固定螺栓,拧紧力矩为 40~50 N·m。加注变速器油量为 7 L。

8. 离合器外壳的装配

用 6 只固定螺栓从离合器内侧固定到变速器总成前端面,拧紧力矩为 240~300 N·m,交叉拧紧;装上离合器分离机构,分离轴承座总成、回动弹簧、分离拉杆总成、分离叉拉臂等。

9. 变速器总成装车

变速器一轴花键上及前端轴承涂润滑脂;将变速器吊起或起重小车升起。将一轴与离合器从动盘花键孔对齐;平行向前推变速器,将一轴插入从动盘花键孔,再向前推,使离合器外壳的止口与飞轮壳的止口相吻合;拧上离合器壳与变速器壳的固定螺栓,拧紧力矩为 40~50 N·m,交叉拧紧。

装传动轴,拧紧突缘上的连接螺栓螺母;装倒挡警报开关电线束,装车速里程表传感器和电线束。装变速器操纵机构,装离合器操纵机构。

第四节　变速器的维护

变速器是汽车底盘的主要总成之一,由于使用操作不当与维护保养不及时等,均会使变速器的寿命、运输效率降低,耗油量及故障增加,影响运输任务的完成,为保证变速器经常处于良好的技术状态,应做好平时的维护、保养工作。

一、正确使用变速器

汽车在行驶中,换挡是驾驶频繁操作的项目之一。因此,要掌握好换挡时机,不能用猛敲猛打变速杆的方法强制性地使两齿轮进入啮合,对有同步器的挡位要求也是同样。

由于一对齿轮只有当圆周速度相接近的情况下才能进入啮合,如果只靠猛敲猛打变速杆的方法操作,只能使齿轮撞击、发响与加速磨损,严重时还会打坏齿轮牙齿及损坏其他机件。

二、变速器的检查、紧定与润滑

1. 要按规定及时维护保养

车辆按车程及时维护、保养是车辆管理人员有章可循的依据。这对延长车辆的使用寿命、行车安全都是非常重要的,必须遵照执行。驾驶人员在平时使用中应加强检查、紧定工作。对容易松动的各连接部位(如销、轴、螺栓、螺母等处),应勤检查、紧定。否则,对变速器的正常使用及延长寿命都是无法保障的。

2. 按变速器的用油规定润滑

变速器要按季节用油的规定用油。应勤检查油液的质量及液面的高度,发现油液稀释、变质时应及时更换,防止腐蚀齿轮、轴承等各部机件。油液应起到润滑各个摩擦表面的作用,由于各运动副之间在运动过程中会产生很高的温度,油液受高温的影响,要不断地蒸发与渗漏等,使油液减少液面下降,发现液面不符合标准高度时,应及时补充,以保障变速器各部机件的润滑,同时油液还起到散热降温的作用。

小　结

本章叙述了变速器的故障模式、产生的原因和处理的方法,详细讲述了运输车变速器的维修,而对于变速器维修的难点——变速器的分解又作了较为详细的讲解,这是本章所需掌握的重点和难点问题。变速器的使用与维护作为需要了解的内容,也是不可缺少的。

思　考　题

1. 变速器挂不上挡的现象是什么?其产生的原因有哪些?如何处理?
2. 变速器异响产生的原因有哪些?是如何判断的?
3. 简述东风 EQ1141 变速器二轴的装配顺序。
4. 锁销式同步器的检验项目有哪些?

第十一章　万向传动装置的维修

在现代汽车上都装有万向传动装置,其主要功用是当变速器的输出轴与驱动桥输入轴之间的轴距和交角发生变化时,能把发动机输出的扭矩可靠地传递给各驱动桥和驱动车轮,以保证汽车正常行驶。万向传动装置主要由传动轴、万向节、伸缩节及中间支承等组成。由于传动轴在汽车行驶中起传递扭矩的重要作用,容易出现传动轴振动和共振、传动轴异常响声、传动轴断裂和起步冲击等故障。

第一节　万向传动装置常见故障分析与排除

一、传动轴振动

1. 现象

汽车起步时发生异常冲击振动、起步发闷;变速器换挡时发生振动;汽车在某一个特定的速度下发生共振。

2. 原因

① 由于传动轴旋转不平衡引起的振动,发生在转速较高的情况下,传动轴受离心力较大,动不平衡质量引起的振动。

② 传动轴中间支承磨损,引起间隙过大;万向节滚针轴承磨损;滑动叉花键磨损。

③ 由于旋转不平衡质量过大,磨损等原因引起传动轴在某一特定转速下发生共振。

④ 传动轴伸缩节装配不正确、扭曲或弯曲。

3. 排除方法

① 卸下传动轴,对传动轴进行动平衡试验,使不平衡量控制在最低限制内。

② 检查传动轴的弯曲情况,视弯曲情况进行校直,并进行动平衡,应保证在装复后不再发生弯曲和断裂,否则应当换新。

③ 检查传动轴中间支承、十字轴和花键轴的磨损情况,进行调整或换新。

④ 检查传动轴伸缩节装配是否正确。

二、传动轴异常响声

1. 故障现象

传动轴异常响声往往与振动相伴,汽车在起步和行驶期间传动轴发生嗡嗡的响声,甚至发热。

2. 原因

① 中间轴中间支承固定螺栓松动,如不及时紧固可能使传动轴脱落。

② 中间支承轴承磨损,使轴向间隙和径向间隙加大,明显松旷。
③ 中间支承橡胶垫环磨损和变形。
④ 中间轴受到意外损伤而弯曲变形。
⑤ 中间轴花键端大型紧固螺母松动。
⑥ 十字轴磨损过甚。
⑦ 花键轴磨损过甚。
⑧ 中间支承和十字轴等处缺少润滑。

3. 排除方法

① 及时紧固中间支承固定螺栓。
② 调整中间支承轴向间隙或更换支承轴承。
③ 更换橡胶衬套。
④ 校直传动轴和进行动平衡。
⑤ 紧固连接螺母。
⑥ 更换十字轴滚针轴承。
⑦ 更换传动轴。
⑧ 合理加注润滑脂。

三、传动轴断裂

1. 现象

传动轴发生振动和响声,出现传动轴断裂。

2. 原因

① 传动轴的材质个别有缺陷,使用日久发生断裂损坏。
② 长时间发生共振,引起疲劳损坏。

3. 排除方法

① 更换传动轴。
② 损坏不太严重时,可考虑焊修,并进行动平衡。
③ 使用中注意排除振动和噪声。

第二节 万向传动装置的分解与零件检验

一、万向传动装置的分解

(一) 东风EQ1141G万向传动装置的分解

1. 从汽车上拆下传动轴

在拆卸传动轴之前,将车辆前后车轮用三角垫木楔住,使车辆处于驻车制动状态。
① 拆下传动轴两端连接突缘螺栓,从后端顺次向前取下传动轴;
② 拆下传动轴带滑动叉总成;
③ 拆下中间支承轴承紧固螺栓及螺母;
④ 拆下传动轴与变速器的连接螺栓及螺母。

2. 传动轴的分解

从车上拆下传动轴、分解传动轴前,应检查装配标记是否齐全、清晰,如果标记不齐全或不清晰,应在拆检前做出标记。

(1) 万向节分解

① 撬开锁片,旋下固定螺栓,取下锁片及盖板;

② 取下滚针轴承总成;

③ 拆下十字轴。

(2) 滑动叉分解

① 拆下滑动叉油封盖;

② 拆下滑动叉;

③ 取下油封盖、油封垫片、油封。

(3) 中间支承分解

① 取出叉形突缘紧固槽形螺母的开口销;

② 拆下槽形螺母及垫片;

③ 取下叉形突缘和中间支承总成;

④ 取下橡胶垫;

⑤ 取下轴承两边的油封及轴承。

(二) 解放 CA1121 万向传动装置的分解

1. 传动轴的分解

传动轴的解体前,应清除传动轴上的泥污,并做好原始装配标记,以备重新装配时,按原始位置装复传动轴。

① 拆下传动轴后端与后桥连接突缘螺栓,使其分离;

② 拆下传动轴前端与中间传动轴连接突缘螺栓,边用木锤敲打边用力向后推滑动叉,即可拆下传动轴。

2. 中间传动轴的分解

① 拆下中间传动轴与变速器突缘连接螺母,使其分离;

② 拆下中间支承与车架横梁连接螺栓,连同中间支承总成一同拆下。

3. 万向节及十字轴的分解

将滚针轴承锁片紧固螺栓拆下,用手托起传动轴一端,用手锤敲打连接叉,将滚针轴承振出。

4. 中间支承分解

① 在分解中间支承之前,应检查橡胶垫环与中间支承架的配合情况,如果发现严重松动现象,应更换新的橡胶垫环。

② 前后轴承盖中的毛毡油封如无损坏不必拆下,只要清洗后在机油中浸渍一下即可。

二、零件检验

零件检验应使用专门的测量仪器或工具来检查,根据规定的维修标准来判定零件是否能继续使用。损坏零件按要求进行修理或更换。如果在配对零件中有一个被磨损,使间隙超出了规定要求,应按有关要求来更换此零件以及其配对零件。

1. 传动轴轴管弯曲检验

传动轴在使用中容易产生弯曲。检查时将传动轴的两端支在 V 形铁上,用百分表在轴管中部测量。如图 11-2-1 所示。径向跳动量的要求是:EQ1141G 维修标准为 0.75 mm,使用极限为 1.5 mm;CA1121 维修标准为 0.80 mm,使用极限为 1.4 mm,否则应利用压力机校正来修正传动轴或更换传动轴。校正后传动轴总成应进行动平衡,使不平衡量在任一端均不大于100 g·cm。

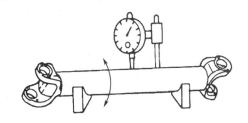

图 11-2-1 传动轴径向跳动检查

2. 滑动叉检验

滑动叉检验主要检查花键与键槽间侧隙,检查方法如图 11-2-2 所示。EQ1141G 维修标准为 0.025 mm,使用极限为 0.4 mm,否则应更换。

3. 万向节检验

万向节检验主要检查滚针轴承与十字轴间的游隙,检查方法如图 11-2-3 所示。EQ1141G 维修标准为 0.02 mm,使用极限为 0.15 mm,否则应更换。

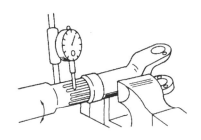

图 11-2-2 传动轴花键侧隙检查

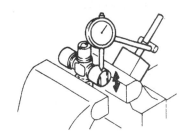

图 11-2-3 十字轴游隙检查

4. 中间支承轴承检验

用百分表测量中间支承轴承的轴向窜动量。EQ1141G 磨损极限为 0.5 mm,超出应更换中间支承轴承总成。CA1121 传动轴中间支承轴承轴向间隙大于 0.3 mm 时,应解体中间支承总成,检查轴承内外圈及滚子表面是否出现大面积的疲劳剥落,如有此现象应当更换轴承。若表面只是正常磨损,可将两个轴承内圈之间的隔套在平面磨床上磨薄,使轴承轴向间隙在无轴向力的情况下保持在 0.15~0.25 mm 范围。若该间隙过小,会使轴承在转动时因发热而咬死。中间支承轴承内的隔套不能互换,必须配套装配,如图 11-2-4 所示。

解放 CA1121 万向传动装置零件检验见表 11-2-1、表 11-2-2、表 11-2-3。

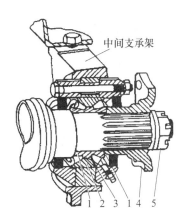

图 11-2-4 CA1121 中间支承
1—轴承内圈;2—轴承外圈;3—隔套;
4—传动轴突缘;5—突缘锁紧螺母

表11-2-1 传动轴轴管、中间轴承径向跳动量

项目	维修标准	使用极限
轴管全长上的径向跳动量/mm	0.80	1.40
支承轴承的轴颈处径向跳动量/mm	0.15	0.20

表11-2-2 传动轴花键副的配合间隙

项目	维修标准	使用极限
突缘内花键尺槽宽/mm 中间轴花键弧尺厚/mm	$5.8^{+0.30}$	$+0.60$
滑动叉内花键齿槽宽/mm 花键轴齿厚/mm	$5^{+0.30}$	$+0.80$

表11-2-3 十字轴、滚针轴承及万向节叉的配合间隙

项目	维修标准	使用极限
万向节叉轴承孔/mm 滚针轴承外径/mm	$\phi 39^{+0.065}$	$+0.120$
滚针轴承内径/mm 十字轴轴径/mm	$\phi 25^{+0.140}$	$+0.250$

第三节 万向传动装置的装配与维护

一、东风EQ1141G万向传动装置的装配

1. 传动轴装配

① 将油封盖、油封垫片、油封套在花键轴上,对准滑动叉和传动轴轴管上的装配标记,如图11-3-1所示。把滑动叉套在花键轴上,装好油封、油封垫片,拧紧油封盖。保证滑动叉能沿花键轴自由滑动,无卡住现象。

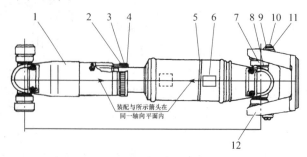

图11-3-1 传动轴装配
1—滑动叉带十字轴总成;2—套管叉油封盖;3—套管叉油封;4—油封垫片;5—传动轴总成;
6—平衡片;7—十字轴滚针轴承总成;8—十字轴;9—轴承压板;10—螺栓;11—锁片;12—突缘叉

② 将十字轴上的滑脂嘴朝向滑动叉的一方,并和滑动叉上的油嘴同相位,把十字轴插入滑动叉孔内,再把滚针轴承图润滑脂后放入耳孔并套在十字轴轴颈上,用铜棒、手锤轻敲滚针轴承外底面,使滚针轴承装配到位,安装盖板和锁片,螺栓拧紧力矩为 20~30 N·m。最后将锁片弯起锁住螺栓。

③ 对准装配标记,把突缘叉套在十字轴的另一对轴颈上,把滚针轴承放入突缘叉孔并套在十字轴轴颈上,用铜棒、手锤轻敲滚针轴承外底面,使滚针轴承到位,安装盖板和锁片。

2. 中间支承的装配

① 将中间支承轴承注满润滑脂后装到轴承座中。
② 在轴承座两端装上油封。
③ 安装滑脂嘴,使其向后,安装橡胶垫环。
④ 将中间支承总成装到中间传动轴总成上。
⑤ 装上连接突缘、垫片、螺母和开口销。螺母扭紧力矩为 100~250 N·m。

3. 安装传动轴总成

按滑动叉和传动轴上的装配对准箭头记号将滑动叉装配到传动轴上。装配后,箭头记号要处于同一平面上。

① 先装传动轴与驱动后桥连接。螺母扭紧力矩为 160~220 N·m。
② 再将中间传动轴与变速器连接。螺母扭紧力矩为 160~220 N·m。
③ 安装中间支承总称,装上 U 形支架。螺母扭紧力矩为 90~110 N·m。
④ 连接传动轴。

二、解放 CA1121 万向传动装置的装配

① 装配传动轴时,十字轴轴径与滚针轴承内孔应涂以润滑脂,十字轴上的滑脂嘴必须朝向轴管的同一侧,支承片上止动用凸块应嵌入滚针轴承顶面槽内。然后,用螺栓紧固,并用锁片将螺栓锁住。装配后的十字轴,应能在轴承中自由转动,无发卡现象。

为了保证传动轴的平衡精度,应按拆卸前做好的标记装复传动轴总成,并使滑动义上的箭头与轴管上的箭头对齐。

② 中间传动轴总成装配后,应以 250 N·m 的扭矩扭紧凸缘螺母。然后,检查中间支承轴承的轴向间隙,在确认轴承转动灵活、均匀的情况下,插上开口销将螺母锁住。

注意:橡胶垫片装入支架前,应检查一下防止垫环转动的键是否完好,避免因丢失或漏装而引起橡胶垫环在支架中转动。

③ 所有滑脂嘴应注入 2 号锂基润滑脂,直到润滑脂分别从十字轴颈、滑动叉堵盖孔和中间支承前轴承盖上的通气孔中挤出为止。

三、万向传动装置的使用维护

传动轴各部零件经过检测修复后,必须按原车的技术要求装配,才能使传递动力平稳、可靠,达到正常使用的目的。为此,装配中要注意以下几点:

(1) 保证变速器第二轴与减速器主动轴的等速。

传动轴在传递动力过程中,始终要保证第二轴与减速器主动齿轮轴的等速。否则,将在传递扭矩时不平稳、加速各部机件的磨损与损坏,甚至引起抖振和发响等故障。

① 装配传动轴时要使两端万向节叉在同一平面上,其误差不大于±1mm,有安装记号的,安装时必须按记号装配。若经长期使用,记号已没有时,拆卸时要自己做记号,以保证正确的装配。

② 要保证第二轴与减速器主动轴轴线夹角相等。传动轴的轴线与变速器二轴及减速器主动轴轴线夹角相等是靠钢板弹簧与发动机的安装来保证的。因此,要求安装发动机时不要任意改变发动机支架的位置与垫块的厚度,否则将影响传动轴的等速传动;安装钢板弹簧时,要保证钢板弹簧的挠度、拱度符合原车要求,否则,应更换新品,以免影响传动轴的等速传动。

(2) 要保证传动轴原有的动平衡。

① 装配传动轴时,要注意轴管两端原有平衡片的数量及安装位置,不得任意去掉或更换位置。

② 防尘套上两只卡箍的锁扣,应装在径向相对(相差180°)的位置上。

③ 传动轴组装后,在有条件的情况下,应进行动平衡试验达到原车的使用要求。

④ 传动轴装车时,应使花键轴朝向动力来源的方向。

(3) 十字轴上有润滑嘴的一面应朝向传动轴,各润滑嘴应位于同一平面上,为保养加油时提供方便。

(4) 中间轴承支架应正直地固定在车架上,中间传动轴与轴承装车后应能转动灵活自如,对中间轴承两端的轴承盖结合螺栓,要在路试后再按规定的力矩拧紧保证轴线对中,防止发响及损坏中间轴承。

小 结

本章主要讲述了运输车辆万向传动装置使用中常见的损伤形式、原因及排除方法及运输车辆万向传动装置维修方法。

思 考 题

1. 在解放 CA1121 万向传动装置中间支承维修中应注意什么问题?
2. 在运输车辆万向传动装置使用中常见的损伤形式及原因有哪些?

第十二章　驱动桥的维修

驱动桥是汽车传动系中主要传动机构之一,运输车的驱动桥一般为后桥。汽车在使用过程中,驱动桥要承受着较大的载荷、扭矩与弯矩。车辆长期使用后,驱动桥壳将产生变形、断裂等损坏,影响各部零件的正确配合关系。壳内部零件表面还将受到冲击、交变载荷的作用,使齿轮、轴、轴承、花键齿等产生不同程度的磨损与损坏,其结果将使驱动桥总成工作情况变坏、传动效率下降,甚至出现不正常的噪声、过热等故障。因此,在汽车维修中,应认真修复损伤零件和正确的装配、调整,以恢复驱动桥的正常工作状态。

第一节　驱动桥常见故障分析与排除

一、驱动桥异响

1. 现象

汽车在行驶中,驱动桥齿轮发出嗡嗡的噪声,随着车速的增加,声调不断提高,可以明显听到不正常的响声。

2. 原因

① 驱动桥主传动锥齿轮副磨损,使得间隙过大。新车驱动桥齿轮噪声较轻,损坏加大。

② 装配与调整原因:驱动桥大修后,虽经细心调整啮合印迹和齿侧间隙,仍会发生噪声,则可能是调整不当的因素。

③ 制造加工精度低:在制造过程中有机械加工和热处理的变形,新车时就有噪声。

④ 齿面粗糙度较差:主传动齿轮啮合齿面有刀纹和磕碰伤等也能引起噪声。

⑤ 润滑油量不足,齿轮啮合中混有干摩擦。

3. 排除方法

① 驱动桥齿轮噪声比较严重时应拆卸驱动桥,拆检有无损伤。可以通过重新装配、重新调整齿轮啮合印迹或修磨齿面等方法来消除。但不是所有的齿轮噪声都能够消除掉,通过调整仍有噪声,应考虑成对更换齿轮。

② 检查主动和从动锥齿轮轴承是否松旷或有损坏情况。轴承有一定的预紧力过大,预紧力过大会使摩擦阻力变大,过小会使间隙变大,两者都会使驱动桥发出噪声。所以预紧力不能过大或过小,应保证在正常值范围内。

③ 润滑油量必须正常。将驱动桥壳上的加油孔螺塞或油面检查口螺塞拧下,从加油孔加注合乎规格的齿轮油,看到从油面检查口出油时为止。

二、驱动桥过热

1. 现象

车辆在行驶一定里程(一般在 50 km 左右)后,用手摸驱动桥桥壳或轴承盖处,感到烫手,难以忍受。

2. 原因

① 驱动桥壳内齿轮油漏失,缺少润滑油致使驱动桥过热。
② 调整时驱动桥主动锥齿轮轴承预紧力过大,使主动齿轮轴承座附近过热。
③ 主减速器主、从动齿轮啮合间隙过小,或轴承外圈松动滑转,引起减速器附近过热。
④ 差速器十字轴与行星齿轮烧结或卡滞,半轴齿轮与行星齿轮卡滞,汽车转弯过多且有驱动桥或轮胎异响。

3. 排除方法

① 驱动桥过热比较严重时应拆检驱动桥,并进行重新调整。
② 加够驱动桥齿轮润滑油。

三、驱动桥漏油

1. 现象

① 减速器壳与驱动桥壳连接处漏油。
② 减速器外壳盖处漏油。
③ 减速器油封漏油。
④ 主动锥齿轮轴承座处漏油。
⑤ 半轴突缘油封漏油。

2. 原因

① 装配缺陷,密封胶、垫密片损坏或有脏物,紧固螺栓拧紧不均匀。
② 使用日久,螺栓松动,密封件损坏。
③ 驱动桥通气孔堵塞,致使桥壳内压力过高。

3. 排除方法

① 检查并重新装配各密封件。对于减速器壳与桥壳连接处漏油,应在密封纸垫两面涂一层密封胶,并将紧固螺栓螺纹部分涂密封胶,按规定扭矩交叉拧紧;对于减速器壳盖处漏油,检查调整垫片有无损坏及脏物;对于减速器油封漏油,应更换油封,垫密片涂胶,均匀拧紧轴承盖螺栓;对于主动锥齿轮轴承座处漏油,应检查调整垫片;对于半轴突缘漏油,应更换垫密片,涂密封胶。
② 驱动桥壳中加润滑油量不能过多,太多太满容易导致漏油。
③ 检查驱动桥通气孔,保证通风良好。

四、驱动桥损坏

1. 现象

① 驱动桥壳裂纹或断裂。
② 驱动桥壳弯曲变形,汽车后轮内侧轮胎磨损异常。

2. 原因

① 个别驱动桥壳铸造质量原因和汽车严重超载,使驱动桥壳发生裂纹甚至断裂损坏。

② 汽车长期超载,使驱动桥壳弯曲变形。

3. 排除方法

① 正常使用中,减少超载次数和时间。

② 严重损坏更换驱动桥壳。

第二节 驱动桥的分解与零件检验

一、驱动桥的分解

(一) 东风 EQ1141G 驱动桥的分解

1. 从车上拆下驱动桥

(1) 拆卸车轮

① 放尽桥壳中的润滑油(最好是热车放油)。将前轮的前后用楔木挡住,松动后桥外侧车轮螺母。注意:两侧车轮螺母旋向是不同的。

② 用千斤顶将后桥支承起来,拆掉传动轴和外侧车轮。

③ 放下后桥,松开后桥内侧车轮螺母后再顶起后桥,拆掉车轮螺母和内侧车轮。

(2) 拆卸半轴

① 拧下半轴外端突缘与轮毂连接的螺栓,取下锥形套和垫圈,用装在突缘上供拆卸半轴用的两个螺栓顶出半轴。

② 抽出半轴,要注意半轴与油封之间避免发生摩擦,否则会将半轴油封损坏。

(3) 分解轮毂(如图 12-2-1)

① 拆下调整螺母锁片,卸下调整螺母;

② 用后桥轮毂拉力器拆下轮毂;

③ 从半轴套管端部拆下半轴油封,与内轴承内圈一起拆下油封座;

④ 拆下内外轴承外圈,拆除制动鼓。

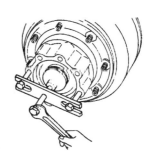

图 12-2-1 后桥轮毂的拆卸

(4) 分解桥壳

① 分解传动轴与主减速器的连接;

② 使用杠杆或千斤顶,拆下主减速器总成;

③ 拆除软管、钢管和电线速;

④ 拆除制动器总成;

⑤ 用千斤顶支起桥壳;拆下 U 形螺栓和上下垫板,落下千斤顶,拉出桥壳。

2. 分解驱动桥总成

(1) 分解主减速器总成

在分解之前,测量和记录主、从动锥齿轮的齿侧间隙,然后开始分解。

① 拆除锁片;

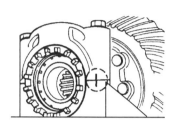

图 12-2-2 装配记号

② 在轴承盖和壳体上做上装配记号,如图 12-2-2 所示;

③ 松开轴承盖固定螺栓,拧出紧固螺栓拆下轴承盖和螺栓,用差速器扳手取出调整螺母;

④ 拆下差速器总成。

(2) 分解差速器总成

① 拆下差速器壳

拧下差速器总成上相应的螺母,取下相应螺栓,即可拆除从动锥齿轮,并分开左、右差速器壳,检查半轴齿轮、行星齿轮、十字轴及支承垫圈的磨损情况;

② 拆下止推垫圈和半轴齿轮;

③ 测量和记录行星齿轮的齿侧间隙;

④ 拆除行星齿轮十字轴总成,再从十字轴上拆下止推垫片和行星齿轮;

⑤ 拿出半轴齿轮和止推垫片;

⑥ 必要时可从差速器壳上拆下轴承。

(3) 分解后桥主动锥齿轮总成

先把油封座的紧固螺栓拆除,将油封座脱开并逆时针转过 15°,即可使油封座上的对称两孔对准轴承座上的两螺纹孔,拧紧螺栓,即可将轴承座同齿轮一起顶出。用铜棒打出减速器壳上的主动锥齿轮后轴承的外圈和滚子总成,若保持架松旷或损坏,滚子及内外圈有剥落、刻痕应予更换。拆除主动锥齿轮时,应保存好轴承座和壳体之间的调整隔套,以备装复时使用。

清洗全部零件总成,检查齿轮及花键的配合情况,检查油封的磨损情况以及各轴承的工作状况,必要时应予以更换。

由于轴承的内圈与轴颈的配合多为紧配合,所以在拆检时,应先查看内圈与轴颈是否有松动和异常磨损,如果情况较好的话,一般最好不要拆卸,以免损坏轴颈或轴承内圈。

清洗部件,在零件的表面除掉旧的油脂之后,应涂上一层清洁的油脂以防止锈蚀或腐蚀。

(二) 解放 CA1121 驱动后桥的分解

① 半轴的拆卸:半轴拆卸时,用两个螺栓,拧进半轴突缘上的螺孔内,即可将半轴顶出;

② 拆下主动锥齿轮突缘与传动轴的连接螺栓;

③ 解除后制动软管与三通接头的连接;

④ 拆下减速器壳与后桥壳连接的螺栓,将减速器总成从桥壳上拆下;

⑤ 减速器总成的解体:解体前,在差速器左右轴承盖上做出标记,以便于保证原始装配状态;

⑥ 差速器总成的解体:拆散总成前应注意在左右壳上沿圆周方向做出重新装配标记。

二、零件检验

(1) 检查主、从动锥齿轮齿侧间隙

如图 12-2-3 所示。东风 EQ1141 维修标准为 0.30~0.40 mm;修理极限为 0.60 mm。

注意:主从动锥齿轮更换时,必须成对更换。

（2）检查半轴齿轮在无隙啮合时的背面间隙

如图12-2-4所示。

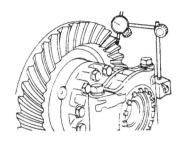

图12-2-3 齿侧间隙的检查

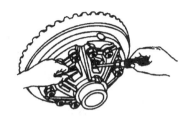

图12-2-4 背面间隙检查

如果在分解之前测量的间隙超过修理极限,就要检查齿轮的接触印迹和止推垫片的磨损情况。测量时使行星齿轮紧靠差速器壳。维修标准为0.20~0.80 mm;修理极限为1.0 mm。

（3）检查差速器行星齿轮与十字轴之间的配合间隙

测量行星齿轮的内径和行星十字轴的轴颈外径,计算其配合间隙。维修标准为0.10~0.14 mm;磨损极限为0.30 mm。

（4）检查半轴齿轮与差速器壳之间的配合间隙

测量半轴齿轮花键毂的外径和差速器壳的内径,计算两者的配合间隙。维修标准为0.21~0.31 mm;磨损极限为0.60 mm。

（5）测量后桥半轴弯曲

东风EQ1141在半轴法兰表面ϕ205 mm直径处测量,维修标准为0.10~0.31 mm;修理极限为0.50 mm,如图12-2-5所示。

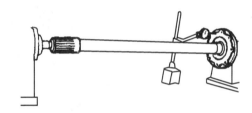

图12-2-5 半轴弯曲检查

第三节 驱动桥的装配与调整

一、东风EQ1141汽车驱动桥的装配与调整

为了保证装配质量注意要认真做好零件的清洗工作。对零件做好复检,查看有无修理缺陷及碰伤;保证装配位置正确,对不可互换和有位置、方向记号的零件,不得错位和错乱;做好装配中的润滑,保证装配质量。

EQ1141驱动桥分解图如图12-3-1所示。

1. 减速器和差速器轴承预紧负荷的调整

为提高齿轮的支承刚性,保持齿轮的正确啮合,减速器和差速器锥轴承必须具有预紧负荷。锥轴承的预紧负荷用旋转齿轮所需的力矩来检测。检测预紧力矩时轴承应经过润滑,齿轮沿两个方向反复旋转不少于五圈,使滚子处于内外圈滚道的正确位置。调整轴承的预紧负荷时必须适度,过紧会导致主动锥齿轮刚度过大。

（1）主动锥齿轮总成装配与调整

轴承内圈及滚子总成压到主动锥齿轮的轴颈上,压配前轴颈,上应涂少量润滑油,把主动

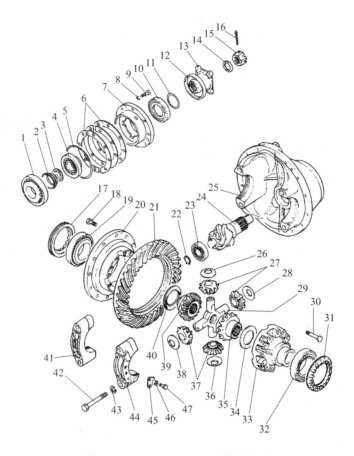

图 12-3-1　EQ1141 驱动桥分解图

1—前内轴承总成；2—轴承隔套；3—调整垫圈；4—前外轴承；5—O 形密封圈；6—主动锥齿承前轴承；7—轴承座；8—弹簧垫圈；9—轴承垫；10—主动锥齿轮；11—O 形密封圈；12—防尘罩；13—突缘；14—垫圈；15—六角槽形螺母；16—开口销；17—调整螺母；18—螺栓；19—轴承；20—差速器壳（左）；21—从动锥齿轮；22—轴用弹性挡圈；23—后轴承总成；24—主减速器主动锥齿轮；25—主减速壳；26—支承垫圈；27—行星齿轮；28—支承垫圈；29—行星齿轮十字轴；30—螺栓；31—调整螺母；32—轴承；33—差速器壳（右）；34—止推垫片；35—半轴齿轮；36—行星齿轮；37—行星齿轮；38—支承垫圈；39—半轴齿轮支承垫圈；40—止推垫片；41—轴承盖；42—轴承盖；43—弹簧垫圈；44—轴承盖；45—轴承盖锁片；46—垫圈；47—螺栓

锥齿轮（24）装入轴承座总成（7），选择两个适当厚度的调整垫圈装到齿轮轴上，再把另一个圆锥滚子轴承内圈及滚子总成装到主动锥齿轮的轴颈上，以 55 kN 的力压住主动锥齿轮前轴承的内圈时（或拧紧大螺母力矩 400～540 N·m），旋转主动锥齿轮的力矩为 2～4 N·m，用弹簧秤的一端钩在突缘的螺孔上，切向拉动测量预紧力应为 45～75 N。如果轴承预紧负荷不合适，可改变调整垫圈（3）的厚度来达到所需的轴承预紧负荷。调整好预紧力后，拆除固定螺母和突缘，将油封盖装上，最后按规定装复突缘、O 形密封圈和垫圈，拧紧固定螺母并用开口销锁止。

（2）差速器轴承预紧负荷调整

在差速器轴承盖螺栓（42）拧至规定力矩，并且轴承经润滑后，调整差速器调整螺母（17）和（31），转动差速器总成，直至旋转差速器总成的启动力矩为 10.8～12.4 N·m（不包括主动锥轴承的预紧负荷）。

2. 轮毂轴承的调整

如图 12-3-2 中轮毂(8)和轮毂轴承装到半轴套管上,用专用扳手调整螺母(9),其拧紧力矩应不小于 500 N·m,然后将制动鼓转动 2~3 圈,使轴承正确就位后,再以不小于 500 N·m 的力矩紧固,然后将调整螺母倒转 1/6~1/4 圈,同时正反两个方向反复转动轮毂,使轮毂轴承的滚子与内外圈滚道正确接触,然后将弹簧秤拉在螺栓上测起动力,起动力应为 30~65 N。装上锁紧垫圈,将止动螺栓插入锁紧垫圈与调整螺母最邻近的孔而锁紧,调整后,轮毂应能自由旋转而无明显摆动现象。

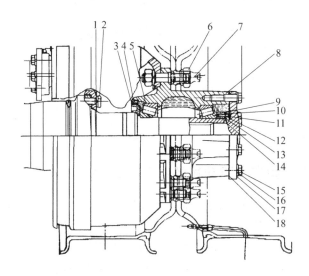

图 12-3-2 后桥壳及轮毂总成

1—弹簧垫圈;2—螺栓;3—油封座圈;4—轮毂油封;5—锥轴承;6—车轮外螺母;
7—车轮内螺母;8—轮毂;9—调整螺母;10—锥轴承;11—螺钉;12—弹簧垫圈;13—锁卡;
14—半轴油封;15—半轴螺栓;16—弹簧垫圈;17—半轴;18—纸垫

3. 主、从动锥齿轮啮合印痕和齿侧间隙的调整

锥齿轮的正确啮合和齿侧间隙由主、从动锥齿轮的轴向位移来调整。主动锥齿轮的轴向位移,用改变装在主动锥齿轮轴承座与减速器壳端面之间调整垫片的厚度进行调整。

从动锥齿轮的轴向位移,在不改变差速器轴承预紧负荷的情况下,等量调整差速器轴承两端的调整螺母,即一边的调整螺母拧出多少;另一边的调整螺母必须相应的拧紧同一数值。

把已调整好的主动锥齿轮和轴承座总成装入减速器壳,然后装入差速器总成,用涂色法在轻微负荷状态下,检查锥齿轮的啮合情况。主、从动锥齿轮在正确啮合的情况下,从动锥齿轮的啮合印痕应符合图 12-3-3 的要求。主、从动锥齿轮齿侧间隙应在 0.30~0.40 mm 范围内,在从动锥齿轮上沿圆周大致等距分布的三个轮齿上垂直于轮齿大端凸面的方向上检验。

如果锥齿轮的啮合印痕和齿侧间隙不能符合上述要求,可按表 12-3-1 要求重新调整,直至符合要求为止。注意调整时不能改变轴承的预紧力,主、从动锥齿轮必须配对使用。

在轻微负荷下,齿面接触印迹在齿长方向正车时(前进)应略偏向小端,反车时(倒车)应略偏向大端,齿高方向位于中部或稍偏齿顶,在大轮上沿圆周大致等距分布的不少于四个齿上测取。

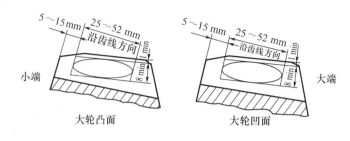

图 12-3-3　EQ1141G 汽车后桥齿轮接触印痕

表 12-3-1　齿轮啮合印痕参数

车　型	大　轮	偏小端/mm	啮合长度/mm	偏齿顶/mm	啮合高度/mm
EQ1141G	凸面	5~15	25~52	1	8
	凹面	5~15	25~52	1	8

二、解放 CA1121 型汽车驱动桥的装配与调整

解放 CA1121 有两种减速器：单级减速器为双曲线圆锥齿轮式减速器，减速比为 5.43；另一种为由一对圆锥齿轮和一对圆柱齿轮组成的双级减速器，减速比为 5.77。采用整体铸造桥壳，装用全浮式半轴。单级减速较双级减速略简单一些，结构类似于东风 EQ1141。双级减速为传统式减速器，例如 CA1121 双级减速后桥结构。下面以双级减速后桥为例说明其装配与调整方法。

解放 CA1121 后桥分解图如图 12-3-4 所示。

1. 主动锥齿轮与轴承座的装配与调整

① 先将主动锥齿轮前后轴承的外圈锥面大端朝外压入外壳轴承座中，压到底，端面均匀接触、无间隙。

② 将后轴承内圈总成压到主动锥齿轮上，涂驱动桥齿轮油，装入外壳轴承座；外壳轴承座前端装入调整垫片，将前端内圈总成压到主动锥齿轮轴上。

③ 装主动锥齿轮突缘垫圈、轴承盖、垫密片、油封和突缘；在突缘上装平垫圈和槽顶螺母，以 200~300 N·m 力矩拧紧。拧紧时慢慢转动主动锥齿轮，使轴承的滚子位于正确的位置上。

④ 检测轴承预紧力。为了提高主动锥齿轮和从动锥齿轮工作啮合时的主动锥齿轮的支承刚度，使齿轮正确啮合，主动锥齿轮轴承必须有一定的预紧力。调整时先将轴承盖向外推向突缘，使其定位止口与轴承座脱离接触。检测预紧力矩时轴承已经过润滑，并反复转动 5 圈，轴承滚子已处于滚道中的正确位置，转动阻力均匀一致。可用弹簧秤测量主动锥齿轮轴承的预紧力矩为 1.5~3.5 N·m，相当于作用在突缘孔中心处的切向力为 25~58 N。合格后可将轴承盖的装配面上涂密封胶，用螺栓固定，突缘螺母锁紧。调整轴承的预紧力时必须适度，垫片过厚，预紧力过小，主动锥齿轮支承刚度不够；预紧力过大，可能导致轴承损坏，应适当加厚垫片的厚度。

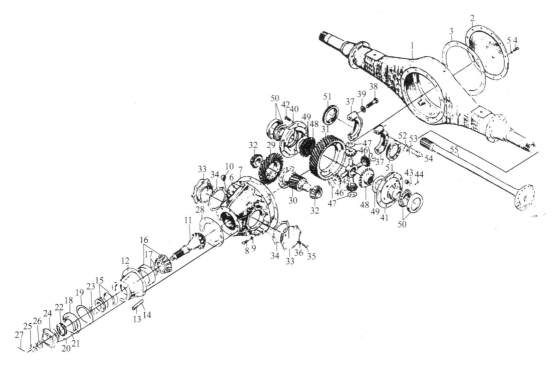

图 12-3-4　解放 CA1121 后桥分解图

1—后桥外壳总成；2—后桥外壳盖总成；3—垫密片；4—螺栓；5—弹簧垫圈；6—减速器外壳；7—垫密片；8—螺栓；9—弹簧垫圈；10—加油螺塞；11—主动锥齿轮；12—轴承座；13—螺栓；14—弹簧垫圈；15—前轴承；16—后轴承；17—调整垫片；18—主动锥齿轮前轴承盖；19—垫密片；20—螺栓；21—弹簧垫圈；22—油封总成；23—垫圈；24—主动锥齿轮凸缘总成；25—槽顶螺母；26—垫圈；27—开口销；28—垫片；29—从动锥齿轮；30—主动圆柱齿轮；31—从动圆柱齿轮；32—轴承内圈及滚子总成；33—盖-减速器外壳；34—垫片；35—螺栓；36—弹簧垫圈；37—差速器轴承盖；38—螺栓；39—平垫圈；40—差速器右壳；41—差速器左壳；42—螺栓；43—螺母；44—开口销；45—十字轴；46—行星齿轮；47—垫圈；48—半轴齿轮；49—垫圈；50—减速器圆锥滚子轴承总成；51—调整环；52—止动片；53—锁片；54　螺栓；55—半轴

2. 减速器总成的装配与调整

① 主动锥齿轮总成装配与调整完成后，将从动锥齿轮及主动圆柱齿轮总成装入减速器壳中。将左右两侧差速器外壳盖的轴承外圈涂润滑油，将左右盖和调整垫片装于壳内。调整垫片的数量，要保证轴承有 1.5～3.5 N·m 的预紧力矩。测量预紧力矩之前，左右盖的螺栓应以 80～90 N·m 的力矩交叉拧紧。在轴承润滑情况下反复转动从动锥齿轮 5 圈，转动阻力均匀一致。如轴承预紧力矩过小，应减少调整垫片的总厚度；轴承预紧力矩过大，应增加调整垫片厚度。

② 将主动锥齿轮轴承座总成装配到减速器壳上，使主动锥齿轮与从动锥齿轮相啮合，注意两个外壳上的油孔要互相畅通。

3. 主传动锥齿轮副啮合印痕与齿侧间隙的调整

主传动锥齿轮副啮合痕迹与齿侧间隙的调整方法见表 12-3-2。

调整时在从动锥齿轮或主动锥齿轮的两面齿面上涂上一薄层用机油调和的红丹，用手转动主动锥齿轮突缘带动从动锥齿轮正反两个方向旋转，使齿面相互啮合着色。然后检查

表 12-3-2 主传动锥齿轮副啮合痕迹与齿侧间隙的调整

从动锥齿轮齿面		调整方法	
向前行驶	向后行驶		
(痕迹在小端齿顶)	(痕迹在大端齿顶)	将从动锥齿轮向主动锥齿轮移拢,若此时所得轮齿间的齿隙过小时,则将主动锥齿轮移开	
(痕迹在小端齿根)	(痕迹在大端齿根)	将从动锥齿轮自主动锥齿轮移开,若此时所得轮齿间的齿隙过大时,则将主动锥齿轮移拢	
(痕迹在大端齿顶)	(痕迹在小端齿顶)	将主动锥齿轮向从动锥齿轮移拢,若此时所得轮齿间的齿隙过小时,则将从动锥齿轮移开	
(痕迹在大端齿根)	(痕迹在小端齿根)	将主动锥齿轮自从动锥齿轮移开,若此时所得轮齿间的齿隙过大时,则将从动锥齿轮移拢	

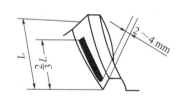

图 12-3-5 轮齿啮合痕迹

从动锥齿轮轮齿齿面上的着色印迹的位置。啮合印迹应位于齿长方向中部偏小头端和齿高方向的中部,距小端的距离为 3~4 mm,长度应为总长度的 2/3。锥齿轮的齿侧间隙应为 0.15~0.40 mm,在从动锥齿轮的圆周上,取大体等距的三个齿轮检查齿轮啮合印迹和齿侧间隙,如图 12-3-5。

当啮合印迹不符合上述要求时,按照"大进从、小出从、顶进主、根出主"的方法重新调整,直到符合要求再正式装配总成。

移动主动锥齿轮,可用改变装在主动锥齿轮轴承座和减速器壳端面之间的调整垫片厚度的方法来实现,附带地也改变了轴承的预紧力矩。沿从动锥齿轮轴向移动从动齿轮,可不改变减速器壳左右轴承盖中的调整垫片的总厚度,即不改变已调好的轴承预紧力矩,只要把适当厚度的垫片从一侧移到另一侧即可。调整完成后,按原来的扭力拧紧。

4. 从动圆柱齿轮和差速器总成的装配和调整

① 先将半轴齿轮、半轴齿轮垫片、十字轴、行星齿轮及垫片的摩擦表面上涂齿轮油,同从动圆柱齿轮一起按原始位置与差速器左右壳装配,穿上紧固螺栓,以 98~180 N·m 力矩交叉拧紧,并用开口销将螺母锁住。在差速器内,半轴齿轮和行星齿轮应能用手轻易均匀转动,不

得有发紧、发卡现象,不得有明显的松动现象。

② 将装配好的带圆柱齿轮的差速器总成装进减速器壳中,装上有标记的差速器轴承盖和轴承外围,装上锁片和螺母;拧上调整环,调整旋入深度,使主动和从动圆柱齿轮对正,以 170 ~ 200 N·m 力矩拧紧螺母,并用锁片锁住。再从两侧以相同的力矩拧紧差速器轴承调整环,使轴承有一定的预紧力,用止动片将调整环锁住,并翻起锁片的两只角锁住螺母。

③ 垫密片加密封胶,将减速器总成装到桥壳上,对中,拧紧紧固螺栓。

④ 垫密片加密封胶,左右两端装入半轴,半轴突缘孔中的柱螺栓上装入锥套,拧上锁紧螺母,螺母的拧紧力矩不小于 70 N·m。

第四节　驱动桥的试验与维护

当驱动桥齿轮更换后,有条件的应在专门的试验台上进行走合试验。试验前驱动桥应加够齿轮油,试验时应检查减速器总成和轮毂轴承部位的温升情况,如有过热现象,应拆开检查并重新调整。

一、驱动桥的磨合与试验

驱动桥总成装配后,为改善各运动配合副工作面的质量应进行磨合。磨合时应进行正转、反转、无负荷和有负荷运转。

有负荷运转有两种形式:一种是将驱动桥装在汽车上进行;另一种是将后桥装在试验台上进行。

在车上进行有负荷运转时,应将后桥顶起,将变速器挂入适应于传动轴转速为 1 400 ~ 1 500 r/min 的挡位,并将一边车轮的制动间隙适当调小,使各齿轮与轴承都具有一定的工作负荷,以比较有负荷和无负荷运转的情况。这种试验形式适用于规模不大的修理单位。

在试验台上进行有负荷运转时,主动轴的转速应为 1 400 ~ 1 500 r/min,驱动桥总成试验是与磨合结合进行的。后桥磨合试验前,应按规定油量加注比正常使用黏度低的润滑油。试验时主动轴运转 5 min 后应用手摸外壳各轴承处不应有过热的感觉(约 60 ℃);并查听有无不正常的响声(允许有均匀的齿轮啮合声)或高低变化的敲击声;观察各密封处,不得有漏油现象。

驱动桥磨合试验的总时间应根据试验中发现的问题而定,但最短一般不少于 1.5 h,带负荷运转一般不超过 15 min。

二、驱动桥的维护

1. 驱动桥总间隙的检查

驱动桥经长期使用后,必然会引起内部各机件的磨损,使各部配合间隙增大。当主动齿轮转动时,必然要克服减速器、差速器齿轮及半轴齿轮与半轴的间隙后,方能使车轮转动。若总间隙超出规定的允许值,应对上述各配合部位重新紧定和调整。

总间隙的检查有多种,这里只介绍常见的一种,即:将主动齿轮轴固定(拉紧驻车制动),顶起车桥一边的后轮(如图 12-4-1 所示),用一指针指在车轮轮辋边缘,此时将车轮按一个方向转动极限位置做一记号,然后按相反的方向再转动极限位置做一记号,两记号之间的距离即驱动桥的总间隙。

解放型载重车驱动桥的总间隙规定不得大于 45 mm。若超过此数值,可判定为主动轴松旷,主、被动齿轮啮合间隙变大,差速器齿轮及半轴齿轮与半轴配合松旷等,应分别进行检查调整。

2. 主动圆锥齿轮轴轴承紧度的检查

主动锥齿轮轴承,随着工作中的磨损,轴承的预紧力逐渐变小,直至出现间隙。

为此,汽车行驶一定里程后,应检查主动圆锥齿轮轴轴承的紧度,如不符合要求时应进行调整,检查方法如图 12-4-2 所示。

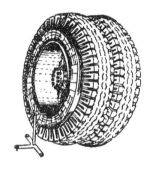
图 12-4-1 驱动桥总间隙的检查

图 12-4-2 主动圆锥齿轮轴轴承紧度的检查

把传动轴卸下,装一个百分表,使触针抵在主动轴端,然后用手推、拉结合盘,当轴向间隙超过 0.10 mm 时,应进行调整。

若没有百分表,可用手推、拉结合盘,如果有轴向间隙的感觉,则说明间隙已经超过了允许限度,应进行调整。调整方法与装配时相同。

3. 主、从动锥齿轮啮合间隙的检查

随着主、从动圆锥齿轮及轴承的磨损,啮合间隙将逐渐增大,将可出现异响。因此,当汽车行驶一定里程后,也应进行检查,超过允许限度时,应进行调整。

啮合间隙调整后,势必引起啮合印痕的变化,因此,调整时必须二者兼顾,应以啮合印痕为主。

小 结

本章主要讲述了运输车辆驱动桥在使用中常见的损伤形式、原因及排除方法,运输车辆驱动桥的维修方法、试验与维护。

思 考 题

1. 运输车辆驱动桥在使用中常见的损伤形式有哪些?
2. 如何检查驱动桥主减速器齿侧间隙?检查时应注意什么?
3. 一般检查驱动桥啮合印痕的方法是什么?调整方法是什么?

第十三章　前轴与转向系的维修

转向系是用来改变汽车行驶方向,使汽车按照驾驶员给定的方向行驶,保证汽车行驶安全的重要装置。它包括转向装置和转向传动装置两部分。转向系由于经常处于运动传力状态,容易出现各种故障,其中常见的故障有:方向盘游隙过大、行驶跑偏、前轮摇摆、转向沉重和转向系统异响等。

第一节　转向装置常见故障分析与排除

一、方向盘游隙过大

方向盘游隙是指前轮不发生偏摆时而方向盘所转过的角度,其实质是转向器、转向传动装置及各运动副之间配合间隙在方向盘上总的反映。

1. 方向盘上游隙的检查方法

用游隙检查器检查时,应使汽车的两前轮处于直线行驶位置,将检查器的刻度盘和指针分别夹在转向管柱和方向盘上,然后向左(右)转动方向盘至感到有阻力时记住指针所指位置,再反转至感到有阻力时为止,此时,指针在刻度盘上所划过的角度,就是方向盘的游动间隙。

若没有游隙检查器,可用一根铁丝,一端固定在转向器的管柱上;另一端伸向方向盘的边缘,然后转动方向盘,用尺测量方向盘所转过的一段弧长 L,按 $\alpha = L/R$ 算出 α 的角度,即为方向盘的游动间隙。R 为方向盘的半径。

游隙过大将使转向不灵敏,影响行车安全;游隙过小将使转向沉重,增加各机件的磨损。

2. 判别方法

方向盘转动时摇臂跟着转动,说明转向器是好的,故障在传动机构;若方向盘转动了许多而摇臂不跟随转动,说明故障在转向器本身。

3. 故障原因

游隙过大主要是转向器和传动机构各机件磨损过甚使配合间隙过大所致。

(1) 属于转向器部分的原因及排除方法

① 蜗杆轴承磨损松旷,应对轴承预紧度重新调整。
② 滚轮与滚轮臂轴间的轴承磨损松旷使径向间隙过大,应更换轴承及承推垫。
③ 摇臂轴与壳体衬套磨损过甚,配合间隙过大。
④ 蜗轮与蜗杆啮合间隙过大,应重新调整。

(2) 属于传动机构部分的原因及排除方法

① 轮毂轴承松旷,应对轴承紧度给予调整;主销衬套磨损松旷使配合间隙增大,应更换衬套。

② 摇臂、转向节臂、直拉杆臂等处固定大螺母松动,应给予紧定。
③ 横、直拉杆处的球销及固定大螺母松动等均应重新调整、紧定。

二、行驶跑偏

1. 现象

汽车行驶中,转向盘自动回位不良,左右转向轻重不同;直线行驶时,自动回正力矩小,较难自动恢复直线行驶方向,自动偏离直线行驶位置。

2. 故障原因

① 转向控制阀堵塞,液压系统管路有脏物。
② 液压系统中有空气。
③ 转向系机械系统故障。
④ 两前轮轮毂轴承紧度、轮胎气压、钢板弹簧弹力不一致。
⑤ 两前轮个别车轮制动发咬。
⑥ 调整转向器啮合间隙时,不在啮合中间(直线行驶)位置。
⑦ 车架和前轴弯、扭变形,使前轮定位失准。

3. 排除方法

① 免解体清洗动力转向系统或解体维修转向控制系统。
② 对液压系统按规定放气。
③ 维修转向系机械系统,包括检查和调整前轮气压,检查和调整前轮定位角,转向传动机构各铰接处调整并加注润滑油。

三、前轮摇摆

1. 现象

汽车在一定行驶速度下,前轮沿蛇形轨迹前进,同时车轴可能在垂直平面内产生振动,引起两前轮上下跳动,严重时驾驶员不得不降速行驶。

前轮摇摆破坏了汽车行驶的平顺性和稳定性,使行驶阻力增加,加速了轮胎的磨损,降低了零件的使用寿命,将影响行车安全及运输任务的完成。

2. 故障原因

① 转向系各配合副松旷。
② 前轮定位失准。
③ 车轮旋转质量不平衡。
④ 液压系统中混有空气。
⑤ 控制系统和液压管路过脏堵塞;转向控制阀损坏。
⑥ 转向扭杆损坏。
⑦ 机械系统故障。

3. 排除方法

① 液压系统放气。
② 清洗或维修转向控制阀和检查维修扭杆。
③ 排除转向传动系统和行驶系统机械故障。

④ 检查轮胎气压。
⑤ 检查前轮定位。

四、转向沉重

1. 现象

驾驶时感到作用在方向盘上的力过大,沉重费力,转向助力性差或感到无助力。

2. 判断方法

① 拆下转向器摇臂,转动方向盘感觉沉重,可能是转向器故障。

② 转动方向盘如感到轻松,说明转向器内部良好,应检查横、直拉杆有无变形或架起前轴用手将前轮左右搬动,如过紧,应检查转向节与铜套,止推轴承和球节等机件的配合是否过紧以及润滑是否良好。

③ 以上均良好,则查看前轴、车架、轮胎气压、前束等。

3. 故障原因

（1）对于机械转向器

① 在保养和修理作业中对转向系各配合副装配、调整过紧或事故性车辆机件严重变形。

② 各动配合副缺油,如转向器、球头销与球座间、主销与衬套、转向节推力轴承等。

（2）对于动力转向器

① 动力转向油罐缺油。

② 转向油泵驱动皮带松动。

③ 液压系统油压不足。

④ 液压系统管路堵塞或液压系统压力泄漏。

⑤ 液压系统中有空气。

⑥ 转向系机械故障。

4. 排除方法

① 检查动力转向油罐中是否缺油,将合格的液压油添加到油罐中至标准高度。

② 检查转向油泵驱动皮带是否松动或打滑,调整驱动皮带松紧度,必要时更换驱动皮带。

③ 除上述原因外,还应检查转向油泵工作是否正常,可在转向油泵和高压油管间接入一个压力表,原地转向检查转向油泵工作压力。转向油泵的故障在于油泵密封件损坏漏油、油泵磨损,引起内部泄漏严重;溢流阀卡滞等。压力过低可更换转向油泵。

④ 检查油路系统是否有脏物、胶质和积炭,液压油是否过脏。清洗液压系统并更换液压油。检查阀芯和隔套等动力转向控制件的径向间隙是否过大或密封台肩是否磨损,油压泄漏过多。必要时拆检或更换转向控制装置。

⑤ 液压系统放气。检查转向油罐液面高度,必要时添加合格液压油;抬起前轴并支撑前轴;转动转向盘,从一端限位到另一端限位,连续三次,并重新检查液面高度;启动发动机并急速运转,连续三次从一端限位到另一端限位转动转向盘;放下前轮,按上述转动转向盘,并将转向盘停在中间位置,检查液面高度无明显变化且转向系统无响声,放气完成。如有异常仍应重复进行系统放气。

⑥ 对于转向系统中的机械故障,转向器中的转向螺母、转向螺杆和循环球损坏等应拆检转向器;对于转向传动机构磨损,变形和球节铰接过紧或缺油等,应进行检修、调整和注油;对

于行驶系统的故障,如出现轮胎气压不足、前轮定位不正确、前梁车架钢板弹簧变形等故障,应视不同情况,予以调整和维修。

五、转向系统异响

1. 现象

汽车行驶中和高速行驶中听到转向系统中有异响,异响来自转向助力器和转向油泵等处。

2. 原因

① 动力转向系统中有空气。
② 转向油泵损坏。
③ 转向控制机构损坏或堵塞。
④ 机械系统噪声。

3. 排除方法

① 动力转向系统放气。
② 检查维修转向油泵,调整或更换皮带。
③ 清洗或维修转向器。
④ 调整和维修转向传动机构。

第二节 前轴与转向系的维修

一、东风 EQ1141G 前轴与转向系的维修

(一) 前轴的分解

1. 拆除车轮

2. 拆除直拉杆

3. 轮毂的分解

① 利用轮毂轴承调整扳手卸下调整螺母和止推垫片;
② 装上轮毂拉轮器,拉出轮毂,如图 13-2-1 所示;
③ 拆卸制动器室总成;
④ 拆卸横拉杆臂;
⑤ 拆除转向节止推螺栓和螺纹塞;
⑥ 将长螺栓装入转向节止推螺栓孔和螺纹塞孔内,交替拧两个长螺栓,将油封座和轮毂内轴承拆除。

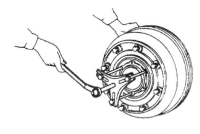

图 13-2-1 前轮毂的拆卸

4. 拆卸转向节和主销

① 拆除转向节臂;
② 从主销的上下端拆下油封和关联零件;
③ 拧松主销锁销螺母,用铜铳敲打螺母,拆除锁销螺母和锁销;
④ 用铜铳将主销从上向下敲出;
⑤ 拆下转向节、止推轴承和调整垫片,如图 13-2-2 所示。

5. 分解横拉杆

① 拆下横拉杆臂和横拉杆接头的螺母；
② 用拉力器将横拉杆臂与横拉杆分离，如图 13 - 2 - 3 所示；
③ 拆下横拉杆夹紧螺栓；
④ 从横拉杆上拆下横拉杆端头；
⑤ 从横拉杆端头拔出开口销和拆下调整螺母。

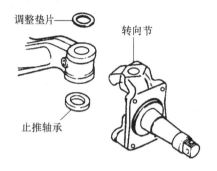

图 13 - 2 - 2 转向节分解图

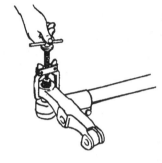

图 13 - 2 - 3 横拉杆臂与横拉杆的拆卸

6. 拆卸前轴

① 把支撑架放在车架下面；
② 将减振器下端与前钢板弹簧脱开；
③ 用千斤顶将前轴顶住；
④ 拆下前轴钢板弹簧的夹紧 U 形螺栓与螺母；
⑤ 缓慢降下千斤顶，将前轴拉出。

（二）前轴零件检验

1. 主销和转向节的检验

① 在几个不同的点上来测量主销外径。当主销外径小于磨损极限时，应更换主销。主销磨损极限为 46.9 mm。

② 在若干不同的点，分别测量主销的外径和衬套内径，算出内外径差值的平均值。当这个差值（间隙）大于磨损极限时，应更换主销或衬套。维修标准为 0.01 ~ 0.10 mm，磨损极限为 0.20 mm。

2. 前轴的检验

（1）主销孔的检验

在与轴线垂直的平面上，测量若干点的主销孔直径孔直径，维修标准为小于 0.04 mm，磨损极限为 0.15 mm。

（2）弯曲变形、扭曲变形和主销内倾角的检验

① 将前轴放在工作台上，使钢板弹簧座面处于水平位置。
② 如图 13 - 2 - 4 所示，通过左右两

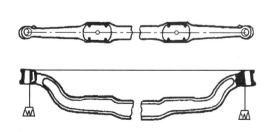

图 13 - 2 - 4 前轴弯曲检查

个主销孔的中心悬挂一根两端挂有重物的细线,然后观察两钢板弹簧座的中心孔是否与细线重合,来检查前轴前后方向的重合。如果弹簧座中心孔与所拉的中心线不重合,那么说明轴的前后方向有弯曲。检查前轴上下方向的弯曲,可通过测量左和右钢板弹簧座上平面的中心位置到所拉中心线的高度值是否相等来完成。当左右两边的高度值不等时,说明前轴上下方向有弯曲变形。

③ 在前轴左右主销孔中装配主销或中心销(如图13-2-5所示),在前轴的两端检查左右两销是否重叠,同时检查左右钢板弹簧座和主销是否成直角。如果左右主销有微小的不重叠或与钢板弹簧座不成直角,那么前轴被扭曲。

④ 使用前轴表和中心销(如图13-2-5所示)来进行检查。在钢板弹簧座中间位置上放置前轴表,使表一端的刻度盘与中心销平行放置,读出刻度盘所指示的角度。当读出的角度与维修标准中的值不同时,证明主销内倾角不正确或是主销孔发生偏磨。主销内倾角维修标准为7°±10′。

(3) 横拉杆球头销

测量球头销球头的外径,如图13-2-6所示,当其直径小于磨损极限时应更换球头销。正常值为38.0 mm,磨损极限为37.5 mm。

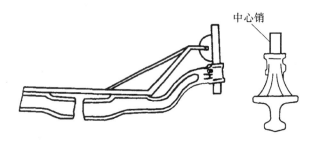

图13-2-5 前轴扭曲检查

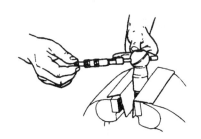

图13-2-6 球头销检查

(三) 前轴的装配和调整

EQ1141G前轴维修标准见表13-2-1。

表13-2-1 EQ1141G 前轴维修标准

项 目		名义尺寸	维修标准	使用极限	备 注
主销与衬套间间隙/mm			0.01~0.10	0.20	更换
主销与前轴孔间间隙/mm			<0.04	0.15	更换
前轴与转向节的间隙/mm			<0.1		垫片调整
转向节启动阻力/N			<10		在轴头开口销孔处测量
主销外径/mm		47.0		46.9	
球头销的球头直径/mm		38.0		37.5	
轮辋的跳动量/mm	端面跳动		<1.5		
	径向跳动		<1.5		

EQ1141 前轴如图 13-2-7 所示。

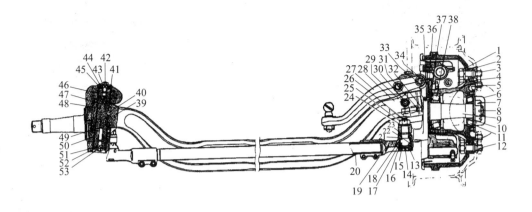

图 13-2-7 EQ1141 前轴

1—轮毂螺栓；2—弹簧垫圈；3—轮毂螺栓；4—螺栓；5—衬垫；6—轮毂轴承盖；7—槽形调整螺母；8—开口销；
9—转向节；10—调整垫圈；11—外轴辕承；12—制动鼓；13—槽形螺塞；14—开口销；15—弹簧；16—球头销；
17—下球座；18—上球座；19—横拉杆接头；20—横拉杆；21—防尘盖；22—碟形弹簧；23—橡胶圈；24—横拉杆节臂；
25—槽形螺母；26—开口销；27—转向臂；28—平垫圈；29—弹簧垫圈；30—螺母；31—限位螺柱；32—锁紧螺母；
33—开口销；34—槽形螺母；31—定位销；36—油封座；37—油封；38—内轴承；39—前轴；40—锁销；41—油封；
42—主销螺塞；43—隔套；44—平垫圈；45—主销盖；46—主销上衬套；47—调整垫片；48—主销；49—止推轴承；
50—主销下衬套；51—油封；52—平垫圈；53—主销螺塞

1. 装配前轴

① 前轴有限位凸台一边向后。

② 装上前钢板弹簧垫块、弹簧盖板和橡胶缓冲块后，再装上 U 形螺栓和螺母，拧紧力矩为 200~300 N·m。

2. 安装转向节和主销

① 止推轴承装上润滑脂。

② 临时装复转向节、调整垫片和止推轴承。止推轴承装有 O 形圈（尺寸小的一面）的面应向前轴安装。

③ 测量转向节和前轴之间的间隙，如图 13-2-8 所示。选择适当的调整垫片，维修标准为小于 0.10 mm。不要用锤子敲打垫片，只能用一片调整垫片进行调整。

④ 在主销与衬套接触区涂上一层润滑脂。

⑤ 装上主销，并使主销的槽与前轴上的锁销孔对齐。

⑥ 从前轴的前面装上锁销和拧紧螺母，拧紧力矩为 2.5~40 N·m。

⑦ 用弹簧秤拉住转向节端部，测量转向节启动时所需的力，维修标准为小于 10 N，如图 13-2-9 所示。

⑧ 将转向节限位螺栓和螺母装到转向节上。

⑨ 在转向节主销上下边装好油封座和关联部件，拧紧力矩为 40~60 N·m。

⑩ 在转向节上装上转向节臂、槽形螺母和锁止用的开口销，拧紧力矩为 280~350 N·m。

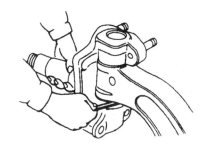
图 13-2-8 测量前轴与转向节间隙

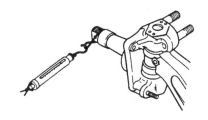
图 13-2-9 转向节启动力的测量

3. 装复轮毂

① 装复制动器总成。

在转向节上部放上衬垫和装制动气室支架,拧紧力矩为 70~80 N·m。在支架上安装制动气室,拧紧力矩为 60~90 N·m。将制动器总成安装到转向节上,通过制动底板和转向节穿入螺栓。安装横拉杆臂和拧紧槽形螺母和穿上开口销,拧紧力矩为 350~450 N·m。

拧紧制动器总成固定螺母,拧紧力矩为 130~160 N·m。将制动气室推杆叉和调整臂接上。

② 将定位销压入油封座。

③ 将定位销与转向节的销孔对准,安装油封座。

④ 将内外轮毂轴承填满润滑脂。

⑤ 使用套管将内轮毂轴承装到转向节上。

⑥ 将内外轮毂轴承的内外圈分别压装到轮毂上。

⑦ 安装轮毂油封。

⑧ 将轮毂内腔填满润滑脂。

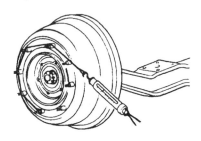
图 13-2-10 轮毂预紧力的测量

⑨ 将轮毂制动鼓安装到转向节上。

⑩ 安装轮毂外轴承。

⑪ 调整轴承预紧载荷。装上转向节止推垫片,在转动轮毂的同时用 350~400 N·m 的力矩拧紧调整螺母。松动调整螺母回退大约 30°,转动制动鼓 2~3 圈。用一根绳子沿车轮螺栓绕 1/2 圈,并用弹簧秤拉上。沿水平方向拉弹簧秤,使轮毂制动鼓转动 90° 以上,记下弹簧秤的平均读数为预紧载荷。预紧载荷为 25~55 N,如图 13-2-10 所示。

⑫ 将轴承润滑脂填装到轮毂盖内。

⑬ 安装好垫密片和轮毂轴承盖,拧紧力矩12 N·m。

4. 转向横拉杆的装配

① 对横拉杆接头相关零件涂润滑脂,按顺序装配:球座、球头销、球座、弹簧、调整螺塞,如图 13-2-11 所示。

② 在拧紧螺塞后,回退 1/8 圈(回转 45°),将开口销从车辆前方向后插入锁止。

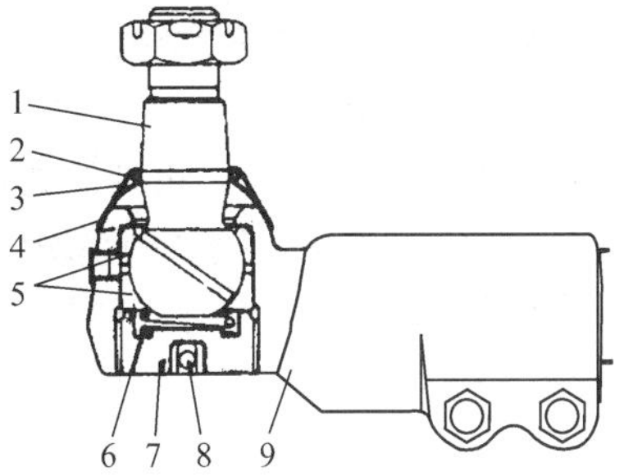

③ 将横拉杆总成的球头销装到横拉杆臂上,用开口销把螺母锁止。

5. 转向直拉杆的装配

① 在转向上节臂上安装直拉杆球头销。

② 安装球座和阻尼弹簧。

③ 安装调整螺塞和调整缓冲间隙,方法是:先将螺塞拧到底,然后松三圈,将开口销装好。

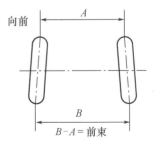

图 13-2-11 横拉杆接头

1—球头销;2—橡胶圈;3—蝶形弹簧;4—防尘盖;5—球座;
6—弹簧;7—调整螺塞;8—开口销;9—横拉杆接头

6. 安装车轮

① 将车轮安装在轮毂外端的定位面和车轮螺栓上。

② 装上车轮螺母,采用对角线方式均匀拧紧螺母,拧紧力矩为 420～490 N·m。

7. 前轮定位参数的测量与调整

(1) 前轮前束的测量和调整

① 用千斤顶将前轴升起,并用支架支承起来,确保轮胎离开地面。

② 用粉笔对着轮胎胎面,沿每个轮胎圆周胎面中心画上箭头,这样每个轮胎的胎面上画出了中心线。

③ 把转向轮(方向盘)固定在车辆直行位置上。

④ 在前轮的前方,将前束量具与前轴平行放置(分别指向左右前轮),如图 13-2-12 所示。

⑤ 将前束量具的指针顶放在与转向节轴头轴线的高度位置一样高的位置。

⑥ 分别把指针对准左右两个车轮轮胎的中心线,记下量具的读数。假设量具的读数数值为 A。

⑦ 使用上述④和⑤中的相同方法,将量具移至前轴后方,指针对准轮胎中心线,记下量具的读数。假设量具的读数数值为 B。

注意:做此项测量时,应该将轮胎转动180°,两次测量部位应该处于同一位置。

⑧ 用 B 减去 A 就可以得到前束值,如图 13-2-13 所示。

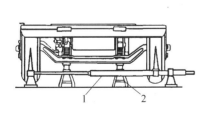

图 13-2-12 前束的测量
1—仪表量具;2—支承架

图 13-2-13 前束示意图

⑨ 如果测量出的前束值与技术参数不符,放松横拉杆接头夹紧螺栓和转动横拉杆,直到获得正确的前束值。

⑩ 前束调整完后,拧紧夹紧螺栓,拧紧力矩为40~50 N·m。

(2)测量前轮外倾角

① 应在平坦的场地测量车轮外倾角。如果没有平坦的场地,可选择尽可能平整的地方,将后轮放在与转角测量仪一般高的垫块上。

② 用千斤顶升起前轴,并把车轮摆正(直行位置)。

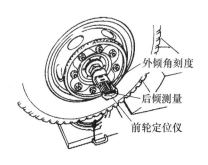

图13-2-14 前轮定位角测量仪检查方法

③ 缓慢地降下千斤顶,并把车轮的接触面中心点放到转角测量仪的转盘中心,然后将转盘读数置零。

④ 取下轮毂轴承,小心地将前轮定位角测量仪水平安装在轮毂上。

⑤ 根据外倾角标尺上的气泡中心位置,读出车轮外倾角值,如图13-2-14所示。

⑥ 如果测量读数超出技术参数中的规定值,应检查主销和衬套的磨损情况、轮毂轴承的间隙、前轴有无弯曲变形,然后根据需要修理或更换损坏零件。

(3)测量主销后倾角和内倾角

① 测量车轮外倾角后,缓慢转动方向盘使车轮转角从零转到20°。如果测量左轮,则向左转;测量右轮,则向右转。

② 当转动了20°后,将气泡中标尺和后倾角标尺的零点对好。

③ 踩下制动踏板,缓慢地反方向转动方向盘,直到车轮反转40°(与现在的位置相对称)。由主销后倾角和主销内倾角标尺的气泡位置,读出主销后倾角和主销内倾角的数值,如图13-2-14所示。

④ 如果后倾角和主销内倾角不对,应检查前钢板弹簧是否疲劳失效,主销和衬套是否磨损,前轴是否变形或弯曲。不正常的后倾角在某种程度上可通过增加斜垫板来进行修正。然而,车轮外倾、主销后倾和主销内倾相互有着直接的联系,所以单单修正主销后倾不能使车轮定位保持正确。前轮定位角一般是经过调整的,如果检查发现定位不准,应跟踪找到定位不准的原因,并将故障排除。

8. 调整前轮最大转角

在前轮定位调整完后,调整前轮最大转角,内轮为47°,外轮为36°。

① 将前轴车右轮胎接触中心放到转角测量仪的转盘中心位置(保证前轮处于直行位置)。

② 将转盘标尺校零。把方向盘向右转到极限位置,并将右侧车轮(内轮)转角调整到规定的范围,其调整是调整转向节上的限位螺钉来实现的。

③ 锁紧转向节限位螺钉。

④ 把方向盘向左转到极限位置,调整左轮(内轮)转角调整到规定的范围。用②和③同样的方法进行。

二、解放CA1121前轴与转向系的维修

1. 前轴的分解

前轴的分解可参照图13-2-15所示进行。

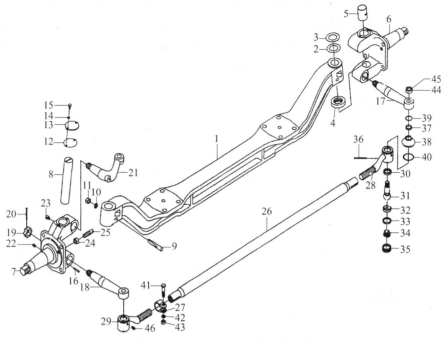

图 13 - 2 - 15 CA1121 前轴分解图

1—前轴;2—调整垫片;3—垫圈;4—止推轴承;5—衬套;6—右转向节;7—左转向节;8—主销;9—楔形锁销;
10—弹簧垫圈;11—螺母;12—垫片;13—盖板;14—弹簧垫圈;15—螺栓;16—键;17—右转向节上臂;
18—左转向节臂;19—螺母;20—开口销;21—转向节上臂;22—润滑嘴;23—弯颈润滑嘴;24—螺母;
25—止柱;26—转向横拉杆;27—环箍;28—右接头;29—左接头;30—上球头碗;31—球头销;32—下球头碗;
33—弹簧限位圈;34—弹簧;35—螺塞;36—开口销;37—固定套;38—密封罩;39—上弹簧;40—下弹簧;
41—螺栓;42—弹簧垫圈;43—螺母;44—球头销;45—开口销;46—滑脂嘴

2. 前轴的装配与调整

（1）前轮前束的调整

解放 CA1121 型汽车前束值为 2～6 mm，前轮前束的调整方法可参照 EQ1141 进行。

（2）前轮最大转角的调整

汽车前轮最大转角决定了汽车的最小转弯半径。内轮为 40°，前轮最大转角可由图 13 - 2 - 16 所示的装在转向节上的限位螺栓控制。一般不需进行调整，但限位块或限位螺栓异常时，可由调整限位螺栓的伸出长度来调整前轮的最大转角。

（3）前后轮毂轴承的装配调整

前轮轮毂装配时，先将内轴承内圈装到转向节上；再将内轴承外圈加满润滑脂装入轮毂内侧轴承座中，装入轮毂油封，而后一起装到转向节上，向里推到底；最后装上轮毂外轴承、调整垫片、锁环孔和锁紧螺母。轮毂轴承调整垫片的厚度是用来调整转向节与前轴端面间隙的，与轮毂轴承的松紧度直接相关，间隙应小于 0.25 mm。使用中间隙达到 0.5 mm 以上时，也应增加垫片使间隙调至 0.25 mm 之内。

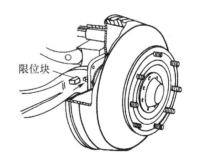

图 13 - 2 - 16 前轮最大转角的调整

装配前轮轮毂,CA1121 汽车应先以 100～150 N·m 的力矩将调整螺母拧紧。在拧紧过程中,应向前和向后旋转轮毂,使内外轴承的滚子与轴承的锥面吻合接触,拧紧后轮毂能够无间隙地转动,而后将调整螺母反转退回 1/4～1/3 圈,使调整螺母上的止动销与锁环孔相重合,装好后轮毂应能均匀自由转动且无偏摆现象;最后装入锁紧垫圈,并用 100～150 N·m 的力矩拧紧外锁紧螺母,再用固定螺栓装上轮毂轴承防尘罩。

第三节 转向器的维修

一、东风 EQ1141G 转向器的维修

(一) 转向器的分解

1. 从汽车上拆下转向器

在拆卸动力转向器时应清洗总成表面脏物,尤其是管口周围的脏物;排净总成内油液,立即堵上管口,然后拆掉摇臂轴及输入轴上的连接件。

2. 转向器的分解(如图 13-3-1)

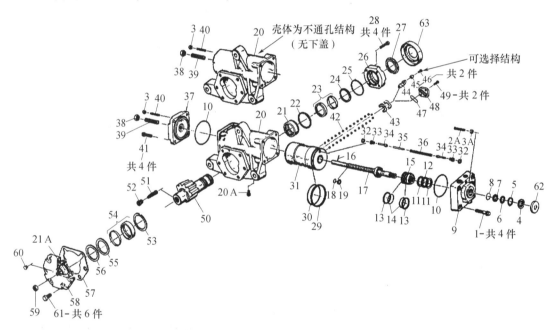

图 13-3-1 EQ1141G 转向器分解图

1—螺栓;2A—调整螺钉;3—密封螺母;3A—密封螺母;4—防尘油封;5—孔用挡圈;6—油封垫圈;7—密封座;
8—输入轴O形圈;9—阀体;10—阀体油封;11—止推垫片;12—止推轴承;13—密封圈;14—O形圈;15—阀套;
16—滚针;17—螺杆/输入轴总成;18—螺杆O形圈;19—密封环;20—壳体;20A—排气螺钉;21—滚针轴承;
21A—滚针轴承;22—挡圈;23—油封总成;24—止推垫片;25—矩形油封;26—摇臂盖;27—防尘油封;
28—小六角头螺栓;29—齿条活塞密封环;30—齿条活塞O形圈;31—齿条活塞;32—孔用弹性挡圈;33—行程阀座;
34—行程阀杆;35—尼龙杆;36—弹簧;37—下盖;38—密封螺母;39—下盖调整螺钉;40—调整螺钉;41—螺栓;
42—钢球;43—钢球导管;44—导管夹;45—锁片;46—小六角头螺栓;47—导管盖油封;48—导管盖;49—内六角螺栓;
50—摇臂轴;51—调整螺钉;52—保持器;53—挡圈;54—密封环总成;55—止推垫片;56—支承垫;57—侧盖垫片;
58—侧盖;59—锁紧螺母;60—塞子;61—六角螺栓;62—密封罩;63—密封罩

① 将转向器固定在虎钳上,使其输入轴呈水平状,摇臂轴在输入轴上方,摇臂轴端面标记转到垂直地面的位置。

② 卸下摇臂轴盖总成。清除摇臂轴外露部分的油漆和锈蚀,除去摇臂轴防尘油封(27)并报废。卸下螺栓(28)后,取下摇臂轴盖,必要时报废矩形油封(25)、摇臂轴油封总成(23)以及止推垫片(24)。

③ 卸下侧盖摇臂轴总成。卸下小六角头螺栓(61),用铜锤或木榔头轻轻敲击摇臂轴端面,慢慢地拆卸下侧盖和摇臂轴总成。拧下摇臂轴调整螺钉锁紧螺母(59),取出侧盖垫片总成(57)并报废。分离侧盖和摇臂轴。取出挡圈(53)、密封环总成(54)、止推垫片(55)、支承垫(56)、塞子(60)。只有在必要时才更换轴承和摇臂轴调整螺钉(51)。

④ 卸下盖总成。松开下盖调整螺钉密封螺母(38),拧出下盖调整螺钉两圈(39)。松开行程阀密封螺母,并松开下行程阀调整螺钉两圈。卸下下盖螺栓(41),取下下盖(37)。取出密封槽中的阀体矩形油封(10),必要时报废。

⑤ 拆卸阀体。用细砂纸清理输入轴上的油漆和锈蚀。松开下行程阀密封螺母(3),退出上行程阀调整螺钉(2A)两圈。卸阀体前,做出阀体与壳体的标记,以便按原位装复。卸阀体螺栓(1),取下阀体(9)。取出阀体内阀套。取出阀体内的轴承止推垫片(11)两片和止推轴承(12)。取下阀体端面密封槽里的阀体矩形油封(10),必要时报废。

⑥ 拆齿条活塞、螺杆/输入轴总成。从壳体下端拉出齿条活塞总成。用螺丝刀撬平螺栓的两个锁片(45),拧出小六角螺栓(46),取下导管夹(44)及锁片(45)。左右来回转动螺杆/输入轴总成(17),钢球会从导管孔中滚出,取下钢球导管(43)。27粒钢球不得失落一粒,否则将全部更新。钢球与螺杆、齿条活塞配合不当,将导致转向失灵,造成事故。

⑦ 取出螺杆/输入轴总成。注意:不得拆开螺杆/输入轴总成(17)(这一总成包括螺杆、输入轴、扭杆、扭杆销、驱动环以及驱动环保持器和塞块),否则将改变阀的对中,引起车辆跑偏。必要时才从壳体内拆卸轴承。压轴承时,压头应与轴承端面的平面接触。必要时才从齿条活塞中取出行程阀,一般行程阀不需修理。

(二)转向器主要零件的检验

检修前注意清洗各零部件,橡胶零件不要用矿物油清洗,可用酒精或干净的擦布抹掉油泥。清洗后的零件按顺序摆放整齐,防止磕碰伤。

① 检查齿条活塞的齿部是否有裂纹和磨损严重,以及用手指滑过齿面感到有台阶,都必须更换齿条活塞、摇臂轴和27粒钢球。

② 检查齿条活塞螺纹滚道表面是否存在剥落和压痕,如果有,应更换下列零件:齿条活塞、螺杆/输入轴总成阀套以及27粒钢球。

③ 检查该总成螺纹滚道是否存在剥落和压痕(印),如果有,应更换下列零件:螺杆/输入轴总成,齿条活塞,阀套,以及27粒钢球。目视检查输入轴上油封工作部位是否有裂纹,用手沿轴向滑过该表面,确定是否有台阶;目视检查输入轴上阀套接触的区域是否因过热而变色,如果存在这些缺陷就应更换螺杆/输入轴总成以及阀套,并重新选配一套钢球。

④ 检查壳体上的活塞孔,很可能会见到在孔的长度方向有划痕,这是正常的,因此不要拿它同发动机活塞孔的划痕相提并论。在密封件完好的前提下,只有经过内泄漏试验,确认由壳体内孔的划痕引起内泄漏超差(内泄漏超过1.5 L/min)时,才应该更换壳体。

⑤ 检查壳体的各个密封面是否有影响密封效果的凹痕,如果存在这样的凹痕,而且用细

平锉又不能除去,应更换壳体。注意锉平面时不得改变规定的尺寸。

⑥ 检查壳体滚针轴承和侧盖滚针轴承的保持架是否完好、是否缺少滚针,滚针是否有剥落或碎裂,并且用手转动滚针轴承,观察其是否灵活、无发卡感。如果存在以上任一问题,则更换滚针轴承;如果是侧盖滚针轴承损坏,则更换整个侧盖总成和滚针轴承合成的总成。

⑦ 检查摇臂轴与轴承和油封接触的表面,以及齿部的工作表面是否有剥落或压印;用手指滑过这些表面,检查是否有台阶;同时查看这些表面是否有裂纹,查看花键是否扭曲。如果存在其中一条缺陷,应更换摇臂轴。

⑧ 检查摇臂轴上的调整螺钉的螺纹是否损坏,冲铆的保持器必须固定在位且无裂纹。调整螺钉用手能够转动、不发卡,轴向没有间隙,否则拆卸并报废保持器和调整螺钉。检查止推轴承的滚针是否磨损,以及两个轴承止推垫片是否有剥落、压印和裂纹,若有则应更换相应零件。

⑨ 侧盖油封和摇臂轴盖及密封件损坏时应更换。

(三) 转向器的装配与调整

装配时应把所有零件清洗、吹干,准备好必须更换的密封件与零件。

(1) 螺杆密封件的装配

将专用套筒的小头朝向螺杆并套入,再用油封保护套专用工具依次将螺杆 O 形圈及螺杆密封环(19)扩张后装入螺杆的密封槽内,将收缩套的小端套在密封环内,压缩密封圈,时间不少于 20 min,否则装配齿条活塞时,密封圈会被剪切。

(2) 壳体内压轴承

轴承外径与壳体内孔涂满润滑脂。轴承朝向壳体外面,压头端部与轴承平面为平面接触。

(3) 齿条活塞、螺杆/输入轴总成

装配齿条活塞 O 形圈(30)和齿条活塞密封环(29)时不应过分拉伸它们,在其圆周涂抹润滑脂,用专用工具压缩密封环 20 min 以上。装钢球导管,从导管的上部孔内装入钢球,装配时边转动螺杆,边放入钢球。装配中,必须防止钢球进入循环滚道外,否则将引起转向卡死,造成汽车肇事。最后用导管夹(44)、锁片(45)、小六角头螺栓(46)将导管固定,拧紧扭矩为 19 ~ 30 N·m,并用锁片翻边锁死。螺杆转动须圆滑,无发卡现象,不允许有明显轴向和径向间隙,否则必须重新装配。

齿条活塞总成装入壳体,用导向工具将齿条活塞总成从壳体的下端装入壳体,注意使密封环后进入壳体。注意齿条在壳体内的位置,从壳体摇臂轴孔可见齿条,齿条活塞上的齿槽从外向里数,第二个齿槽应对准壳体窗口中心。

(4) 下盖

下行程阀调整螺钉(40)带下行程阀密封螺母(3)装入下盖(37)。螺杆预紧下盖调整螺钉(39)和密封螺母(38)装入下盖(37)。下盖(37)密封槽内涂少许润滑脂,装上阀体矩形油封(10)。将下盖装上壳体,用下盖螺栓(41)固定,拧紧扭矩为 125 ~ 140 N·m。注意使行程阀调整螺钉与行程阀杆在同一直线上。

(5) 装阀体

用专用工具将阀套 O 形圈(14)和阀套密封圈(13)涂上润滑脂后依次装入阀套(15)的油封槽内,注意密封环必须从阀套的两端装入油槽内,用专用工具压缩阀套密封圈(13),时间不少于 20 min,否则装配中密封圈(13)会被切断。将矩形油封(10)装在阀体端面密封槽内。止推垫片(11)两面涂上润滑脂,放入阀体孔内,止推轴承两面涂上润滑脂,放在阀套(15)的止推垫片上,注意两者的中心要对齐。阀套外表面和端面涂抹润滑脂,将止推垫片(11)贴在阀套的小头端面。将阀套装入阀体内,注意阀套端面上的标记朝外。螺杆/输入轴(17)与阀套(15)经选配出厂,修理厂不得随意更换其中一件进行装配,否则将在行驶中损坏转向器,甚至伤害驾驶员。找到螺杆/输入轴(17)上的刻线标记和阀套上的刻线标记并对准,将阀总成装在输入轴上,直至阀套与驱动环完全啮合。使阀体上的行程阀调整螺钉与行程阀杆对齐,转动螺杆/输入轴,使阀体与壳体相接触。紧固阀体与壳体,螺栓(1)拧紧扭矩为125~140 N·m。

(6) 侧盖摇臂轴总成

侧盖及轴承表面应涂抹足够的润滑脂,否则会导致轴承早期磨损。按顺序将钢制支承垫(56)、止推垫片(55)、密封环总成(54)装入侧盖内,注意合成油封端面字母"Oil Side"必须朝外,否则将导致转向无助力。装入侧盖挡圈。摇臂轴短轴表面涂抹润滑脂,插入侧盖孔内,逆时针方向拧出摇臂轴调整螺钉(51),直到拧不动为止,再退回一圈,以便侧盖与摇臂轴能相对转动。将塞子(60)推入侧盖(58)上的观察孔。齿条活塞在中心位置时,下盖调整螺钉预紧扭矩调到1.7 N·m。调好后,齿条活塞应重新回到中心位置。将侧盖垫片(57)套入侧盖摇臂轴总成,将总成装入壳体的齿条活塞齿中,注意摇臂轴中间齿应插入齿条活塞2~3齿。紧固侧盖与壳体的螺栓(61)拧紧扭矩为215~245 N·m。

(7) 摇臂轴盖总成

将垫片(24)、合成油封(23)装入盖(26)中,注意油封"Oil Side"字样朝外。矩形油封(25)装入槽中。将摇臂轴盖(26)装在壳体上,螺栓(28)拧紧扭矩为20~30 N·m。装入防尘油封及密封罩。

(8) 其他

在输入轴油封总成(7)和(8)表面涂抹润滑脂,将油封总成平的一面朝外装在输入轴上,用专用工具将其压到位,随后装上孔用挡圈(5),再装防尘油封(4)和密封罩(62)。

(9) 最终调整

转向器在中间位置,即摇臂轴端面标记应垂直于地面。拧紧摇臂轴调整螺钉,使输入轴在左右180°范围内测出的扭矩达2.8~3.4 N·m。再松开摇臂轴调整螺钉一圈,记录输入轴在左右180°范围内的扭矩最大值。缓慢拧紧摇臂轴调整螺钉使输入扭矩在前一步基础上增加0.23~0.45 N·m,拧紧调整螺钉上的锁紧螺母,拧紧力矩为54~61 N·m,如果输入轴扭矩超过2.3 N·m,则重调。调整下盖螺杆调整螺钉(39),使输入轴扭矩不大于4 N·m,拧紧密封螺母(38),拧紧扭矩95~110 N·m,拧紧后的输入轴扭矩应仍不大于4 N·m,否则重调。

二、解放 CA1121 转向器的维修

1. 从汽车上拆下动力转向器

维修动力转向器之前,应将其从汽车上拆下。动力转向器的连接件较多,要注意各连接关系。CA1121整体式动力转向器结构如图13-3-2所示。

2. 动力转向器的分解

(1) 取出转向臂轴

先拧下动力转向器侧盖上的六个紧固螺栓,再用铜棒轻轻敲打转向臂轴的端头,顶出侧盖总成;从侧盖侧取出转向臂轴齿扇总成,使转向螺母呈自由状态,取出转向臂轴时不要让花键

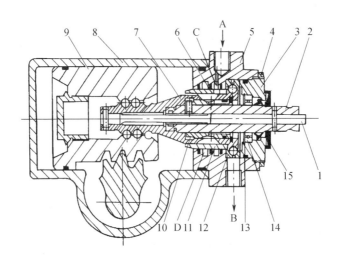

图 13-3-2 CA1121 整体式动力转向器结构
1—扭杆;2—阀芯;3—上盖;4—上盖防松螺母;5—阀体;6—密封环;7—转向螺杆;8—外壳;
9—转向螺母;10—阀套;11—隔套;12—螺杆轴承外圈;13—锁环;14—螺杆轴承;15—防尘盖;
A—进油口;B—出油口;C—进油道;D—回油道

划伤转向臂轴油封。

（2）拆卸转向螺母

先拧下动力转向器阀体上的四个紧固螺栓,再用铜棒轻轻敲打阀体,使阀体与外壳分离,从外壳中取出阀芯和转向螺母总成。

解体转向螺母、转向螺杆和循环球总成,事先可试一下,如无异常响声和异常现象可不必解体。解体时,先拧下固定循环球导管夹的螺钉并拆下导管夹,取出循环球导管;一手握住转向螺母,一手缓慢地转动转向螺杆,挤出全部循环钢球,即可使转向螺母与转向螺杆脱开;如果不能脱开,就是滚道里还有钢球,只要里面还有一粒钢球,转向螺母也不能拆下,拆卸时不要丢失钢球等零件。

（3）阀芯的解体

先从阀芯总成上端取下防尘盖,拧松阀芯上盖防松螺母,旋下阀芯上盖;顶出扭杆上端和下端的两个连接销,将阀芯解体,即可拆散扭杆、阀芯、阀套、转向螺杆、隔套和轴承。

3. 动力转向器零件的检验

解体的目的在于检查、排除故障。检查前应将所有拆卸的动力转向器的零件用干净的清洗液或洗油刷洗干净,吹干待查。

① 检查动力转向器壳体、阀体和侧盖有无裂纹或损坏,必要时更换新件。

② 检查转向螺杆和转向螺母,必要时应进行磁力探伤,如有裂纹或滚道表面严重损坏,使钢球滚动受阻时,应更换新件。

③ 检查转向螺母齿条和转向臂轴齿扇的配合齿面,如有严重损伤或表面剥落时,应更换新件。

④ 检查所有的钢球,应圆整、光滑、无磨损,如有损坏应根据滚道尺寸进行更换,保证重装后各钢球受力均匀和滑动自如。

⑤ 检查转向臂轴花键是否有损坏或扭曲现象。CA1121 汽车转向臂轴花键为 48 个齿、细

牙,检查转向臂轴是否有裂纹,必要时进行磁力探伤。如发现有损坏或裂纹,一定要更换新件。

⑥ 检查动力转向控制件扭杆是否损坏或折断,必要时换新;检查阀芯、阀套、转向螺杆、隔套等外表面和台肩有无磨损和损坏情况,必要时换新。

⑦ 检查转向螺杆轴承的损坏情况,必要时换新。

⑧ 检查所有的密封环、油封的密封情况,重装时应换新件,以保证控制功能和不漏渗油。

4. 动力转向器的装配与调整

动力转向器的装配按拆卸的相反次序进行,装配中必须保证所有零件完好和清洁。

(1) 阀芯的装配与调整

在阀体中依次装入密封环、轴承、隔套、转向螺杆、阀套、阀芯和扭杆等零件;压入扭杆上端和下端的两个连接销;旋上阀芯上盖,调整上盖旋紧力矩,使阀芯转动自如,拧死上盖防松螺母,压入防尘盖。

(2) 转向螺母的装配与调整

先将转向螺母从下端套入转向螺杆上,转向螺母端头滚道对准转向螺杆端头滚道;将钢球由转向螺母滚道孔放入,慢慢转动转向螺杆并逐个放入钢球,将钢球放满转向螺杆也旋到底;将剩余钢球装满于导管里,导管两端涂润滑油插入转向螺母的导管孔中,并使导管落到底,再用螺钉将导管夹固定在转向螺母上;转动转向螺杆或转向螺母应转动自如。

装配好的转向螺杆和转向螺母总成轴向间隙和径向间隙均应不大于 0.06 mm,如间隙过大,可能是钢球没有装满。如钢球确已装满而间隙过大,则应成组更换钢球。当总成装配好后,可将总成垂直立起,将转向螺母旋到上端后放手,转向螺母应从转向螺杆上端均匀加速旋落,再次手动升起再次旋落。

(3) 动力转向器的装配与调整

在阀芯和螺母总成上加密封环,在动力转向器外壳上端面加密封垫,将阀芯和螺母总成装入外壳中,在阀体上交替拧紧四个紧固螺栓,使阀体和外壳连成一个整体。

转动阀芯和转向螺杆,使转向螺母位于中间位置,在外壳的转向臂轴轴承孔中装入滚子轴承;在转向臂轴的间隙调整端装入调整螺栓等调整件,将装有滚针轴承的侧盖拧到装好的调整螺栓上,使调整螺栓在侧盖外面露出,转向臂轴轴端与侧盖间的距离呈旋转可调;将侧盖密封垫套装到侧盖内端面,转动转向臂轴使转向臂轴齿扇的中间齿对准转向螺母齿条的中间齿沟,将转向臂轴慢慢向里推进装有滚针轴承的壳体的轴承孔中并压向前方,而后用六个螺栓将侧盖固定在壳体上,再用一个专用工具从转向臂轴花键端装入转回臂轴油封。

左右两个方向旋转阀芯和转向螺杆总成,转向臂轴应能前后转动自如,并使转向臂轴处于中间位置;试调调整螺栓,使转向螺杆齿条与转向臂轴齿扇的啮合稍有间隙并将调整螺栓锁住。

第四节　转向机构的装配与调整

一、东风 EQ1141G 转向机构的装配与调整

汽车在行驶中如果发现转向器输入轴处漏油,或发现转向盘游动间隙过大使转向不灵,高速行驶时转向盘抖振,转向时行程阀调整螺钉不起作用等,可就车进行维修和调整。

1. 输入轴密封件的更换(发动机熄火)

如果发现输入轴密封处存在渗漏,更换输入轴油封总成时,应先拆下输入轴上的万向节,再拆下密封罩,并用一条细砂纸清理干净该部位。然后取下回油管,并用塞子堵上回油管口。拆下防尘油封并报废。拆下孔用挡圈。用一块干净的工作布盖在输入轴的周围,取下塞子,往阀体上的回油口通压缩空气。压缩空气会迫使输入轴油封总成及钢制垫圈跳出转向器,并且部分油液也会随即外泄,上述零件一跳出立即关掉压缩空气,堵上塞子,报废拆下的油封总成。

在新的输入轴油封总成及垫圈表面涂上干净的润滑脂,套在输入轴上,用专用工具输入轴油封垫圈压入套将油封总成及垫圈压入到位。装时注意油封总成的平面应朝外,然后装好卡簧。沿着输入轴上装防尘油封部位,均涂满2号工业锂基润滑脂或其他相同性能的润滑脂。装新的防尘油封时,可用套筒式钝头工具轻轻将防尘油封打入。在密封罩的内腔涂满上述同种润滑脂,涂润滑脂的一面朝着转向器,将其装到输入轴上直至其端面靠紧阀体。取下堵回油管口塞子,将回油管装复。对准标记,保证万向节正确,拧紧万向节紧固螺栓。在使用转向器之前,应先将油罐加满规定的液压油,再排除转向系统内的气体。

2. 螺杆轴预紧度调整(发动机熄火)

螺杆轴预紧度过小,将使方向盘发抖,预紧度过大,将使转向沉重。调整时先将输入轴与转向传动轴万向节拆开,松开锁紧螺母退回三圈,再将调整螺钉退回一圈,检查密封螺母与端盖接触面是否有异常杂物,如有则应清理掉,必要时更换密封螺母。然后左右轻轻转动输入轴,慢慢拧紧调整螺钉,一般拧紧力矩为 6.8~7.9 N·m,使输入轴轴向无间隙,转动灵活自如。然后以 95~110 N·m 的拧紧力矩拧紧锁螺母。连接好输入轴与转向传动轴万向节。

3. 行程阀调整(发动机怠速运转)

EQ1141G 汽车转向器在上、下盖上各有一个行程阀调整螺钉。行程阀调整螺钉一般不要轻易拆卸。

在调整行程阀之前,首先应检查前轮转向角是否正确。然后在油泵和转向器之间的供油管路中装一个压力表、一个流量计、一个截止阀,在油罐中放一温度计。将液压油预热到 51.7 ℃ ~ 57.2 ℃。在发动机怠速条件下转动转向盘左右打到底,并从摇臂轴(垂臂)花键方向观察摇臂轴的旋向。如摇臂轴逆时针转动,则应调整下端盖的调整螺钉;反之,则应调整上端阀体上的调整螺钉。

注意:将转向盘打到底(转向轮限位起作用时),如果油压达到油泵的溢流压力,请松开转向盘,该压力不得保持 5 s 以上,否则会损坏油泵。在读压力表上的数值时,施于转向盘上的力必须足以使转向控制阀必须起作用。松开行程阀密封螺母,对调整螺钉进行调整,转向盘被打到底(转向轮限位块起作用)时,直到压力表的读数达到油泵的溢流压力。用螺丝刀仔细地拧进调整螺钉,直到压力表上的读数降至 1.28~2.76 MPa,调整时转向盘应在极限位置。最后拧紧锁紧螺母。

4. 活塞齿条与摇臂轴齿扇啮合间隙调整(发动机关闭)

如果位于侧盖上的摇臂轴调整螺钉和锁紧螺母不易接近,那么转向器应从车架上拆下来调整。拆下后,将转向器内液压油排掉。如果摇臂轴的调整螺钉和密封螺母可以接近并调整,则不必从车架上卸下转向器,只需卸下垂臂上的拉杆。

注意:调整时必须使摇臂轴位于中间位置时进行。为确定摇臂轴的中间位置,可转动方向盘直至摇臂轴端面的刻线方向与螺杆/输入轴总成的轴线垂直,这时即为要找的中心。当摇臂轴位于中间位置时,用手抓住垂臂,在垂臂的运动方向缓慢地来回摆动,用手感觉摇臂轴与齿条活塞间不得有任何间隙。如有间隙,用套筒扳手松开锁紧螺母,顺时针拧紧调整螺钉,直到摇臂轴与齿条活塞接触(拧调整螺钉的力矩≤14 N·m),然后退回一圈。垂臂上应该有一定量摆动间隙。顺时针慢慢转动调整螺钉,到垂臂上感觉不到有间隙存在时为止。保持调整螺钉不动,同时拧紧锁紧螺母。

复查间隙,转向盘在中间位置时左右各转1/4圈,此位置也不应有间隙,否则应重复调整,重新装好拉杆。

二、解放 CA1121 转向机构的装配与调整

1. 转向油泵的维修

转向油泵是动力转向系的动力源,当其发生故障时将导致转向沉重或无转向助力。转向油泵的故障主要表现在液压油输送压力低或无油压,维修主要包括以下:

(1) 转向油泵驱动皮带的调整

调整驱动皮带的松紧度,使转向油泵能够正常运转。

(2) 检查转向油泵输油压力

在转向油泵至动力转向器间的高压油管中接一个油压表,在发动机怠速或高于怠速转速情况下原地转动转向盘,测输油压力。如油压过低,可清洗转向油泵,解体维修或更换新泵。

(3) 免解体清洗

如转向油泵和动力转向器等过脏而使动力转向系发生转向沉重等故障时,可用强力清洗剂清洗油路系统,而后加注合格的液压油,可使系统恢复正常工作。

(4) 转向油泵解体维修

转向油泵解体维修也比较简单,重新装复时要注意密封,否则易产生漏油故障。

(5) 必要时更换转向油泵

在转向油泵维修中,注意高压油管的连接和密封,保证不漏渗油。

2. 转向纵拉杆和横拉杆的调整

调整时应支起前梁,用手推动车轮偏转,直接感知各球头间隙的大小。间隙过大时,先拔掉拉杆端部的开口销,旋紧球头碗螺塞;再夹住球头,将螺塞旋回1/5~1/3圈,重新穿入一个新的开口销,锁住螺塞。最后用手活动拉杆,手感较紧,既不能转动又不能移动为好。

3. 转向盘自由行程的调整

检查转向盘自由行程,一是靠汽车行驶时驾驶员操纵转向盘的手感;二是将汽车停放在直线行驶位置,发动机熄火,使转向系统处于无转向助力状态,用手来回拨动转向盘,感觉到转动阻力明显变大时,以转向盘外缘测量自由行程的转角。转向盘和自由转动量在左右两个方向上均应不超过15°。

调整转向盘自由行程,实际上是调整转向器中转向螺母与扇齿的啮合间隙。调整时先拧松转向器调整螺栓的锁紧螺母,顺时针方向旋动调整螺栓为减小转向盘自由行程,逆时针方向旋动调整螺栓为增大转向盘自由行程。调整时注意旋动方向,每次调动量不宜过大,达到要求的自由行程即可,调好后用起子抵住调整螺栓,并拧紧锁紧螺母。在调整中,确实无法达到所要求的自由行程,感到驾驶不便和转向系统有故障时,应将转向器拆下修理。

4. 动力转向器装车

将动力转向器装车,恢复动力转向功能。

(1) 将动力转向器固定

用4个固定螺栓将动力转向器固定在车架前端的动力转向器托架座上,拧紧力矩为 400~450 N·m。

(2) 连接转向传动轴

将转向传动轴下端的万向节叉向下拉动,使转向助力器的阀芯进入万向节叉孔中,穿上螺栓,装上弹簧垫片和螺母,将螺栓和螺母可靠拧紧,万向节叉螺栓紧固力矩为35~45 N·m,将转向传动轴与动力转向器可靠连接;调整转向盘的上下和前后位置,向下方压下转向锁止杆将调好的转向盘位置固定。

(3) 连接转向纵拉杆

先装转向臂,按拆装标记将转向臂的花键对准转向臂轴的花键,用铜棒敲到底,装弹簧垫圈和紧固螺母,紧固螺母拧紧力矩为250~300 N·m。再装纵拉杆,慢慢转动转向盘,使转向臂下端销孔与转向纵拉杆球头销对准,将球头销穿入销孔中,装上锁紧螺母,转向纵拉杆球头销锁紧螺母拧紧力矩为200~250 N·m。拧到规定扭矩后再穿上开口销,穿开口销前允许反转螺母1/5~1/3圈,将螺母固定住。

(4) 连接动力转向器油管

可靠地连接动力转向器进油管(高压油管),与转向油泵可靠地连接;连接回油管与转向油罐连接。

(5) 注油和放气

在已清洗好的和更换滤芯的油罐中加注合格的动力转向器油。动力转向器放气和液压系统放气。启动发动机并怠速运转,向左、右两个方向将转向盘打到底,循环四五次,直到转向器中无气和无噪声为止。汽车起步,以较低速行驶并转弯,检查转动转向盘的手感,应操纵自如。明显感到转向助力好和转向盘自由行程好,无任何不良感觉,再正常行驶。稍有不适,还应重新调整。

第五节 转向系的使用与维护

转向系是直接关系到汽车安全的一个重要操纵装置,保证转向系良好的技术状态及稳妥可靠地工作极为重要。

要求转向装置操作轻便、转向灵敏、不跑偏、不摆头以及保持汽车直线行驶的稳定性。因此,对转向系统要做好经常性的检查、紧定、润滑和保养等各项维护工作。

一、做好检查、紧定与润滑

汽车转向器及转向传动装置随着使用时间的延长,各配合副的摩擦表面由润滑不及时和使用不当等均会产生磨损造成配合松旷,将使转向失灵、可靠性降低,都将由方向盘的游隙反映出来。维修人员应首先检查方向盘的游隙来判断故障所在部位的维修方法。

若检查发现游隙过大需准确判断故障部位,可一人左右转动方向盘,另一人在车下观察转向垂臂及转向轮的摆角加以确定。若方向盘转了许多,而转向垂臂并不摆动,则故障在转向器;若转向垂臂跟随摆动且摆角很大,而转向轮并不偏转,则说明故障是由传动机构及主销、轮毂轴承等处配合松旷所致。

做好平时的检查、紧定与润滑是车辆使用人员一项经常性的工作。只有通过检查才能发现问题,尤其是转向垂臂、横直拉杆等处的螺母使用中极易松动,应及时紧定,防止意外事故发生。为减少转向系各配合副的磨损,应及时给予润滑。

二、液压动力转向系统的加油与排气

1. 转向系统的加油

注意:在进行下述第①、第②步时,不要转动方向盘,否则空气将进入系统。

① 当油罐基本加满油后,启动发动机,使发动机转动约 10 s,应立即将其关闭。检查油罐油面并加油。这样至少重复 3 次,每次均要检查油罐油面并加油。

② 启动发动机,空转 2 min,关闭发动机后检查油罐油面。

③ 再启动发动机,将汽车原地来回几次左、右全转向,检查油罐油面,需要时,加油至加油尺规定的液面。

在进行上述内容时,转向器的行程阀应调整,以保证在满打转时,行程阀不开启,油泵达到溢流压力,以利于系统排气。然后,重新按整车要求调整好行程阀。调整方法按"就车维修与调整转向器"的内容进行。

2. 转向系统的排气

进行完上述三步之后,发动机怠速,转动方向盘左、右满行程来回几次。将排气螺钉松开一圈,使转向器处于中间位置,让空气和汽化的油液排出。当流出的全部是清洁的油液时,拧紧排气螺钉,检查油罐油面并加油。

重复上述内容 3~4 次,每次从左、右满行程打方向开始,直到将转向系统内的空气排完,拧紧排气螺钉。排气螺钉的拧紧力矩为 4~6 N·m,检查油罐并加油。

注意:在排气螺钉松开的情况下,不得打方向,否则空气会进入系统。

3. 液压动力转向系统使用和维修注意事项

① 任何时候,系统最大流量、最大工作油压不得超过规定要求。

② 油罐内滤芯按里程更换。更换时要保持进油口处的清洁,防止脏、异物进入油路系统。

③ 不准利用转向器内部零件作为行程限位,要经常仔细检查车轮的限位螺钉是否符合出厂时前轮转角的规定。

④ 经常检查并保持轮胎气压符合规定。

⑤ 一旦出现非正常的间隙、发卡、摆头,应分析问题是出在转向传动装置、动力转向系统和转向拉杆系统的哪个部位,并以解决。

⑥ 转向传动装置应对好标记,使两万向节装配正确。若采用无万向节结构,要调好柱管的对中,防止出现附加载荷。

⑦ 经常仔细检查转向系统零件是否受过非正常冲击,损坏件或有问题的零件必须进行更换。

⑧ 不能以任何方式对转向器及系统杆件的零件进行焊接。

⑨ 转向系统中零件出现变形,用户不能用冷、热方式进行校直,必须更换。

⑩ 添加液压油时,新加液压油要与动力转向系统原液压油牌号一致,严禁混油。

小 结

本章主要讲述了运输车辆前轴与转向系统在使用中常见的损伤形式、原因及排除方法,运输车辆前轴与转向系统的维修方法、使用与维护。

思 考 题

1. 运输车辆前轴与转向系统在使用中常见的损伤形式有哪些?
2. EQ1141G 动力转向器就车维修与调整有哪几项?方法是什么?
3. 如何对液压动力转向系统进行加油与排气?应注意什么问题?
4. 如何正确调整运输车辆前轮前束?

第十四章 制动装置的维修

第一节 制动装置常见故障分析与排除

汽车制动系是保证汽车行驶安全的一个极为重要的操纵装置。制动装置要求随动性能好,操纵省力,灵敏可靠,要经常保持制动装置良好的技术状态。

汽车行驶中制动力越大,则减速停车就越快。制动力随摩擦阻力矩增加而变大,摩擦阻力矩的变化直接影响制动力的大小,关系到制动效果的好坏。当摩擦力矩等于零时,汽车就会产生制动失灵;当摩擦力矩不足时,就会产生制动不灵;当摩擦力矩不相等时就会产生制动跑偏;当摩擦力矩不能消失时,产生制动拖滞;当摩擦力矩不均时,产生制动不稳。

随着行驶里程的不断增加,制动装置各机件会出现磨损、疲劳、老化、变形、间隙过大等损伤,使其技术状况下降而导致各种故障的出现。通常有制动不灵、制动拖滞、制动跑偏、制动侧滑和制动不平稳等。

一、制动不灵

制动不灵表现为制动减速度小,使制动距离过长,主要是由于制动器内摩擦力矩下降或不足所致。而摩擦力矩的不足则是因为压力不足和摩擦系数的下降。

① 正压力减小,即推动制动蹄的力量减小,其影响因素如下:

A. 制动器蹄片与制动鼓的间隙增大,随着行驶里程延长,制动蹄片与鼓的磨损,蹄片间隙逐渐变大或调整不当,将引起制动迟缓及制动力的不足,使制动效能降低。

B. 踏板自由行程过大,使有效行程变小造成迟滞时间增加,制动距离过长。

C. 制动凸轮驱动力减小或传动机构间隙太大,引起制动迟滞及制动力不足,造成制动距离增大。

D. 造成气压不足的具体原因。

a. 空气压缩机的原因。气缸、活塞、活塞环等磨损量过大造成压缩漏气;管道的问题:堵、漏、弯、瘪、断等;储气筒的问题:单向阀锈死,接头漏气。

b. 各油管及接头漏气或堵塞。踏板自由行程过大,使踏板有效行程变小,造成迟滞时间增加制动距离过长。

E. 制动控制阀的故障。

进气阀弹簧过软、损坏或漏装;垫子漏气等;最大工作气压调整过低,平衡弹簧预紧力过小。

F. 车轮制动器的故障。

制动气室漏气,推杆弯斜或过长;凸轮轴卡滞或凸轮磨损过甚;蹄片磨损过大;摩擦片与制动鼓的间隙过大;支承销生锈卡滞;制动鼓刚度差、多次镗削使制动鼓壁变薄等。

② 制动鼓与制动蹄摩擦片摩擦系数降低,使摩擦力矩下降,造成制动力不足。其影响因素有:制动鼓的失圆,工作面沟槽严重;制动蹄摩擦片磨损严重使铆钉外露;制动蹄片上沾有油污或表面烧蚀硬化等。

二、制动跑偏

制动跑偏表现为制动时汽车不能沿直线减速或停车,实质是同轴两侧车轮上的摩擦力矩不一致,其主要原因如下:

① 同轴两侧车轮的制动蹄片接触情况不一,磨损情况不一,个别车轮制动蹄片变形或材料不一,或铆钉外露。
② 同轴两侧车轮制动蹄片和制动鼓间隙不一致。
③ 同轴两侧车轮制动器技术状况不一致,如个别制动鼓失圆、气室推杆弯曲或歪斜、气室膜片破裂、制动臂凸轮轴卡滞及个别车轮分泵活塞卡滞等。
④ 同轴两侧车轮轮毂轴承紧度不一致,轮胎气压不一致等。

三、制动拖滞

制动拖滞表现为汽车行驶阻力很大,制动鼓发热,其实质是制动器摩擦力矩不能随制动解除而消失,其影响因素如下:

① 制动蹄片间隙过小或无间隙。
② 制动蹄回位弹簧过软。
③ 制动蹄支承销变位或锈住。
④ 制动凸轮轴有污物滞住。
⑤ 快放阀排气口堵塞。
⑥ 制动阀初级或次级活塞回位失灵。

以上原因将使汽车解除制动后,制动蹄片与制动鼓不能迅速完全地脱离接触,而仍有摩擦力矩存在,应该及时排除。

四、制动不平稳

制动不平稳表现为汽车制动时车轮发生跳动或抖振,主要是制动器内摩擦力矩不均造成的。其影响因素如下:

轮胎气压不均匀或轮胎尺寸大小不一,制动鼓失圆,使制动蹄片与制动鼓间摩擦力矩分布不均;制动蹄安装不适当或回位弹簧有损伤;制动摩擦片结合不当;左右制动器结合不当;制动摩擦片变质、有油;制动底板有损伤,钢板弹簧U形螺栓松。

第二节 气压制动装置的维修

气压制动采用压缩空气为动力,前轴和后桥制动回路分立的双回路制动系统,图14-2-1所示为东风EQ1092制动系统图。其制动装置主要由空气压缩机、气压调节阀、制动阀、湿贮气筒、贮气筒、单向阀、双向阀、快放阀、挂车制动阀、制动气室以及管路等组成。

下面以东风EQ1092为例介绍气压制动装置的维修方法。

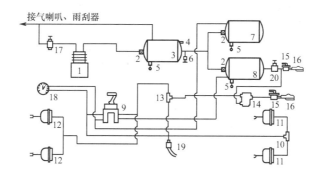

图 14-2-1　东风 EQ1092 汽车制动系统

1—空气压缩机；2—单向阀；3—湿储气筒；4—安全阀；5—放水阀；6—取气阀；7—后回路储气筒；8—前回路储气筒；
9—双腔制动阀；10—快放阀；11—后制动气室；12—前制动气室；13—双向阀；14—挂车制动阀；15—分离开关；
16—连接头；17—气压调节阀；18—气压表；19—制动灯开关；20—保护阀

一、东风 EQ1092 制动装置的维修

1. 空气压缩机的维修

（1）分解检查

拆下空压机，并进行分解、清洗。刮去缸肩，清除活塞顶部的积炭。测量气缸磨损情况，当圆柱度公差不超过 0.125 mm 时，应进行换环保养；当超过 0.125 mm 时，应进行大修处理。阀片式进、排气阀，检查阀片及阀座磨损是否严重，若严重应更换新件。进排气阀导向座有裂纹或磨损严重，应更换新件。膜片式进、排气阀，检查进、排气膜片，若损坏或有裂纹应更换。进气膜片四个铆钉是否松动，如有松动应重新铆合。曲轴前后轴承旷量太大造成响声时，应更换。曲轴后端油堵磨损严重应更换。活塞环磨损严重或折断，应更换。

（2）空气压缩机的装配

未装活塞前检查是否偏缸，如偏缸，应校正连杆。活塞环的装配，应使内切口向上。四道活塞环不能对口，可每 90° 安排一个对口间隙，四环错开。活塞环的开口间隙为 0.15～0.35 mm，使用限度为 1.0 mm。气缸与活塞的配合间隙为 0.06～0.12 mm，使用限度为 0.20 mm。

装活塞连杆时，应按原装配方向装复。装上垫片后连杆螺栓螺母应以 14.7～19.6 N·m 的力矩拧紧。连杆轴承孔与连杆轴颈的间隙为 0.060～0.063 mm，使用限度为 0.12 mm。曲轴连杆装复后，转动曲轴的力矩应不大于 5.9 N·m。缸盖总成的进、排气阀座的拧紧力矩为 98 N·m。气缸盖螺栓按对角线的次序均匀拧紧，拧紧力矩为 17.7～21.6 N·m。

（3）装复后的检验

检验松压阀是否灵敏：气压升至 785 kPa 时，松压阀能顶开进气阀片，此时接储气筒的气压表指针不允许有继续上升的现象。检验有否漏油、漏气、轴承是否过热和有不正常的噪声。

当空压机转速为 1 200～1 250 r/min 时，向 6 L 储气筒充气，压力由 98 kPa 上升至 785 kPa 所需时间不超过 28 s。在车上测定泵气量。空压机向车上储气筒充气，当空压机转速为 1 200 r/min 时（相当发动机转速为 1 714 r/min），气压表读数与充气时间为：压力由 98 kPa 升至 785 kPa，不超过 6 min。

2. 气压调节阀的维修

气压调节阀分解图如图 14-2-2 所示。

气压调节阀的调整：气压调节阀与空压机的松压阀配合工作，控制着储气筒内的气压。拧进气压调整阀的调整螺栓，储气筒压力增高，反之压力降低。储气筒的正常工作气压为 550 ~ 726 kPa。

3. 双腔制动阀的维修

东风 EQ1092 汽车采用的双腔并列膜片式制动阀如图 14-2-3 所示。

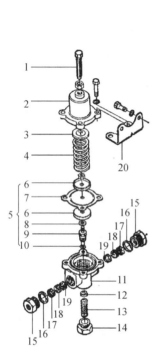

图 14-2-2 气压调节阀分解图

1—调整螺钉；2—盖；3—弹簧座；4—调压弹簧；5—芯杆总成；6—上、下夹圈；7—膜片；8—密封垫圈；9—芯杆；10—芯杆密封圈；11—本体；12—阀门总成；13—阀门弹簧；14—放气螺母；15—接头螺母；16—密封垫圈；17—滤芯上罩；18—滤芯；19—滤芯下罩；20—支架

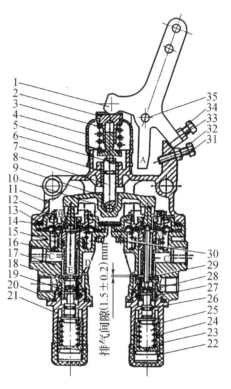

图 14-2-3 制动控制阀

1—拉臂；2—平衡弹簧上座；3—平衡弹簧；4—防尘罩；5—平衡弹簧下座；6—钢球；7—密封圈；8—推杆；9—平衡臂；10—钢球；11—上体；12—膜片；13—密封垫；14—钢垫；15—膜片回位弹簧；16—挺杆总成；17—下体；18—阀门总成；19—阀门回位弹簧；20—密封垫；21—柱塞座总成；22—塑料罩；23—锁紧螺母；24—调整螺栓；25—调整弹簧；26—密封圈；27—密封圈；28—柱塞；29—推杆；30—紧固螺钉；31—锁紧螺母；32—调整螺钉；33—锁紧螺母；34—调整螺钉；35—拉臂轴；A—拉臂限位块；B—排气孔；C—节流孔；D—进气阀口；E—排气阀口；V—平衡腔（注：制动阀前后腔对称，只标一处）

(1) 零件检修

壳体不得有裂纹、变形现象。耐油橡胶制成的阀门密封面不得有老化、变形和严重磨损。膜片应无老化、破裂、变形。密封圈、密封垫损坏应更换。平衡弹簧的刚度为 216 N/mm，不符合要求应更换。

(2) 装配

阀门(18)装配后不能发卡,要求装配前要仔细清洗。工作面的 1.2 mm 小孔决不允许让油脂堵塞,否则,在制动时,因阀背形成真空,即使解除制动,阀门仍不能回位,储气筒压缩空气将泄漏,汽车失去制动而造成事故。

(3) 调整

调整排气间隙,拆下前、后腔柱塞座总成(21),用深度尺测量两腔的排气间隙均为 $1.5^{+0.3}_{\ 0}$ mm,如果不符合要求,应拧动装在拉臂上的调整螺钉(34)进行调整,拧进排气间隙减小,反之增大,调好后拧紧锁紧螺母(33),装上柱塞座总成(21)。

调整最大制动输出气压。将制动踏板踩到底的同时,拧动调整螺钉(32),使制动输出气压为 539~589 kPa,这时调整螺钉(32)与拉臂(1)的限位块 A 接触。重新将踏板踩到底,输出气压如不符要求,应重新调整,拧入调整螺钉,输出气压变小,反之变大。调好后拧紧锁紧螺母(31)。

4. 制动气室的维修

制动室和调整臂如图 14-2-4 所示。

因制动气室回动弹簧弹力很大,制动室解体和装复时均应在台钳上夹持着进行。皮膜有裂纹、老化应更换。同一车上左、右制动室皮膜的胶料配方应相同,保证皮膜的硬度相同。制动室推杆的行程为 (25±5) mm。

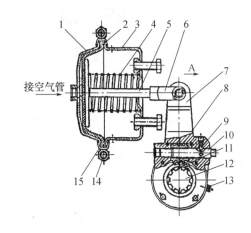

图 14-2-4 制动室和调整臂

1—盖;2—橡皮膜;3—外壳;4—弹簧;5—推杆;6—连接叉;
7—调整臂;8—蜗杆;9—定位滚球;10—蜗杆轴;11—蜗轮;
12—凸轮轴;13—螺塞;14—夹紧螺栓;15—卡箍

5. 快放阀的维修

快放阀的作用是迅速排放制动室中的压缩空气,以便迅速解除制动。快放阀结构如图 14-2-5(a)所示,快放阀由上壳体(1)、膜片(2)、密封垫(4)及下壳体(5)等零件组成。当制动时,从双腔并列膜片式制动阀前腔输往后桥车轮制动气室的压缩空气进入 A 口后(如图 14-2-5(b)所示),推动膜片(2),将排气口 D 堵住,同时吹开膜片四周,使膜片边缘下

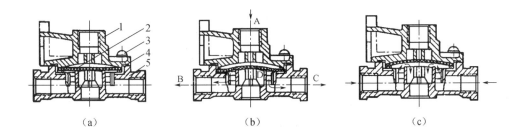

(a)   (b)   (c)

图 14-2-5 快放阀

(a) 汽车行驶状态;(b) 制动进气状态;(c) 制动放松、排气状态

1—上壳体;2—膜片;3—紧固螺钉;4—密封垫;5—下壳体;A—接气源;B,C—接左、右制动气室;D—排气口

弯,制动压缩空气沿下体(5)的径向沟槽,经B,C口分别通往左、右制动气室。当放松制动时,制动气室的压缩空气回流(如图14-2-5(c)所示),从快放阀B,C口进入,将膜片向上吹起,关闭进气口A,同时从排气口D排入大气。

当快放阀漏气时,应拆开进行清洗,必要时更换膜片和密封垫。

6. 挂车制动阀的维修

挂车制动阀如图14-2-6所示。

（1）零件检修

挂车阀解体后,全部零件进行清洗,除去油污。阀体、活塞等零件不得有裂纹、变形等损坏,否则应更换。O形密封圈老化、变形应更换。橡胶阀门损坏应更换。

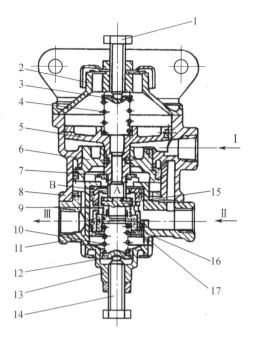

图14-2-6 挂车制动阀
1—调整螺栓;2—上盖;3—回动弹簧座;4—回动弹簧;
5—大活塞;6—随动活塞;7—坐垫;8—上体;9—回位弹簧;
10—平衡弹簧;11—下体;12—弹簧座;13—下盖;14—调整螺钉;
15—阀口;16—平衡弹簧;17—挡座

（2）装配

放置O形密封圈的沟槽及滑动副表面涂适量的锂基润滑脂。全部运动件不允许有发卡现象。总成装复后进行密封检查,如图12-2-7所示。

旋转调整螺钉E,使气压表G_C的气压为470~520 kPa。关闭K_B,气压表G_B,G_C指针不得下降。试验装置图见图14-2-7,试验气源气压为667~706 kPa。向A口通入410~450 kPa气压,旋转调整螺栓F,使气压表G_C指示为零,关闭开关K_A,气压表G_A的指示气压不得下降。

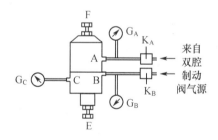

图14-2-7 试验装置示意图

（3）调整

气源气压值达到667~706 kPa时,进行调整。旋转调整螺钉E,使表G_C的气压为470~520 kPa,向A口通入50~70 kPa压缩空气,气压表G_C指示的气压下降为280~320 kPa。向A口通入410~450 kPa的气压,气压表G_C指示的气压应下降为零。如降不到零,应旋转调整螺钉F进行调整。调整应重复2~3次。合格后将E,F的锁紧螺母拧紧,在使用中不得随意调整。

二、EQ1141G气压制动装置的维修

EQ1141G汽车制动系统与EQ1092制动系统有所不同,增加了四回路保护阀、感载阀、独立卸载阀、快放阀、手控阀等装置,如图14-2-8所示。双腔串联制动阀与EQ1092有所不同。

第十四章 制动装置的维修

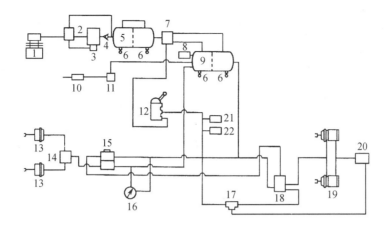

图 14-2-8 EQ1141G 制动系统图

1—空压机;2—卸载阀;3—空气干燥器;4—单向阀;5—湿储气筒;6—放水阀;7—四回路保护阀;8—报警开关Ⅰ;
9—主储气筒;10—排气制动阀;11—电磁阀;12—手控阀;13—前制动气室;14—快放阀;15—制动阀;
16—气压表;17—双向阀;18—感载阀;19—弹簧制动气室;20—快放阀;21—报警开关Ⅱ;22—报警开关Ⅲ

1. 双腔串联制动阀的维修

(1) 分解

如图 14-2-9 所示,将各个零件的相应位置做好标记。将总成置于垫有铜皮或铝制品等

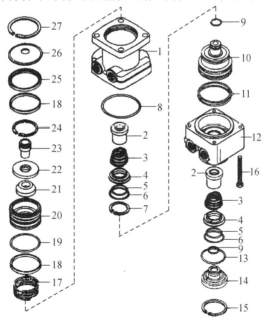

图 14-2-9 双腔串联制动阀分解图

1—上体;2—阀门总成;3—锥弹簧;4—衬套;5—O形密封圈;6—O形密封圈;7—孔用弹性挡圈;
8—O形密封圈;9—O形密封圈;10—中活塞;11—O形密封圈;12—下体;13—排气导向座;
14—排气导向座;15—孔用弹性挡圈;16—螺栓;17—弹簧;18—导向环;19—活塞;20—O形密封圈;21—橡胶弹簧;22—弹簧座;
23—挺杆座;24—孔用弹性挡圈;25—衬套;26—防尘罩;27—孔用弹性挡圈

软质材料保护的虎钳上。用扳手卸下四颗六角头螺栓(18),将上下体两部分分离并分别放置。用卡簧钳从上体(1)的上端孔内取下孔用弹性挡圈(29),拆下防尘罩(28)和衬套(27)。用卡簧钳取下孔用弹性挡圈(26),取出挺杆座(25)、弹簧座(24)和橡胶弹簧(23)。取出上体(1)内的活塞(21)和弹簧(19),再取下活塞上的O形密封圈(22)及两道导向环(20)。用卡簧钳从上体(1)的下端取下孔用弹性挡圈(7),并依次取出衬套(4)、锥弹簧(3)和阀门总成(2),然后再取下衬套(4)上的内外O形密封圈(5)和(6),从下体(14)上取下O形密封圈(8),从下体(14)上侧取出中活塞(10),再从中活塞(10)上取下O形密封圈(9)和两个O形密封圈(12)。用卡簧钳从下体的下侧取下孔用弹性挡圈(17),依次取出排气导向座(16)、衬套(4)、锥弹簧(3)和阀门总成(2)。从导向座上取下O形密封圈。

(2) 装配

所有运动表面、加工表面及O形密封圈均应涂上适量的润滑脂。按拆卸时相反顺序装配。

2. 卸载阀的维修

为了便于装复,拆卸前在各零部件的相应位置做好标记。

将各个零件的相应位置做好标记;将卸载阀固定在合适的夹具上,松开调节螺钉;取下四颗十字槽盘头螺钉,然后拆下上盖;从上盖下部取下调节螺母,再取下其上的O形密封圈、皮碗上的平衡弹簧座压板、弹簧及弹簧座;取下皮碗总成上的各个零部件;取下防护盖后,旋出外螺纹管接头、垫密圈,再依次取下附加阀杆、阀门、回位弹簧及滤网等;拆卸单向阀门;将阀体的排气口朝上并适当固定,用内卡簧钳取下孔用挡圈之后,取出下体及O形密封圈,然后取出排气门弹簧座、弹簧及调整垫片;取出阀体中的活塞、排气阀及O形密封圈。

装配时,将运动及光滑表面、阀门及O形密封圈涂一层润滑脂,螺钉端头涂少许中等强度黏接剂,按拆卸步骤相反顺序进行装配。

使用中注意在进行轮胎充气之前,应先将贮气筒压力下降到卸载阀的接通压力之下,因为当空压机空转时,不能进行轮胎充气。在总成进行装复时,安装弹簧时注意碟形弹簧座的方向,不能反装。如果卸载阀出现压力降低,表现为快速充气后快速排气,并有"啪啪"声,可通过同时调整偏心螺母与调整螺钉达到一个较为理想的角度即可。

3. 四回路保护阀的维修

四回路保护阀分解图如图14-2-10所示。

(1) 分解

为了便于装复,拆卸前需将各个零件的相应位置做好标记。将四回路保护阀置于垫有铜皮或铝制品保护的虎钳上夹紧;拆卸阀盖(9)的防护塞(11),取出阀盖上的调节螺钉总成(8);旋出阀盖上的十字螺钉(10);依次取下阀体(1)上的零件:阀盖(9)、调节螺钉座(7)、上弹簧(6)、弹簧座(5)、膜片(4)、阀门总成(3)、下弹簧(2);其余各腔的拆卸同上。

(2) 装配

装配时膜片(4)的红色面应向下放到阀体上。将所有加工表面和阀门总成(3)、上弹簧(6)、调节螺钉(8)涂上一层适量的润滑脂;按拆卸时的相反顺序进行装配;装配调整完毕的总成在调节螺钉总成上部滴上适量中强度黏结剂。

4. 感载阀维修

感载阀结构原理图如图14-2-11所示。

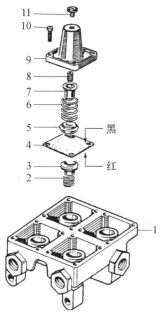

图 14-2-10 四回路保护阀分解图
1—壳体;2—下弹簧;3—阀门总成;4—膜片;5—弹簧座;
6—上弹簧;7—调节螺钉座;8—调整螺钉;
9—阀盖;10—螺钉;11—防护塞

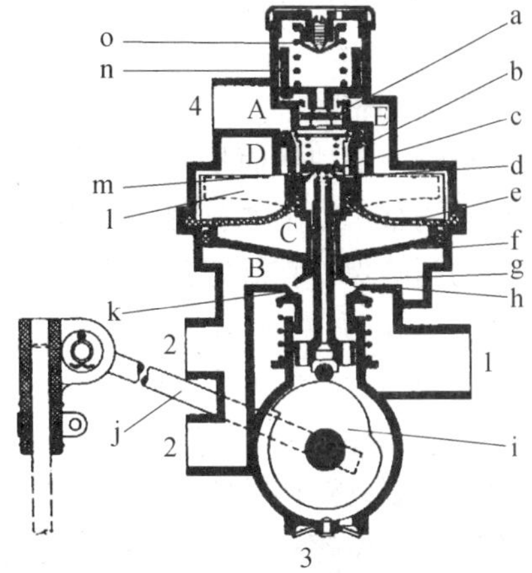

图 14-2-11 感载阀结构原理图
1—进气口;2—出气口;3—排气口;4—控制气口;A,B,C,D—气腔室;a—阀门;b—活塞;c—导向阀门;d—排气门;e—膜片;
f—继动活塞;g—挺杆;h—排气门;i—凸轮;j—摆杆;
k—进气门;l—隔套;m—进气门;n—活塞;o—弹簧

感载阀的调整:摆杆 j 与感载阀中心线夹角在自由位置时为 $10_{\ 0}^{+0.50}$ mm;摆杆 j 球节中心至凸轮中心距离为 150 mm;摆杆 j 球节中心至后桥支架距离为 232 mm,此长度即为钢丝绳长度。

第三节 车轮制动器的维修

一、EQ1092 制动鼓的检验与维修

制动鼓在使用中,常见的损伤主要是制动鼓与制动蹄摩擦片磨损引起制动鼓圆度超差。特别是摩擦片铆钉外露时,使制动鼓表面拉伤或磨成沟槽,影响制动效能。

1. 零件的检修

制动鼓不得有裂纹和变形,否则应更换。制动鼓磨损圆度超差后可镗削维修,但镗削量在直径方向上不得大于 4 mm。摩擦片厚度允许最大磨损 7 mm,残片剩余厚度不得少于 6 mm。当摩擦片表面距铆钉头距离小于 1 mm 或摩擦片碎裂,均应重铆摩擦片。制动蹄平台表面最大磨损量不得超过 0.30 mm,否则应焊修或更换。制动蹄回动弹簧有裂纹应更换。弹簧自由长度为 130 mm,当拉力为 590~785N 时,拉伸长度为 179 mm,不符合要求的应更换。

2. 装配

装配时,相互运动的表面涂润滑脂,但摩擦片表面决不允许沾上润滑油或润滑脂。主要螺

栓按规定拧紧力矩拧紧各螺母:制动底板紧固螺栓、螺母前拧紧力矩为137～167 N·m,后拧紧力矩为69～78 N·m。制动蹄轴锁紧螺母拧紧力矩为128～167 N·m。制动蹄轴加锥套锁紧螺母拧紧力矩为128～167 N·m。

3. 调整

制动蹄轴端蹄片间隙为0.25～0.40 mm;凸轮端间隙为0.40～0.55 mm。同一端两蹄之差应小于0.10 mm。

(1) 局部调整

在用车辆一般使用简易调整。只需转动制动臂上的调整蜗杆来改变蹄片与制动鼓间隙的方法叫简易调整。取下调整臂的防尘罩,推进调整臂锁止套,用扳手转动蜗杆轴,使制动鼓与制动蹄片的间隙保持在规定范围内。用锁止套锁紧蜗杆轴,装回防尘罩。

注意:在局部调整时,不要拧松制动蹄片轴的紧固螺母和改变轴的安装情况,以免破坏蹄片与制动鼓的贴合。

(2) 全面调整

既要转动制动臂调整蜗杆,又要转动支点销来改变蹄片间隙的方法叫全面调整。汽车大修或更换制动蹄摩擦片时,使用全面调整。

松开紧固蹄片轴的螺母,松开凸轮支承座紧固螺栓的螺母,将制动室推杆上连接叉和制动调整臂脱开。转动蹄片轴使轴端标记位于互相靠近的位置。取下调整臂的防尘罩,将锁止套推进至露出蜗杆轴的六方头,用扳手转动蜗杆轴,使蹄片压向制动鼓,从制动鼓的检查孔中用厚薄规检查每个蹄片两端与制动鼓是否贴紧。如果蹄片轴端发现间隙,用转动蹄片轴的方法消除。调好后拧紧蹄片轴螺母和凸轮支承座紧固螺栓螺母。连接制动室推杆连接叉和调整臂,用扳手转动蜗杆轴,使靠近蹄片轴一端的间隙为0.25～0.40 mm,靠近凸轮轴一端的间隙为0.40～0.55 mm。调好后用锁止套锁住蜗杆轴并套上防尘罩。

二、EQ1141G车轮制动器的维修

(一) 制动器的分解

(1) 前轮制动器的分解

分解前用三角垫木将后轮的前后塞住,松开前轮的车轮螺母,用千斤顶顶前轴,直到前轮离开地面。EQ1141G前轮制动器分解图如图14-3-1所示。

① 拆下前轴的车轮总成。

② 拆除前轴轮毂盖和衬垫。

③ 拆除开口销。

④ 使用轮毂拉力器,拆卸轮毂和轴承。在拆卸轮毂时要特别小心,以防转向节损伤。

⑤ 使用回位弹簧拆装工具,拆卸回位弹簧。在取下回位弹簧之前,要用一个环或铁丝捆住制动蹄以防它们分开。

⑥ 拆下制动蹄,拆除钢丝锁线和定位螺钉,拆下制动蹄支承销轴和制动蹄。

⑦ 拆除弹性挡圈,拆下滚轮销轴和滚轮。

⑧ 拆下开口销、平头销、垫圈和平垫圈。

⑨ 拆下弹簧卡环。

⑩ 卸下调整臂。

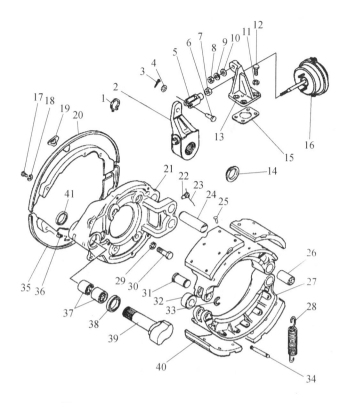

图 14-3-1 EQ1141G 前轮制动器分解图

1—长环;2—制动调整臂;3—开口销;4—平垫圈;5—制动室连接叉;6—平头销;7—锁紧螺母;8—平头销;9—弹簧垫圈;
10—平垫圈;11—弹簧垫圈;12—螺栓;13—前制动室支架;14—凸轮轴隔圈;15—衬垫;16—前制动气室;17—螺栓;
18—弹簧垫圈;19—橡胶堵;20—上防尘罩;21—制动器底板;22—定位螺钉;23—钢丝锁线;24—支承销;25—铆钉;
26—制动蹄衬套;27—制动蹄;28—回位弹簧;29—弹簧垫圈;30—螺栓;31—滚轮轴;32—滚轮;33—长环;
34—回位弹簧销;35—下防尘罩;36—滑脂嘴;37—衬套;38—油封;39—凸轮轴;40—制动摩擦片;41—防尘圈

⑪ 拆下凸轮轴衬套、油封和制动凸轮轴。

⑫ 拆下制动器底板和防尘罩,下部两个螺栓同时紧固横拉杆臂。

⑬ 拆下制动气室、气室支架和支架衬垫。

(2) 后轮制动器的分解

分解后轮制动器,可参照图 14-3-2 所示。

① 松开后外轮的车轮螺母。

② 拆卸后桥车轮总成。

③ 拆下后桥半轴。

④ 拆下调整螺母锁片。

⑤ 拆下调整螺母,使用调整螺母进行拆卸。

⑥ 使用轮毂拉力器,拆下外轮毂轴承和制动鼓。当拆轮毂时,需格外小心,以免损伤半轴套管上的螺纹。

⑦ 使用回位弹簧的专用工具,拆卸回位弹簧。

⑧ 拆下制动蹄,拆卸弹性挡圈、滚子销轴和滚子。

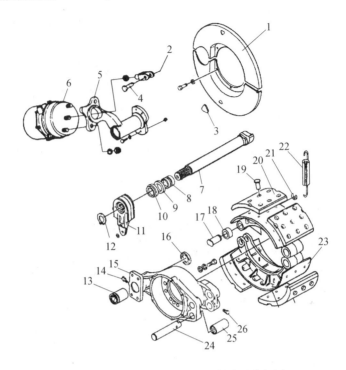

图 14-3-2 EQ1141G 后轮制动器分解图

1—防尘罩;2—制动室连接叉;3—堵塞;4—平头销;5—弹簧制动室支架;6—弹簧制动室;7—凸轮轴;
8—制动室支架衬套;9—油封;10—凸轮轴垫环;11—调整臂总成;12—长环;13—衬套;14—滑脂嘴;
15—后制动底板;16—油封总成;17—滚轮轴;18—滚轮;19—螺钉;20—制动摩擦片;21—长环;
22—回位弹簧;23—制动蹄;24—蹄片轴;25—衬套;26—螺钉

⑨ 拆下开口销、平垫圈、垫圈和平头销。

⑩ 拆卸螺母和空气管,从气室支架上拆下制动气室。

⑪ 拆下制动调整臂,拆卸弹性挡圈和调整臂。

⑫ 拆下凸轮轴,拆下制动气室支架。

⑬ 拆卸制动器底板和防尘罩。

(二) 制动器的检验

(1) 前轮制动器的检验

① 测量制动鼓内径和圆周跳动量。制动鼓内径正常尺寸为 400 mm,磨损极限为 404 mm。制动鼓圆周跳动量,维修标准为 0~0.1 mm,磨损极限为 0.2 mm。当制动鼓的内径超过修理极限时,要用加厚的摩擦片。

② 测量制动蹄摩擦片的厚度,正常尺寸为 15 mm,磨损极限为 6 mm。如果制动摩擦片磨损到达修理极限时,应换滚子或换装新蹄片。

③ 测量制动蹄支承销轴与衬套的间隙,维修标准为 0.16~0.26 mm,磨损极限为 0.35 mm。

④ 测量制动蹄滚轮与滚轮销轴间的间隙,维修标准为 0.09~0.15 mm,磨损极限为 0.4 mm。

⑤ 检验回位弹簧的自由长度,正常尺寸为 181 mm,损坏极限为 185 mm。

⑥ 测量制动底板总成上的凸轮轴衬套与凸轮轴间的间隙,维修标准为 0.15～0.22 mm,磨损极限为 0.6 mm。

(2) 后制动器的检验

① 测量制动鼓的内径和圆周跳动,正常尺寸为 410 mm,磨损极限为 414 mm;圆周跳动维修标准为 0～0.1 mm,磨损极限为 0.2 mm。

② 测量制动蹄片的厚度,正常尺寸为 18 mm,修理极限为 12～13 mm,磨损极限为 8.5 mm。

③ 测量制动蹄衬套与支承销轴间的间隙,维修标准为 0.16～0.26 mm,磨损极限为 0.56 mm。

④ 测量制动蹄滚轮与滚轮销轴间的间隙,维修标准为 0.09～0.15 mm,磨损极限为 0.4 mm。

⑤ 测量回位弹簧的自由长度,正常尺寸为 222 mm 和 250 mm,损坏极限为 227 mm 和 255 mm。

⑥ 测量凸轮轴与衬套之间的间隙,维修标准为 0.35～0.45 mm,磨损极限为 0.7 mm。

⑦ 测量凸轮轴与衬套之间的间隙,维修标准为 0.35～0.45 mm,磨损极限为 0.7 mm。

(三) 制动器的装配与调整

1. 前制动器装配与调整

(1) 装配

① 在转向节上装上制动气室支架和衬垫。

② 将锁紧螺母和 U 形叉装到气室推杆上。

③ 装上制动气室。

④ 在制动器底板上装上防尘罩。

⑤ 在转向节上装上制动器底板。紧固底板的螺栓为两长两短。

⑥ 安装油封和防尘圈,在凸轮轴内表面涂抹上润滑脂,再装上凸轮轴。

⑦ 将隔圈装到凸轮轴上,再装上制动调整臂和弹性挡圈。

⑧ 连接推杆 U 形叉和调整臂。同时,转动调整螺栓和调整臂,使 U 形叉与调整臂孔对齐。装上垫圈、平垫圈和平头销,平头销装上后要转动自如。

⑨ 装配制动蹄的滚轮和滚轮销轴,用弹性挡圈不要在滚轮和销轴之间涂上润滑脂。

⑩ 安装制动蹄。衬套内表面的贮油槽上,涂上润滑脂。用定位螺钉将支承销轴锁死,并用钢丝锁线将定位螺钉锁定。

⑪ 利用弹簧装配工具,安装回位弹簧。

⑫ 安装轮毂和制动鼓,小心不要损伤转向节上的螺纹。

⑬ 利用轴承安装工具安装轮毂轴承。

⑭ 装垫圈和拧紧槽形螺母。

⑮ 用开口销锁住槽形螺母。

⑯ 用润滑脂填塞轮毂轴承盖和安装衬垫与轴承盖。

(2) 调整

转动调整臂调整螺钉,调整制动鼓与摩擦片之间的间隙,直到摩擦片与制动鼓接触为止。反方向转动调整臂,使摩擦片与制动鼓之间的间隙为 0.6 mm。测量推杆行程 A 维修标准为 (25 ± 5) mm,如图 14-3-3 所示。

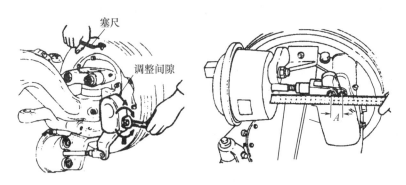

图 14-3-3　EQ1141G 前轮制动器调整

2. 后制动器装配与调整

（1）装配

① 在后桥半轴套管座上安装制动器底板。在支承销轴和凸轮轴处的各三个螺栓必须为薄头螺栓,防止与回位弹簧干涉。

② 直接装上制动气室支架。

③ 在凸轮轴衬套内腔涂上润滑脂,再装上凸轮轴。

④ 调整制动气室支架位置,确保凸轮轴自由转动,再固定支架。

⑤ 安装凸轮轴隔套,装上调整臂,将弹性挡圈装复到位。

⑥ 在制动蹄上安装滚轮和销轴,用弹性挡圈固定,保证滚轮能自由转动。不要在滚轮和销轴之间涂上润滑脂。

⑦ 安装制动蹄总成。

⑧ 利用回位弹簧拆装工具安装回位弹簧。

⑨ 将支承销的定位孔对准制动底板上的定位螺钉孔,装上定位螺钉,并用钢丝锁线将定位螺钉锁紧。

⑩ 安装油封座。

⑪ 安装轮毂内轴承内圈。

⑫ 安装轮毂和制动鼓总成。

⑬ 装上轮毂外轴承外圈。

⑭ 拧紧调整螺母。

⑮ 测量轮毂轴承预紧力,要使轮毂能转动灵活。

⑯ 在调整螺母上安装锁片,并将轴承外部加满润滑脂。

⑰ 安装后桥半轴。

⑱ 在制动气室推杆上安装锁紧螺母和 U 形叉。

⑲ 装制动气室。

⑳ 连接推杆 U 形叉和制动调整臂。

（2）调整

后制动器的调整方法请参阅前制动器部分。

向左转动调整螺栓,直到推杆行程等于维修标准值。转动制动鼓以保证间隙一致。测量推杆行程,维修标准为(25±5) mm。调整完成后,要保证制动气室推杆与调整臂之间的夹角略大于90°。

第四节 驻车制动器的维修

运输车辆驻车制动一般有两种方式,一种是机械式操纵中央鼓式制动器;另一种是用手控阀控制弹簧制动气室作用于后轮制动器。

一、机械式驻车制动器的维修

以东风EQ1092为例说明,驻车制动器及操纵装置如图14-4-1所示。

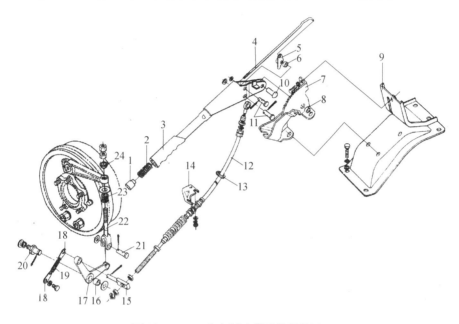

图14-4-1 驻车制动器及操纵装置
1—按钮;2—按钮回位弹簧;3—驻车制动操纵臂总成;4—棘爪拉杆;5—棘爪;6—限位套;7—支承齿板总成;
8—支承衬套;9—驻车支架焊接总成;10—扁圆头半空心铆钉;11—销轴;12—驻车制动钢丝绳总成;
13—驾驶室底板密封套;14—支架;15—销轴;16—衬套;17—摇臂;18—钩环;19—回位弹簧;20,21—销轴;
22—驻车制动拉杆总成;23—回位弹簧;24—球面垫圈

1. 零件的检修

摩擦片表面距离铆钉头小于0.5 mm时,应更换新片。制动蹄轴承孔与制动蹄轴外径配合间隙为0.025~0.118 mm,使用限度为0.30 mm。超过限度应予以修复或更换零件。制动凸轮支承孔与制动凸轮轴轴颈配合间隙为0.110~0.159 mm,使用限度为0.30 mm。超过限度应修复或更换零件。检查其他各零件工作面的磨损情况,损坏者,视情况予以修复或更换。

2. 驻车制动器的调整

驻车制动器的调整如图14-4-2所示。

驻车制动蹄摩擦片与制动鼓的间隙为0.20~0.40 mm,在操纵杆的末端用294 N的力拉

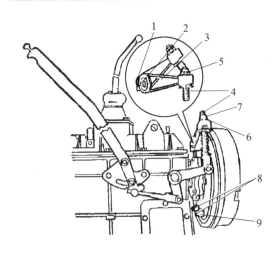

图14-4-2 驻车制动器的调整
1—夹紧螺栓;2—凸轮轴;3—摆臂;4—拉杆;5—调整垫;
6—调整螺母;7—锁紧螺母;8—承销;9—锁紧螺母

动,棘爪在齿板上移动4~5个齿(4~5响),应完全起到制动作用。

在使用中如果蹄片间隙变大,可拧入摆臂(3)上的调整螺母(6),使间隙变小,反之变大。

若手制动蹄的零件或总成已更换,蹄片轴拆卸过,或者蹄片轴已松动,应按下面方法进行调整:拆开拉杆(4)和摆臂(3)的连接。松开蹄片轴(8)的锁紧螺母(9),转动蹄片轴,同时用力转动摆臂(3)转动凸轮,使两个蹄片的中部同时与制动鼓接触,然后拧紧蹄片轴的锁紧螺母。连接拉杆和摆臂,调整操纵装置。要求操纵杆从放松的位置向上拉,只有两"响"的自由行程,第三"响"开始有制动感觉,第五"响"能使汽车在规定的坡道停住。操纵杆放松到极限位置,拧进拉杆(4)上的球形调整垫片轴(5)后面的螺母(6),自由行程减小,反之增大。

如果自由行程偏大,要调整摆臂与凸轮的相互位置。卸下摆臂(3)端部的夹紧螺栓(1),取下摆臂,逆时针方向(从前向后看)错开一个或数个齿,重新调整拉杆的调整螺母,直到拉动操纵杆时有3~5"响"的行程,操纵杆明显感到费劲,汽车能按要求停住。放松操纵杆,蹄片间隙应为0.20~0.40 mm,最后用锁紧螺母(7)锁住调整螺母(6)。

二、手控阀维修

1. 分解

将各个零件的相应位置做好标记。用铝制钳口将手控阀夹在台钳上,将手柄推回到初始位置。松开滚针,将手柄从凸轮杆上取下。取下罩子总成。旋出盖板上螺钉,将盖板从上盖上取下。取下托架和扭簧、凸轮杆总成等单个零件。将固定板总成取下,拆掉上盖上的推管。取下上盖上的O形密封圈。取出壳体上的活塞、弹簧座总成。取下壳体上的压簧。取下壳体上的阀门活塞、弹簧、套筒和O形密封圈。将总成翻转180°,松开壳体上的连接螺钉,取下下盖板,再拿掉盖板上的排气接头。取下阀门导向座、弹簧、阀门座和阀门,取下密封圈。拆下壳体上的附加阀门导向座、弹簧及阀门,取下O形密封圈。

2. 装配

将运动及光滑表面、阀门及O形密封圈涂一层润滑脂。按拆卸步骤相反的顺序进行装配。装配时,必须用专用夹具装配凸轮总成,扭簧必须施加预应力。

三、弹簧制动器室的维修

1. 膜片腔的分解

膜片腔的分解如图14-4-3所示。

① 将总成置于平台上,在接口(36)处装一个带有充气管的接头,将弹簧贮能腔(1)用不小于600 kPa的气压充气,然后将连通管(7)从橡皮管接头(36)中拔出。

② 在充气状态下,用扳手松开六角头螺栓(28)和卡箍螺母(29),然后将卡箍取下。
③ 将膜片腔整个从弹簧贮能腔(1)上取下。
④ 通过接口(36)将弹簧贮能腔(1)放气。
⑤ 用铜皮或软质垫片置于虎钳口两侧,将连杆叉(34)夹在虎钳上。
⑥ 用扳手放松六角薄螺母(33),从连杆叉(34)上旋出小活塞总成(25)。
⑦ 从小活塞总成(25)上旋下六角薄螺母(33),再从小活塞总成上取下端盖总成(32)。
⑧ 从小活塞总成(25)上依次取下塑料垫圈(31)、衬垫(30)、锥弹簧(27)和弹簧座(26)。
⑨ 从端盖总成(32)的内侧拔出橡皮管接头(36),从弹簧贮能腔(1)上取下膜片(24)。

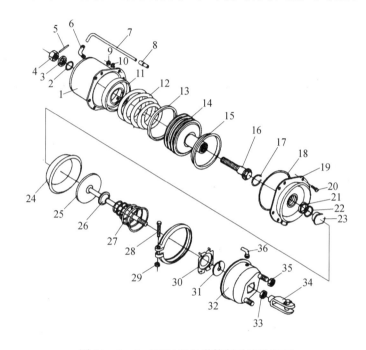

图 14-4-3　EQ1141G 弹簧制动室分解图

1—弹簧贮能腔;2—O 形密封圈;3—止推环;4—螺母;5—三槽销;6—橡皮管接头;7—连通管;8—螺栓;
9—六角头螺母;10—法兰盘;11—保护套;12—弹簧;13—导向环;14—大活塞;15—Y 形密封圈;16—六角头螺栓;
17—O 形密封圈;18—O 形密封圈;19—导向环;20—螺栓;21—推盘;22—O 形密封圈;23—锥盘螺母;24—膜片;
25—小活塞总成;26—弹簧座;27—锥弹簧;28—六角头螺栓;29—卡箍螺母;30—衬垫;31—塑料垫圈;32—端盖;
33—六角薄螺母;34—连杆叉;35—螺母;36—橡皮管接头

2. 拆卸弹簧制动腔

必须使用专用工具拆卸,因该腔内存在很强的弹簧预压力。
① 旋出锥盘螺母(23),取出 O 形密封圈(22)。
② 用一销钉将三槽销(5)从六角头螺栓(16)上冲出,取下止推环(3)和 O 形密封圈(2);向弹簧贮能腔(1)充入不小于 600 kPa 的压缩空气,用内六角套筒扳手从大活塞总成(14)的导筒内旋出六角头螺栓(16),去除气源。
③ 用一长六角头螺栓从活塞总成(14)的导筒内旋入,再用内六角套筒扳手将该长六角头螺栓旋至使贮能弹簧压缩 15~20 mm。
④ 用扳手松开六角头螺母(9)和六角头螺栓(20)。

⑤ 用内六角套筒扳手将长六角头螺栓从大活塞总成的导筒管内旋出(此时贮能弹簧逐渐放松至自由长度)。

⑥ 从大活塞总成(14)上取下Y形密封圈(15)和导向环(13),再从缸体总成内取出弹簧(12)和保护套(11)。

⑦ 从缸体总成(1)的孔内拔出橡皮管接头(6)。

⑧ 从法兰盘(10)孔内取出O形密封圈(17),从导向环并取下O形密封圈(18)。

3. 装配

① 在弹簧贮能腔缸体总成(1)的内孔表面、法兰盘(10)的O形密封圈的槽、导向环的槽、大活塞总成的Y形密封圈及导向环的槽、导筒外表面,六角头螺栓的螺纹部分,以及所有O形密封圈、导向环上涂上适量润滑脂。

② 推盘的螺纹涂上中强度黏结剂。

③ 按拆卸时的相反顺序进行装配。

第五节　制动装置的维护

汽车制动装置是操纵系重要总成之一,随着行驶里程的增加、各运动副之间的磨损以及使用不当,必然使制动效能、可靠性能降低。若不及时维护、保养将直接影响行车安全。

维护的目的是防止早期损坏,延长其使用寿命,提高可靠性程度,避免意外事故发生。

维护工作应按规定的保养项目认真加强保养。除此之外还应该注意以下几点:

① 要正确合理地使用制动装置,保持合理的行车速度,尽量不用或少用紧急制动。

② 要经常检查踏板自由行程及车轮制动器的蹄片间隙,使其保持最佳的工作状态。

③ 气压制动装置,要经常使空气压缩机、制动控制器、储气筒等作用良好、使用可靠;各管路及接头等处,不得有漏气(油)等现象。

④ 对制动装置的连接部位(横销、销钉、锁紧螺母、开口销),应加强检查及时紧定。手制动器要保持良好的技术状态。

⑤ 最大工作气压应符合要求,若不符合要求可就车调整,调整后从任意一个气室上接出一气压表,当踏板踩到底时,气压应符合原车规定。

小　结

本章主要讲述了运输车辆制动系统在使用中常见的损伤形式、原因及排除方法,介绍了运输车辆气压制动系统、车轮制动器、驻车制动器的维修方法及制动装置的维护。

思 考 题

1. 气压制动系统制动不灵的原因是什么?
2. 车轮制动器何时可进行局部调整及全面调整? 方法是什么?
3. 采用手控阀控制的驻车制动系统,其弹簧制动气室维修中如何正确地拆卸?
4. 如何对气压制动装置进行维护?

第十五章　行驶系的维修

汽车行驶系由车架、车桥、车轮和悬架组成。行驶系是汽车的基体,汽车在行驶过程中,除承受重量外,还要承受着路面冲击所引起的各种力和力矩,同时还要传递牵引力、制动力及其他力和力矩。

由于行驶系受力复杂,容易使车桥和车架变形、钢板弹簧断裂、减振器失效等损伤,使汽车出现汽车跑偏、前轮摆振、乘坐振动和轮胎异常磨损等故障,将直接影响汽车的平顺性和稳定性,以致使汽车不能正常使用。因此,必须对行驶系正确地使用、及时地保养以及必要的维修。

第一节　行驶系常见故障分析与排除

汽车行驶系常见的故障主要有:汽车跑偏、前轮摆振、乘坐振动和轮胎异常磨损等。

一、汽车跑偏

1. 现象

汽车行驶时偏向一侧,驾驶员要把住转向盘或把转向盘加力于一侧汽车才能正常行驶,否则极易偏离行驶方向。

2. 原因

① 装用了不合乎规格的或磨损的轮胎,两侧轮胎大小不一;两侧轮胎气压不相等,或一侧轮胎磨损过甚。

② 前轮轮毂轴承调整不当,过紧或过松;两侧前轮定位角不同或发生变化;前轴弯曲变形。

③ 前钢板弹簧断裂;钢板弹簧下陷;减振器失效。

④ 车架一侧断裂;车架变形不正。

⑤ 后钢板弹簧断裂、下陷;后钢板弹簧松脱。

⑥ 后桥壳弯曲变形或断裂。

⑦ 后桥与车架错位。

⑧ 极度偏载。

3. 排除方法

① 轮胎换位;轮胎气压要一致。

② 调整前轮轮毂轴承;校正前轴,恢复正确前轮定位角;调整汽车前束为正确值。

③ 检查更换前钢板弹簧;更换两侧减振器。

④ 维修车架,校正变形。

⑤ 检查更换后钢板弹簧,紧固固定螺栓。

⑥ 校正或更换后桥壳。
⑦ 检查与调整后轴(后桥)与车架的相对位置。
⑧ 注意偏载,注意行驶中载荷偏斜。

二、前轮摆振

1. 现象

汽车行驶中前轮左右摆振,前轮垂直颠簸。严重时影响汽车速度发挥,乘坐不舒服。

2. 原因

① 轮胎气压不一致;轮胎大小不一;轮胎磨损。
② 车轮动不平衡。
③ 前轮轮毂轴承损坏或松动。
④ 前轮定位不正确。
⑤ 轴向系中各关节松旷。

3. 排除方法

① 检查调整轮胎气压;更换新轮胎。
② 汽车行驶速度较高,一定要对车轮总成做动平衡试验,将不平衡量控制在允许值内。
③ 检查并调整汽车前轮轮毂轴承和松紧度。
④ 汽车前轮定位和前束要正确。
⑤ 消除轴向系的松旷量。

三、轮胎异常磨损

车辆在使用中轮胎会出现一些异常磨损情况,表 15-1-1 列出了几种典型的异常磨损,但由于使用情况不同,往往轮胎的磨损表现形式不够典型或几种现象同时发生,这时就应综合检查、分析,及时给予排除。

表 15-1-1 轮胎不正常的磨损模式和矫正方法

状态	两肩快速磨损	中间快速磨损	胎面裂缝	单边磨损	羽边形磨损	秃斑	扇形磨损
结果							
原因	气压不足或换位不够	气压太足或换位不够	气压不足或超速	过度外倾	前束不当	车轮不平衡或轮胎歪斜	轮胎换位不够或悬架校准不好或磨损
矫正	在冷状态下调整到规定的压力;轮胎换位			调整外倾角	调整前束	对轮胎静平衡、动平衡	检查悬架和轮胎换位

四、车架的损伤形式与原因

汽车的车架在使用中常见的损伤主要有:弯曲、扭斜变形;断裂及铆钉松动等。

车架在工作中受力是很复杂的,汽车静止时,车架要承受悬架以上的载荷作用,将使车架在静载下产生弯曲变形。

汽车在行驶过程中,尤其是遇到不平路面时,汽车车轮要不断地上、下跳动,将产生垂直附加载荷,动载荷将是原来静载荷的2.0~2.5倍,甚至更大些,加之使用中汽车的超速、偏载、超载以及紧急制动等,均会使车驾的应力迅速增大而造成车架的弯、扭变形。

载重汽车车架受力后,车架纵梁前端至前钢板弹簧支架处弯曲力矩很小,往后弯曲力矩急剧增大,约在轴距中心处达到最大值,往后延伸又逐渐减小,直至后钢板前支架处为零。往后出现负值,当达到最大值后至纵梁末端又为零。所以,车架弯曲变形最大部位通常发生在两车轴中间处的上方。

车架的扭斜变形,多是由于在复杂路面上行驶和事故性的损伤所引起。在正常情况下,一般载重车的前部安装发动机,因前横梁间距较大,后横梁间距较小,并且由于车厢与车架的连接,刚度增大很多,所以车架前部扭斜大于后部。

五、悬架的损伤形式与原因

1. 汽车钢板弹簧的损伤及原因

汽车钢板弹簧的主要损伤是断裂、失去弹性及主片衬套的磨损。其损坏的主要原因是:

① 汽车超载或偏载。汽车的载重量超过规定或装载不合理,使钢板弹簧的负荷增大,弯曲应力超过使用限度,久而久之使钢板的疲劳强度降低,使弹簧减弱或断裂。

② 由于行驶在不平路面上的冲击载荷和紧急制动时的动载荷的作用,造成钢板弹簧折断。当汽车满载行驶在不平路面上时,前轮所遭到的冲击载荷,以及在采取紧急制动时,产生较大的惯性力、重量前移等,钢板弹簧承受很大的弯曲应力与拉伸应力,是造成钢板弹簧折断的重要原因。

③ 由保养不及时和使用不当等原因,均会造成钢板弹簧的早期损坏与折断。当汽车行驶速度过快、转弯过急、U形螺栓与中心螺钉松动、减振器失效以及润滑不良等,均会使钢板弹簧应力增大而造成钢板的损坏。

2. 双向作用筒式减振器的常见故障

(1) 漏油

筒式减振器的漏油原因,主要是油封或垫圈磨损严重、密封性被破坏所造成的。当密封圈损坏后,油液便全从缸壁处溢出;若油封垫圈和毛毡油封损坏后,油液便会从活塞杆的端头处漏出。如果遇到此情况,更换新的油封和垫圈便可排除。

(2) 减振效能降低

油液减少会使减振效能降低;活塞或活塞环磨损严重、伸张阀弹簧过软以及调整不当等均会使减振效能降低。

第二节 车架的维修

一、车架弯、扭的检验

车架的弯、扭变形,除因车辆事故可用眼睛直观检验外,对弯、扭较小的变形,均要用检测手段给予检验。一般的检验方法可分为:拉线检验和直尺、角尺检验法,如图15-2-1和图15-2-2所示。

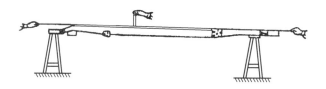

图15-2-1 拉线法检查车架

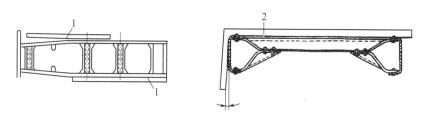

图15-2-2 用直尺、角尺检验车架
1—直尺;2—角尺

① 车架纵梁上平面及侧面的纵向直线度公差,在任意1 000 mm长度上为3 mm;在全长上为其全长的0.1%。可用拉线法检验。

② 车架总成左右纵梁上平面应在同一平面内,其平面度公差为被测平面长度的0.15%。可用直尺、角尺检验。

③ 车架纵梁侧面对车架上平面的垂直度公差为纵梁高度的1%。横梁对纵梁的垂直度公差不大于横梁长度的0.2%。可用直尺和角尺检查。

④ 车架左右钢板弹簧固定支架销孔应同轴,其同轴度公差不大于2 mm,固定支架销孔前、后轴线的距离左右相差:轴距在4 000 mm以下的不大于2 mm;轴距在4 000 mm以上的不大于3 mm。可用拉线法检验。

⑤ 车架歪斜和扭曲,可用对角拉线予以检查,检查方法如图15-2-3所示。发动机固定孔及各段,两对角线长度差:运输车和牵引车不大于5 mm。

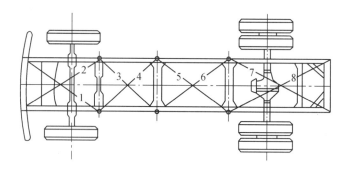

图15-2-3 车架扭斜检验

⑥ 车架底面钢板吊耳座磨损的深度不得超过 1 mm。否则,应给予焊修。

⑦ 副钢板弹簧支承托架的磨损不得超过 3 mm。

⑧ 后牵引钩的衬套,不允许破裂,衬套内孔磨损不得大于 2 mm,挂钩工作面磨损不得超过 5 mm。否则,应给予焊修。

通过检验,凡是不符合原厂技术要求的均应修理。若弯、扭超过了使用规定后,均应校正。

二、车架弯、扭的校正

车架弯、扭校正时,必须在冷压状态下进行。当弯曲过大或车架刚度较大用冷压不易校正时,允许局部加热校正。加热时,应尽量减少加热区域,加热温度一般不要超过 700 ℃(暗红色),并要慢慢冷却,以免增大脆性。

对车架弯曲校正时,可根据弯曲部位、弯曲程度选用如图 15-2-4 所示的不同工具进行。校正时,如图示甲、乙、丙几种方法,应正确选定顶压部位,并在车架与顶压器之间垫以钢板,以免不需校正的部位局部变形。

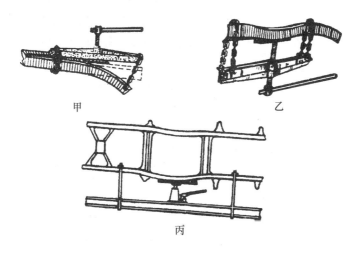

图 15-2-4 车架弯、扭的校正

由于车架是钢质弹性体,在压力加工中必然发生"弹性"和"后效"作用,校正时的变形值应大于实际的弯曲量,并应保持一定的受力时间,才能校正好。

对扭曲的校正可参照弯曲校正方法。

第三节 悬架的维修

悬架机构是由并联安装的钢板弹簧和减振器所组成,其功用是缓和与吸收车辆行驶中所受的冲击和振动,并保证各种力的传递。

该机构的技术状态不仅影响乘员的舒适性,还将影响燃料的经济性、工作的可靠性。因此在保养和维修方面必须予以足够的重视。

一、悬架的维修

1. 悬架的分解

在分解前,要对车辆的悬架系统进行清洗,除去泥沙和油污,使车辆处于驻车制动状态,再用三角形楔木塞住车辆前后车轮。

(1) EQ1141G 前悬架的分解

① 拆卸减振器下端、上端,然后拿下减振器。

② 松开 U 形螺栓螺母,取下 U 形螺栓、盖板、缓冲快、垫板带减振器下销总成。

③ 用千斤顶顶起前轴,用安全支架支起车架,放下千斤顶,使弹簧处于自由状态。

④ 拆卸弹簧后端。卸下钢板弹簧后端固定螺栓,取下后销和侧垫圈,再卸下钢板弹簧前销。

⑤ 取下前钢板弹簧总成。

(2) EQ1141G 后悬架的分解

① 松开 U 形螺栓螺母,取下 U 形螺栓、盖板、底板。

② 用千斤顶顶起后桥,用安全支架支起车架,放下千斤顶,使弹簧处于自由状态。

③ 卸下钢板弹簧后端固定螺栓,取下后销和侧垫圈,再卸下钢板弹簧前销。

④ 取下后钢板弹簧总成。

⑤ 拆卸吊耳固定螺栓,然后卸下吊耳销、吊耳、侧垫圈。

2. 悬架的检验

① 钢板叶片允许有龟裂,不允许有横向裂纹,有横向裂纹应更换。

② 钢板卡子无变形或损坏,无铆钉松动,否则应更换或修复。

③ 钢板中心螺栓如有损伤、变形、螺纹滑扣应更换。如果直径小于孔径 1.5 mm 也应更换,新螺栓与孔径的配合间隙应不超过 1.0 mm。

④ 钢板销磨损起槽深度大于 0.50 mm,应更换。

⑤ 钢板吊耳不允许有裂纹、缺口。吊耳孔内端面磨损成沟槽,深度超过 1.0 mm 或宽度超过 2.0 mm 应更换。吊耳孔的磨损圆度不应超过 0.30 mm。

⑥ 钢板弹簧吊耳销与衬套之间的间隙要符合规定。东风 EQ1141G 为 0.040~0.155 mm。

⑦ 钢板弹簧销与衬套之间的间隙要符合规定。东风 EQ1141G 为 0.015~0.320 mm。

⑧ 检查钢板弹簧的 U 形螺栓是否有裂纹、变形,螺纹是否损坏,应视情况更换。

⑨ 检查钢板弹簧销外径磨损,不得超过 0.50 mm。

⑩ 钢板弹簧销与钢板弹簧支架孔的配合一般为 0~0.09 mm。

3. 钢板弹簧的装配要点

① 钢板弹簧组装时,要求各片钢板弹簧要清洁、平整、无锈迹,并应在各片间涂一层润滑脂。卡子与钢板弹簧总成两侧间隙各为 0.70~1.00 mm。钢板弹簧卡子原设计有螺栓隔套的应配齐。钢板弹簧上平面与卡子隔套之间的间隙一般为 1~3 mm。

② 钢板弹簧总成中,各弹簧片侧面均应与第一片并齐,宽度差不得超过 3 mm。

③ 钢板弹簧组装后,其中部各片应相互贴合,各片之间的间隙不大于 1.2 mm,间隙的长度不得超过相邻两片接触总长度的 1/4。钢板弹簧两侧与钢板弹簧吊耳,吊耳与钢板弹簧支架内端面的间隙,两侧各为 0.50~1.00 mm。

④ 钢板弹簧总成装配后,应进行弹力试验,在标准压力下,拱度不得低于原标准的15%。

⑤ 钢板弹簧U形螺栓,必须加弹簧垫圈或锁紧螺母。螺母按规定力矩拧紧后,螺栓顶端应露出螺母。

4. 解放 CA1121 汽车钢板弹簧维修

钢板弹簧总成损坏后应解体检查和维修。

① 检查各弹簧片有否断片、裂纹、破损或减薄,必要时更换,特别是主片更为重要。

② 检查钢板弹簧吊环、吊环销和弹簧销是否磨损、裂纹、弯曲或螺纹损坏,必要时更换。

③ 检查钢板弹簧衬套和吊环支架衬套是否磨损、裂纹或变形,必要时更换。

④ 检查U形螺栓和紧固螺母,有否裂纹、损坏或变形,检查螺纹是否损坏,必要时更换。

⑤ 装配钢板弹簧销时应涂以润滑脂。

⑥ 钢板弹簧装配时要按顺序装好各片,中部压平夹紧,支承面与车轴支承面贴合,U形螺栓螺母夹紧,按规定力矩拧紧,并检查拧紧情况。钢板弹簧U形螺栓螺母是汽车上的重要连接件,将车桥与钢板弹簧和车架连接在一起,组成汽车基本结构,一旦松动和离位将影响到汽车的行驶安全,因此一定要注意拧紧。钢板弹簧U形螺栓螺母拧紧力矩为:前悬架300～400 N·m;后悬架400～500 N·m。

二、筒式减振器的维修

1. 检查减振器的效能

① 从车上拆下减振器。

② 将减振器直立并把下端连接环夹于台虎钳上,用手将活塞杆从缸筒中拉出、压入数次,应有较大阻力,且拉伸力大于压缩阻力为正常。

③ 若无阻力或出现活塞空行程(改变拉压方向后无阻力),一般是由于主要零件损坏或缺油造成的。应修复或更换零件,添加减振液。

④ 如需更换减振器杆时,应同时更换油封。非必要时,不要随便拆换阀门零件。

2. 减振器的分解

筒式减振器如图 15-3-1 所示。

① 把减振杆拉到头,使防尘罩与油缸间露出一段距离,用专用工具拧下贮油缸螺母(1),从工作缸(30)内拉出活塞总成(先用挑针把密封环(7)由导向座(8)的槽内挑出)。

② 拆散减振器杆及活塞总成,旋下复原阀螺母(18)即可把活塞拆下。注意几个阀瓣的位置,以免装配时弄错。

③ 从贮油缸(31)中取出工作缸,从工作缸下端取出支承座总成(非必要时不要拆下)。

3. 零件检修

① 减振器杆弯曲、变形应修复或更换。

② 活塞外表面、工作缸内表面严重磨损或严重拉伤应更换。轻微拉伤,打磨后清洗干净,可继续使用,同时要更换减振液。

③ 检查弹簧、阀瓣,损坏应更换。

④ 检查油封、密封环,有漏油现象应更换。

⑤ 连接环防尘罩损坏应更换。

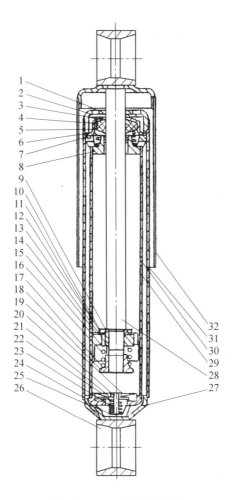

图 15-3-1 筒式减振器

1—贮油缸螺母;2—密封垫;3—贮油缸盖;4—油封;5—油封垫圈;6—油封弹簧;7—密封环;8—导向座;
9—导向座衬套;10—通液阀弹簧片;11—通液阀阀瓣;12—活塞;13—复原阀阀瓣;14—复原阀垫圈;
15—复原阀弹簧座;16—复原阀弹簧;17—复原阀下调整垫圈;18—复原阀螺母;19—补偿阀弹簧片;
20—压缩阀芯杆;21—补偿阀阀瓣;22—压缩阀阀瓣;23—压缩阀弹簧;24—支承座;25—压缩阀弹簧座;
26—连接环;27—贮油缸底座;28—减振器杆;29—隔片;30—工作缸;31—贮油缸;32—防尘罩

4. 减振器的装配

① 减振器杆及活塞总成的装配。按拆卸相反的顺序进行装配。装配油封时,应注意其方向,把外表面具有圆角的一端朝向贮油缸螺母,装配前在油封内表面涂以润滑脂。把油封套在减振器杆上时应注意不要碰伤刃口。

② 在工作缸的一端压入支承座总成,检查隔片的位置是否正确,隔片距支承座的距离(指隔片到工作缸与支承座接缝处的距离)为 120 mm,然后把工作缸与支承座总成装入贮油缸内。

③ 加注。EQ1092 汽车减振器液加注量为 370～390 mL。无量杯的情况下,可把工作缸取出,直接向贮油缸加油,油平面应距贮油缸上端面 125 mm。

④ 把减振器杆及活塞总成装入工作缸内,使导向座止口套入工作缸,装好密封环,以 59 N·m 的扭矩拧紧贮油缸螺母。拧紧贮油缸螺母后,减振杆应能自由滑动,不允许有发卡

现象。

⑤ 有条件的单位,应在减振器性能试验台上做性能试验,还应观察减振器不能有漏油现象。试验条件为频率(100±3)次/分钟;行程(100±1)mm;温度(20±5)℃。技术要求为压缩阻力 490~686 N;复原阻力 2 450~3 038 N。

第四节　轮胎的维护

汽车行驶中,轮胎是直接与地面接触的部件,它对提高汽车的行驶速度、降低发动机功率消耗,都有着直接的关系。

轮胎的主要原材料为橡胶。一部载重汽车,轮胎的消耗约占其维修费的 10%~25%。因此,正确使用、维护及加强对轮胎的保养,延长其使用寿命,不仅有它的经济价值,而且对提高汽车的动力性、经济性都是非常重要的。

一、轮胎的正确使用

轮胎的使用寿命与轮胎气压的高低、载荷的大小、道路条件以及汽车的行驶速度等都有着很大的关系。因此,要正确地选配轮胎且在使用中应注意以下几点:

1. 轮胎选配的基本原则

① 轮胎尺寸应与车型相适应。如尺寸过大会降低汽车的牵引力;尺寸过小会使轮胎负荷超载。为此各车型轮胎的规格与气压应符合原车的使用规定。

② 换用新胎时,最好能全车成套地更换。如不能这样做,应将新胎装于前轮,避免前轮摆动与侧滑,以保证前轮行驶的稳定性。同一辆汽车上所装的轮胎,厂牌、型号和花纹力求一致。

③ 后轮安装双胎时,禁止将高、低压胎和大、小花纹胎混装,且两胎的磨损程度也应相近似,要选用磨损较轻的装于外边,以适应拱形路面,内胎和衬带的尺寸,都必须与外胎相适应。

2. 安装轮胎应注意的事项

① 装合轮胎时,应彻底清洁外轮内部和内胎外表面,内胎和衬带不得有损坏。内胎不得有漏气,装配时,应在内胎外表面和外胎内表面涂上一层粒度 100 目以上的滑石粉。

② 内胎气门嘴不得歪斜变形,螺纹不得损坏,气门嘴防尘帽必须完整无损、配备齐全,同一轴上双胎安装时气门嘴应相错 180°。

③ 人字花纹的轮胎,应按胎侧上的指示方向安装,车轮安装后,轮胎气门嘴不得压在制动鼓或制动鼓的检视孔盖处。

④ 在同一辆汽车上,对损耗小、质量好的外胎,应安装在前轮上。牵引车前、中、后桥装用的轮胎,其规格和磨损程度应近似一致,同一车桥上的两轮胎直径差不得大于 6 mm。

3. 保持正常的轮胎气压

汽车在行驶中,应注意经常检查轮胎气压,发现气压不足,应及时给予充气,使之保持原车所规定的使用气压。

检查轮胎气压应用轮胎气压表。若气压过低,轮胎变形较大,造成外胎的帘布层与橡胶之间脱离,使内、外胎的磨损加剧。尤其是外胎,加速了线层与面胶剥离、胎表内壁破裂、帘线折断、帘线松散脱胶等早期损坏现象。

如汽车在行驶中遇到障碍物时,造成局部变形过大,会使胎体内部破裂。这种局部破裂将逐渐发展、扩大,最后导致外胎爆破。若气压过高,会使轮胎与地面的接触面积减小,使轮胎的内应力增大,加速了胎面中部的磨损,夏季行车时,由于温度高,还会造成轮胎爆破的危险。为此,应按规定气压使用轮胎。

4. 正确驾驶、按规定装载

正确驾驶,按规定装载、重量分配要均匀,尽量维持合理的车速行驶,少用紧急制动,转弯时要减速,否则会大大降低轮胎的使用寿命。前轮定位、转向角要符合原车规定;轮毂轴承紧度要合适,否则,对轮胎的使用寿命也有很大的影响。

5. 按时进行轮胎换位

轮胎在使用中,因其安装部位和承受负荷的不同,磨损情况也不一致。后轮胎承受的负荷大,磨损较严重,一般比前轮胎要大 20%～30%。为了使轮胎磨损尽量趋于一致,安装在同一辆汽车上的轮胎,运输车辆在行驶 10 000 km 左右时,应进行轮胎换位。轮胎换位如图 15-4-1 所示。

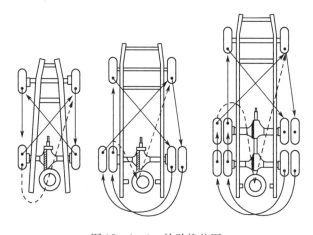

图 15-4-1 轮胎换位图

小　结

本章主要讲述了运输车辆行驶系统在使用中常见的损伤形式、原因及排除方法,运输车辆车架、悬架的维修方法,车辆轮胎的使用与维护。

思 考 题

1. 运输车辆行驶系在使用中常见的损伤形式有哪些?主要原因是什么?
2. 运输车辆钢板弹簧装配要点是什么?
3. 如何检查筒式减振器的效能?
4. 汽车轮胎在使用中如何正确地维护?

第十六章　汽车总装及修竣后的检验

汽车各总成、合件、零件修竣后,须组装成为一辆完整的汽车。这种组装过程称为汽车的总装。

汽车总装后,尚需加以调整,使各部分都符合技术条件的规定要求,最后在行驶中试车予以检查,并鉴定其是否确实修理完好,此项检查称为修竣检验。

汽车总装配的工作是否完善,修竣检验是否落实,对汽车将来的使用性能和运行安全,均有着极大的影响。

第一节　汽车总装

将汽车各总成、合件、零件进行必要的清洁、检查与调整后,还应做好各项准备工作。例如:所需用的机工具、设备、各种垫片(圈)、开口销等,特别是一些专用的螺栓(帽)应备齐,以免误工时。同时还应遵循装配顺序,确保人身和机件安全。

各种汽车虽然结构不完全一样,但装配顺序基本相同。具体步骤如下:

1. 安装前桥

先将车架架好,把装好车轮和钢板弹簧的前桥推到车架下面,使钢板前端孔与车架上支架孔对齐,装入前钢板销。再用同样方法装入后端吊耳及支架。也可以先在车架上装好钢板弹簧,再装前桥及车轮。最后装减振器。

装前桥时应注意钢板销、吊耳销与衬套的配合,钢板销孔两侧与吊耳的配合间隙最大不超过 0.8 mm,否则应加垫调整。装好锁紧螺栓及黄油嘴;减振器拉杆孔中的橡胶套应完好无损,对不对称的钢板弹簧应注意安装方向。

2. 安装后桥

后桥安装的方法和注意事项与前桥相同。

3. 安装制动器

对液压制动装置,先装制动总泵,然后安装油管,使之与各轮分泵连接。气压制动装置的安装应先装贮气筒和控制器,再用气管连接各制动气室,并将气管固牢,以防颠振折断或磨破。

4. 安装离合器踏板和制动踏板

将踏板支架装在车架上,在踏板轴上装好离合器及制动踏板,轴在支架孔内的间隙或制动踏板与轴的间隙一般为 0.08~0.25 mm。装好离合器分离叉拉杆、总泵推杆及控制器拉杆,并装各弹簧。

5. 安装发动机和变速器

装配时,将发动机和变速器先装合在一起,然后装到车架上,也可以分别安装。

发动机支承处应装好橡胶垫圈。发动机与车架有连杆时,应装好。

6. 安装传动轴

装好中间支承后,将万向节突缘接头与变速器和主减速器突缘用螺栓装好。装好的传动轴两端的万向节叉应在同一平面内;传动轴分两段的,先装前面短的,后装后面长的,并且短传动轴两端万向节叉应相互垂直,长传动轴两端万向节叉应在同一平面内;传动轴各黄油嘴同在一个平面内,以便润滑;中间轴承两边盖连接螺丝不要扭的过紧,以防橡胶变形过大,轴承工作位置不适而早期损坏轴承。

7. 安装消声器

将排气管与排气歧管之间装石棉衬垫,并用螺栓(铜螺母)装好,排气管与消声器用夹箍装好,并固定好消声器。

装驾驶室时注意不要损伤外表,与车架固定处应装橡胶软垫。固定螺栓的螺母下边应有平垫圈,紧固后装上开口销。

8. 安装转向器

转向器装在车架上,固定螺栓应用弹簧垫,且先不扭紧,待转向管柱在驾驶室先固定后再扭紧转向机固定螺栓。然后装转向摇臂,装摇臂时,先把两前轮转到直线行驶位置,蜗轮在蜗杆中间(从一个极限转到另一极限总圈数的一半),最后把摇臂装到摇臂轴上并与直拉杆连接。装好弹簧垫并拧紧摇臂固定螺母。

9. 装汽油箱

汽油箱原位装在驾驶室内段的,螺栓下如有弹簧的按原样装好,拧紧螺母穿上开口销。汽油箱装在车架侧方的,应将衬带垫在油箱与夹箍和支架中间并固定牢。最后装好油箱。

10. 安装保险杠、叶子板和脚踏板

将脚踏板装在车架上,然后装挡泥板和叶子板,叶子板和脚踏板之间装有橡胶垫块。最后装保险杠及拖车钩。

11. 安装散热器及发动机罩

散热器与车架连接处,应装橡胶垫,螺母不能拧得太紧,以免胶垫失去弹性作用,穿上开口销。然后装上百叶窗,上、下水管及外罩,要使百叶窗开关灵活,开足关严。最后装发动机罩及拉杆。

12. 安装全车电路及仪表

线缆应拉紧固定牢靠,各线头应接触良好,振动时灯光不得闪烁。

13. 各部加注润滑油、液

按规定加足滑脂和润滑、汽油和水。

液压制动总泵加足制动液后,需要排除总泵里的空气。

14. 安装车箱

用U形螺栓将车箱与车架连接好,在其连接处车架纵梁的槽内应加衬木。

汽车的装配顺序不是固定不变的,但以不影响后续工作为原则。汽车总装后,应检查、调整离合器、制动踏板的自由行程、前轮前束、方向盘游隙、点火正时、制动蹄片间隙、轮胎气压等。在行驶中发现的问题,须再次检查调整。

第二节　汽车修竣后的检验

汽车总装后,还须进行行驶检验,检查各总成技术状态,并对行驶发现的故障予以排除,以达到大修标准,此项工作称为修竣检验(又称为路试)。

修竣检验分为行驶前、行驶中、行驶后三个阶段,现分述如下。

一、行驶前的检验

将汽车停放在平坦路面上,检查顺序、项目、方法如下:

1. 检查车辆四周外表

① 保险杠、叶子板、发动机罩、驾驶室是否平整。要求左右叶子板高低差不得超过 15 mm。否则,可能是车架变形、左右钢板弹簧弹力不均、左右轮胎尺寸及气压不一致、叶子板变形等。

② 保险杠、拖车钩、灯是否固定牢,散热器罩、发动机罩、叶子板、驾驶室等是否平整,其结合处是否严密。

③ 车门开关、玻璃升降器是否灵活,关闭是否严密。

④ 车箱是否平整、牢固、尾灯、制动灯是否装好。

⑤ 油箱、备胎是否安装牢固。

⑥ 喷漆是否均匀、有无起泡、皱纹、变色斑点或漆流等。

2. 到车下检查

① 转向装置、制动装置各部件是否安装牢固,各处开口销、螺帽、弹簧垫圈是否齐全、可靠。

② 变速器、后(前)桥内油面高度是否合适,曲轴箱、变速器、后桥、转向机、液压总泵等有无漏油现象。

③ 钢板弹簧有无错位,骑马盘螺栓是否牢固,管路、电线是否装卡得当、可靠。

④ 传动轴及万向节是否松动。

3. 打开发动机罩检查

① 发动机罩开、关是否灵活,拉杆是否完好,关闭是否严密。

② 发动机附件是否齐全,有无漏油、漏水现象。

③ 曲轴箱油面高度是否合适,气缸盖螺栓是否紧固。

4. 进入驾驶室检查

① 检查离合器、制动器踏板自由行程是否合适,手制动杆拉到底应为 3～5 响,并将各踏板、手制动杆踏(或拉)到极限位置时,不应碰到底板。

② 检查灯光、喇叭工作情况。

③ 检查百叶窗、阻风门、手油门是否灵活。

④ 检查转向盘游动间隙是否符合规定。

5. 启动发动机(动态检验)

① 检查各仪表工作情况。

② 检查发动机工作情况。

6. 检查前束、转向角及轮胎气压

① 检查轮胎气压是否符合规定。

② 检查前束是否符合规定。

③ 检查转向角是否符合要求。

检查中发现故障应及时排除,然后进行行驶检验。

二、行驶中检验

行驶中检验主要是检查底盘各总成的工作状况。要求是:装载为原车载重量的75%;行驶全程一般不应超过30 km;行驶速度以30 km/h为宜。检查项目及顺序如下:

① 起步前发动机应达到正常温度,并检查一遍信号装置及仪表工作情况。

② 离合器应分离彻底,结合平稳,无打滑、发响和发抖等现象。检查方法如下:踏下离合器踏板少许,使分离轴承运转,应无响声;挂挡时不应有齿轮的撞击声;拉紧手制动后,起步时发动机应熄火;当松开手制动,正常起步时,离合器不应抖动;BJ212离合器在完全结合状态下,分离杠杆不应发响。

③ 先低速行驶2~3 km,待底盘各总成温度逐渐提高及润滑逐渐正常,各部有无不正常响声,踩一脚制动,检查一下制动效能,而后提高车速,检查底盘总成有无异响;转向是否单边及摆头等;变速器是否跳挡。

④ 严格检查制动装置,是否有单边,制动距离应符合规定。

手制动器在车速不超过15 km/h,缓缓拉手制动杆,应能刹住车,或在20%~30%(11°~17°)的坡道上能刹住车。

⑤ 检验中还应注意驾驶室、汽油箱等有无松动现象。车门及玻璃应关闭牢靠,不得自行打开。

⑥ 必要时,应停车检查,变速器、后桥油温不应超过70 ℃(当气温30 ℃时),各油封、制动鼓、轮毂轴承温度不能太高(较气温高20 ℃左右),一般用手摸时能忍受住为宜。

⑦ 检查一下是否有漏油、漏水现象。

对行驶中检查出来的故障应及时排除。

三、行驶后的检验

行驶后的检验在于发现汽车经过运行、颠簸振动,各部机件温度已逐步正常的情况下无漏油、漏水、松动、脱落或温度过高等现象。

① 将车辆停放在平坦干燥的地面上,进一步查看车容;各轮毂轴承及制动鼓温度是否过高。

② 散热器、水泵、气门室边盖、气缸盖衬垫是否漏水。

③ 汽油、机油及制动管道是否漏油,油底壳、飞轮壳、气门室边盖、正时齿轮盖是否漏油。

④ 变速器、后桥、转向机等是否漏油;油封处是否过热。

⑤ 转向横直拉杆等传动机构有无松动;前后钢板是否错位;骑马攀螺栓是否松动;车箱等有无松动。

⑥ 检查发动机有无异响。

⑦ 检查灯光、信号装置、消声器是否正常。行驶后发现的故障应及时排除,如需要拆修或

调换总成时,应重新进行行驶检验。

第三节　汽车的验收

汽车验收是检查修竣汽车是否符合竣工验收条件。送修单位接车时也应按竣工验收条件验收。其主要规定如下:

① 送修单位接车时,应对外部状况及装置情况进行检查和验收。当修理质量不符合竣工验收条件的规定时,承修单位应返工修理,否则,送修单位有权拒绝接车。

② 送修单位要进行路试检验时,往返里程不得超过 30 km。如对某一部件发生疑问,接车人员不得分解检查,但可要求承修单位进行局部拆检。

③ 当发现某些总成、部件有故障时,承修单位必须及时查明原因,予以排除。

④ 验收合格后,承修单位要签发合格证,并填写《竣工车辆(总成)交接表》。

⑤ 凡在《送修车辆(总成)交接表》上已注明短缺的总成或主要零件,承修单位可收缺件费,否则不得另行收缺件费。

第四节　油料及特种液的使用

一、油料的使用

1. 汽油的使用

汽油是汽油发动机的动力燃料。目前,车用汽油的牌号有 $90^\#$,$93^\#$ 和 $97^\#$;无铅汽油分为 $90^\#$,$93^\#$ 和 $95^\#$。若用代号表示如 RQ－90,"R"和"Q"是"燃料"和"汽油"汉语拼音的字头,短横线后的数字代表辛烷值,是汽油的牌号,数字越大,抗爆性越好。

汽油牌号的正确选择,决定于发动机的压缩比和工作条件。压缩比高的发动机,应选用牌号较高的汽油,否则用低牌号汽油易产生爆燃,使发动机功率下降、损坏机件、耗油量增加;压缩比低的发动机可使用牌号较低的汽油,使用牌号高的汽油不经济。一般发动机使用汽油的牌号应按原厂规定执行。

2. 柴油的使用

柴油是柴油发动机的燃料。柴油发动机具有使用可靠、故障少、加速性能好、耗油量低等特点,且柴油资源丰富、价格便宜、安全经济,载重车辆上广为采用。目前柴油的牌号是根据凝点而确定的,有 $10^\#$,$-10^\#$,$-20^\#$ 和 $-35^\#$,它们的凝点分别是 273 K(0 ℃),263 K(－10 ℃),253 K(－20 ℃)和 238 K(－35 ℃)。另外,为保证在寒区使用,还生产有 $50^\#$ 柴油,其凝点为 223 K(－50)。

选用什么样的柴油,是根据柴油发动机本身转速的高低、构造性能及工作条件决定的。原则上,柴油的浊点应低于当地全年最低温度3 ℃～5 ℃,而凝点必须低于使用地区最低气温的5 ℃左右,才能保证发动机顺利工作。根据使用地区不同,一般可按以下情况选用。$0^\#$ 柴油适于全国各地4～9月份使用,长江以南地区全年可用;$10^\#$ 柴油适于长江以南地区冬季和长江以北地区严冬使用;$20^\#$ 柴油适于长江以北地区冬季和长江以南、黄河以北地区严冬使用;$35^\#$ 柴油适于东北和西北严寒地区使用。

3. 润滑油的使用

润滑油包括发动机机油和齿轮油,由于运动机件在高温、高压和高速条件下工作,必须得到良好的润滑。因此,对润滑油的品质应有较高的要求。

(1) 润滑油的品质要求

① 具有适当的黏度:黏度过大或过小都不好。黏度过大,温度降低时,流动性变差,供油困难、阻力增大,发动机冷启动困难;黏度过小,不易形成良好的油膜,不但不能保证润滑,而且也失去密封保护作用,加剧机件磨损。

② 较好的黏温性:发动机的工作温度范围大,油温从 0 ℃~200 ℃ 变化,要求黏度随温度的变化不能太大。

③ 有良好的抗氧化安定性:柴油机多是复式润滑,它对机油的抗氧化安定性比汽油机更高。

④ 优良的油性:发动机的工作条件差,仅靠黏度不能保证润滑,还必须具有能减轻摩擦、减缓磨损的优良油性。

⑤ 要有抗腐蚀性:不含杂质和水分等。

(2) 发动机机油

机油在使用中的注意事项:

① 应按说明书选用机油,加入规定限量,不可过多或过少。

② 稠化机油与其他机油掺和虽不影响润滑,但却影响低温启动,所以,换油时要防止不同牌号掺用。

③ 机油含有多种添加剂,使用性好,一般条件下可在行驶 10 000~15 000 km 时更换机油。

④ 加强油管、滤清器保养和曲轴箱通风,以免水汽和燃气混进机油里。

(3) 汽车用齿轮油

车用齿轮油要有适当的黏度、优良的油质和无腐、防锈、抗氧化、抗泡沫及压干抗乳化性。
齿轮油的正确使用与保管:

① 汽车的变速器、差速器、分动器、驱动桥和转向器等在江南地区全年使用夏用齿轮油;温、寒区全年使用冬用齿轮油和寒区齿轮油。

② 凡属双曲线齿轮驱动桥汽车,江南地区全年通用夏用双曲线齿轮油;寒区全年用冬用双曲线齿轮油。

③ 一般在行驶 30 000 km 时应换油,若发现变质、有水,要及时更换。

④ 保管中防止氧化或混入水分、杂质和不同种类、牌号、质量的油料。

4. 润滑脂

润滑脂俗称黄油,它由润滑油和稠化剂制成,常温下呈油膏状,不流动,能像液体一样润滑,受热后会变稀。车用润滑脂主要有:钙基、钠基、钙钠基、石墨润滑脂和工业凡士林等。近年锂基润滑脂生产、使用逐渐增多。

(1) 钙基润滑脂

钙基润滑脂的特点是抗水性好,遇水不易乳化、呈油膏状、黏附性、安定性好,便于储存。其缺点是耐温性差,在 100 ℃ 以下将会使水分蒸发失去润滑作用,适于潮湿、接触水和温度不超过 60 ℃~80 ℃ 的摩擦部位用。

（2）钠基润滑脂

钠基润滑脂的特点是耐热性强,完全溶化后仍有润滑作用。其缺点是耐水性差,遇水会溶解。一般常用于轮毂轴承。

（3）钙钠基润滑脂

钙钠基润滑脂属混合皂基润滑脂,熔点高于钙基润滑脂,抗水性比钠基润滑脂好。一般用于水泵、分电器和长期在山区执行任务的汽车轮毂轴承。

（4）石墨钙基润滑脂

石墨钙基润滑脂是由磷片石墨、动植物油和机械油制成的墨色油膏,具有一般钙基润滑脂性质,并有良好的抗压性。适用于大负荷、低速、低温的粗糙机件用,如钢板弹簧叶片。

（5）工业凡士林

工业凡士林是由石蜡或地蜡与润滑油配成,其特点是耐水性好、耐压性强,但耐热性差,适用于防腐蚀的部件使用。

另外,锂基润滑脂是目前世界上应用最广的一类,它兼有其他皂基脂的共同优点,又有良好的耐磨性、耐高温。可在100 ℃的高温使用,抗水性比钠基脂好。它能代替钙基润滑脂全年使用,适于严寒地区的汽车使用。

（6）润滑脂的正确使用与保管

① 各轮毂轴承、底盘各黄油嘴（传动轴的十字轴承除外）及分电器油杯加钙基润滑脂；在严寒地区应尽可能使用锂基润滑脂。

② 不同牌号、种类及新旧润滑脂不可混用、乱用。保管中容器应加盖封严,以防混入水和杂质；在无库存放时,应防风避雨和日光照晒；要坚持推陈存新的原则,注意检查。一旦不宜久存时,应尽快发出使用。

二、特种液的使用保管

汽车常用的特种液有制动液、减振液和防冻液三种。

1. 制动液

汽车制动装置使用的制动液俗称刹车油,刹车油必须能确保行车安全可靠,它要求沸点高、蒸发少、耐热不易变质、低温流动性好、不腐蚀机件、吸水性小、有适当黏度。常用的制动液有植物油型、合成油型和矿油型三种。

在使用中,严禁不同种类、牌号的制动液油混用（掺兑）,否则会失效。醇型制动液易燃,保管使用中应特别注意防火。

2. 减振液

减振器内灌注的油液为减振液。目前各型汽车用的减振液多是用变压器油和汽轮机油按体积各50%配合而成的,也可用70%的车用机油和30%的轻柴油按体积掺和。

3. 防冻液

防冻液是汽车发动机冷却系用的低冰点冷却液。目前使用的主要是用水分别与乙二醇、酒精和甘油等按一定比例混合而成的。其特点是：冰点比水低,以防止冷却系结冰；长效的乙二醇-水防冻液,能防冻、防沸、保护冷却系金属和免积水垢等。

在保管使用中应注意的问题：

（1）乙二醇－水防冻液

其优点是冰点低,沸点高,挥发损失少,热容量大,冷却效率高,黏度较小。其缺点是有毒,使用时应注意不能进入口内,易氧化产生酸性物质腐蚀金属,对橡胶有轻度腐蚀性,可对钢、铁、铜、铝的机件防腐蚀。

（2）酒精－水防冻液

其优点是流动性好,散热快,酒精来源较广,易配制。其缺点是:酒精易蒸发,沸点低,损失大,冰点能逐渐随酒精蒸发而变高,使用不经济,酒精易燃,容易发生火灾,所以在使用时应特别注意防火。

（3）甘油－水防冻液

甘油不易蒸发和着火,对金属腐蚀性较小,但不易降低冰点,使用不经济。

小　结

本章主要讲述了运输车辆总装过程的注意事项,车辆修竣后的检验、油料及特种液的使用与保管。

思 考 题

1. 叙述车辆总装的基本步骤。
2. 车辆行驶前的检查有哪些?
3. 车辆行驶中的检查有哪些?
4. 车辆行驶后的检查有哪些?
5. 车辆对润滑油的品质有哪些要求?
6. 车辆发动机机油使用中的注意事项有哪些?

第十七章 专用拆装设备

第一节 专用拆装工具

一、拉器

拉器主要用于拆下轴承、齿轮等压件,分为螺旋式、液压式和锤击式三种。螺旋式拉器结构简单、重量轻、制作方便、紧固耐用而使用最多;液压式拉器的主要优点是拉力大,但它较为复杂且密封要求高,所以大型压件使用较多;锤击式拉器结构简单、使用方便,但拉力较小且为冲击力,主要用于拉开口销、盲孔中衬套或轴承。图 17-1-1 所示为常用螺旋式拉器。

二、活塞环钳

活塞环钳可以把活塞环从活塞上取下或装上,适用于直径在 75~105 mm 的活塞环。既可提高速度,又能防止环的断裂,如图 17-1-2 所示。

三、活塞环收紧钳

组装发动机时,因为活塞环总是张开的,所以把带环活塞放入气缸中相当困难。因此,需要使用收紧活塞环的夹具,预先把环收紧在活塞环槽中,使其开口闭合,这样活塞很容易地推入气缸中去。如图 17-1-3 所示,这种夹具有一个 T 形的回转手柄和用特殊钢制成的弹簧卷圈,可徒手收紧活塞环。

图 17-1-1 螺旋式拉器

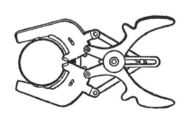

图 17-1-2 活塞环钳

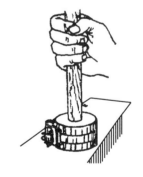

图 17-1-3 活塞环收紧钳
1—T 形回转手柄;2—弹簧卷圈

四、电解液比重计和高率放电计

1. 电解液比重计

电解液比重计由浮子、贮液管(如图 17-1-4(a)中的 1,2)和吸球组成。吸球将电解液吸入贮液管中,从浮子的刻度上即可读出比重值。

冬天蓄电池放电程度不大于25%,夏天不大于50%,电解液比重和放电程度如表17-1-1。表中的数值是指温度在15 ℃而言。温度每升高1 ℃,应在测量到的比重值上加0.000 7,每降低1 ℃则应减去0.000 7。因此在测量电解液比重时,还应使用温度计,并进行换算。

表17-1-1　电解液比重和放电程度

充足电时电解液比重/(g·cm⁻³)	放电25%	放电50%
1.29	1.25	1.21
1.27	1.23	1.19
1.25	1.21	1.17

2. 高率放电计

高率放电计可以准确地检查蓄电池的放电程度及其技术状况。它可使蓄电池在类似使用起动机的条件下检查蓄电池的电压降。

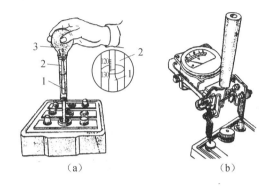

图17-1-4　电解液比重计和高率放电计
1—浮子;2—贮液管;3—吸球

因为在此负荷下,蓄电池电压降的大小完全是由蓄电池的技术状况及其放电程度决定的。

图17-1-4(b)中的高率放电计有两根低电阻负荷线,这两根低电阻负荷线是用铜镍合金制造的,无论温度如何,导线的电阻都不变,以保证测试的准确性。由于导线电阻极小,测试时导线中可通过150~400 A的大电流,以此来模拟起动机工作用电情况。

五、丝锥和板牙

1. 丝锥

手用丝锥的结构如图17-1-5(a)所示。丝锥切削部磨出锥角,使切削负荷分布在几个刀齿上,这可以使操作省力,不易崩齿,切削表面粗糙度低,且在攻丝时导引作用也好。

一般M12以下的丝锥采用锥形分配,因此攻通孔可用头锥一次攻成,二(三)锥用来对不通的根部攻丝。M12(含)以上的丝锥采用柱形分配,因此,一定要用最末一支攻过才行。头

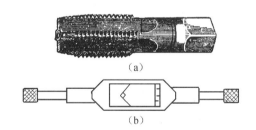

图17-1-5　丝锥和丝锥铰手
(a)丝锥;(b)丝锥铰手

锥、二锥、三锥用分别刻在柄部的一、二、三道圆环表示。丝锥的支数标在丝锥的螺纹规格前,如2-M10为两支一套的10 mm粗牙丝锥,2-M10×1表示两支一套的10 mm细牙丝锥。

2. 丝锥铰手(丝锥扳手)

丝锥铰手是用来安装丝锥或铰刀的,通常使用活络式丝锥铰手。丝锥的方榫部放在铰手的静块和动块之间,旋动活络手柄,即可将丝锥夹紧。铰手的规格以长度表示,常用230 mm和280 mm两种。230 mm铰手可夹装M3~M10的丝锥,280 mm铰手可夹装M6~M14的丝锥,如图17-1-5(b)所示。

3. 板牙

板牙两端锥部都是切削部分,故两端无正反之分,如图 17-1-6(a)所示。板牙中部是定

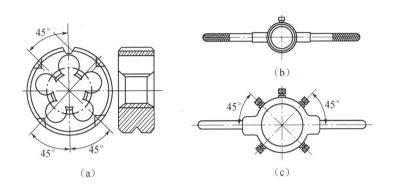

图 17-1-6 板牙和板牙铰手
(a) 板牙;(b) 板牙铰手;(c) 板牙铰手

径和导向部分。M3.5 以上的圆板牙,其外圆上有四个紧定螺钉坑和一条 V 形槽。其轴线通过板牙的圆心,是将板牙固定在铰手上用来传递扭矩的。板牙定径部分磨损后,可用锯片砂轮沿板牙 V 形槽将板牙切割出一条通槽,用铰手上另外两个紧定螺钉顶入圆板牙上面两个偏心锥坑内,使圆板牙定径部分尺寸缩小,调节范围为 0.10~0.25 mm。当板牙锯开后,V 形槽开口处旋入螺钉可使板牙尺寸增大。

4. 板牙铰手

板牙铰手又叫板牙架。常用的有两种,如图 17-1-6 中(b),(c)所示,b 种铰手结构简单,尤为常用,但是起不到调节板牙尺寸的作用。

第二节 轮胎螺母拆装机

轮胎螺母拆装机由电动机带动大皮带盘以 320 r/min 的速度旋转,大皮带盘储有很大的转动惯量,相当于一个飞轮。大皮带盘上装的撞击块碰上打盘,打盘经花键带动输出轴,可使输出轴获得冲击力矩 490 N·m 以上,如图 17-2-1 所示。

1. 操作

① 使用时将插头插入 AC380 V 50 Hz 电源。电源应有安全防护接地线。

② 打开工具箱,从中取出长套筒,插入输出轴即可拆装轮胎螺母。如果需要其他规格套筒,将其插入长套筒即可拆装。

③ 用倒顺开关控制输出轴正转与反转。

④ 拆锈死的螺母时,可先将开关位置放在反向,当大皮带盘反转过大半圈时,快速将开关

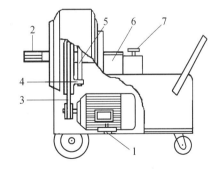

图 17-2-1 轮胎螺母拆装机
1—皮带张紧调整螺丝;2—输出轴;3—皮带;
4—撞击块;5—打盘;6—工具箱;7—倒顺开关

扳回,使大皮带盘上撞击块更有力地撞击打盘,输出即可获得更大的冲击力矩。如遇到难拆的螺母可多冲击几次。螺母拧紧方法按上法反向进行。

2. 维护

① 如果冲击力矩不够大,说明皮带用松了,可调节皮带张紧螺丝。皮带磨损过大,应予更换。

② 每两个月在轮轴与转向轮上加注机油,以免轮与轴生锈卡死。

③ 每年进行一次保养,将轴承内旧油脂洗净,换上新油脂,油脂装入空隙的1/3,不宜过多。

第三节 半轴套管拉压器

半轴套管拉压器为专用维修设备,仅能拉压半轴套管,有手动式、液压式、电动机械式等。在不拆除后桥主减速器和差速器条件下,可以拆装汽车后桥半轴套管。半轴套管拉压器由锥块、拉头、拉杆、支承套(根据车型选配)、拉帽等组成,结构如图17-3-1。

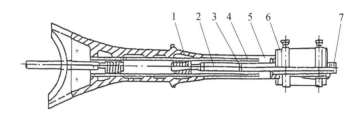

图17-3-1 半轴套管拉压器
1—锥块;2—拉头;3—拉杆;4—支撑套;5—壳体;6—油缸;7—拉帽

一、拆卸半轴套管

① 先将欲拆下半轴套管侧的半轴、车轮、轮毂拆下。

② 将拉头与锥块安装好,然后再接上一根拉杆和短接杆,插入被拆的半轴套管内。

③ 将支承套筒装在半轴套管外,并与油封配合处卡住,拉动拉杆,使锥块卡住被拆半轴套管内孔,此时接杆突出支撑套筒外端面220～225 mm为宜。

④ 将支承套筒上连接盘与45 T液压油缸底部螺纹连接,端面全面接触。拉杆从油缸内孔穿过。

⑤ 把拉帽拧在拉杆端部螺纹上,确保拉帽与拉杆端面接触。

⑥ 用两根高压胶管分别连接油缸和换向阀的接头座,初步试压。当拉帽刚刚与油缸杆端螺母接触受力时,调整各连接部位和轴线的对中,无误后,方可加压拆卸。

⑦ 如果一次未拆下,可以扳动换向阀手柄,使液压油缸回位,用木锤敲击拉帽,松开锥块与套管内孔连接,重新安装,第二次施压,直至拉出。

⑧ 扳动换向阀手柄使液压油缸回位,拆除拉器及液压系统。

二、安装半轴套管

① 将拉头、锥块连接起来,然后再接上4根拉杆,使接杆从被安装的桥壳轴孔穿入到后桥另一端,把欲安装的半轴套管套入锥块上。

② 把支承套筒装在另一端半轴套管外,并与油封配合处卡住,拉动拉杆,使锥块卡住被安装半轴套管内孔,此时另一端拉杆应突出支撑套筒外端 220~225 mm 为宜。

③ 将支承套筒上连接盘与 45 T 液压油缸底部螺纹连接,端面全面接触,拉杆从油缸内孔穿过。

④ 拉帽拧在拉杆端部螺纹上,确保拉帽与拉杆端面接触。

⑤ 用两根高压胶管分别连接油缸和换向阀的接头座。

⑥ 使被安装半轴套管端部的位置对正后桥壳端孔,初步试压,当拉帽及各部位刚刚受力时,调整各连接部位和轴线对中无误后,方可施压安装。

⑦ 当油缸行程近 80 mm 时,松开锥块与半轴套筒内孔的连接,重新调整拉杆长度,再使锥块与半轴套管内孔卡住,第二次加压安装,直到使半轴套管安装到位。

⑧ 扳动换向阀手柄,使油缸回位,拆除拉器及液压系统。

第四节 前、后桥 U 形栓螺母拆装机

前、后桥 U 形栓螺母拆装机如图 17-4-1 所示。

1. 操作

① 使用时将插头插入 AC380 V 50 Hz 电源。电源应有安全防护接地线。

② 打开工具箱,从中取出合适套筒,插入轴套即可拆前、后桥 U 形栓螺母。如果需要其他规格套筒,将其插入轴套上即可拆装。

③ 用倒顺开关控制输出轴正转与反转。

④ 安装前、后桥 U 形栓螺母时,应先用手将螺母拧紧几丝扣,再用前、后桥 U 形栓螺母拆装机。避免丝扣拧滑。

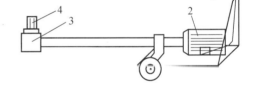

图 17-4-1 前、后桥 U 形栓螺母拆装机
1—倒顺开关;2—交流电动机;3—轴套;4—套筒

2. 维护

① 每两个月在轮轴与转向轮上加注机油润滑,以免轮与轴生锈卡死。

② 每年进行一次保养,将轴承内旧油脂洗净,换上新油脂,油脂装入空隙的 1/3,不宜过多。

小 结

本章应重点掌握电解液比重的检查及拉器、丝锥的几种形式。

思 考 题

1. 在广州的6月份,测量一块12 V铅酸蓄电池电解液比重为 $1.21g/cm^3$,问此蓄电池放电程度达到多少?
2. 在使用M14丝锥对不通根部攻丝时,是否需要三锥?为什么?如何选?
3. 试想轮胎螺母拆装机采用哪些原理设计的?你会自制吗?
4. 拆半轴套管时,液压拉压器和电动拉压器在使用中哪种效果好?为什么?

第十八章　清洗、加注设备

第一节　超声波清洗机

超声波清洗机利用超声波在介质中传播时产生的穿透性和空化冲击波,将带有复杂外形、内腔和细孔的零件表面进行强力冲击、清洗的功能来彻底清除零件表面的顽固积炭、尘土、油污。

1. 操作

① 将零件放入清洗盆。

② 接通电源。把电源线的一端插入清洗机的插座,另一端接在 AC 220 V 电源插座内,打开位于主机侧面的电源开关。

③ 在超声波清洗槽内加入适量的超声波清洗剂,浸过零件表面 20 mm 左右即可。

④ 打开超声波电源开关。

⑤ 在控制面板上选择超声波清洗功能,然后设定时间(系统默认为 10 min),按 运行 键即可。清洗完毕,系统自动停止,并由蜂鸣器鸣叫提示。

⑥ 若清洗不干净,可将零件翻转一下,打开清洗液加热开关进行加热。再次清洗,直至干净为止。

⑦ 取出零件,用自来水冲洗零件表面清洗液并擦干。

2. 维护

超声波清洗液选用汽车专用清洗测试剂(也可用汽油代替,但要注意防火)。使用一段时间后会积累较多杂质,需进行更换。

第二节　发动机清洗机

发动机清洗机能在发动机不解体的情况下对发动机燃料系、润滑系、冷却系清洗。本节以 FQ-1 型汽车发动机不解体清洗机为例介绍。

一、简介

发动机清洗机所有仪表、连接部位均用中文注释,简单方便。

1. 面板(如图 18-2-1)

通过面板可完成发动机清洗的参数设定、清洗控制和运行工况显示。其主要部件有:

① 运行工况指示灯:自动指示清洗机的运行工况。

② 燃油系清洗时间显示窗口和 清洗 操作键:接通电源后,清洗时间自动预置为 60 min。

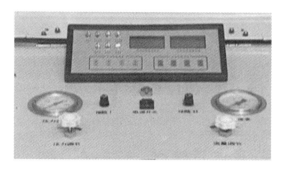

图 18－2－1 面板

每按一次 加时 键或 减时 键,可增加或减少清洗时间 1 min,设定清洗时间在窗口直接显示。 清洗 键具有双重功能,第一次按下开始清洗,再按一次停止清洗。按 复位 键恢复系统初始设置。

③ 冷却系清洗时间显示窗口、 清洗 操作键:接通电源后,清洗时间自动预置为 60 min,每按一次 加时 键或 减时 键,可增加或减少清洗时间 1 min,设定的清洗时间在窗口直接显示。第一次按下 注液 键,开始向发动机加注清洗液,再按一次停止注液。

助力 键用于清洗过程中循环助力,第一次按下 助力 键开始助力,再按一次停止助力。

④ 电源总 开关 、电源 指示灯 和 保险 装置。保险管规格为 6×30 mm,10 A。

⑤ 燃油系清洗 压力表 、供油 压力调节阀 、 流量调节阀 和冷却系清洗 温度表 。

2. 清洗机左侧

清洗机左侧设有燃油系清洗液箱,由清洗液加注口、箱体和清洗液沉淀过滤器组成。

3. 清洗机右侧

清洗机右侧设有电源和各种管线快速接口。

① 右上角为 AC 220 V 电源接口,配有三芯电源线(其中一线接地)。

② 中间两个为燃油系清洗管路快速接头。

A. 左边是 进油管快速接头 ,经红色进油管、快速过渡接头与发动机的进油管相连接。

B. 右边是 回油管快速接头 ,经黑色回油管、快速过渡接头与发动机的回油管相连接。这是连接好的燃油系清洗进、回油管。

③ 下面四个为冷却系清洗管路快速接头与清洗机配套使用。

A. 左上方是 进水口快速接头 ,经钢丝加强塑料管、变径过渡管与发动机水箱的进水口相连接。

B. 左下方是 回水口快速接头 ,经钢丝加强塑料管、变径过渡管与发动机水箱的回水口相连接。

C. 右下方是 清洗液进口快速接头 ,与钢丝加强塑料管相连后插入清洗液箱。

D. 右下方是 清洗液回口快速接头 ,与钢丝加强塑料管相连后插入清洗液箱。

④ 冷却系清洗配套附件:钢丝加强塑料、变径过渡管与接头。

⑤ 燃油系清洗配套附件:各种快速接头和快速过渡接头,适用于现有的各类汽、柴油发动机。

⑥ 燃油系专用清洗剂:针对国内燃油而研制,适用于汽油、柴油发动机与清洗机配套使用。

⑦ 冷却系专用清洗剂:针对国内水质特点而研制,与清洗机配套使用,溶垢、除锈效率高,对金属基本无腐蚀。

二、清洗液配制

1. 燃油系清洗液配制

(1) 配制汽油发动机燃油系清洗液

取一瓶燃油系清洗剂(约 300 mL)与 1 200 mL 汽油混合后形成燃油系清洗液,用于清洗汽油发动机。

(2) 配制柴油发动机燃油系清洗液

取一瓶燃油系清洗剂(约 300 mL)与 600 mL 柴油混合后形成燃油系清洗液,用于清洗柴油发动机。

(3) 燃油系清洗液配制比例

① 汽油发动机燃油系清洗液:清洗剂、汽油的比为 1:4。

② 柴油发动机燃油系清洗液:清洗剂、柴油的比为 1:2。

2. 冷却系清洗液配制

取一瓶冷却系清洗剂(约 1 kg)倒入 10 kg 清水中,充分搅拌,待其完全溶解后即形成冷却系清洗液,可用于发动机冷却系的清洗。

冷却系清洗液配制比例:清洗剂、清水的比为 1:10。

如水垢特别严重,可根据具体情况在 1:10 至 1:5 范围内配制清洗液。

三、操作

1. 燃油系清洗

燃油系清洗机适用于化油器式无回油汽油发动机、化油器式有回油汽油发动机、电喷汽油发动机和柴油发动机的不解体快速清洗。清洗操作方法如下:

(1) 化油器式无回油汽油发动机燃油系清洗

① 松脱待清洗发动机输油泵与燃油过滤器之间的管路接头。

② 选择快速过渡接头,固定在输油泵进油管的接头处。

③ 将进油管的一端与快速过渡接头相连接,另一端插入清洗机的 进油管快速接头 。

④ 检查管路接头处的密封情况。

⑤ 打开清洗液箱盖,向清洗液箱中加入汽油发动机燃油系清洗液,拧好箱盖。

⑥ 将三芯电源线插入 AC 220 V 电源插座。注意:外接电源一定要接地良好、防火。

⑦ 打开清洗机电源 开关 。如有必要,按燃油系清洗 加时 键或 减时 键,调整清洗时间。

⑧ 逆时针旋转 压力调节阀 到底,此时的燃油供油压力为最小。

⑨ 按燃油系 清洗 键。

⑩ 启动发动机开始清洗。

⑪ 顺时针旋转 流量调节阀 ,缓慢减少供油量,使发动机保持怠速运转,避免因流量过大、化油器内油面过高而造成发动机熄火。注意:流量调节阀不得顺时针方向拧死。

⑫ 清洗结束前 7 min,系统自动声光报警提示。

⑬ 液晶窗口的时间显示为零时,清洗自动结束,迅速关闭发动机。

⑭ 拆除清洗管路,恢复发动机原有管路。

⑮ 启动发动机,检查管路接头是否渗漏。如发现渗漏,应及时紧固。

(2) 化油器式有回油汽油发动机燃油系清洗

① 松脱发动机输油泵与燃油过滤器之间的管路接头。

② 选择合适的快速过渡接头,固定在输油泵进油管的接头处。

③ 将进油管的一端与快速过渡接头相连接,另一端插入清洗机的 进油管快速接头 。

④ 松脱发动机回油管至油箱的管路接头。

⑤ 选择合适的快速过渡接头,固定在发动机回油管的接头处。

⑥ 将回油管的一端与快速过渡接头相连接,另一端插入清洗机的 回油管快速接头 。

⑦ 选择两种快速过渡接头,经专用连接管组合,将发动机进油管和回油管相连接。

⑧ 认真检查管路接头处的密封情况。

⑨ 打开清洗液箱盖,向清洗液箱中加入适量汽油发动机燃油系清洗液,拧好箱盖。

⑩ 将三芯电源线插入 AC 220 V 电源插座。注意:外接电源一定要接地良好。

⑪ 打开清洗机电源 开关 ,按燃油系清洗 加时 键或 减时 键,调整、确定清洗时间。

⑫ 逆时针旋转 压力调节阀 和 流量调节阀 至最大位置。此时,供油压力最小,供油量为最大。

⑬ 按下燃油系 清洗 键,启动发动机保持怠速运转。

⑭ 观察压力表的指针变化,使发动机保持怠速运转。

⑮ 清洗结束前 7 min,系统自动声光报警提示。

⑯ 当液晶窗口的时间显示为零时,清洗自动结束,迅速关闭发动机。

⑰ 拆除清洗管路,恢复发动机原有管路。

⑱ 启动发动机,检查管路接头是否渗漏。如有渗漏,应及时紧固。

(3) 电喷汽油发动机燃油系清洗

① 松脱发动机输油泵与燃油过滤器之间的管路接头。

② 选择快速过渡接头,固定在输油泵进油管的接头处。

③ 将进油管的一端与快速过渡接头相连接,另一端插入清洗机的 进油管快速接头 。

④ 松脱发动机回油管至油箱的管路接头。

⑤ 选择快速过渡接头,固定在发动机回油管的接头处。

⑥ 将回油管的一端与快速过渡接头相连接,另一端插入清洗机的 回油管快速接头 。

⑦ 选择两种合适快速过渡接头,经专用连接管组合后,将发动机的进油管和回油管相连。

⑧ 认真检查管路接头处的密封情况。

⑨ 打开清洗液箱盖,向清洗液箱中加入适量配制好汽油发动机燃油系清洗液,拧好箱盖。

⑩ 将三芯电源线插入 AC 220 V 电源插座。注意:外接电源一定要接地良好。

⑪ 打开清洗机电源 开关 ,按燃油系清洗 加时 键或 减时 键,调整清洗时间。

⑫ 按动燃油系 清洗 键,顺时针缓慢旋转 压力调节阀 增加供油压力。
⑬ 观察压力表的变化,当压力指示达 0.30～0.55 MPa 且不再变化时,启动发动机开始清洗。
⑭ 如有必要,逆时针旋转 流量调节阀 增大供油量,使发动机保持正常的怠速运转。
⑮ 清洗结束前 7 min,系统自动声光报警提示。
⑯ 当液晶窗口的时间显示为零时,清洗自动结束,迅速关闭发动机。
⑰ 拆除清洗管路,恢复发动机原有管路。
⑱ 启动发动机,检查管路接头是否渗漏。如有渗漏,应及时紧固。

(4) 柴油发动机燃油系清洗
① 松脱发动机输油泵与燃油过滤器之间的管路接头。
② 选择快速过渡接头,固定在输油泵进油管的接头处。
③ 将进油管的一端与快速过渡接头相连接,另一端插入清洗机的 进油管快速接头 。
④ 松脱待清洗发动机回油管至油箱的管路接头。
⑤ 选择快速过渡接头,固定在发动机回油管的接头处。
⑥ 将回油管的一端与快速过渡接头相连接,另一端插入清洗机的 回油管快速接头 。
⑦ 选择两种合适的快速过渡接头,经专用连接管组合后,将发动机的进油管和回油管相连接。
⑧ 认真检查管路接头处的密封情况。
⑨ 打开清洗液箱盖,向清洗液箱中加入适量配制好柴油发动机燃油系清洗液,拧好箱盖。
⑩ 将三芯电源线插入 AC 220 V 电源插座。注意:外接电源一定要接地良好。
⑪ 打开清洗机电源 开关 ,按燃油系清洗 加时 键或 减时 键,调整清洗时间。
⑫ 按动燃油系 清洗 键,启动发动机开始清洗。
⑬ 注意观察 压力表 。如有必要,逆时针旋转 流量调节阀 增大供油量,使发动机保持怠速运转。
⑭ 清洗结束前 7 min,系统自动声光报警提示。
⑮ 当液晶窗口的时间显示为零时,清洗自动结束,迅速关闭发动机。
⑯ 拆除清洗管路,恢复发动机原有管路。
⑰ 启动发动机,检查管路接头处是否渗漏。

2. 冷却系清洗

① 打开发动机的冷却液排放阀,排空冷却液后,关闭排放阀。
注意:A. 发动机及冷却液的温度较高,操作时应格外小心,避免意外烫伤。B. 防冻液可回收使用。如有必要,可用容器接收排出的防冻液,待清洗结束后,重新使用。
② 取下节温器或松脱节温器出水口水箱散热器之间的胶管。
③ 将变径接头与散热器进水口的胶管相连接,另一端经钢丝加强塑料管与清洗机 进水口快速接头 相连接。
④ 将变径管与发动机节温器的出水口相连接,另一端经变径接头、钢丝加强塑料管组合

后与清洗机 回水口快速接头 相连。

⑤ 将钢丝加强塑料管与清洗机的冷却系 清洗液进口快速接头 相连接后,另一端放入清洗液箱中。

⑥ 将钢丝加强塑料管与清洗机的冷却系 清洗液回水口快速接头 相连接后,另一端放入清洗液箱中。

⑦ 检查所有管路接头的连接和紧固情况。

⑧ 将三芯电源线插入 AC 220 V 电源插座。注意:外接电源一定要接地良好。

⑨ 按 注液 键向发动机冷却系内加注冷却系清洗液。

⑩ 当清洗液注满发动机水箱后,再按注液键停止注液。

⑪ 启动发动机开始清洗。

⑫ 注意观察温度表的指针变化。当温度接近或达到 100 ℃ 时,按动 助力 键帮助循环。温度下降后,再按动 助力 键停止助力。

⑬ 清洗结束前 5 min,系统声光报警提示。此时,立即用清水替换清洗液,直到清洗结束。提示:应提前准备适量的清水待用。

⑭ 关闭发动机,拆除清洗管路,恢复发动机冷却系原有管路。

⑮ 打开冷却液排放阀,排空冷却液,关闭排放阀。

⑯ 重新给发动机加注冷却液。

⑰ 启动发动机,检查管路接头处是否渗漏。如有渗漏,应及时紧固。

四、维护

① 外接 AC 220 V 电源要接地良好。

② 燃油系清洗剂易燃,注意防火。

③ 首次使用该设备前,应向清洗机的水泵加注适量清水,防止摩擦过热而损坏水泵。

提示:可将钢丝加强塑料管与清洗机的清 洗液进口快速接头 相连后,通过钢丝加强塑料管的另一端加注清水。

④ 更换油品后,应及时排空清洗液沉淀过滤器并清洗干净。

提示:更换油品指由汽油发动机燃油系清洗液更换为柴油发动机燃油系清洗液或由柴油发动机燃油系清洗液更换为汽油发动机燃油系清洗液。为保证发动机顺利启动,除尽量排空清洗液箱和管路中的残留清洗液外,还必须拧下清洗液沉淀过滤器,彻底排空残留的清洗液。

⑤ 清洗过程中,发动机声音异常或怠速不稳,应及时停机查找原因,排除故障。

提示:主要原因是发动机燃油系积炭过多所致。如果火花塞的积炭过多,在清洗过程中有可能形成积炭流,使火花塞的电极短路,影响发动机个别或多数气缸工作。排除方法:拆下火花塞,检查电极间是否存在积炭。如有积炭,可用硬纸片刮除。

⑥ 水箱锈蚀严重时,尽量避免清洗冷却系。

提示:水箱外观锈蚀严重时,有可能水箱壁已经锈穿。此时,由于水垢的存在,起着密封锈穿部位的作用,可以继续使用。如果清洗冷却系,必然清除水垢,使水箱的锈穿部位失去保护而造成冷却液泄漏。此种情况,多需更换水箱。

⑦ 每月定期启动清洗机一次,分别按动燃油系 清洗 键和冷却系 注液 键,使其内部的油泵、水泵等设备运转 2~3 min,以保持其良好性能。

⑧ 连续清洗 50 台发动机或使用 3 个月,应更换清洗机内的燃油过滤器。

第三节　高压水清洗机

高压水清洗机种类繁多,本节以苏州黑猫(集团)有限公司生产的 QL-380 清洗机为例介绍。

一、操作

① 开箱后根据装箱单情况核对清楚,附备件及文件资料要妥善保管。

② 取出机具本体及推把,从备品包中取出橡胶脚垫,套在支承脚上。

③ 向泵内注入 L-AN46~68(旧牌号 10#~40#)机械油至油标转 1/2 位置。

④ 检查各连接处螺母、螺钉是否松动。

⑤ 将该机移到工作点,认真检查使用的电源是否符合要求。

⑥ 若用长喷枪,喷枪上的换向喷头可帮助实现扇形孔喷头或圆形孔喷头的快速切换。扇形孔喷头适用于大面积污垢表面清洗,圆形孔喷头适用于污垢特别严重的表面清洗。换向喷头实现换向,只需关闭扳机后,将喷杆旋转 180°后开机即可。

⑦ 连接高压胶管。把胶管装有快换接头的一端与本机的出水口快换接头相连,将胶管的另一端紧固在喷枪扳机式阀体上。

⑧ 把进水管带螺母的一端与进水口过滤器进水口相连接,另一端套在自来水龙头上,旋紧螺母。接通水源及电源,打开扳机,等进水口过滤器内空气排尽后,即可进入工作状态。若用水箱向泵供水时,应在开机的同时,从进水管向泵内灌水,并打开扳机,以排尽管路中的空气。等泵正常工作后,将进水管置于水箱中即可,此时水箱水位不得低于进水口过滤器,且进水管必须装有滤网。

⑨ 清洗作业时,喷头与清洗面的距离不宜太远。双手一定要握紧扳机阀柄和喷杆。

⑩ 清洗作业时,进水口过滤器压力以不超过工作压力(7 MPa)为宜。若有特殊需要时,也可将进水口过滤器压力升到最高压力(8 MPa),但注意设备在最高压力状态下连续运转不得超过 10 min,升压调节在喷射状态下进行即可。

⑪ 新机在使用 20 h 后,必须更换机油。放油时,将设备倾斜,以放尽泵内机油,随后注入柴油,清洗泵内腔,直到放出的柴油清洁为止,然后重新注入机油,对延长设备使用寿命非常重要。在累计使用到 100 h 再以同样方法更换机油。以后每隔 100~200 h 更换机油一次。

⑫ 长期不用时,应将设备泵内剩水排尽,方法是将进水管离开供水系统,开机脱水运转 0.5 min 左右,同时拆下高压胶管以排尽管内剩水。

二、维护

① 使用前必须核对该机供给电源(380 V,10 A)并装有漏电保护开关。

② 务必用有良好接地的插座与之相配,不使用时必须切断电源。

③ 对于原产品上"不可重接插头",不得擅自改动。

④ 不可在雨中使用该机,更不能用水清洗电机,以免使电器绝缘遭受损坏、发生危险。如果开关防水罩破损,必须及时更换。

⑤ 严禁用湿手插或拔电线插头,更不允许用拽电线方法来拔电器开关或移动机器。使用室外电源时,插头、插座必须为防水结构。

⑥ 防止电源线接触热源、油、锋利刀刃等。勿将电源线置于路口,确保安全。

⑦ 在进行保养及维修前,必须切断电源。

⑧ 泵内未加机油时,严禁开机运转或试运转。

⑨ 该机使用常温清水,进水水温不得超过40 ℃。禁止在0 ℃或更低的环境下使用,严禁使用酒精、汽油、盐酸等易燃、易腐蚀液体作为清洗介质。

第四节　润滑油加抽机

本节以青岛金华技术发展有限公司生产的GC-3B抽注油两用机为例介绍。

一、操作

1. 抽油、放油

(1) 抽油

① 将抽油机所带的三芯电源插头,插到机外带有接地线的单相交流220 V三芯插座上,接通电源后,电源指示灯亮。

② 将 功能选择 开关按至左边 抽油、放油 位置。

③ 选择合适的吸油管插入抽油管(黑色)接口上,将曲轴箱的油尺拔出,把吸油管放入带有余温的曲轴箱内,并插至底部,关闭油管上的球阀。

④ 把左边的三位开关按至 抽油 的位置时, 抽油指示 灯亮,真空泵开始工作。当真空表降至-0.5 MPa时,打开油管上的球阀,此时开始抽油。当抽油工作快结束时,应不断移动吸管在底部的位置,以使底部边缘的油抽净。

⑤ 抽油工作结束后,将开关按至中间 停止 位置。

(2) 放油

当密封罐内的废油达到一定量时,就会在机器前面的视窗中显示,当油在红线位置时,应停止抽油,并将密封罐中的废油全部排除。操作方法是:

① 将自备的废油桶放在本机前面的手动放油阀下,打开阀门。

② 选择 功能选择 开关按至左边。

③ 将左边的三位开关按至 放油 位置,放油指示灯亮,废油即从罐中排除,直至排完为止。

④ 放油结束后,将三位开关按至 停止 位置。

⑤ 关闭阀门。

2. 加油、进油

（1）加油

① 将 功能选择 开关,按至右边 加油、进油 位置。

② 选择合适的加油管插在加油管(红色)接口上,将油管插入曲轴箱内,打开油管上的阀门。

③ 将右边的三位开关按至 加油 位置,加油指示灯亮,并开始加油。此时机器上面的有机玻璃油罐内新油就会流入曲轴箱内,油罐上有刻度,每大格为 1 L。当加至规定量时,将三位开关按至 停止 位置,加油工作结束。

④ 关闭油管上的阀门。

（2）进油

当有机玻璃新油罐内的油不足,需要补充时,可以将机外的新润滑油移到本机有机玻璃油罐中(注意油品(机油、齿轮油)的不同)。方法是:

① 选择粗管插入加油管(红色)的接口上,将油管插入用户自备的新油桶内,打开阀门。

② 将 功能选择 开关按至右边。

③ 将右边的三位开关按至 进油 位置。进油指示灯亮,开始往有机玻璃罐中进油。当油加至 12 L 时,将开关按至 停止 位置。进油工作结束。

注意:进油时,油面不能超过 12 L 的位置。

二、维护

① 吸油作业应在热车情况下进行。

② 选择好合适的吸油管,在能放进曲轴箱的情况下,尽量选用粗管,用粗管吸油速度较快,并把吸油管插到底。

③ 废油快吸完时,应轻轻向下活动吸管,然后再试吸,以保证底部的废油抽干净。

第五节　润滑脂加注器

润滑脂加注器用于各种机械设备的润滑脂加注,如图 18-5-1 所示。

一、操作

① 上旋丝杆,使压簧总成、密封总成升到顶部。拧下滚花螺丝,将丝杆、筒盖、压簧总成和密封总成提出筒内(若紧,可左右活动提出)。

② 将黄油加入筒内(不易加油太满),将丝杆、压簧总成、密封总成装入筒内,对正 4 个丝孔将滚花螺钉插入旋紧,将丝杆下旋对黄油施加一定压力。

③ 卸下放气螺钉,下旋丝杆,将黄油压到贮油桶底部,当放气螺钉露出黄油时,将放气螺钉拧紧。

④ 脚踏脚踏板数次后,将高压管里充满黄油,当脚踏板阻力加大时,拿起油枪,勾动扳机

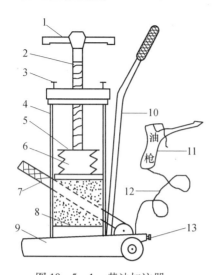

图18-5-1 黄油加注器

1—丝杆手柄;2—丝杆;3—滚花螺丝;4—贮油筒;5—压簧总成;
6—密封总成;7—脚踏板;8—过滤网;9—底座;10—手把;
11—油枪;12—高压油管;13—放气螺钉

即可加注润滑脂。加油几次后,再下旋丝杆,将黄油紧压油筒底部(丝杆压力不要过大)。

二、维护

① 将密封总成装入筒内时要缓慢,以免使密封总成安装不下。如果安装不下,上下拉几次即可装入。

② 脚踏脚踏板时,感到有明显阻力应停踏。若没阻力,可下旋丝杆1~2圈。如还没阻力可打开放气螺钉排出气体。

③ 油枪不出油时,卸下油枪嘴清洗即可。

④ 筒内装有过滤网,使用中应定期清洗。

⑤ 加油完毕,应上旋丝杆1~2圈减压。

第六节 制动液更换机

本节以青岛金华技术有限公司生产的WH-505型气压式刹车油交换机为例介绍。

一、操作

① 将刹车油加满(可使用多部车,不需补充)。
② 接上气压,打开进气开关。
③ 调整进气压力,正常使用压力为0.05~0.15 MPa。若刹车总泵上油杯薄时,将压力降低,以免油杯破裂。
④ 选择合适配件装在汽车刹车总泵上。
⑤ 将刹车油更换机的出口接头接至刹车总泵上。
⑥ 打开刹车油出口开关(直线为开,左右为关)。
⑦ 以上操作完毕,再将汽车各分泵的排气口放松,将油排出。
⑧ 换油时,为避免新旧混合,应先将油杯上的旧油吸出,再加上新油。

二、维护

① 加刹车油时应先将内部气体排出,再打开进气开关(以免刹车油由加油口溢出)。
② 第一次使用时,应先将该机胶管内的空气排出。

小 结

本章应重点掌握发动机清洗机、制动液更换机的使用。

思 考 题

1. 在汽油发动机燃油系统清洗中,供油压力调节阀在初始状态压力大好还是最小好?为什么?
2. 在超声波清洗机中放入纯净水可以洗掉轴承内的油脂吗?为什么?
3. 如何使用制动液更换机?

第十九章 机加设备

第一节 汽车外形修复机

本节以青岛金华技术发展有限公司生产的 ZX4500 型汽车外部修复机为例介绍。

一、面板

面板如图 19 - 1 - 1 所示,主要组成部分有:

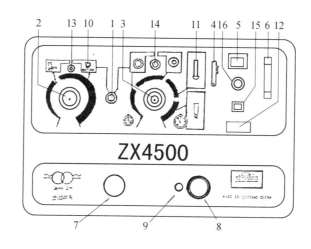

图 19 - 1 - 1 面板

1—模式转换开关;2—能量调节钮;3—定时调节钮;4—温度保护灯;5—电源灯;6—电源开关;
7—电缆线;8—电缆线;9—焊枪控制电缆连接器;10—能量调节图形指示;11—定时调节图形指示;
12—电源;13—手动模式 LED 指示灯;14—自动模式 LED 指示灯;15—开关;16—蜂鸣器

① 模式转换开关。可选择两种操作模式,即手动和自动。

左边:手动。焊接时间由焊把上按钮控制,焊接能量由能量旋钮调节,此时 LED 灯(13)亮,加热或热压可用此模式。

右边:自动。焊接时间由定时钮调节,焊接能量最大(焊把按钮接通时,只通电一次),此时 LED 灯(14)亮,规范点焊用此模式。

② 能量调节钮(手动模式用)。

③ 定时调节钮(自动模式用)。

④ 温度保护灯。当大功率模块的温度小于 85 ℃ 时灯亮,大于 85 ℃ 时灯灭,并自动锁定无能量输出。

⑤ 电源灯。

⑥ 电源开关。
⑦ 电缆线:接地。
⑧ 电缆线:接焊枪。
⑨ 焊枪控制电缆连接器。
⑩ 能量调节图形指示:加热及热压时使用。
⑪ 定时调节图形指示:自动模式、点焊时使用。
⑫ 电源:AC 220 V。
⑬ 手动模式 LED 指示灯。
⑭ 自动模式 LED 指示灯。
⑮ 开关(定时调节扩展2倍)。点焊为 0~0.5 s,常规为 0~1 s。
⑯ 蜂鸣器。短响一声,表示控制电路正常;如蜂鸣器长响,说明大功率模块温度超过 85 ℃,此时控制电路自锁,无能量输出。

二、操作

1. 手动

模式开关拧到左边,由焊枪控制钮控制焊接时间。用能量调节钮调节焊接能量如图 19-1-2 所示。在加热操作中常用此模式,如用炭电极,量调到最小。

注意:如果能量过大,热时过高,有可能引起燃烧。

几点建议:

① 清洁焊接表面,如去漆、除污等。
② 焊极固定良好,接触加热点,然后按焊枪开关。
③ 采用循环加热方式,由外到内使加热均匀,压点复原。
④ 每次操作后应冷却,如用湿布。热压时应用专用电极,能量应稍大一些。

2. 自动

模式开关拧到右边。如前所述方法做焊接准备,如钉、垫圈、螺栓、钢板(最厚1.2 mm),用定时调节钮调节点焊时间,如图 19-1-3 所示。

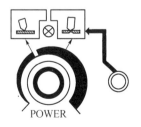

图 19-1-2 用 能量调节钮 调节焊接能量

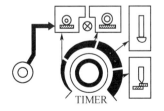

图 19-1-3 用 定时调节钮 调节点焊时间

三、维护

① 经常清洁焊点及焊件。
② 电极锁紧,安装焊件,接触焊点并轻压 29.4~49 N 且按下开关。焊接停止后再移开焊

枪,防止打火或焊接不良。

③ 接地,按图 19-1-4 所示方法将地线钳固定好,地线钳不能远离焊接点 7 m 以上。将图 19-1-4 所示电缆线夹在地线钳上,注意检查接触良好。

④ 薄板焊接时,两板接触并用钳子夹紧(不是用焊枪),上薄板厚度 <1.2 mm。

⑤ 检查焊极是否损坏、变形或严重磨损。

⑥ 注意电流回路不要通过轴承类结构。

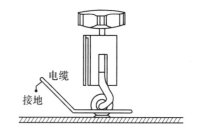

图 19-1-4 电缆接地方法

⑦ 定时扩展。在自动方式,操作者可将能量调节的更精确,以得到更好的焊接质量或方便控制。转换开关(15)打到 0.5 s 位,定时范围为 0~0.5 s。对应此调节范围,铝板厚度也应减至 0.6 mm。转换开关(15)打到 1 s 位,定时范围为 0~1 s,能量提高 1 倍,这可用于较差条件下的焊接。注意:能量与定量调节没有细分度,焊前可先做试验。

⑧ 恒温保护。为防止机器过载,在可控硅模块上装有湿度保护,其状态由相应的警告灯指示(通常为亮,保护动作时灭,且蜂鸣器常响)。

第二节 制动鼓/盘切削机

本节以沈阳二四五厂生产的 C9350 制动鼓/盘切削机为例介绍,机器外形及各部件名称如图 19-2-1 所示。

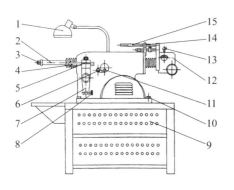
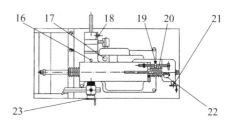

图 19-2-1 机器外形及各部件名称

1—工作灯;2—心轴;3—螺母;4—刀杆;5—夹刀盒;6—放油堵;7—刀架;8—横向锁紧钮;9—挂板;10—螺栓;11—油窗;12—纵向进给箱;13—纵向走刀手柄;14—主轴锁紧钮;15—主轴定位杆;16—注油嘴;17—主轴箱加油孔;18—横向走刀手柄;19—锁紧钮;20—行程控制杆;21—纵向手轮;22—纵向进给调速盘;23—横向手轮

一、操作

1. 使用前的准备和检查

开车前应将机床各润滑部位按要求加注润滑油,主要是主轴箱内、横轴上方注油嘴。

检查电源、电压是否符合要求,开车检查旋转方向是否正确,从主轴端部看应顺时针旋转,否则应重新接线。用摇表检查机体各部是否漏电,若漏电应排除后再使用。

2. 心轴的安装

该机随机配备两种规格心轴,可根据加工件的直径选用,一般刹车盘无毂式制动鼓用 $\phi 25$ 心轴,大直径毂用 $\phi 45$ 心轴。安装心轴前应将主轴锥面、心轴锥面擦拭干净,轻轻插入主轴锥孔内,从主轴后部插入拉杆拧紧即可。

拆心轴时应将拉杆松开 3~4 圈,然后用铜棒轻轻撞击拉杆后部,即可将心轴退松,然后拧下拉杆即可取下心轴。

3. 基本操作

① 该机床是电动机经皮带轮三级变速驱动主轴,主轴带动心轴。制动鼓、盘装卡在心轴上随心轴转动,同时车刀进给,完成盘、毂表面加工。

② 主轴转速的调整:向右旋转皮带罩下方皮带调节杆,放松皮带,将皮带移至所需轮槽中即可获得相应转速。

③ 主轴轴向(纵向)进给速度可通过调整主轴后部进给箱上的无级调速盘获得,刻度为从 2~19,每增加一格或减少一格,进给量增加或减少 0.025 mm/r,可根据加工需要任意调节。一般粗加工应选较大数值 10~18,精加工选择较小数值 4~10。

④ 轴向进给调整必须在机床运转情况下进行,否则损坏机件。

⑤ V 形皮带张紧力的调整:皮带松弛,在进行高强度切削时皮带会打滑;皮带过紧,会导致振动,降低加工精度。因此,应将皮带调节到合适的松紧程度,具体调整方法如图 19-2-2 所示。松开皮带张紧调节螺母,使皮带靠起动机自然张紧,然后拧紧螺母,并向下轻轻搬动调节杆,使皮带张紧适度即可。

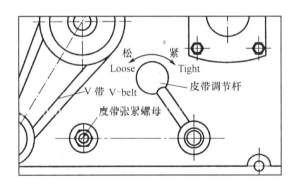

图 19-2-2 皮带张力调节

二、制动鼓装卡与车削

1. 制动鼓的装卡

根据制动鼓的形式、尺寸,选择相应的定心锥套、心轴、压盘、垫圈等。对于常见不同形式的制动鼓装卡方式如图 19-2-3 所示。

① 对于有毂式制动鼓应选与其轴承外圈相配的专用锥套,专用锥套上的标记与轴承标记相同方向使用。如果无专用锥套,可选用合适的双锥面锥套。

② 对于无毂式制动鼓的装卡应严格按图 19-2-3 方法。锥套靠弹簧在制动鼓中心孔自动定心,压盘大小选择应合适,避免碰到毂的凸缘面或螺钉孔,以免影响定位精度。

卡紧时心轴螺母前必须放置自动定心组合垫圈（φ25 心轴），为防止过紧装卡，可随心轴反时针方向扳紧，螺母直到制动鼓和定位锥套、压盘等一起转动时，然后一手搬动制动鼓，一手继续将螺母松 1/16～1/8 周。千万不要过紧装卡，以免损坏各定位元件。

③ 必要时将消音减振皮带套在制动鼓靠右缘上。

2. 制动鼓的车削

① 操纵横向与纵向进给手轮，将制动鼓移至主轴根部，松开刀杆夹盒螺母，将刀杆滑向制动鼓内表面，直到刀具接近制动鼓内表面。刀杆夹盒可在刀架上水平转动，以获得较好的切削角度。

注意：摇动横向手轮时，必须将横向走刀手柄置于"0"位，同时松开刀架、底部锁紧钮；摇动纵向手轮时必须松开主轴上方定位杆锁紧钮。

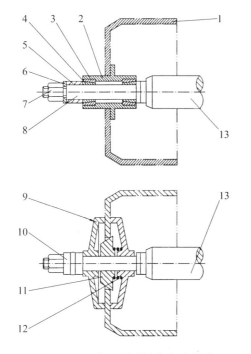

图 19-2-3 典型制动鼓装卡示意图
1—鼓圈；2—轮毂；3—轮毂轴承外圈；4—专用锥套；5—挡圈；6—开口垫圈；7—心轴螺母；8—心轴；9—压盘；10—组合垫圈；11—定心锥套；12—弹簧；13—主轴

② 用手转动制动鼓，看装夹是否合适，是否有影响工作的碍事部位，如有应调整好。此时可开动机床，使刀尖在制动鼓内表面轻划一刀痕，停机床，退刀具，将心轴螺母松开，把制动鼓相对心轴转 180°后重新卡好。开机床，手动进刀，同样再轻划两道刀痕，停机床查看两道刀痕情况。如果两道划痕并列在同一侧面，说明装卡正确；如果两道划痕 180°相对，应重新检查装卡方法；检查锥套、压盘、垫圈等定位件是否有碰伤、划痕等；检查心轴是否有弯曲现象。排除后，再继续验证，直至符合要求。

③ 转动纵向手轮，使刀具接近制动鼓底部，同时转动横向手轮，使刀尖接近毂内表面，然后用手转动制动鼓，观察是否有碍切削现象，确认无误后，即可开动机床进刀切削。

注意：开动机床前应将各机动手柄处于手动位置，即将横向走刀手柄搬至"0"位，纵向手轮搬向右边。

④ 手动进刀，使刀尖刚好切削毂表面，此时即可以确定切削深度，一般推荐粗车切削深度不大于 0.5 mm，精车不小于 0.05 mm。切削深度靠横向手轮控制，手轮一周刻有 100 个格，每一小格为 0.025 mm，逆时针转动为进刀，顺时针转动为退刀（见图 19-2-4）。切削深度确定后，应锁紧刀架底部锁紧螺钉，以防退刀。

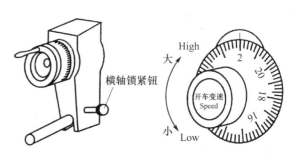

图 19-2-4 横向与纵向调节手轮

⑤ 松开纵向进给调速盘,轴向进给量调整到合适的进给范围。一般推荐粗车为0.15~0.50 mm/r;精车为0.05~0.15 mm/r。调整方法见图19-2-4。

⑥ 根据制动鼓深度设定好进给起点和终点,使进给终止点在轴上移动距离刚好大于制动鼓深度时,将其锁紧,当车削结束后,纵向进给会按设定终止点自动停止进给,如图19-2-5所示。

⑦ 一切准备就绪,即可搬动纵向走刀手柄进入切削,根据毂所需切削直径,确定两次或三次进刀,直至符合所需要求。

三、制动盘的装卡与车削

① 典型的制动盘装卡如图19-2-6所示。

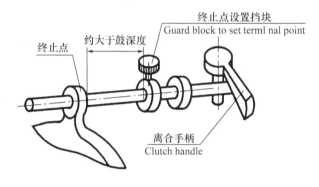
图19-2-5 行程控制装置

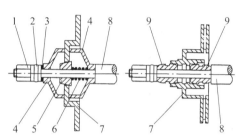
图19-2-6 典型的制动盘装卡
1—心轴;2—组合垫圈;3—调整垫;4—压盘;5—定心锥套;6—弹簧;7—制动盘;8—压盘;9—双锥套

② 安装横刀架:松开刀架上方螺母,取下夹刀盒,将横刀架尾部长槽套入螺杆中,然后拧紧螺母。长槽可供调整刀架制动盘相对位置,应使制动盘处于双刀中间。

③ 调整好刀架与制动盘位置后,应将纵向进给离合手柄处于空挡,并将主轴锁紧,以防车盘时主轴轴向窜动,松开横轴锁紧钮,将刀具几何角度、刀尖宽度调整好,选择好适当主轴转速,一般制动盘适合用中、高速。

④ 摇进刀架,看双刀能否车削到制动盘根部,并用手转动制动盘,看是否有碍切削。

⑤ 准备就绪后即可开车试验装夹情况:进一边刀具在制动盘靠边缘一侧面轻划一刀痕,停车,将制动盘松开重新相对心轴转180°卡好,再在同一侧轻划一刀痕,停车观察两条刀痕情况,如并列在同一处,说明装夹正确,如相对在心轴两侧,则说明装夹有误,同制动鼓装夹方法一样,找出原因,重新装卡。

⑥ 根据制动盘切削厚度确定切削深度,横刀架上进刀手轮每格为0.02 mm,开车后,双刀同时进刀,两面切削。进刀必须在盘的根部开车进刀,注意其切削量应双面计算。

⑦ 切削量对好后锁紧进刀机构,将横向走刀手柄搬向"快"或"慢"位置,即可切削。

⑧ 车削终了,将手柄搬至"0"位,即停止进刀,重复上述过程,直至车削到所需尺寸及精度。

注意:A. 使用中横向行程超过设计范围,刀架将停止进给,此时刀架丝杆与丝母处于脱离状态,如要恢复传动,只需用左手轻推刀架,右手摇动手轮即可,千万不要猛力撞击刀架,以免损伤机件。B. 刀具的安装角度,刀头刃口磨得好坏会直接影响工作的表面加工质量及精度,应根据实际经验仔细调整和刃磨。C. 车制动盘必须戴防护镜,以防铁屑飞入眼睛中。D. 机动进给只能从盘的根部或毂的底部开始进刀至边缘结束。

四、维护

① 工作完毕应及时将机床表面擦拭干净,清除掉铁屑。不允许用高压气吹洗,以防铁屑吹入机床内部的摩擦表面,加速机床磨损。

② 加工完毕应将各定位件从心轴上取下,擦拭干净,存放在工具箱或挂在架上,不得用上述零件移作他用。

③ 不得随意拆卸、更换、调整机床各部件。若必须调整,应请专业人员解决。

第三节　制动蹄片铆磨机

制动蹄片铆磨机由气动控制进行冲铆工作。冲铆时,须踏动脚踏板,二位三通阀开启,冲头(铆头)在气缸和杠杆力作用下,以达到铆钉拆卸或铆合作用。

一、操作

机床外形如图19-3-1所示。

① 安装好机床,关闭控制阀(4),在进气接头(10)上接通气源,调节控制阀就可以进行操作。调整压力表(3)指示在0.4~0.8 MPa压力工作。

② 拆铆钉时,选好合适的上冲头(1)及下冲头(2)。先将制动片上所需拆卸铆钉对准上冲头(1),随后踏动换向阀脚踏板(5),使上冲头下移,冲击铆钉。

③ 铆合铆钉时,根据铆钉直径、型式选用适宜上铆头(7)和下铆头(8),将上铆头(7)插入推顶座(6)内并紧固之,随后将制动片需铆合部位之铆钉与下铆头(8)对准,缓慢踏动换向阀脚踏板(5),使之铆合。

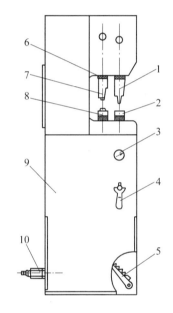

图 19-3-1　机床外形
1—上冲头;2—下冲头;3—压力表;4—控制阀;5—脚踏板;6—推顶座;7—上铆头;8—下铆头;9—机身;10—进气接头

二、维护

经常保持机床的清洁和润滑。

第四节　镗磨缸机

本节以TM8011型镗磨缸机为例介绍。

一、面板

操纵面板如图19-4-1所示。

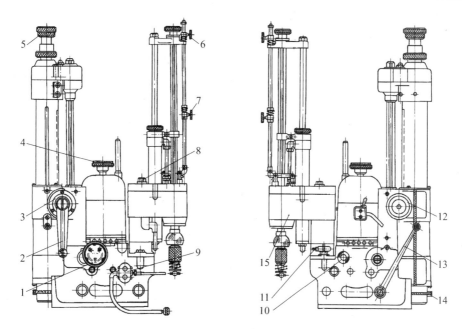

图 19-4-1 操纵面板

1—变速手轮;2—手摇臂;3—自动走刀离合器;4—砂轮盘;5—中心定位手轮;6—行程调节螺钉;7—行程调节螺钉;8—加油孔螺钉;9—冷却油泵;10—磨缸离合手轮;11—磨头锁紧螺钉;12—行程刻度盘;13—扳手;14—中心定位杆

二、操作

1. 镗缸

(1) 安装夹具

将紧固机体的夹具放于气缸孔内,夹具下端钩住缸孔的下端面(如图 19-4-2),用扳手转动调整螺钉,使撑爪轻压缸壁。拉紧螺钉调整到适当高度(使机床能够牢固地紧固于气缸上为宜),准备夹紧。

(2) 选用中心定位杆

将镗磨缸机底座擦净,置于光洁的气缸体平面上,使机体压板上的 T 形槽对正拉紧螺钉(如图 19-4-2),将机体推入。按所镗缸径的大小,选用相应的中心定位杆,对号装入镗头上。

中心定位杆共五副,每副三支,使用范围见表 19-4-1。

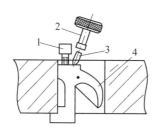

图 19-4-2 调整夹具

1—拉紧螺钉;2—扳手;3—调整螺钉;4—撑爪

表 19-4-1 中心定位杆

编号	适用缸径范围/mm
1	$\phi 65 \sim \phi 77$
2	$\phi 76 \sim \phi 88$
3	$\phi 87 \sim \phi 99$
4	$\phi 98 \sim \phi 100$
5	$\phi 109 \sim \phi 116$

(3) 定中心

将镗轴对准缸孔,摇转手摇臂(2)(如图19-4-1),使镗轴头部伸到缸孔内未磨损部位,拧转中心定位手轮(5),让中心定位杆(14)伸出与缸壁紧紧接触,然后将扳手(13)用力压下,使镗磨机牢牢固定在气缸体上,反转中心定位手轮(5),使中心定位杆(14)与缸壁离开。

(4) 调节行程

根据所镗气缸孔的深度,将行程刻度盘(12)(如图19-4-1)转到所需的刻线数值上。转动时,不宜过猛,以免超出刻度限位。

(5) 选用镗刀

镗刀有大小两种规格,适用于镗削大小不同的缸径,选用范围见表19-4-2。

选好镗刀后,将硬质合金刀插入刀架内(如图19-4-3),刀头露出约8 mm,旋紧固定螺钉,固紧刀头。

表19-4-2 镗刀

类别	镗缸直径/mm
小镗刀	$\phi 65 \sim \phi 75$
大镗刀	$\phi 90 \sim \phi 115$

(6) 研磨镗刀头

新配刀头必须先在砂轮机上按图19-4-3所示角度磨好。

磨镗刀的方法:先将镗刀放入磨刀架凹槽中,旋紧固定螺钉(3)(如图19-4-4)。然后,将磨刀架上的三个孔分别插进定位轴上,在磨轮上放少许机油,即可精磨镗刀。磨刀时刀头摆动,以免磨轮起槽失去平整磨面。

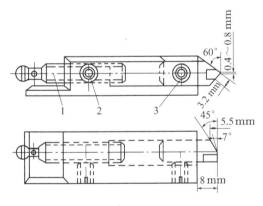

图19-4-3 刀架

1—调整螺钉;2,3—紧固螺钉

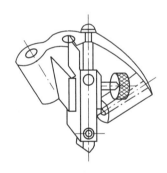

图19-4-4 固定磨刀

(7) 千分尺

该机配用的千分尺是利用0~25 mm千分尺改装的。千分尺的刻度值从65 mm读起,即刻度管上的标的"0"即为65 mm。转柄每转一圈为1 mm。因为刻度管上"0"代表65 mm,故刻度管上的"5"就代表70 mm,"10"代表75 mm,依此类推。镗刀在千分尺上测量的刻度数值,就是缸孔镗削后的直径尺寸。如镗削后发现尺寸不准确,可用标准杆核对千分尺刻度,调整至"0"线。

(8) 变换速度

在粗镗时采用慢车速,精镗时采用快速,变换速度必须停车。用手握住砂轮盘(4)(如图19-4-1),转动电动机轴同时转动变速手轮(1)使变速齿轮咬合后,才能开车。

(9) 镗缸

镗缸前首先将带动磨头的离合手轮(10)(如图19-4-1)拉出来,使磨缸部分和冷却油泵脱离运转,然后开动电动机。用手将中心定位手轮(3)推入,当其离合器接合后再松手,即可自动进刀镗缸,磨至预定深度,便自动回升,回升完毕,关闭电动机开关。假如在镗缸中途需要走刀或镗较浅的孔时,只待镗至所需位置时,用手将手摇把(2)往下按,拇指与食指将中心定位手轮(3)拉出,镗轴即可退刀回升。

2. 磨缸

① 把气缸体放在 1 000×800×100 mm³(长×宽×高)的油盘里(油盘自制),用 100 mm 厚的方木把气缸体垫起,油盘内盛装清洁的煤油(添入 15%~19% 的机油)。

② 将镗磨缸机置于光洁的气缸体平面上,把磨头部分装入机体尾部使磨杆对准缸孔中心,用专用扳手(13)(如图19-4-1)将锁紧螺钉(11)扳紧,然后把机体紧固于气缸体上(固紧方法与镗缸相同),装上珩磨头。

③ 卸下加油孔螺钉(8),加入混合油(机油50%、锭子油50%),使磨头箱和油缸内部存满油。

④ 按照所磨气缸孔的深度,把行程调节螺钉(6)、(7)调至所需要的高度固紧(砂条要有本身的1/4移出上下缸口)。

⑤ 将珩磨头撑开,使砂条与缸壁轻压接触,不宜过紧。

⑥ 电动机开动之前,务必把镗缸部分变速手轮(1)置于空挡位置,然后开机磨缸。

⑦ 测量缸孔直径时,用扳手(13)把磨头锁紧螺钉(11)松开,卸下珩磨头,转动磨头箱体,便可测量缸径。

三、维护

① 经常保持各加工面和滑动部位的良好润滑,如转动轴铜套、传动轴、镗轴表面均应随时用油壶加注机油。

② 变速箱内的机油要定期检查,发现汕内的铜末较多时,要及时清洗换油。

③ 磨头箱内的混合油要经常补充损耗。随冬夏季节、南北地区不同,混合油的配比做适当调整。

④ 机座底面要精心保护,以免损伤或变型,影响机床垂直精度。

⑤ 镗磨缸机使用较长时间后,若发现缸轴与机座孔的配合间隙因磨损而增大,使镗缸精度达不到要求时,可调整镗轴孔的四颗调整螺丝,使机体与镗轴的配合间隙为 0.005~0.010 mm。调整时要注意上下两个螺丝转动量要一致,以保证上下间隙一致。

⑥ 若久用磨损后,发现镗缸行程控制不准确,影响较大时,可将行程刻度盘(12)(如图19-4-1)上的手轮向外拉出,转动 1 只齿,拽回原位测量行程。若实际行程少于刻制数值时,将手轮拉出后顺时针旋转,每转 1 只齿,行程变化约 4 mm。若实际行程大于刻度数值时,将手轮反时针旋转,反复几次便可调准。

进刀回升机构(行程控制机构)见图19-4-5。

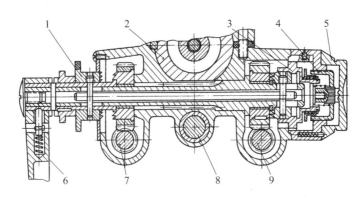

图 19-4-5 进位回升机构

1—自动进刀离合器；2—镗轴；3—回升停止螺帽；4—行程刻度螺丝；5—行程刻度盘；
6—手摇臂；7—进刀蜗杆；8—传动轴；9—回升蜗杆

第五节 连杆校验器

一、连杆组的弯曲、扭曲和双重弯曲的检验

1. 连杆组的弯曲、扭曲检验

首先把连杆组清洗干净，检查杆身和大小端孔及连杆盖结合端面有否损伤，如图19-5-1。松开滚花螺母1，选择与连杆大端孔相适应的涨大块2，按号码装入心轴的槽中，将连杆配上专用心轴或活塞销，然后套进校验器的心轴上，调整好千斤顶3，使小孔中心高度和大孔的中心高度大约相等。松开表架螺钉5，调整好表架6和检验心轴的距离，装上百分表7，推拉拖板拉手，即可同时测出连杆组弯曲和扭曲的数值。

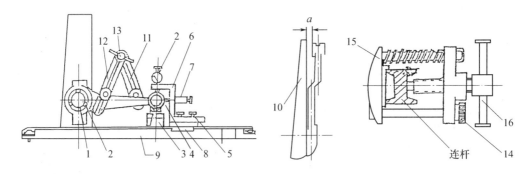

图 19-5-1 连杆固定、校正

1—滚花螺母；2—涨大块；3—千斤顶；4—检测芯棒；5—表架螺钉；6—表架；7—百分表；8—拖板；9—机座；10—角板；
11—扭曲校正器；12—扭曲校正器；13—扭曲顶线；14—调整滚花螺母；15—弯曲校正器；16—手柄

2. 双重弯曲的检验

调整好滚花螺母1，使连杆组的大孔和心轴的配合适度，将大孔的端面和检验角板的平面靠紧，测量小孔的端面和检验角板10的距离 a，然后将连杆组翻转180°，测量小头另一端面到检验角板的距离之差即为双重弯曲值。

二、连杆扭曲的校正

把连杆套进主轴,上紧滚花螺母1,千斤顶3顶住连杆小头,把百分表抵住活塞销(或者检验棒)上母线,推拉手柄测出扭曲方向后,装上扭曲校正器11、12带有顶丝的一只朝人的方向,使两只校正器的小头中心重合,转动扭曲顶线13,观察上母线量表的读数(减去弹性变形值)。如果扭曲方向相反只需把校正器左右对调,前后位置不变,校正时建议靠近连杆,检验时应使连杆处于松弛形状。

三、弯曲的校正

连杆的大孔套进主轴,上紧滚花螺母,把百分表抵住活塞销或检验棒的侧母线,测出弯曲方向后,用手扶住弯曲校正器15,把螺栓的头部对准校正器上的长孔套进,转过90°钩住校正器,然后调整滚花螺母14使其和上螺栓等长,对手柄16施力,另一只手同时扶正校正器,观察侧母线上百分表的读数。如果弯曲方向和校正方向不一致,需将连杆翻转180°重复上述操作即可。无论连杆扭曲、弯曲,校正均需检验。

第六节　连杆瓦镗床

本节以上海航空设备厂生产的T8210A型连杆瓦镗床为例介绍。该机床主要用于镗削发动机的连杆轴承孔(连杆瓦和铜套),必要时也可以对连杆轴承座孔进行微量镗削。

一、结构

1. 主轴部件

① 主轴结构:为了确保镗杆在镗孔时具有较高的旋转精度及刚度,该机床采用卸荷传动的刚性主轴部件,主轴前支承安装在精密向心推力球轴承组中,后轴承亦为精密向心推力球轴承组。前轴承固紧装配,能承受主轴切削时传来的轴向力和径向力,并可通过螺母来调整前轴承的松紧。后轴承径向涨紧,轴向浮动,并有一组弹簧来配合,以消除主轴在受热变形后产生的间隙。

② 主轴的旋转运动由电动机通过装在主轴箱上的卸荷三角皮带轮直接驱动,可使主轴运转平稳。电动机为三速电机,只需拨转电气开关便可得到三种不同的转速。

③ 镗杆与主轴采用无自锁的7:24锥面连接,靠两凸块用滚花螺母轴向压紧。在更换镗杆时,只需将螺母松动,即可下镗杆。操作方便,并避免主轴损伤。安装时应将镗杆锥面及主轴锥孔擦拭干净,避免锥孔的拉伤、拉毛。

2. 连杆

连杆装夹架是一只带有丝杆、垂直滑板(可调整连杆中心距)及夹紧连杆装置架体。

① 连杆的安装:被加工连杆在修镗之前,两轴承孔轴线的平行度一般应在连杆器上校正到允许范围内。将滑板摇到约定的中心距,连杆的大轴孔一端平面(即校正平面基准面),紧靠架件平面。偏心套可满足各种连杆的不同位置,拧动螺母,就可使螺杆前后移动,靠其斜向压紧连杆。

② 连杆的找正:在进行连杆的对中时,将对中套装在镗杆前端,使连杆被加工轴承孔与镗

杆粗对中,拧动螺母,把连杆轻轻固定,取下对中套,装上对中表,调整螺母进行精确对中。调整时注意夹紧力适当,以避免连杆产生较大的变形。

③ 铜套镗削时,仍以大轴瓦端平面为定位基准,将大轴瓦端通过垫圈及特制螺母固定在滑板上,铜套的对中仍经过对中套等来完成。此时,将螺杆适当地从两则将连杆夹紧。

3. 床身及拖板

台面在台面座的 V - 平组合导轨中纵向移动,四只单列向心球轴承通过调整螺钉预加负荷消除了台面与台面座导轨之间的间隙,增加了工作台移动的刚性和导向性,保证工作台移动平稳,工作台采用液驱动,进给速度可无级调整,以适应不同加工孔径及材料的需要。

二、传动系统

传动系统如图 19 - 6 - 1 所示。

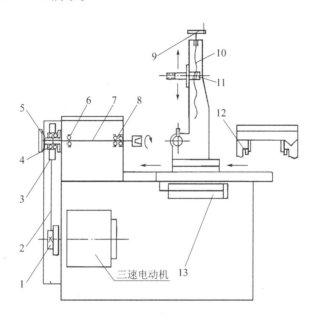

图 19 - 6 - 1 传动系统

1—小皮带轮;2—三角皮带;3—大皮带轮;4—单列向心球轴承;5—手轮;6—单列向心推力轴承;
7—主轴;8—单列向心推力轴承;9—摇手;10—丝杆;11—螺母;12—单列向心球轴承;13—液压筒

1. 镗杆的旋转运动

一只三速电动机通过其上的小皮带轮,用 A 形三角皮带把电机的旋转运动传至主轴箱上的大皮带轮,大皮带轮通过法兰盘直接驱动主轴旋转,三速电机的三种不同转速通过电动机开关来得到。四种不同的转速为:360 r/min,720 r/min,1 440 r/min,2 810 r/min。

2. 工作台进给运动

工作台进给运动是通过液压来完成的。一只安装在床身内的单出杆双作用油缸驱动工作台,速度在 16 ~ 200 mm/min 无级调整。

3. 滑板及丝杆

滑板用来安装夹紧连杆的,它的上下是通过转动手轮、丝杆,按被加工连杆的中心距来决定。

三、液压系统

液压系统如图 19-6-2 所示。

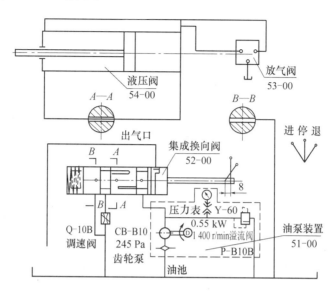

图 19-6-2 液压系统

在机床液压系统中,齿轮泵供给整个系统所需的压力油,单出杆双作用油缸的活塞杆与工作台固连,带动工作台实现进给运动及快速移动。

1. 工作台移动

油泵启动后,压力油沿进油管道进入换向操纵阀中,控制换向阀的手柄,可实现工作台的纵向移动及快速移动。工作台左(右)移:将换向操纵阀的手柄逆(顺)时针转过35°,使其处在"进"的位置,工作台便在调速阀所调定的速度下向左(右)工作进给。此时,压下操纵阀的手柄,使其处于"快"的位置上,工作台便向左(右)快退。

2. 油液放气

机床油泵启动后,工作之前,须打开放气阀开关,将进入油液中的气体排出,然后将阀关上,放气动作如下:放气阀门打开后,只要将工作台面来回移动数次,即可将气排出。

3. 液压油

该机床液压系统用油为20#液压油(或20#机械油),除该新机使用第一个月后换第一次油外,均为每半年换一次。换油时,打开放油螺塞,把使用过的机油放出,将油箱清洗后,加入经过仔细过滤后的新油。

四、电气操作

合上电气箱门上的电源总开关(带有机械连锁),此时设在操作面板上的指示灯亮,即可准备加工工件。加工前,必须先将变速开关按主轴所需转速换接好,然后按主轴按钮,启动主轴电动机(否则会损坏电机及变速开关),再按油泵按钮启动油泵电动机。

在进刀时如到达极限位置,则压下行程开关,立即停机,若要退出极限位置,可先将换向操纵阀置到"退"的位置,再按油泵按钮,即可使工作台退出极限位置。

五、操作

如图 19-6-3 所示。

1. 连杆两孔中心距的调整

为了控制被加工连杆的中心距,可参考夹具件表面上的标尺,调整连杆定位心轴与镗杆之间的中心距。调整时,松开定位捏手、转动手轮,驱动滑板在架体上移动,调整到要求的位置后,用定位捏手将滑板锁紧。

2. 工作台行程安全挡铁的调整

此挡铁是控制工作台纵向行程向左进给时的极限位置。当被加工连杆轴承孔镗削结束时,挡铁压下限位开关,此时油路关闭,工作台停止进给以避免发生事故。调整时,先松开螺栓使挡铁在工作台前侧 T 形槽内移动,到需要位置时用螺栓固定。该挡铁不允许拆下。

3. 液压系统压力的调整

该机液压系统的工作压力通过一只低压溢流阀调整,调节范围为 $7.84 \sim 11.76 \times 10^{-3}$ Pa,其上压力表能正确显示出油压的大小。系统压力在试车调好后一般不需经常调整,压力调整后可将小阀推向关闭的位置上,以免在工作过程中,由于压力波动而损坏表头。

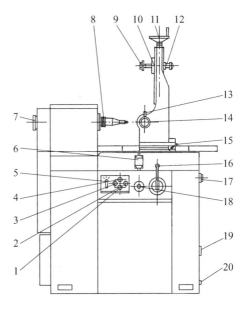

图 19-6-3 机床操纵系统

1—电源总按钮;2—主轴停按钮;3—主轴按钮;4—油泵按钮;
5—变速开关;6—限位开关;7—手轮;8—螺母;9—螺母压板;
10—滑板;11—手轮;12—定位捏手;13—定位轴;
14—偏心轴;15—挡铁;16—换向阀;17—放气阀;
18—高速阀;19—油杯;20—放油油堵

第七节 气门及座铰磨机

一、气门座镗磨机操作

1. 气门座锥面镗削

① 根据不同车型在附件中选择合适的导杆组(与气门杆同直径),一起从上面插入气门导管中,然后用附件中两根板杆扳紧(气门导管内的污物清洗完毕)。将主机装入导轴上(见图 19-7-1),拧开滚花螺钉4及滚花螺钉3,调好镗刀与气门座锥面基本接触,拧紧滚花螺钉3,调整滚花刻度套2(逆时针方向旋动为轴向进给),刻线每格为0.1 mm,轻轻拧紧滚花螺钉4。

② 将支架固定于适当位置(自行配置螺钉12)。用压板压紧轴承环5,分别固紧螺钉6,7,11。根据图示位置,用扳手轻轻拧紧六角螺母10,另一面六角螺母按图示位置,镗削工作即可开始,驱动摇把1做顺时针方向摇动,镗刀便沿着锥面自动进给,第一次辅向进给为0.1 mm,第二次为0.05 mm,第三次为无轴向进给镗削,每次镗削完毕须松开六角螺母10,扳动螺母9,使镗刀快回至起始位置,这时气门座锥面即镗削完毕。

2. 气门座工作面宽度

气门座工作面宽度一般进气门为 1~2 mm,排气门为1.5~2.5 mm,气门座经锥面镗削后由于工作面宽度增大,可根据图 19-7-2、图 19-7-3 分别刮削 15°上平面及内孔 75°角,以符合气门座的工作宽度。操作方法可参见图 19-7-1。例如刮削 15°平面,松开滚花螺钉 4 及六角螺母 10,再松开滚花螺钉 3,将镗刀快调至图 19-7-2 位置(横向可扳动六角螺母 9 来达到)。轻轻拧紧滚花螺钉 4,刮削到气门座 15°平面即可开始,平面深度进给是通过滚花刻度套 2 来实现,刻度套 2 逆时针旋转为进刀,一般为刻线的 0.2~0.5 格/转为宜。镗削 75°内孔见图 19-7-3,操作方法与刮削 15°平面相同。最后,要求工作面为 1.0~1.5 nm 之间,且在原镗削面中间偏上位置为宜。

3. 注意事项

图 19-7-1 中驱动摇把始终在镗刀切削刃前面成直角。如摇把不在切削刃前面时,应调整摇把位置后,方可镗削。

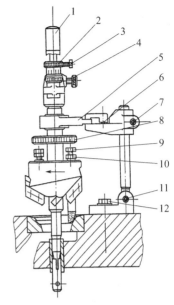

图 19-7-1 切削气门座
1—摇把;2—滚花刻度套;3—滚花螺钉;4—滚花螺钉;5—轴承环;6—螺钉;7—螺钉;8—扶手;9—螺母;10—六角螺母;11—螺钉;12—螺钉

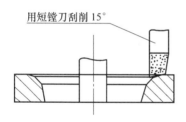

图 19-7-2 刮削 15°上平面

图 19-7-3 刮削 75°平面

二、气门研磨机操作

气门研磨机如图 19-7-4 所示。

该研磨机接上压缩空气,通过适当调整操纵阀,可随意调整连续回转和往复运动的速度,以达到研磨气门的要求。

注意事项:

① 工作气压必须严格控制在 0.3~0.5 MPa 以内,以免动力过大影响研磨质量。

② 橡皮碗吸头必须要吸住气门的中心,偏心吸住会影响气门的回转。

③ 操作时不要过分用力下压,要保持适当的压力。

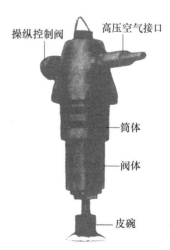

图 19-7-4 气门研磨机

④ 回转及往复运动的速度,可调整操纵阀来控制,速度调节最好从大到小。
⑤ 不要堵塞通气孔。接入压缩空气后如不能启动,可将活塞杆推一下即可启动。
⑥ 发现工作中动作不灵敏,可拆下清洗,装配时必须将筒体、阀体、橡胶下板、橡胶上板的刻线对准。

第八节 磨气门机

本节以上海航空设备厂生产的3M9390A型磨气门机为例介绍。

一、性能介绍

磨气门机外形图如图19-8-1所示。

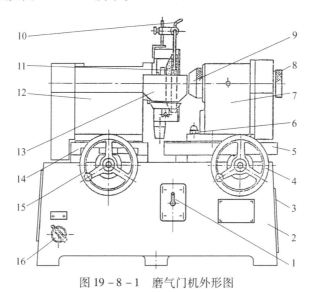

图19-8-1 磨气门机外形图
1—电源开关;2—机身;3—冷却箱;4—车头进给手轮;5—车头拖板;6—车头紧固螺母;7—车头;8—支紧螺丝;9—车头主轴;10—旋塞;11—专用砂轮;12—磨头;13—挡水板;14—磨头拖板;15—磨头进给手轮;16—水泵开关

1. 机身部分

机身的左侧内部装有电动机和冷却泵,机身右侧内部放置冷却箱3,机身右上面装有车头拖板5及车头7,机身左上面装有磨头拖板14及磨头12,机身正面装有电源开关1,以控制电源的接通与切断。

2. 车头部分

车头安装在拖板5上,能按气门角度要求扳转车头,并通过车头紧固螺母6来压紧车头。

车头主轴9内装有一套钢珠夹头,通过支紧螺丝8的旋进与旋出,来达到工件夹紧与放松。

3. 车头拖板部分

车头拖板安装在机身右上面。导轨采用矩形与燕尾形式,拖板的下部装有蜗轮减速箱,接自电动机传来的动力并传至车头部分带动车头主轴的旋转。

车头拖板的纵向移动是通过拖板下部的齿轮-齿条副,由车头进给手轮4来实现。

4. 磨头部分

磨头安装在磨头拖板 14 上,砂轮轴的转动由机身内的电动机通过普通 V 形带获得。

5. 磨头拖板部分

磨头拖板安装在机身左上面。磨头拖板下部装有丝杆 – 螺母副,并通过磨头进给手轮 15 来实现磨头的进给。

6. 冷却泵部分

冷却水泵装在机身左内侧,借助于水泵的橡胶轮与皮带轮的端面摩擦来传动,水泵的开启由水泵开关 16 来控制。

二、电气系统

该机床电源插头必须插入带有 5 A 熔断器的电源插座上,电源插座应有良好的地线端子(PE)。

三、冷却系统

冷却液采用普通的乳化油液。使用前首先检查管道是否连接好,冷却箱是否清洁,检查后方可注入冷却液。

冷却水泵的开启由水泵开关 16 来控制,并由旋塞 10 来控制冷却液的流量,以满足不同的使用情况。一般情况下,水泵可以与电动机同时启动,而不必经常旋动水泵开关。

四、润滑系统

为了延长机床的寿命,减小摩擦,对于各运转、移动部件,应保持经常润滑。各润滑部位及注油方式见图 19 – 8 – 2。

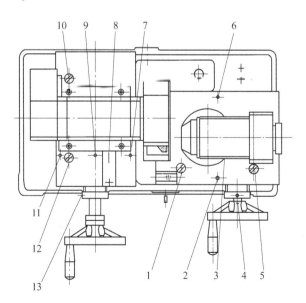

图 19 – 8 – 2 各润滑点示意图

1—车头拖板销;2—车头定位槽;3—车头定位槽;4—车头进给手轮轴;5—车头定位销;
6—磨头定位槽;7—磨头定位槽;8—磨头定位槽;9—磨头定位槽;10—磨头定位销;
11—磨头定位槽;12—磨头定位销;13—磨头进给手轮轴

五、操作

1. 装夹工件

装夹工件如图19-8-1所示。气门杆夹紧采用钢珠夹头,装夹时先松动支紧螺丝8,然后插入气门杆,再旋紧支紧螺丝,直至将气门夹紧。气门杆夹紧后必须进行径向跳动检查。若跳动,则重新调整气门杆。

2. 磨削气门锥面

开动电动机。先调节磨头进给手轮砂轮位置,然后调节车头进给手轮的车头位置,使左面之砂轮外圆缓慢地与气门锥面接近,当砂轮稍有切入工作时即可停止磨头进给手轮的进给,然后摇动车头进给手轮使拖板作纵向来回往复运动。在磨削往复运动时,应注意磨削表面不得全部脱离砂轮。在磨削结束时,必须用磨头进给手轮15将工件后退而脱离砂轮。

3. 修磨气门杆端面

如气门杆端面需要修磨时,利用磨端面支架(即修整砂轮支架)进行修磨。修磨时,先将支架固紧于车头拖板左面前侧的平面上,再将气门杆靠在支架的V形槽中进行磨削。

六、维护

① 经常保持机床的清洁,切屑灰尘要清除干净,定期清洗、调换冷却液。

② 调换砂轮时,夹板锥孔及主轴锥端处,必须揩擦干净。砂轮外端有内六角螺钉M8一只,压住砂轮夹板,用内六角扳手(随机附件)松开M8螺钉,砂轮即可卸下。调换砂轮必须校正静平衡:把要校砂轮安装在砂轮夹板上夹紧,然后套在平衡轴(随机附件)上,在静平衡架上进行校正。砂轮之不平衡量通过调整夹板内侧的四块平衡块来消除。

调换新砂轮时要通过静平衡→修整砂轮→再静平衡→再修整砂轮后使用,以保证磨削的表面质量。

③ 磨头拖板进给螺母间歇的调整。调整进给丝杆与螺母之间的间隙时,可将磨头拖板摇至机身后侧最外处,用旋凿伸至拖板下部的螺母,旋动螺母上的M6螺钉,即可达到调整间隙的要求。

④ 导轨间隙的调整。机床使用时,导轨易摩擦产生间隙,这时必须加以调整,具体方法是:旋去拖板上的螺塞并摇至适当的位置,即可出现各对应孔中的滚轮,适当调节中间的紧固螺钉,并来回摇动拖板,至满意后,紧固螺钉,旋上螺塞。

第九节 台式钻床

本节以ZQ4113型台钻为例介绍如何操作。

① 使用前熟悉机床性能和各手柄的功能。检查电动机铭牌上的电压、频率是否符合电源要求。机床安全接地线必须接地,电器情况是否正常,接地线是否可靠。

② 该台钻的主轴箱部件固定在立柱上端,工作台可以上下升降,并按工作需要,工作台可倾斜一定角度。

③ 钻速快慢的调整。根据钻头直径的大小、材料的性质来调整钻速,如钻头直径小或钻软材料时,钻速应快些,反之应慢些。调整方法:由快速调为慢速时,先把电动机塔轮(主动塔轮)一端的三角皮带由大级向小级退下,再把钻杆塔轮(从动塔轮)一端的三角皮带由小级向

大级安装上。由慢速调为快速时的方法与上述相反。在转动皮带和塔轮时,注意不要挤伤手指,禁止两人联合操作。

④ 进给机构具有定深装置,当钻孔不需要定深时,应松开压紧手柄。

⑤ 使用中,当机床发生故障或有不正常响声时,应立即停机,排除故障。

⑥ 为了安全,避免机床损坏,操作时不应带负荷启动。

第十节　电焊机

本节以 WS5－160 型高频逆变弧焊机为例介绍。

一、面板

面板如图 19－10－1 所示。

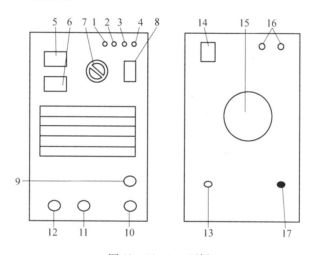

图 19－10－1　面板

1—直流电源指标;2—电压指示;3—过热指示;4—异常保护指示;5—电流表;6—电压表;7—焊接电流设定旋钮;8—电弧焊/充电开关;9—充电"＋"端;10—充电"－"端;11—快速接头电弧焊"－"端;12—快速接头电弧焊"＋"端;13—交流电源进线;14—电源开关;15—冷却风机;16—保险丝插座;17—地线接头

二、操作

1. 电焊机

① 将电弧焊/充电开关拨到电弧焊位置。

② 调定焊接电流。焊接电流大小参考表 19－10－1。

表 19－10－1　焊接电流参考表

项目 \ 板厚/mm	0.2~0.5	0.5~1.0	1~2	2~3	3~5	5~9
焊接电流/A	2~10	8~25	15~50	30~80	60~130	130~160
钨棒直径/mm	1.5~2.0	1.5~2.5	2~3	2~3	2~3	2~3
焊条直径/mm		0.8~1.5	1.5~2.0	1.8~2.5	2~3.2	3.2~4.2

③ 把焊钳快速接头插入该机前面板"＋"极快速接头插座;把地线快速接头插入"－"极快速接头插座。顺时针拧紧即可实施焊接。

2. 充电

① 用两条带蓄电池夹的充电线,将其中一条线接到面板上充电"＋"极,将另一条线接到面板上充电"－"极,然后将两个蓄电池夹子分别夹到蓄电池的正、负极。

② 充电性能:该机充电最大电流为 50 A,可同时充电 50 A·h[①]的 12 V 蓄电池 10 只(并联)。

③ 将电弧焊/充电开关拨到充电位置,将焊接电流设定调节旋钮按逆时针方向拧到底。

④ 打开电源,按蓄电池容量大小,顺时针调节焊接电流设定旋钮,直到符合充电的电流要求为止(常规充电通常按每块蓄电池容量的 1/10 计算,如 80 A·h 的蓄电池,可用 8A 左右的电流充电)。此时蓄电池进行正常充电,充电时间按常规充电要求而定。

三、维护

① 该焊机应在无腐蚀性气体环境中使用,应避开雨淋、高温、烈日直照。

② 电压指示灯亮,表示电源电压太低、电源插头接触不良或电源线太长、太细,应请电工排除。

③ 过热指示灯亮,表示连续工作时间长,机内温升大于安全设定值。此时,焊机虽自动停止输出,但仍应继续向焊机供电,保证冷却风扇继续工作,让其自然冷却恢复工作。

④ 异常指示灯亮,表示外部有危险干扰信号进入或机内出现异常现象。应先关机,2 s 后再开机。指示灯熄灭,故障自行排除,焊机恢复工作。若第二次开机后,异常指示灯没有熄灭,应请专业人员维修。

第十一节　砂轮机

汽车维修中一般选用动力电源中等负荷的砂轮电动机。

一、操作

1. 使用前

① 使用环境温度在 －15 ℃ ~40 ℃,周围空气相对湿度不大于 95% 的场所。

② 应仔细查看,紧固件是否有松动现象。特别应注意砂轮有无裂纹,可用木槌轻敲砂轮,发出清脆声音方可使用。

③ 必须用 500 V 以上兆欧表测量其绝缘电阻,其阻值应大于 1 kΩ。

④ 砂轮机配有两块玻璃防护镜,与调护板连接后装于砂轮机防护罩上,可根据需要调节角度以防尘。

⑤ 用手转动砂轮轴,应灵活无碰擦,如有碰擦,应排除后方可使用。

⑥ 砂轮机底座设有固定孔,必要时可用螺钉固定后使用。

注:①1 A·h = 3.6 kC

⑦ 砂轮机的两块砂轮直径之差应不超过20%。

2. 操作中

① 操作人员必须站在砂轮机的正面稍侧,不能离砂轮机太远或过偏侧。不准在砂轮机侧面受力进行操作。

② 严禁将机件与砂轮机碰击,必须逐渐施加压力,使砂轮机不受冲击,确保安全。

③ 若使用中发出尖叫声、嗡嗡声或其他异响时,应立即停机检查。

二、维护

① 砂轮机的工作制采用 S_2 30 min,即连续工作 30 min,应停机冷却后方可使用,否则容易损坏电机绕组。

② 砂轮机的绝缘等级为 B 级,温升不大于 90 ℃ 为正常情况。

③ 更换新砂轮,只要将防护罩圆周上的螺钉松开,取下外罩即可。更换前,首先应仔细检查新砂轮的安全线速度是否与说明书的规定相符,如低于规定者不得使用。新砂轮安装时,应将卡盘与砂轮间的软纸垫片垫妥,并校砂轮平衡,不应有明显偏摆和振动。夹紧砂轮的螺母,不应拧得过紧,以防砂轮碎裂。一般以砂轮无松动为宜。砂轮换好后必须将外罩壳盖好,并拧紧外罩圆周上的螺钉。

④ 更换新砂轮后,应将砂轮机试运转,声音应平稳轻快,振动不应过大,试运转时,人应站在砂轮机侧面,以防砂轮破碎飞出伤人。

第十二节　气　焊

气焊由于设备简单,仍是常用的焊接方法之一。

乙炔(可燃气)和氧混合燃烧形成火焰,放出大量的热,作为焊接热源,熔化填充金属和被焊件的局部表面,形成熔池,随着焊炬向前移动,熔池冷却凝固,形成焊缝。由于火焰温度(距焰心 2 mm 处仅 3 200 ℃)比电弧低,火焰对熔池的压力及对焊件的热输入量调节方便,焊缝形状、尺寸和焊透程度容易控制,气焊焊炬尺寸小和自成热源,特别宜于焊接薄件。可焊接碳钢、低合金钢、铝、铜、铅等金属,亦可焊接不锈钢。

气焊设备包括乙炔瓶(或发生器)、氧气瓶、回火防止器、减压器、焊炬和胶管。

一、气体火焰

根据乙炔(C_2H_2)和氧(O_2)的比例不同,气体火焰可得到碳化焰、中性焰和氧化焰,此三种火焰的外形及乙炔和氧的比例如图 19 – 12 – 1。

三种火焰的应用范围见表 19 – 12 – 1。

二、焊接材料

(1) 焊丝(填充金属)

一般选用与被焊金属成分相近的金属。

（2）气焊粉

焊接不锈钢、铸铁、铜及其合金和铝及其合金要使用气焊粉,其牌号和用途见表19-12-2。

表19-12-1 各种金属常用的焊接火焰

焊件材料	火焰种类
低碳钢、中碳钢	中性焰或轻微碳化焰
低合金钢	中性焰
铝及其合金、铅、锡、不锈钢	中性焰或轻微碳化焰
高碳钢、镍	碳化焰
铜	中性焰
黄铜	氧化焰

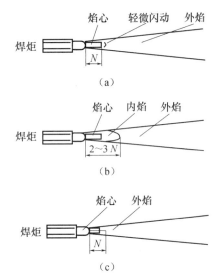

图19-12-1 氧-乙炔火焰
(a) 碳火焰(O_2/C_2H_2 小于1);(b) 中性焰(O_2/C_2H_2 为 1~1.2);(c) 氧化焰(O_2/C_2H_2 大于1.2)

表19-12-2 气焊粉的牌号、名称、应用范围

统一牌号	名称	应用范围
粉101	不锈钢及耐热钢焊粉	不锈钢及耐热钢
粉191	铸铁焊粉	铸件
粉301	铜焊粉	铜及其合金
粉401	铝焊粉	铝及其合金

三、维护

① 应在无腐蚀性气体环境中使用,应避开雨淋、高温、烈日直照。

② 乙炔瓶(或发生器)、氧气瓶要分开放置。使用中相距15 m以上并避开火源。

小　结

本章应重点掌握制动鼓/盘切削机、镗磨缸机、连杆校验器、磨气门机的使用及气门研磨方法。

思 考 题

1. 在制动鼓车削、摇动横向手轮时,为什么要将横向走刀手柄置于"0"位?
2. 如何对气缸进行研磨?
3. 如何对气门座圈研磨?
4. 在磨气门机使用的最后阶段如何操作?

第二十章 托举、拖拽设备

第一节 千斤顶

千斤顶有剪式、立式和卧式多种，有手动、电动等机械操作，如图20-1-1，图20-1-2，图20-1-3所示。使用中必须注意以下事项：

① 举升的重量严禁超过规定的额定载荷。

② 油压机构千斤顶要每季度添加一次13#机械油，严禁使用刹车油、机油代替。

③ 齿条、蜗杆机构千斤顶要每季度涂抹润滑脂一次。

图20-1-1 剪式、剪式液压千斤顶

图20-1-2 立式千斤顶

图20-1-3 卧式千斤顶

第二节 举升机

汽车举升机分为单柱举升机、双柱举升机、四柱举升机、六柱举升机、剪式举升机、叉式举升机、蛙式举升机、地沟式举升机及组合式举升机等。

下面以安徽合肥皖安机械厂生产的QJY230型双柱举升机为例介绍。

一、操作

① 将举升机托臂回转到立柱两侧，使车辆进入举升机内的适当位置，转动回转臂，移动伸缩臂，并调整托盘高度，使车辆在支承平面内负载均匀。

② 举升：接通电源，按上升按钮，将车辆举升到所需高度，放开上升按钮，按下降按钮片

刻,使棘爪进入板孔自行卡住,说明所需工作高度已进入保险状态。

在举升初期,当车辆被举升到车轮离开地面 10 cm 左右时,应先停住,适当晃动一下车辆,检查并确认它在举升机上放置已平稳可靠,方可继续举升。

③ 停止:松开上升按钮即停。

④ 下降:先点动上升按钮,使棘爪稍许离开孔位底面,然后扳开棘爪手柄,使棘爪跳出板孔,脱离安全保险状态,再按下降按钮,即可下降。

二、注意事项

① 举升车辆前,必须调整各托盘的高度,使支承点保持同一水平状态,定位时举升托臂应尽量向两边分开,以取得最大的支撑面积。

② 车辆受托举的裙边或大梁必须置于橡胶托盘中心,使其重心的位置处于支承面积的中心处,当汽车运行至离地面 10 cm 时,应晃动一下车辆,检查举升机运行是否安全。

③ 举升过程中,严禁人员进入车下。

④ 车辆举升至所需高度后,举升机必须调整到保险状态,人员才能进入车下作业。

⑤ 车辆下降前,必须清除车下、举升托架和举升托臂下的地面物品。

⑥ 举升机下降,亦可手动(非电力)操作,只需将电磁阀突出的阀杆揿进,即可实现油缸回油。

⑦ 保持工作环境的清洁。每天必须向各润滑点加注润滑脂或 19# 机油;每周至少打开后罩一次,向润滑点加注润滑脂,检查限位开关,如失灵或损坏应立即更换。

⑧ 液压油箱的油面标记到达下限位时,应及时补充并排除泄漏部位。

三、维护

1. 保持清洁

应经常擦拭清理,以保持清洁。擦拭清理前应先切断电源,以确保安全。

对该机的工作环境应经常清扫整理,保持清洁,如工作环境尘砂较多,将会加速机件的磨损,缩短使用寿命。

2. 勤于检查

(1) 检查安全保险机构

每天工作前应认真检查该机的各种安全保险机构,以确保它们动作灵活、可靠。如发现保险机构有异常,应立即调整、维修或更换。

(2) 检查钢索

每天工作前应认真检查钢索,两根钢索的松紧应保持一致,如不一致,可通过调节螺母进行调整,但调整后应将螺杆的并帽旋紧,以防松脱。

应经常检查钢索有否断股,若 60 mm 长度内钢丝断裂超过 10 根,则必须更换新钢索。

钢索累计使用 4 000 次(举升机每升降一回为一次)以上,或其直径缩小到原有的 80% 时,应及时更换新品。

(3) 检查链条

应经常检查并确保链条完好,如检查时发现链条过松或过紧,可通过调节螺杆进行调整,但调整后应将螺杆的并帽旋紧,以防松脱。

3. 液压系统的保养

（1）清洗、换油

该机首次投入使用满三个月,应清洗液压系统并更换柴机油(冬季用8#柴机油,夏季用11#柴机油),以后每6个月应清洗一次液压系统并更换柴机油。

（2）更换密封件

该机投入使用一段时间后,如发现有油液渗漏现象应仔细检查,如渗漏是因密封材料磨损引起的,则应立即按原规格更换。

第三节 发动机吊架及翻转台

发动机吊架用于汽车发动机总成的吊装、搬运,如图20-3-1所示。该吊架为专用设备,

图20-3-1 发动机吊架

可折叠,方便灵活,吊杆可以固定在不同载荷的位置(500 kg,1 000 kg,1 500kg,2 000 kg)。不但能吊起发动机总成,还可吊起2 000 kg以下的任何物体。该吊架应每年进行一次保养,分解、润滑、调整。

发动机总成翻转台用于汽车发动机总成的拆装,也可作发动机热试固定台,如图20-3-2。

将发动机总成用变速器固定螺钉固定在翻转定位盘3上,转动翻转定位盘摇手柄4,使发动机翻转一定角度,达到拆装方便的需要。维护保养后,同理,即可进行装配。

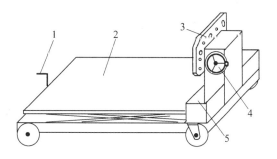

图20-3-2 发动机总成翻转台
1—托盘升降摇手柄;2—托盘;3—翻转定位盘;
4—翻转摇手柄;5—工具箱

发动机总成热试时,必须转动托盘升降摇手柄1,使托盘2接触发动机油底壳,减少发动机振动,确保安全。

第四节 前、后桥及轮毂拆装托架

一、前桥拆装托车

前桥拆装托车如图20-4-1所示。

1. 操作

将该托车送入前桥底部,调整液压千斤顶2高度,使托架总成1托住前桥工字梁,旋进托架总成1上的丝杆,卡紧工字梁,即可拆下前桥总成。维护保养后送入原位置,由液压千斤顶调整高度位置,合适后即可安装。

2. 维护

① 使用时,应将该托车卡紧在前桥总成的中间位置处,以保证安全。
② 前桥总成高度适用范围为380~480 mm。
③ 每半年进行一次保养、润滑、调整。

二、后桥拆装托车

后桥拆装托车如图20-4-2所示。

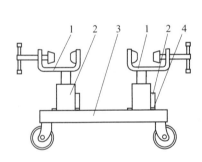

图20-4-1 前桥拆装托车
1—托架总成;2—液压千斤顶;
3—车体;4—固定螺栓

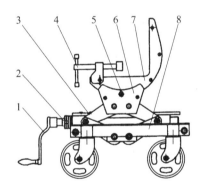

图20-4-2 后桥拆装托车
1—弯臂手摇柄;2—丝杆;3—齿轮臂;4—压具;
5—锁销;6—连接板;7—托架体;8—车体

1. 操作

将该托车从汽车后桥的后部送入,将托架体(7)直竖部位靠住后桥的后侧,按顺时针方向转动弯臂手摇柄(1),由丝杆(2)带动齿轮臂(3)、连接板(6)上升,将托架体(7)升高托住后桥;旋入压具总成(4),将后桥卡紧,即可拆下后桥总成托出,进行维护保养。保养时,拉出锁销(5),可使后桥翻转45°或90°的位置。装配时,将后桥送入原位置,逆时针转动弯臂手摇柄(1),调整后桥高低位置至合适后,即可装配。

2. 维护

① 使用前,应检查各螺栓连接处是否松动,加好润滑油。
② 托架应托在差速器两侧对称位置处压紧。

③ 后桥翻转一定位置后,必须将锁销锁住。

④ 后桥高度适用范围为 480～540 mm。

⑤ 每半年进行一次保养,分解、润滑、调整。

三、前、后轮毂托车

拆卸轮毂时,将该车置于轮毂底部(如图 20-4-3),调整丝杠的高度,使前托板、后托板托住轮毂,并保证轮毂螺栓卡在支承块的 U 形槽里,然后将锁紧螺母锁紧,顶丝旋紧,最后拧紧轮毂螺母,即可拆下轮毂进行维护保养。反之即可安装。

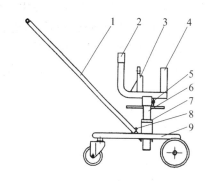

图 20-4-3　前、后轮毂托车
1—手把子;2—后托板;3—支承块;4—前托板;
5—顶丝;6—丝杆体;7—锁紧螺母;8—插销;9—车体

操作中必须将轮毂螺栓紧固在该车的中间支承块的 U 形槽上。轮毂高度适用范围为 350～500 mm。每半年进行一次保养,分解、检查、润滑、调整。

第五节　变速器拆装托车及托架

变速器拆装托车如图 20-5-1 所示,可用于汽车变速器总成的拆装,也可作其他部件总成的拆装,所以也称总成拆装托车。

一、操作

将该托车推至汽车变速器部位的下方,锁紧换向开关 13,即可压动手柄 11,将托架总成 2、6、7 升起,托住变速器底部,旋转调整螺栓 5,来调整托板 6 的俯仰,至合适角度,再调整前固定托架总成 2 和后活动托架总成 7 上的固定块,把变速器从各个方向固定牢靠,拧紧固定螺栓,并装好安全链(交叉连接)。调整托车高度,左右晃动,将变速器第一轴从发动机的飞轮壳中拉出。打开换向开关 13,压动手柄 11,缓慢将托架总成降至最低位置(举升臂与限位块接触),即可托出变速器总成,进行转送、维护保养。

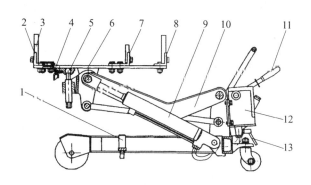

图 20-5-1　变速器拆装托车
1—限位块;2,3—前固定托架总成;4—安全链;5—调整螺栓;
6—托板;7,8—后固定托架总成;9—油缸;10—举升臂;
11—手柄;12—液压油泵;13—换向开关

维修保养后,同理,即可进行装配。

二、维护

① 拆、装作业时,必须根据变速器的形状,调整好托板 6 上各活动托架总成的固定块位

置,将变速器各个方向固定牢靠,拧紧固定螺栓,并装好安全链。

② 当举升臂10快要降到底时,可能会出现托板6与举升臂10相碰现象,遇到这种情况时,只需旋动调整螺栓5,使托板6处于水平位置即可消除干涉。

③ 托动变速器时,应将举升臂降到最低位置,使之与限位块相接触。

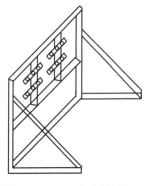

图20-5-2 变速器托架

④ 液压油缸缺油时,应加注专用的锭子油(液压传动系统的液压油)。

⑤ 拆装变速器高度适用范围为220~735 mm。

⑥ 每半年进行一次保养,分解、润滑、调整。

变速器托架为变速器内部分解专用托架,如图20-5-2所示。卸下变速器后,调整变速器托架上调整块与螺钉,使之与变速器壳上四孔(与飞轮壳固定的连接孔)固定即可。

该托架为专用设备,最大载荷为300 kg,不能将其担任发动机托架使用。每年进行一次保养,分解、润滑、调整。

第六节 轮胎拆装、传动轴托车

一、轮胎拆装托车操作

轮胎拆装托车如图20-6-1所示。

拆卸轮胎时,应根据轮胎的大小,将撬板总成4的宽度调整到合适的位置后,把撬板总成4插入轮胎底部,即可将轮胎拆下放置在该车上进行转送、保养。

二、传动轴托车操作

传动轴托车如图20-6-2所示。

将该托车推至汽车底部的传动轴位置处,打开托架上盖1,将拆下的传动轴放置在该车托架底托3上,合上托架盖1,拧紧紧固螺母2,即可托出,进行维护保养。

使用中,随时注意紧定、润滑各连接部位。每半年进行一次保养,检查、润滑。

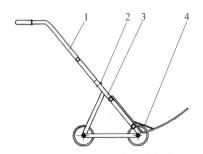

图20-6-1 轮胎拆装托车
1—车把总成;2—固定销轴;3—车体;4—撬板总成

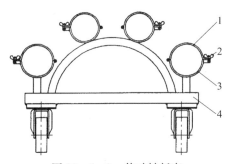

图20-6-2 传动轴托车
1—托架上盖;2—紧固螺母;3—托架底托;4—车体

小 结

本章应重点掌握举升机的使用及变速器拆装托车的维护。

思 考 题

1. 举升机上升到一定高度时,为什么要按下降按钮片刻?
2. 使用举升机要注意哪些事项?
3. 发动机在发动机总成翻转台上发动热试时要注意什么?
4. 变速器拆装托车的最大载荷是多少?为什么?

第二十一章　检测、诊断设备

第一节　光学纤维内窥镜

光学纤维内窥镜采用先进的全六角蜂窝状排列光学纤维传像束技术,由于光学纤维束既能导光,又能传像,而且柔软可弯曲。因此插入物体的体腔内既方便又实用。该内窥镜可检查发动机气缸、变速器等内部表面质量情况。

一、操作

1. 操作前准备

(1) 光源装置

将内窥镜导光插头接上光源装置的插座。如果无接地线接头,也可将接地线接于金属自来水管上,禁止接煤气管道上。确认了光源装置的电源开关放在"关"的位置后,再将电源线插头插进 AC 220 V 电网的插座。

(2) 内窥镜的准备和检查

调节视度调节圈,调到能最清楚地看见传像束纤维单丝的平面为止,这时请确认离开头端部 3~100 mm 范围内的物体能否看清。将整根插入管用手来回抚摸,检查是否有异常的突起、凹陷或破裂。缓慢地弯曲角度,检查弯角状同时也确认弯角锁紧装置。头部浸入水中,检查是否有气雾性。

2. 操作

内窥镜检查

① 旋转视度调节圈,调节视度。

② 旋转光源装置的光量调节旋钮,调节到适合观察的亮度。

③ 闭紧钳子,通过插钳口慢慢地插入。

④ 内窥镜的拔出:将上、下、左、右弯角的锁紧装置放松,徐徐地从被检物中拔出。但要注意手柄部分不能浸水及淋湿。

二、维护

① 清洗内窥镜:有脏污斑迹时,用纱布或脱脂棉浸消毒用酒精挤干后擦洗,再用清水漂洗干净(手柄部分不能浸水及淋湿)。

② 内窥镜如被 X 射线照射,传像束会折断、变色等。请控制在最少限度使用。

③ 使用前一定要确认内窥镜结构及机能上确无异常情况。

④ 插入、拔出及平时保管内窥镜时,请确认一下是否已解除弯角锁紧装置。

⑤ 内窥镜内部结构很精细,使用时不要强制弯曲、折叠、扭转、碰撞。

⑥ 内窥镜怕高温、潮湿、灰尘,请注意保管环境。

第二节　汽车故障解码仪

近年来国产解码仪在不断完善后,无论在使用方便性、产品更新升级及内存上都比国外的毫不逊色,国外综合诊断仪所有的功能都具备,且在维修指导资料的存储上优于国外同类产品。

一、操作

将仪器的诊断接头与汽车上的诊断座连接好,把电源插头插到点烟器上。根据被测车型选择合适的软件卡,插入后即可开机工作。

面板上至少有一个转轮和两个键,即 Y (yes) 键和 N (no) 键。转动转轮可以选择测试项目或转动荧屏及翻页,利用 Y 键确认要测试的项目或输入被测车型的资料。利用 N 键否定选择的项目,回到上一项目菜单。每进行一个步骤,屏幕上都有自动提示。

具体步骤如下:
① 打开电源开关。
② 输入车身识别码。
③ 选择要测试的电子控制系统。一般有如下系统可供选择:ABS 系统、发动机控制系统、车身控制系统、安全气囊控制系统和自动变速器控制系统。
④ 选择测试项目。例如在发动机控制系统中有如下测试项目可供选择:故障码及发动机电脑数值、特殊功能项目测试、故障排除流程和线路分析、路试检测和操作者功能设定。

二、注意事项

1. 读取故障码之前应该做好准备工作

(1) 检查故障指示灯是否正常工作

当接通点火开关、不启动发动机时,控制电脑便开始进入初始化状态,并对整个控制系统进行自我检查,此时故障指示灯也点亮。如果故障指示灯不亮,则说明故障指示灯线路有故障,应予以检查和修理。当接通点火开关片刻或发动机启动后,如果故障指示灯熄灭,则说明控制电脑没有查出电控系统有故障;如果故障指示灯仍点亮不灭,则说明电脑控制系统有故障。此时方可读取故障码,将故障排除。

(2) 做好汽车被检测的安全工作

在对电控汽车进行实施动态模式测试时,应当确认汽车制动状态良好,变速杆置于驻车挡或空挡,以防发生不测。

(3) 机械部件的连接应牢靠

读码前应直观检视与电子控制系统有关的机械部件的连接情况。例如:导线连接器连接是否有问题;真空管是否脱落、泄漏或者阻塞;空气流量计传感器是否有漏气现象等。在此特别需要注意的是,在上述检查过程中,应该关闭点火开关(OPP),以防在导线件所产生的感应电路,将控制电脑 ECU 的个别电子元件烧毁,而导致控制电脑损坏。

（4）蓄电池电压应正常

汽车蓄电池电压正常与否,对检测故障码至关重要。对 12 V 系汽车蓄电池,其电压值不应低于 9 V。

（5）关掉所有的辅助电器设备

关掉空调、灯光、收放机等。

（6）发动机暖机正常后将节气门关闭

启动发动机,使其怠速运转并暖机,当对电子控制系统进行诊断监测前,应完全松开加速踏板,保持节气门处于全闭状态。

2. 故障自诊断操作的若干技巧

无论是采用人工读码,还是采用专用仪器读码,都应保持操作的正确性。

（1）故障码的清除方法要正确

汽车故障排除后,需要清除故障代码。进行故障代码清除时,应严格按照特定车型所规定的故障代码的清除方法,万不可简单随意地用拆除蓄电池负极搭铁线的办法来清除故障代码。否则,会造成两个方面的麻烦,其一是将使某些车型控制电脑失去"经验记忆",使汽车在维修后的相当长一段时间内性能不好,或行驶一段后,又重现已清除掉的故障代码;其二会造成有些车辆的某些功能的丧失。例如:音响锁止便是较为常见的例子,如日本丰田的凌志 LS400 等车型。这时,则需要按照一定的较为烦琐的程序对音响系统进行解密,才能恢复音响系统的正常工作。显然造成这样的麻烦是没有必要的。

（2）静态码与动态码的转换时机要正确

对具有静态读码（只打开点火开关,不启动发动机）和动态读码（需启动发动机）的电子控制系统而言,应注意二者读码的先后顺序以及有关的转换程序,否则会造成读取故障码失效。

（3）不可忽视读码后的记忆修正

通过对电控汽车读码、清码、故障排除,如果汽车加速性能有所下降,有时属正常现象,但需要维修人员对控制电脑 ECU 进行正确行车状况的记忆修正,换言之,就是要恢复控制电脑对汽车现行状况的记忆功能（例如美国福特车系需要汽车发动机 40 次的启动与熄火）。只要汽车车况正常,连续重复启动、行驶、熄火达到一定次数后,汽车性能将会逐渐得到恢复。

（4）故障码并非唯一的排障依据

控制电脑所提供的故障代码,往往仅与所示故障部位对应的内外线路有关。一般而言,它与其他线路和该部位的机械故障无关,而造成电控汽车故障的原因是多方面的。实际上,故障代码仅仅是一个是或否的界定结论,不能指出故障的具体原因,如需要找出具体的故障部位和原因,还需要根据发动机的故障征兆,进一步分析和检查才能做到排除故障无误。

（5）不必在意的两类故障码

当读取故障码后,有时会发现故障码所指示的故障与汽车的实际故障完全无关的情形,此时可以认为故障码显示有错误,不必太在意。造成这种情况的原因有二:一是上次维修时原故障码未能有效地清除掉;二是发动机再运行中,维修人员有意或无意地碰掉了有关传感器的导线连接器。

第三节 润滑油油质分析仪

本节以山东青岛金华技术发展有限公司生产的 EG-3B 型润滑油质分析仪为例介绍。

一、操作

润滑油质分析仪面板如图 21-3-1 所示。

（1）按下电源检测按钮,若表头指示数大于40,则可进行检测,若表头指示数小于30,需要更换电池。

（2）校零

① 将检测旋钮置于"0"位。

② 用面巾纸彻底清洁传感器的贮油槽,使其干净和干燥。

③ 取 1~2 滴与被测油样同牌号的新油（润滑油使用前留有新油样）,滴入传感器的油槽中,要求油面覆盖油槽底面。

④ 按下检测按钮,此时表头指针应偏转,调整粗细两平衡旋钮,使表头指针稳定于零点。

⑤ 用面巾纸彻底拭净传感器油槽,并保持干燥。

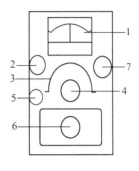

图 21-3-1 润滑油油质分析仪面板

1—微安表；2—电源检测按钮；3—刻度盘；4—检测旋钮；5—检测按钮；6—传感器；7—调平衡旋钮

（3）测量

① 取被测搅匀的污染油样 1~2 滴,滴入已调好零点的传感器油槽中,且均匀分布。

② 按下检测按钮,观察表头指针偏转。有下列三种情况出现：

A. 常规污染：表头针指向左方（+）偏转,其值小于50。调整检测旋钮使表头指针复零,记录下复零时检测按钮相对刻度,若刻度值小于5时可继续使用,如果刻度值大于5则应考虑换油。

B. 若严重污染、混有防冻液或大颗粒金属粒子,此时表头指针向左方（+）偏转,其值大于50,转动检测旋钮至极限位置亦不能使表头指针复零,或暂时复零后,表头指针仍继续向左方（+）漂移,此种情况需立即换油。

C. 在用润滑油被燃油稀释：

a. 表头指针向右方（-）偏转,此时润滑油肯定被燃油（汽油或柴油）所稀释。

b. 间隔时间较长后,再次测定值小于前次测定值,应查找故障原因,换油。

c. 若润滑油已使用相当长时间,表头指针向左方（+）偏转,且偏转值小,此时怀疑润滑油除污染外,也被稀释,为此应进行理化试验。

二、维护

该仪器为高灵敏度精密仪器,使用中不可强烈振动,测试时应细心调试,不可任意调试旋钮。

传感器不能用硬物划碰,阴雨天气只能在室内干燥环境中使用,以保持仪器的精度。每次使用完毕,应彻底清洗传感器。

第四节 尾气分析仪

本节以佛山分析仪器厂生产的 MEXA-324F 型汽车尾气分析仪为例介绍。

一、面板介绍

尾气分析仪面板如图 21-4-1 所示。

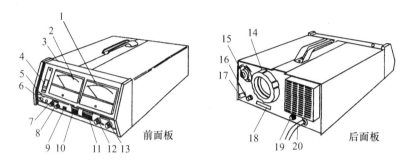

图 21-4-1　尾气分析仪面板

1—HC 指示表；2—CO 指示表；3—标准气体入口；4—流量监测器；5—泵开关；6—电源开关；7—CO 零位旋钮；8—CO 量距旋钮；9—机械检查开关；10—CO 量程切换开关；11—HC 量程切换开关；12—HC 零位旋钮；13—HC 量距开关；14—粉尘过滤器；15—样品气入口；16—过滤器；17—排气口；18—记录器输出接线板；19—熔断器盒；20—电源线

① 量程切换开关：切换测量范围的开关。
② 粉尘过滤器：用来除去样品气体中的粉尘和污物的元件。
③ 过滤器：用来除去样品气体水分中的粉尘和污物的元件。
④ 零位旋钮：校正零位时使用。
⑤ 量距旋钮：用标准气或机械检查器校正时使用。
⑥ 机械检查开关：进行简易校正时的开关(ON/OFF)。

二、操作

1. 准备

打开包装后，按以下顺序进行测量准备：

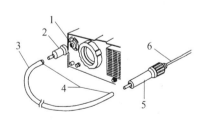

图 21-4-2　装配
1—样品气入口；2—水分离器；3—取样管头；
4—软管夹箍；5—前置过滤器；6—探头

① 将附件中的取样管连接到水分离器。将附件中的探头(装有前置过滤器)安装在取样管的另一端，分别用软管夹箍夹紧，如图 21-4-2。
② 将水分离器连接到仪器的样品气入口。
③ 确认前置过滤器、粉尘过滤器、过滤器中已装入了清洁的零件(请参照维护部分)。
④ 将电源线接到仪器所标明的电压和频率的电源上。不要将仪器放置在电焊机等产生显著干扰的场所附近，且不要与这类装置共用一个电源。

2. 操作

① 将电源开关拨到"开"。指示表的指针便偏转,数分钟之后就回到零位附近。
② 将泵开关拨到"开"。
③ 检查流量监测器的指针是否指在黑色区域,在黑区则属正常。
④ 隔 10 min 左右,调整一次零位旋钮,使指针指到零。

3. 指示值的读法

因为指示表是多重刻度,所以要合理确定量程切换开关的位置后,才可读出指示值。

读数方法见下面例子:

① 0～500 ppm[①] HC 的测定:按下量程切换开关 500 ppm HC 挡的按键,在 500 ppm HC 满刻度的刻度线上读出测量值,如图 21-4-3(a)。

② 1 900～4 000 ppm HC 的测定:按下量程切换开关 4 000 ppm HC 挡的按键,在 4 000 ppm HC 满刻度的刻度线上读出测量值,如图 21-4-3(b)。

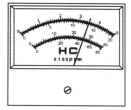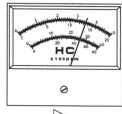

上图的读出值为350 ppm　　上图的读出值为2 600 ppm
　　　　(a)　　　　　　　　　　　　(b)

图 21-4-3　读表

4. 仪器的校正

将电源开关、泵开关拨到"开"后,等候 30 min 以上,然后按以下顺序进行仪器的校正。

(1) 用标准气体进行校正

将量程切换开关置于要进行校正的量程。

确定校正气体值。

在一氧化碳(CO)分析仪的气体校正中,附属的标准气瓶所标明的浓度就是其校正值,但在碳氢(HC)分析仪的气体校正中,首先应将附属标准气瓶所标明的气体浓度和仪器所标明的换算系数相乘后的值作为正乙烷换算浓度。即:气瓶表示值浓度(丙烷 C_3H_8)×仪器表示的换算系数(正乙烷/丙烷换算比)=正乙烷换算精密度。

按此求出的正乙烷换算浓度值作为碳氢分析仪的校正值来使用。

如果将换算后的值记录在标准气瓶上,使用起来就比较方便。

① 仪器的零位校正:取下水分离器,吸入清洁空气,待指示充分稳定后,调整零位旋钮,使指针指到零位。

② 仪器的量距校正:如图 21-4-4,将泵开关拨到"关"位置后,使标准气瓶的喷嘴对准标准气体入口,用力压紧直到指示稳定,一般只需 7～8 s 就足够。标准气自动流入分析部,由仪器指示。

从标准气入口取下标准气后,调整 CO 分析仪的量距旋钮,使其指示与气瓶标记的气体浓度相符;调整 HC 分析仪的量距旋钮,使 HC 分析仪的指示与在确定校正气体的值时算出的正乙烷换算浓度相符。一般标准气能使用 19 次左右。

注:① ppm = 10^{-6}

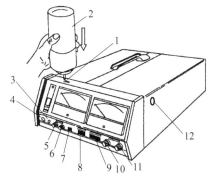

图 21-4-4 标准气瓶校正
1—标准气入口;2—标准气瓶;3—泵开关;
4—电源开关;5—CO 零位旋钮;6—CO 量距旋钮;
7—机械检查开关;8—CO 量程切换开关;
9—HC 量程切换开关;10—HC 零位旋钮;
11—HC 量距开关;12—简易校正值

③ 确定机械检查简易校正值(此时量程切换开关置于最低量程 CO 2%,HC 500 ppm)。

取下水分离器,将泵开关拨到"开"位置,确认零点正确。按下机械检查开关,调整简易校正值调节电位器,使仪器指示在刻度线上的绿色三角标志处(CO 1.5%,HC 500 ppm)。这个值作为下面所述的分析仪的简易校正值。

(2)用机械检查器进行简易校正

在发动机调整要求精度不高的场合,可利用机械检查开关来进行简易校正。

① 仪器的零位调整:取下水分离器,吸入清洁空气,待指示充分稳定后,调整零位旋钮,指针指示为零。

② 按下机械检查开关,调节量距旋钮,使指示与用标准气校正时所设定的简易校正值相符。

HC 分析仪 500 ppm 量程时,已设定其指示在 400 ppm 附近;CO 分析仪 2% 量距时,已设定其指示在1.5%附近。因此,如果指到这附近,则可以利用机械检查器来判定仪器是否正常。

5. 测定

分析仪接通电源 2～3 min 内就能开始工作,但是为了正确测定,待接通电源 20 min 后再进行测定。

① 校正结束后,将水分离器连接到仪器的样品气入口,选择测定量程,再将探头直接插入汽车排气管出口,此时就能测定(采用适宜的量程),如图 21-4-5。

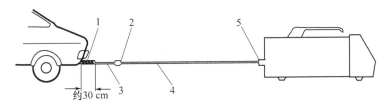

图 21-4-5 探头位置
1—汽车排气管;2—前置过滤器;3—探头;4—取样管;5—水分离器

② 探头直接插入汽车排气管出口的深度不得小于 30 cm,如果插入深度不够的话,就有可能使测定值偏低,因此要十分注意。万一插入长度不到 30 cm 时,将探头前后移动 10 cm 左右,看看指示值有无变化。假若无变化,则可以判断空气吸入的可能性不大,容许这样进行测量。

③ 测定结束后,要将探头拔掉,将泵开关拨到"开",直到指示回到零位附近。

④ 注意事项:

A. 分析仪的探头至水分离器为止的这一段元件分为黑色(4 冲程发动机)和蓝色(2 冲程发动机)两种,请根据发动机的类型来选用。量程切换开关也按同样颜色进行区分。

B. 测定时,汽车处于急速工况。

C. 不要过度拉伸取样管,免致连接处破损。

D. 不要在探头插入汽车排气管口时关上电源,测定完毕后也不要立即关闭电源。将电源开关、泵开关拨到"开",保持 30 min 左右。

三、维护

如图 21-4-6,当流量监测器指针从黑色区进入红色区时,或粉尘过滤器被污染到难于看见商标时,需更换前置过滤器、粉尘过滤器及过滤器中的过滤元件。因汽车的维修情况和排气量等因素影响,过滤器元件的更换周期有很大差异,但每天最少要检查一次过滤元件受污染情况。正常使用条件下大约能测量 50 次左右(以每次使用时间为 1 min 计算),而 2 冲程、特殊发动机车辆的场合大概可以使用 30 次左右,更换时按图 21-4-6 的要领进行。

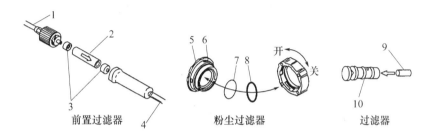

图 21-4-6 过滤器装配

1—探头;2—前置过滤器组件;3—过滤器密封垫;4—取样管;5—过滤器压板;6—衬垫;
7—粉尘过滤器元件;8—衬垫 F;9—元件;10—衬套

第五节 柴油车烟度计

本节以广东佛山分析仪器厂生产的 FBY-1 型柴油车烟度计为例介绍。

一、结构简介

该仪器由取样系统、走纸机构、光电检测系统和半自动操作控制系统四部分组成。

1. 取样系统

取样系统包括抽气泵、取样探头、取样软管及电磁阀等。

抽气泵由优质铝合金制成,内有橡胶活塞。取样前将活塞压下到底,此时活塞被锁紧机构锁紧,此状态称为"复位"。当踩下脚踏板或按下"手动抽气"按钮时,活塞在弹簧力的作用下上升到顶端,此时称为"自由"状态。在活塞上升的过程中,柴油机的排气经取样管、电磁阀,流经滤纸进入抽气泵内,废气在流经滤纸时,炭烟就存留在滤纸上,将滤纸染黑。

2. 走纸机构

走纸机构示意图如图 21-5-1。滤纸经夹纸机构和光电检测器,由电机带动走纸轮转动,将滤纸带走。取样时电磁铁吸合,带动滤纸压紧杆将滤纸压紧。当抽气泵复位时,滤纸压紧杆上升,夹纸机构松开,同时走纸电磁铁吸合,电机旋转驱使走纸轮将滤纸带动。走纸轮旋转一圈,滤纸移动 42 mm,恰好将滤纸从夹纸机构移到光电检测器的中心。

调节螺母用来调节夹纸机构的松紧程度。调节太松,排气会在滤纸压合处泄漏;调节太紧,则会影响电磁铁吸合。

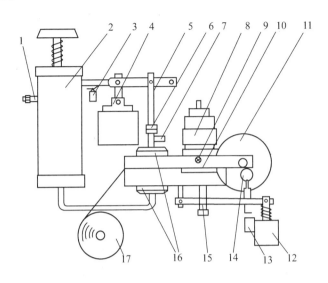

图 21-5-1 走纸机构示意图

1—调节阀;2—抽气泵;3—微动开关;4—电磁铁;5—滤纸压紧杆;6—调节螺母;7—排气入口;
8—光电检测器;9—锁紧螺钉;10—校准插口;11—走纸电动机;12—走纸电磁铁;13—走纸微动开关;
14—走纸轮;15—拉杆;16—夹纸机构;17—滤纸

校准插口是用于插入标准烟度卡的。每次使用时,从此处插入标准烟度卡即可对仪器进行校准。

取样探头由不锈钢管制成,内径 4 mm,前端有管帽,可防止排气压力的影响。尾端有散热器,能避免橡胶软管过热变形。其上的夹持器可以将取样探头夹在汽车排气管上。

3. 光电检测系统

光电检测系统主要包括硒光电池、光源和指示器。硒光电池是一种光电转换元件,它接收到从滤纸上反射的光产生电流输送给表头,直接指示出滤纸的染黑度。硒光电池外径 29 mm,内径 10 mm,其工作面到滤纸的距离为 10.5 mm。光源是 3.8 V 的白炽灯泡,由稳压电源供给工作电压。由于硒光电池和白炽灯泡参数的分散性,所以设置有"粗调"和"细调"两个电位器,用来调节光源的工作电压,使之得到合适的光强。

指示器是一个低内阻直流微安表,量程为 100 μA。它从 0~10 波许单位(Rb)均匀刻度。规定白色滤纸的波许单位为 0,全黑滤纸的波许单位为 10。国家标准 GB 3846—1983 和 GB 3847—1983 规定所用滤纸的白度为 $(85 \pm 2.5)\%$,但不同生产厂、不同批量和不同存放期的滤纸白度有所差异。因此,白色滤纸读数不一定恰好等于零,这一点在校准仪器时应予以考虑。

4. 半自动操作控制系统

半自动操作控制系统包括电磁铁、电磁阀、电动机、继电器、脚踏板开关和控制按钮等。面板上设有 脚踏抽气 、 手动抽气 、 自动走纸 、 手动走纸 、 自动清洗 、 手动清洗 等选择开关及相应的按钮(如图 21-5-2 所示),用户可以根据需要选择合适的操作位置。当 走纸 选择开关扳到 自动走纸 位置时,抽气泵复位后就能自动走纸;当 清洗 选择开关扳向 手动 时,按下相应的按钮,就可完成各自的功能。

二、操作

1. 测量前准备

① 连接电源线、取样软管和脚踏板开关连线。将电源线、取样软管及脚踏板开关连线分别插到仪器后面的对应插座上。电源线的另一端接到 220 V 交流电源上，电源板上要有接地线。

② 装滤纸。将抽气泵活塞压下，把滤纸依次穿过夹纸机构、光电检测器和走纸轮（在穿过光电检测器时，用手将拉杆向下拉；在穿走纸轮时用手将该轮连杆向下轻拉），然后从出纸口导出。

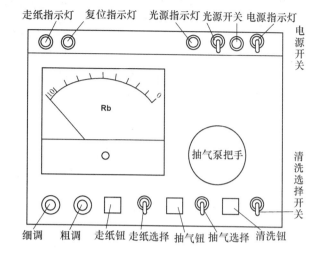

图 21-5-2　面板元件布置

③ 开启 电源 及 光源 开关，电源指示灯和光源指示灯亮，表头指针偏转，用 粗调 电位器旋钮将指针调至 0 波许单位附近（调节电位器旋钮时，必须将旋钮压下）。预热 5 min。

2. 校准

将波许单位约等于 5 的标准烟度卡从校准插口插入（插入前先将拉杆向下拉），烟度卡正面朝上插到底（注意：标准烟度卡必须插在滤纸之上）。按下并旋转 粗调 和 细调 旋钮，将表头指针调到标准烟度卡的标称值处，然后取出标准烟度卡，校准工作即告完成。取出标准烟度卡后，表头指针回到"0"点或在"0"点附近。不管表头指针是否指"0"位，校准后不应再旋动 粗调 和 细调 旋钮。

3. 测量

如果测量柴油车的排气烟度，将取样管的取样探头用夹持器紧固在汽车排气管内，并使其中心线与排气管轴线平行，见图 21-5-3。

测量前由怠速工况将油门踏板急速踏到底，约 4 s 后迅速松开，如此重复三次，然后开始测量。

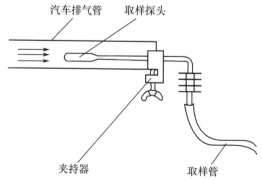

图 21-5-3　取样探头安装示意

测量开始前，将脚踏板开关固定在油门踏板上端，压下抽气泵活塞，并将抽气选择开关板到 脚踏抽气 位置。

如果希望自动走纸，将走纸选择开关扳向 自动走纸 位置。

如果希望自动清洗，将清洗选择开关扳向 自动清洗 位置，同时将压力为 294 kPa 的压缩空气接到 清洗 接口。

测量时，将油门踏板与脚踏开关一起

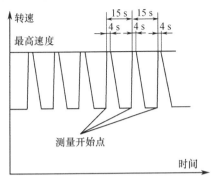

图 21-5-4 自由加速烟度测量规程

迅速踏到底。至 4 s 迅速松开油门踏板和脚踏开关,待 复位 指示灯亮后,将抽气泵活塞压下(复位),就会自动完成走纸和清洗工作。此时即可从表头上读取测量值。按国家标准 GB 3846—1983 中测量规程的规定(如图 21-5-4),相隔 15 s 左右脚踏指示灯亮,第二次踏下油门,同第一次操作一样,按下抽气泵活塞,读取第二次测量结果。如此重复三次,取三次读数的算术平均值,即得所测的烟度。

4. 打印

数据打印器是专门为烟度计配套的数据显示和打印装置,通过这个打印器,可以将烟度测量结果以数字形式显示并同时打印出来,使测量结果更加直观,读数更加方便准确,可以消除人为读数误差,避免检测员与驾驶员之间不必要的争议。操作时将打印器信号线插头插到烟度计背面的 打印 插座上,当走纸选择开关置于 自动 时,走纸完毕就能显示和打印;当走纸选择开关置于 手动 时,按一下 走纸 按钮,走纸结束自动打印。该打印器还能按国家标准的规定,打出三次测量结果的平均值。

三、维护

1. 抽气泵的维护

仪器使用一段时间后,如发现抽气泵活塞移动干涩,活塞上升速度不均匀,应将抽气泵拆开进行清洗,然后在气缸内壁和活塞密封圈上涂一层润滑脂。

经常检查抽气泵和抽气系统的气密性。方法如下:把滤纸拆下,将取样管入口堵住,踏下脚踏开关或按下 手动抽气 按钮,测量出抽气泵活塞在 1 min 内的上升距离,如果此距离小于 5 mm(开始阶段上升的距离不算),则抽气系统的气密性符合要求。如果活塞上升超过 5 mm,则要分别检查抽气泵和夹纸机构的气密性。检查抽气泵的气密性时,将抽气泵底部的进气口堵住,踏下脚踏开关或按下 手动抽气 按钮,测量出抽气泵活塞在 1 min 内的上升距离,如果超过 5 mm,则抽气泵有漏气现象。如果抽气系统漏气而抽气泵本身不漏,则多数情况是夹纸机构泄漏,其原因通常是夹纸机构的两个压合面不够紧密所致。解决的办法可适当调节滤纸压紧杆上的调节螺母(如图 21-5-1)。该螺母在出厂时已调整好,一般不要随便调整,以免影响仪器的正常工作。

2. 取样管的维护

仪器在正常使用时,应该接入压缩空气作为清洗气。但若因条件限制,日常使用没有压缩空气,则至少要在测量数十次之后用压缩空气吹洗一次取样管。

若发现取样管老化开裂变形,应用内径为 5 mm、长度为 5 m 的新丁腈橡胶管更换。

3. 硒光电池的维护

仪器在不使用时,应关闭电源。如果间歇使用,可以关闭 光源 而不是 电源 (但重新测量前要开启 光源 预热 5 min)。

不要让硒光电池暴露在强光下,以免影响其使用寿命。

光电检测器使用一段时间后,可用医用洗耳球清除掉硒光电池面上的灰尘。

4. 标准烟度卡的维护

标准烟度卡是用于校准烟度计的标准物件,它的准确度直接影响仪器的测量精度。不要用手接触它的表面,校准时光电检测器要轻放在其上面,当它的表面积有灰尘时,可用干净柔软的毛刷将灰尘清除。用后将其存放在干燥处,防止受潮变质。烟度卡要定期检修,不符合要求的烟度卡应停止使用。

第六节　磁力探伤仪

磁力探伤仪能准确地测出各种车型转向节、转向节臂、横直拉杆、后桥套管、半轴、传动轴、曲轴及缸体(不包括铝质缸体)等的表面伤痕。

1. 准备

① 根据被测工件形状选择探头。

② 接好电源线和探头线。

③ 打开电源开关,并将磁场控制开关放在 关 的位置上(强、中、弱不选)。

2. 马蹄形探头的使用方法

马蹄形探头最适于检测异形表面,如销孔四周表面裂纹、锻造面及铸钢件表面等。

① 先对被探工件表面进行处理,达到无锈、无氧化皮、无水、无油、无油垢现象。

② 根据被测工件大小,将磁场控制开关置于 强 、 中 、 弱 中所需位置,并打开探头上的开关,此时探头已通电并产生磁场。然后手持探头的一臂,并用探头吸附干磁粉(190目以下),再把探头移放到工件上,用移动式分段覆盖的方法进行。此时工件如有缺陷(裂纹、砂眼等)就会在缺陷处产生散漏磁场,从而使磁粉聚集在缺陷上,显现出缺陷的位置和形状。为使探头运动灵活(不被吸住),在连续移动探头时,可将探头的一臂抬起。如向右移动,可抬起左侧触臂;若向左移动可抬起右侧触臂,抬起高度为 10~20 mm。

3. 环形探头的使用方法

环形探头主要用于检测汽车半轴、羊角轴、横拉杆、轴拐、肖棒、轴类部件的横向缺陷。

① 先对被探工件表面进行处理,达到无锈、无氧化皮、无水、无油、无油垢现象。

② 根据工件大小,将磁场控制开关置于 强 、 中 、 弱 所需位置,并打开探头上的电源开关,此时探头已通电并产生磁场,同时将200目以下的干磁粉洒到工件表面,再把环形探头从工件的一端套入,并在被测工件上移动进行探测。

探头圆孔与轴颈间要保持 20 mm 间隙,以便观察。探头轴(纵)向移动,速度为 50~100 mm/s。每次可转90°,分四次探测,轴向范围如有缺陷,磁粉就会聚集在缺陷上,从而显现出缺陷的位置和形状。

4. 马蹄形和环形探头的使用方法

马蹄形和环形探头除用干磁粉法探伤外,还可用油浸法探伤。油浸法探伤要喷洒磁悬液,操作过程与干粉法相同。

5. 磁悬液配制方法

磁悬液配制方法如表 21-6-1。

表 21-6-1 磁悬液配制方法

配料名称	比例/%	磁粉/油/目
煤油	100	15~190/1 000
煤油/变压器油	70/30	100~150/1 000
煤油/变压器油	50/50	100/100
煤油/10#机油	70/30	100~150/1 000

第七节 喷油泵试验台

因各维修单位大多使用泰安试验设备股份有限公司生产的喷油泵,故本节以该厂12PSDB系列喷油泵为例介绍。

12PSDB系列喷油泵试验台采用国际先进的变频调速技术,调速范围广、性能优良;具有转速预置,倒油时间声光报警;转速、计数温度数显等功能。该试验台结构新颖、外形美观、操作维修方便,适用于Ⅰ、Ⅱ、Ⅲ、VE、A、B、P、Z、W等国内多种直列泵和分配泵的调试。

变频系列喷油泵试验台,据其传动结构不同分为箱体式和直接输出式。箱体式包括12PSDB55/75A系列(简称A型)和12PSDB55/75B系列(简称B型);直接输出式包括12PSDB55/75D系列(简称D型)和12PSDB55/75E系列(简称E型),其使用基本一致。

变频系列喷油泵试验台主要调试项目如下:
① 喷油泵各缸油量和供油均匀性。
② 喷油泵供油始点及供油间隔角度。
③ 调速器工作性能的调整和试验。
④ 喷油泵密封性试验。
⑤ 加上附件可测量提前角。
⑥ 分配泵各种转速下回油量的测量(D型无)。
⑦ 分配泵压力补偿器检查(D型无)。
⑧ 试真空调速器工作性能(D、E型无)。

一、技术参数

技术参数如表21-7-1。

表 21-7-1 喷油泵试验的技术参数

序号	试验台型号		12PSDB	12PSDB110 A/B
1	主电动机型号		Y132S-4 Y132M-4	Y132M-4
2	主电动机功率/kW		5.5 / 7.5	11
3	额定转速/(r·min^{-1})		1 440	1 460
4	转速范围 /(r·min^{-1})	-1型,D、E型	0~3 000	Ⅰ挡 0~1 400
5		-2型	Ⅰ挡 0~1 900	Ⅱ挡 0~2 700
6			Ⅱ挡 0~4 000	Ⅲ挡 0~4 000
7	可调喷油泵缸数		12	
8	主轴功率/kW		4.5 / 6.5	10

续表

序号	试验台型号		12PSDB	12PSDB110 A/B
9	主轴中心高度/mm		125	
10	工作台面高度/mm		940	
11	小量筒容积/mm		45	
12	大量筒容积/mm		150	
13	燃油箱容积/L		50	
14	燃油压力/MPa	低压	0~0.4	
15		高压	0~4	
16	量油计数次数		0~1 000次,50次一级任意调整	
17	燃油控温温度/℃		40±2(D,E 无)	
17	倒油控制时间/s		30 s 声光报时(E 无)	
18	标准喷油器型号		Z12J1	
19	开启压力/MPa		17.5±0.2	
20	流量计型号		LZB-10(D 无)	
21	直流电源/V		12/24	

二、试验台的主要结构

1. 试验台外形及操作件功能

试验台面板如图 21-7-1 所示。

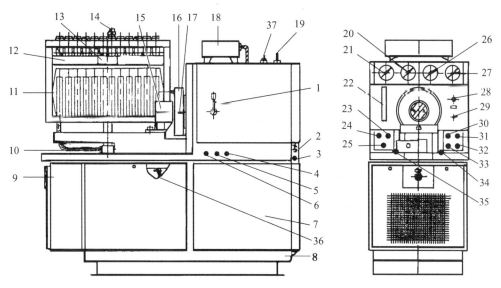

图 21-7-1 试验台面板

1—换挡手柄;2—电源开关;3—加热开关;4—油泵电机停止按钮;5—油泵启动按钮;6—调速电位器;7—电器箱;
8—供气接口;9—调压阀;10—集油箱定位螺钉;11—集油箱倒油手轮;12—量油机构;13—试验台铭牌;14—标准喷油器;
15—万向节;16—主传动系统;17—指针盘;18—左右开关;19—低压油表;20—高压油表;21—流量计;22—直流电源;
23—机油润滑系统回油接口;24—机油润滑系统供油接口;25—回油测量接口;26—气压表;27—负压表;28—气压减压阀;
29—负压调节阀;30—12 V/24 V 直流电源转换开关;31—12 V/24 V 直流电源输出插口;32—负压接口;33—正压接口;
34—回油接口;35—供油接口;36—废油放油阀;37—滤清器堵塞报警指示灯

(1) 换挡手柄(D,E 型无)

① 12PSDB55/75A－1,12PSDB55/75B－1 型无此手柄。② 12PSDB55/75A－2,12PSDB55/75B－2 型在壳体内,两挡变速。③ 12PSDB110A/B 型,三挡变速。

(2) 电源开关

试验台输入电源的总开关。此开关处于 0 位时断开电源,处于 1 位时接通电源。

(3) 加热开关(D 型无)

当需对试验燃油单独加温时,将此开关置于 开 的位置。一般情况下置于 关 的位置。

(4) 油泵电动机停止按钮

按下此钮,油路电动机停止工作。注意:当用多功能控制器(17)操作时,应使用控制器的 启动 、停止 键开/停油泵电动机。

(5) 油泵启动按钮

按下此钮,油泵电动机启动。

(6) 调速电位器

当不用多功能数显表控制转速时,由此调节试验台转速。注意:A 型、B 型试验台在不同侧操作时,应将 左 、右 开关(18)置于相应位置;当用此电位器调速时,应按下多功能表上的 R 键。

(7) 电器箱

外接电源由电器箱下部的孔进入,三相线分别接 10,19,30 端子,0 线接 O 端子,地线接 N 端子。

(8) 供气接口(D 型无)

外接气源与此口相连。气压大于等于 0.5 MPa。

(9) 调压阀

该阀能在 4 MPa←0→0.4 MPa 范围调节燃油路油压。即从 0 压力点顺时针旋转调压阀手轮,能在 0～0.4 MPa 内调节油压;从 0 压力点逆时针旋转调压阀手轮,能在 0～4 MPa 内调节油压。注意:首次启动试验台时,应先将手轮顺时针调到底后,逆时针旋转 4～5 周,再启动试验台,然后将压力调到所需数值。低压值由低压表(19)示出;高压值由高压表(25)示出,如图 21－7－2。

(10) 集油箱定位螺钉

调节集油箱的位置。

(11) 集油箱倒油手轮

用此手轮翻转倒油。

(12) 量油机构

(13) 试验台铭牌

标明试验台型号、生产日期及厂名。

(14) 标准喷油器

(15) 万向节(无间隙联轴器)

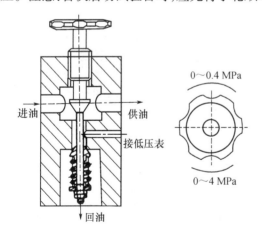

图 21－7－2 调压阀

(16) 主传动系统

(17) 指针盘

测量喷油间隔角。

(18) 左、右开关(D,E 型无)

与调速电位器(6)配合,完成在试验台左侧或右侧的调速操作。

(19) 低压油表

显示调压阀(9)调定的低压油压值。

(20) 高压油表

显示油路系统中的高压油压值,其值由调压阀(9)调定。

(21) 流量计(D 型无)

用来测量喷油泵的回油量等,其接口为回油测量接口(25)。

(22),(23) 机油润滑系统回油、供油接口

(24) 回油测量接口(D 型无)

该口与流量计(21)相通。当用户测量喷油泵的回油量时,将此口与喷油泵的回油口相连。接口螺纹 M14×1.5。

(25) 气压表(D 型无)

显示气压减压阀(27)调定的气压值。

(26) 负压表(D,E 型无)

显示负压调节阀(28)调定的负压值。

(27) 气压减压阀(D 型无)

调节正压接口(32)输出的气压值,压力值由气压表(25)示出。

(28) 负压调节阀(D,E 型无)

调节负压接口(31)输出的负压值,其值由负压表(26)示出。

(29) 12 V/24 V 直流电源转换开关

用该开关进行 12 V/24 V 直流电源的切换。

(30) 12 V/24 V 直流电源输出插口

将话筒插头插入该孔可输出 12V(或 24V)直流电。

(31) 负压接口(D,E 型无)

由该孔输出负压调节阀(28)调定的正压。接口螺纹 M14×1.5。

(32) 正压接口(D 型无)

由该孔输出气压减压阀(27)调定的正压。接口螺纹 M14×1.5。

(33) 回油接口

喷油泵的回油管接此口,螺纹 M14×1.5。

(34) 供油接口

喷油泵的供油管接此口,螺纹 M14×1.5。

(35) 废油放油阀

台面废油由此口排放。

(36) 滤清器堵塞报警指示灯(D,E 型无)

当油路中的精滤清器堵塞,造成油路供油不足时,该指示灯亮,表明需要更换精滤清器滤芯。

2. 主传动系统

(1) 箱体式(A,B型系列)变频喷油泵试验台

箱体式变频喷油泵试验台采用先进的变频调速技术,实现宽范围高精度无级调速。通过与不同变速箱的组合,可得到不同的转速/扭矩曲线,能够适应调试不同种类的喷油泵。

① 12PSDB55/75A-1,12PSDB55/75B-1试验台无变速箱,主电动机功率5.5 kW或7.5 kW,转速范围0~3 000 r/min,其传动原理见图21-7-3(a)。

② 12PSDB55/75A-2,12PSDB55/75B-2型试验台设有两挡变速箱,主电动机功率5.5 kW或7.5 kW,转速范围:Ⅰ挡 0~1 900 r/min,Ⅱ挡 0~4 000 r/min,传动原理见图21-7-3(b)。

③ 12PSDB110A/B型试验台设有三挡变速箱,主电动机功率11 kW。转速范围:Ⅰ挡:0~1 400 r/min,Ⅱ挡 0~2 700 r/min,Ⅲ挡 0~4 000 r/min,其传动原理见图21-7-4。

(2) 直接输出式(D,E型系列)变频喷油泵试验台

该类试验台无变速箱,电机直接输出,采用先进的变频调速技术,实现宽范围高精度无级调速,转速范围为0~3 000 r/min,主电动机功率为5.5 kW或7.5 kW。

3. 量油机构

量油机构是测量被试喷油泵各缸供油量的机构(如图21-7-5),它可绕轴左右旋转180°。转动升降螺杆(7),可升高或降低以适应不同型号喷油泵的要求,断油盘(5)在电磁铁(6)的带动下可以前后移动,打开切断试验油进入量筒的通道,电磁铁由多功能数字表内的计数机构控制。量筒板可以翻转以便量油或倒空量筒内的试验油。根据需要,可以按声光报时器进行定时倒油。

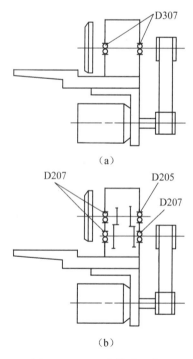

图21-7-3 主传动系统
(a) 0~3 000 r/min;(b) Ⅰ挡:0~2 000 r/min Ⅱ挡:0~4 000 r/min

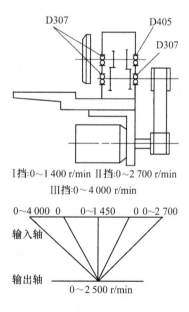

图21-7-4 主传动系统

第二十一章 检测、诊断设备

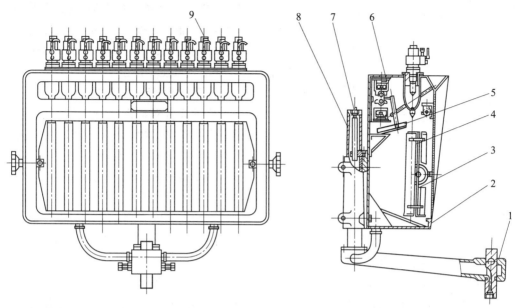

图 21－7－5 量油机构

1—旋转臂；2—集油箱体；3—量筒板；4—量杯；5—断油盘；6—电磁铁；
7—升降螺杆；8—立柱；9—标准喷油器

4. 油路系统

油路系统原理图如图 21－7－6 所示。

试验台的试验油高压和低压都是由调压阀(9)调定的。从零压力点顺时针旋转调压阀手轮，可在 0～0.4 MPa 内调节油路压力；从零压力点逆时针旋转调压阀手轮，可在 0～4 MPa 内调节油路压力。当油路压力高于 4 MPa 时溢流阀开启，油路压力不再升高。溢流阀的开启压力是可调节的，出厂时调至 4 MPa，一般不要随便调动。注意：用高压测定喷油泵密封性时，需将喷油泵回油口封死。

5. 气路系统（正、负压）（D 型无，E 型无负压）

气路系统如图 21－7－7、图 21－7－1 所示。

气路系统由气源（外接）、分水滤气器、减压阀、真空阀、节流阀、压力表、真空表及管路组成。通过调节减压阀 a(28) 能够改变正压的大小，气压值由气压表(26)显示，从正压接口(33)输出。通过调节减压阀 b（在机

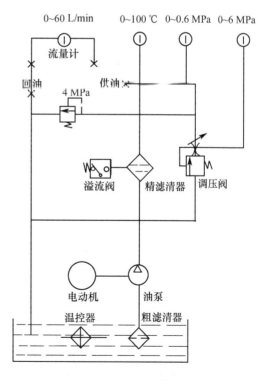

图 21－7－6 油路系统原理图

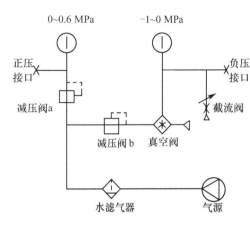

图21-7-7 气路系统

壳内)能够改变负压最大值,通过调节负压调节阀(29)能够改变负压的大小,负压值由负压表(26)显示,从负压接口(32)输出。

6. 电气控制系统

(1) 试验燃油的温度控制

该试验台对油温自动控制,当加热开关(3)闭合,燃油温度低于39 ℃时,温度控制器接通加热器电源,对燃油加热;温度升到39 ℃时,温度控制器切断加热电源停止加热。当加热开关(3)打开时,无法对燃油加热。当燃油温度升到41 ℃时,温度控制器接通散热风扇(也可按用户需要采用制冷)对燃油降温,燃油温度降到41 ℃以下时,温度控制器切断冷却系统电源,停止降温。

燃油温度由 MFC-Ⅲ数显表显示。"Δ"符号指示为升温过程;"▽"符号指示为降温过程。温度控制范围也可由操作者自行调定。注意:简易D型试验台无此系统,E型试验台只有加热功能且升高到一定温度自动停止加热。

(2) 转速控制

采用多功能表对变频器进行控制(A型、B型七挡转速预置,D型三挡转速预置,E型无转速预置)来改变进入电动机的电源频率,实现主电动机无级调速。如图21-7-1所示,各型号试验台都可用机壳两边的调速电位器(6)调速。注意:执行该项操作时,首先应将调速电位器(6)复零,以免发生事故。

(3) 油泵电机的控制

按下试验台两侧的油泵启动按钮(6),可单独启动油泵电机,按下停止按钮(5)油泵停转。

(4) 直流电源

该机提供 12 V 和 24 V 的直流电源,把直流电源开关(30)打向 12 V ,从输出接口(31)输出 12V 直流电压;反之打向 24 V 时,输出 24 V 直流电压。

三、操作

① 打开注油弯管(D型、E型无)上的螺塞将40#机械油或50#机械油从注油弯管口注入变速箱内,其油位和注油弯管口面齐平,然后再将螺塞拧上封口。

② 向燃油箱中注入试验油或0#轻质柴油,油量不得少于油箱容积的60%。

③ 将调压阀手轮顺时针旋转使阀杆旋转到底,再将手轮逆时针旋转4~5圈,调压阀处于低压状态。当供油泵电机启动后,再按压力表显示数值将调压阀调整到所需压力。

④ 启动电机前,须仔细检查各联结的紧固可靠性。特别是万向节螺钉要坚固可靠,防护罩要罩好。试验台在高速空转超过500 r/min 时,应将万向节拆下,以防发生事故。

⑤ 喷油泵进油口、回油口要用油管与试验台的供油口、回油口连接牢固,防止漏油。

⑥ 喷油泵的联轴器应用万向节的两只拨块紧紧夹牢。夹紧方法是先将联轴器推入两拨块之间,使联轴器和万向节之间留有1~2 mm 的轴向间隙,万向节的夹紧螺栓处于垂直位置时,用内

六角扳手从防护罩上面缺口处伸入,将万向节的拨块夹紧联轴器,螺栓的拧紧力矩为 11 N·m。

⑦ 电器操作:

A. 打开电器门,从电器箱底进线孔中穿入三相四线制电源线(重复接地)。配电盘最下面是接线端子板,三条相线分别接 10,19,30 端子,0 线接 O 端子和地线 N 端子。对非重复接地电源,请把 0 线接 O 端子,地线接 N 端子。B. 将多功能控制器后面板上的各种插头插好,将多功能控制器的电源开关置于 ON 位置。C. 有关多功能控制器的使用,请参看其说明书。

⑧ 测试分配泵的回油量时,管路的连接顺序为:

供油接口(35) → 分配泵测量接口(25) → 流量计(21) → 油箱。由流量计(21)测出回油量。

⑨ 气路系统的操作与连接(D 型无):当需用正、负压气源时,可从试验台的进气口(8)将外接气源接入。

A. 正压输出:由气压减压阀(28)调节供气压力,气压表(26)显示压力数值,由 正压 接口(33)输出。

B. 负压输出(E 型无负压):由负压调节阀(29)调节负压值,负压表(27)显示负压值,由负压接口(32)输出。

四、维护

1. 标准喷油器的调整

为了保证试验台的测试精度,应经常检查标准喷油器的开启压力。开启压力为(17.5 ± 0.2)MPa。操作者还应根据规定要求,定期对标准喷油器的流量均匀性进行检查。

检查标准喷油器流量均匀性时,应首先检查其开启压力并通过调整使开启压力达(17.5 ± 0.2)MPa。按照部标规定使用标准喷油泵的某一只缸,在试验台上用一个记数次数、同一转速、相同齿条位置的前提下逐个检查其流量是否均匀。对流量有差异者,允许用微调开启压力的方法校正流量,应注意保证开启压力在(17.5 ± 0.2)MPa 的范围内,当微调开启压力不能改变其流量时,应更换新的针阀偶件。

2. 试验油路系统的维修保养

燃油箱中的试验油每工作 400 h 或调试 500 支喷油泵后应更换新油,同时清洗油箱和滤清器。清洗滤清器时,需将粗、精滤清器分别放到煤油中用软毛刷刷洗后,重新组合在油路中。废油箱中的陈油可从放油口(36)排出(如图 21-7-1)。

第八节 喷油器校验器

喷油器校验器是调整、校验柴油机喷油器总成的喷油压力、雾化质量、喷油角度和针阀严密性的设备,以保证柴油机良好的动力性和经济性。

一、操作

① 将校验器固定在环境洁净的工作台上。

② 用沉淀 48 h 以上的 1# 或 2# 轻柴油经滤网加入贮油箱内(严禁使用不合要求的轻柴油)。

③ 喷油器总成的压力校正如图 21-8-1 所示。

利用夹紧手柄将待校的喷油器总成安装在承压接头中间,顶紧或利用高压油管连接在后承压接头上,然后进行泵油试验。喷油时,观察压力表指针读数,与该喷油器总成规定的喷油压力范围比较(见表 21-8-1),若压力过高或过低,应重新调整喷油器总成上部的调整螺丝。

④ 喷油器总成喷油角度的校验如图 21-8-2 所示。

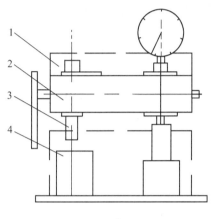

图 21-8-1 喷油器校验器
1—油箱;2—校验器;3—喷油器总成;4—油杯

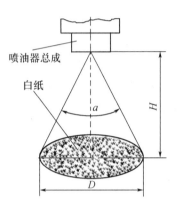

图 21-8-2 喷油角度的校验

喷油器总成压力调速好后,进行喷油角度的校验。在喷油口的下方 H 远距离(垂直于喷油器总成的中心线)放一张白纸或一块涂上一层黄油的铁丝布,然后泵油数次,待纸上能清楚地看到一个喷满油的圆形或铁丝布上被冲成空的圆圈时,测量喷油器总成至白纸(铁丝布)的距离 H 和圆圈(圆形)的直径 D,按下式计算喷射角度 a 大小

$$\tan(a/2) = D/2H$$

⑤ 雾化质量的检验

观察喷油器总成的喷化质量情况,喷雾颗粒应细小、均匀,无肉眼能看到的细流,喷在具有吸油性能的纸上,无大的油渍,油渍从中心到边缘的色泽应逐渐淡薄,形成均匀对应的圆形。喷油应干脆,喷油完毕后油口无油滴遗留或滴油现象,油雾喷射尖角在规定的范围内。

二、维护

① 校验用油必须是经过 48 h 沉淀的 $1^\#$,$2^\#$ 轻柴油。

② 加油时一定要经绸布过滤,用完后防尘,以免油污染。

喷油器总成喷油嘴偶合件基本参数见表 21-8-1。

表 21-8-1 喷油器总成喷油嘴偶合件基本参数表

喷油嘴偶合件		配套厂家及机型	生产厂家	开启压力 /MPa
编号	型号			
10 433 271 008	CDLLA154SN606	朝柴 4102 系列	日本	18.7
10 433 271 007	CDLLA154SN640	南柴 X6105 系列		17.2

续表

喷油嘴偶合件		配套厂家及机型	生产厂家	开启压力/MPa
编号	型号			
10 433 271 015	CDLLA155SN529	大柴、无柴 6110 系列非增压机	日本	21.0
10 433 271 007	CDLLA154SN640	江淮 1105 系列		17.7
10 433 271 007	CDLLA154SN640	朝柴 6102 系列	日本	18.7
10 433 271 007	CDLLA154SN640	湖动 6105QIA		18.7
10 433 271 007	CDLLA154SN640	牟平发动机厂 102 系列直喷机		18.7
10 433 271 007	CDLLA154SN640	江淮 1105 系列		17.7
10 433 271 013	CDLLA150S6802	郑二柴 D192,193（保留产品）	CAV 公司	21.0
10 433 271 054	CDLLA154SN640D	扬柴 4102QF,4102Q		19.0
10 433 271 020	CDLLA151S972	柳汽发 4105,6105QBZ	BOSCH	23.0
10 433 271 019	CDLLA151S985	柳汽发 6105QB	BOSCH	21.0
10 433 271 017	CDLLA150S017	扬柴 4102,3500		23.0
10 433 271 021	CDLLA142S924	洛阳 407 厂	BOSCH	21.0
10 433 271 007	CDLLA154S640	莱动 1105,1115		18.7
10 433 271 060	CDLLA150S060	北汽福田 BJ483QB		20.0
10 433 271 001	CDLLA150P214A1	福柴 168 柴油机		19.8
10 433 271 002	CDLLA150P204A1	福柴 178 柴油机		19.8
10 433 271 376	CDLLA149S774	FL912,913 北内、石建		17.0
10 433 271 349	CDLLA149S715	华柴、渭柴 FL413 增压		17.0
10 433 271 321	CDLLA28S656	华柴、渭柴 FL413 非增压		17.0
10 433 271 001	CDLLA150P214A1	福柴 176 柴油机		19.8
10 433 271 972	CDLLA155P273	东风 6BTA		24.5
10 433 271 993	CDLLA155P277	东风 6BT(新机型)	BOSCH	24.5
10 433 271 973	CDLLA155P973	玉柴 6108ZQB		25.0
10 433 271 974	CDLLA155P974	东风 49 厂 EQD4105		24.5
10 433 271 975	CDLLA150P975	玉柴 4110		23.5
10 433 271 987	CDLLA155P17A	江门 SF498G	日本	17.2
10 433 271 996	CDLLA150P552	成内 D1493Q		21.0
10 433 271 982	CDLLA154SN049	江汽 4JAI		17.7
10 433 271 031	CDLLA155S007	云内 4102QBZ,3100		18.2
10 433 271 007	CDLLA154SN640	武进 S1110 机		17.5
10 433 271 024	CDLLA155S024	南充 102,105 系列		17.7

续表

喷油嘴偶合件		配套厂家及机型	生产厂家	开启压力/MPa
编号	型号			
10 433 271 981	CDLLA154PN068	北内、江汽 4JAI		17.7
10 433 271 983	CDLLA154P983	湖南滨湖柴油机 175F		17.7
10 433 271 992	CDLLA154P196	南汽 8140.07 非增压(保留产品)		23.0
10 433 271 990	CDLLA150P420	湖动 HD6105Q	BOSCH	25.0
10 433 271 971	CDLLA154P332	东风 6BTA 排放机 EQ1141G		24.5
10 433 271 970	CDLLA155P276	东风柴发厂军品		24.5
10 433 271 012	CDLLA155SN872	南柴 D6110Q	日本	20.7
10 433 271 009	CDLLA150S009	南柴 X6110 系列		19.0
10 433 271 008	CDLLA154SN606	玉柴 6105QC		20.7
10 433 271 006	CDLLA138S364N409	朝柴 6133 系列(保留产品)		19.0
10 433 271 007	CDLLA154SN640	郑柴 1105 系列		17.2
10 433 271 011	CDLLA155SN746	东风、南充 102,105 系列(保留产品)		17.7
10 433 271 010	CDLLA145SN523	常柴 SQ182N		19.3
10 433 271 007	CDLLA154SN640	如臬、新乡柴油机厂 1105 系列		17.2
10 433 271 007	CDLLA154SN640	开封 1105 系列、湖柴 ZH290,Z100		18.2

小　结

本章应重点掌握尾气分析仪、柴油车烟度计、喷油泵试验台的使用。

思 考 题

1. 如何对尾气分析仪的零位校正？
2. 尾气分析仪使用中的过滤元件测试多少次后要更换？
3. 柴油车烟度计使用中,将白色、黑色各定为多少波许单位？
4. 喷油泵实验台中的量油机构起什么作用？
5. 喷油器校验时,要求使用什么燃油？需经过什么处理？